ŒUVRES
COMPLÈTES
DE PIGAULT-LEBRUN.

TOME XIV.

MONSIEUR DE ROBERVILLE,

SUITE DE L'HOMME A PROJETS.

DE L'IMPRIMERIE DE FIRMIN DIDOT.

OEUVRES

COMPLÈTES

DE PIGAULT-LEBRUN.

TOME QUATORZIÈME.

A PARIS,

CHEZ J.-N. BARBA, LIBRAIRE,

ÉDITEUR DES OEUVRES DE M. PICARD ET DE M. ALEX. DUVAL,
PALAIS-ROYAL, N° 51, DERRIÈRE LE THÉATRE-FRANÇAIS.

1822.

MONSIEUR DE ROBERVILLE,

OU SUITE DE L'HOMME A PROJETS.

Vanitas vanitatum, et omnia vanitas.

PREMIÈRE PARTIE.

CHAPITRE PREMIER.

Suites d'un mariage précipité.

Tout le monde sait ce que c'est qu'une première nuit de noces. Ceux-là, surtout, que l'amour a mis dans les bras de l'hymen, se rappellent toute la vie cette nuit, à laquelle, malheureusement, nulle autre ne doit plus ressembler. Roberville protestait à sa petite Rose que leur vie entière s'écoulerait au sein des délices et des enchantemens. Rose, très-novice, croyait fermement à ces paroles, et répondait, en rougissant de pudeur et de plaisir : Ainsi soit-il, mon cher ami !

Roberville avait cependant appris de la piquante madame Chedeville, de la tendre Aliba, de la fiancée de Corambé, et de quelques autres, avec quelle promptitude se détruit le prestige. Mais qu'étaient toutes ces femmes comparées à Rose ? Avaient-elles ce titre sacré, qui fait du plus saint des devoirs le plus doux des plaisirs ? Possédaient-elles cette sensibilité exquise, cette finesse de perceptions, cette éloquence de la nature, cette variété d'expressions, qui multiplient pour ainsi dire une femme, et la rendent toujours nouvelle ? La vérité de tout cela, est que Rose n'avait encore dit que quatre mots ; mais ils étaient d'un sens, d'une profondeur, d'un agrément !

Ils en étaient à cet instant où la nature cesse de seconder une infatigable imagination. M. de Roberville avait un bras passé sous le cou satiné de sa séduisante compagne ; il caressait de l'autre main ce joli doigt qu'il avait décoré la veille de l'anneau sacré, ce talisman qui nous assure de la fidélité d'une femme, en lui rappelant sans cesse ses sermens et ses devoirs. Ses yeux fatigués étaient fixés sur les yeux à demi clos de la voluptueuse Rose. Il démêlait, sous ses longues paupières, l'expression de l'amour le plus tendre, et de la plus sincère reconnaissance. « Oh ! s'é-

« cria-t-il, qu'il est doux d'être aimé ainsi ! Qu'il
« faudrait entendre peu ses intérêts, pour ne pas
« prolonger cette scène ravissante ! Ma chère
« Rose ? — Mon bon ami ? — Nous déjeunerons
« au lit. — Oui, mon ami. — Nous y dînerons.
« — Oui, mon ami. — Nous y souperons. —
« Oui, mon ami. — Aujourd'hui, demain, le reste
« de la semaine, le reste du mois. — Oui, mon
« ami. — C'est ainsi qu'on vit véritablement l'un
« pour l'autre. Oublions le monde, qui nous de-
« vient étranger. Je trouve en toi tout ce qui
« fixe un cœur délicat, hymen, amour, amitié.
« Que le lit nuptial soit notre univers ! » *Vanitas vanitatum !*

Il sonne. Maman Perceval épiait depuis long-temps le moment du réveil. Sans doute M. de Roberville est passé dans sa garde-robe, et elle se dispose à prodiguer à sa fille ces soins réparateurs que l'expérience a transmis, de génération en génération, aux mamans Perceval.

Elle s'arrête, en voyant son gendre au lit ; elle s'étonne, lorsqu'il lui dit très-sérieusement que ce n'est pas elle qu'il demande, mais le déjeuné. Elle passe de l'étonnement à la stupéfaction, quand elle apprend que le jour, la semaine, le mois, s'écouleront ainsi. Elle emploie les représentations, les observations, les réflexions. Elle proteste que jamais personne, dans sa famille, n'a fait un tel abus du mariage ; que les femmes s'y résignent, à la bonne heure ; mais sans cesser d'être chastes, et qu'une mère, jusqu'alors irréprochable, ne peut tolérer un tel excès, sans provoquer, sans mériter le blâme général.

Robert réplique qu'il n'a pas épousé la famille, mais Rose; que personne n'a le droit de s'immiscer dans le mystère conjugal; que si les habitans jasent, on les laissera jaser, et que la mère, jusqu'alors irréprochable, a perdu tous ses droits sur sa fille, de l'instant où elle l'a présentée à l'autel. Madame Perceval s'emporte, son gendre rit; elle crie, elle tempête; les gens de la noce accourent à la porte de la chambre nuptiale, et sont au fait, en deux minutes, de l'objet de la contestation. Rose, interpellée par sa mère, balbutie d'abord, et soufflée par son mari, elle répond bravement qu'elle a promis obéissance. Madame Perceval, piquée, outrée, exaspérée, se dispose à arracher draps et couverture. Roberville saute à bas du lit, la prend respectueusement par les épaules, et la pousse dehors. Hélas! disait en elle-même la bonne maman, qui avait le coup d'œil juste et prompt. M. Perceval était jeune, beau, vigoureux comme cela, il y a vingt ans. Il est bien changé! Et vous aussi, aurait-on pu lui répondre.

Roberville s'enferme à double tour; il met les verroux. Il ouvre sa croisée; il appelle son domestique; il lui donne ses ordres. Bientôt un grand panier, bien garni, monte du jardin au premier, soutenu, balancé par la ceinture et les jarretières de la jolie mariée. Un guéridon, roulé près du lit, se transforme en table, et l'amour fait les honneurs du repas.

On mange, on boit; on se regarde, on oublie un moment la perdrix rouge, le Clos-Vougeot, le marasquin. On y revient; on porte le seul *toast* duquel on put s'aviser : *Amour extrême, invariable, éternel.* On jure par les plaisirs passés; mille baisers scellent le serment. Les yeux s'appesantissent, se ferment, et un doux sommeil rend de nouvelles forces à l'hymen, qui, quoi qu'en dise M. de Roberville, n'est pas infatigable.

Cependant la malignité, toujours prompte à saisir le ridicule, toujours disposée à le répandre, à y ajouter, à en rire, de ce ris qui ressemble à la rage, la malignité n'était pas oisive. La petite bonne Valin n'avait cessé d'aller et de venir le jour du mariage et le lendemain. Elle se glissait partout, à la cuisine, à l'office, dans les jardins. Elle écoutait par les trous des serrures, et elle allait rendre compte à sa maîtresse, de ce qu'elle entendait, et même de ce qu'elle n'entendait pas.

Madame Perceval qui dirigeait tout, qui se mêlait de tout, qui était toujours en l'air, avait vingt fois rencontré la petite bonne. Mais la mariée était mise comme un ange, le repas était somptueux, l'assemblée brillante, et il était bon que madame Valin n'ignorât rien de tout cela; mais on avait le plus haut intérêt à lui cacher la scène un peu scandaleuse qui venait de se passer, et celles qui pourraient suivre. En conséquence madame Perceval prit par une oreille la petite bonne, qui s'était fourrée parmi les convives, et qui riait comme eux à la porte de la chambre nuptiale.

L'oreille fut tirée de façon à guérir la petite fille de la manie d'écouter. Elle s'enfuit, dès qu'il plut à maman Perceval de lui rendre la liberté. Mais, hélas! elle avait tout vu, tout entendu.

Vous sentez quel avantage avait maintenant la famille Valin sur la famille ennemie. Une mère à qui tous les moyens sont bons pour marier sa fille; un mari qui affiche l'incontinence, et qui outrage les mœurs publiques; une jeune mariée sans pudeur, qui consent à passer un mois au lit; etc. etc.

« Mettez-vous à votre secrétaire, monsieur
« Valin. — Pourquoi faire, ma femme? — Com-
« ment, pourquoi faire? Une complainte en qua-
« rante-deux couplets. — Mais, je n'ai jamais fait
« de vers. — Eh bien, vous commencerez. —
« Mais, ma bonne... — Mais, monsieur... — Je
« ne saurais... — Je le veux. »

Les maris des petits endroits sont dociles. M. Valin passe à son secrétaire, prend son canif, taille sa plume, se frotte le front, se gratte l'oreille. Madame Valin, l'œil animé, un bras en l'air, frappe le carreau du pied, et s'écrie: « Al-

« lons donc, monsieur, allons donc ! Est-il si
« difficile de déchirer son prochain ? — J'y suis,
« ma femme, j'y suis.

« Or, écoutez l'histoire mémorable. »

L'histoire mémorable... Et M. Valin s'arrête là. Avec aussi peu de dispositions pour la poésie que Roberville, mais bien plus patient, il cherche au plafond le second vers, qu'il n'y trouve pas. Maman Valin en dicte deux sans reprendre haleine, et mademoiselle Mimi finit le second couplet. Il était acrimonieux, outrageant, et il n'en parut que meilleur.

Nos trois poètes, par occasion, eurent beaucoup de peine à arriver à la sixième strophe à la fin de la journée. Cependant M. Valin n'avait cessé, pour entretenir leur verve commune, de racler son violon pendant que Mimi chantait, rechantait le dernier vers fait, pour appeler le suivant. Quarante-deux couplets à faire de cette façon, avaient quelque chose d'effrayant. Mais le désir de se venger est un terrible stimulant ! On résolut de ne pas se coucher que la complainte ne fût terminée ; et comme on était pressé de jouir, on convint de ne pas tenir trop rigoureusement à la rime, ni même à la mesure.

Nous avons laissé notre héros et sa jeune épouse, fatigués, accablés sous le poids des myrtes, se livrer à un sommeil réparateur. Leurs yeux se rouvrirent enfin à la lumière, et leurs cœurs à l'amour. Roberville prouva une fois, deux fois encore, que personne n'aimait comme lui, et lorsqu'il ne lui resta plus de preuves à administrer, il essaya de remplir, par une conversation sentimentale, un intervalle qu'il prévoyait devoir être assez long. Parler d'amour à ce qu'on aime, c'est encore jouir ; recueillir sur ses lèvres ces traits heureux, ces expressions brûlantes qu'une vive passion peut seule inspirer, et qu'elle apprécie si bien, c'est doubler la jouissance. Ainsi pensait Robert, et il n'avait pas tort.

Il les attendait, ces mots enchanteurs, ces traits d'ivresse, et il les attendait en vain. Oui, mon ami. Non, mon ami. Mon ami, je ne sais. Ah! mon ami, voilà à peu près ce que lui répondait Rose, et cette manière de répondre n'avait rien de bien satisfaisant. Mais la fatigue, la timidité, privent une femme d'esprit de la plus grande partie de ses moyens, et Rose doit être spirituelle, puisque c'est un ange. Roberville n'a garde d'en douter, puisque le curé l'a dit. C'est de quoi il eût pourtant été bon de s'assurer avant que d'épouser.

Il faut lui donner le temps de se remettre, pensait le jeune homme. Il faut faire naître sa confiance, et forcer doucement l'esprit, qui se cache, à se manifester. Roberville qui avait eu la prétention d'entrer à l'Académie, en avait conservé beaucoup à l'érudition, et il n'était pas fâché de trouver l'occasion de se faire valoir : cela ne lui était pas difficile. Il eût parlé trois heures, que sa petite Rose ne se fût pas permis la plus légère observation. Il se jette à corps perdu dans la haute littérature. Il cite Montesquieu, qu'il connaissait à peine, le Contrat Social qu'il n'entendait pas, Helvétius qu'il n'avait pas lu, et une cinquantaine de vers qu'il avait retenus de la Henriade. Rose ouvrait ses grands yeux, écoutait en silence, et finit par bâiller si franchement, que son mari s'arrêta court. Allons, allons, se dit-il, ce n'est pas là son genre d'esprit. Essayons de la littérature légère. Il cite ce qu'il se rappelle de plus piquant, de plus gai de Bernis, de Boufflers, des autres amans des muses espiègles, et les bâillemens continuent sans interruption. Que signifie cette fureur de bâiller, pensait le citateur?... Hé! j'y suis. M. Morisset, mon premier maître d'école, homme docte et grand observateur, nous disait : Mes amis, il y a trois sortes de bâillemens ; bâillement produit par des tiraillemens d'estomac ; bâillement effet de l'ennui ; bâillement précurseur du sommeil. Or, madame de Roberville n'a pas sommeil, puisqu'il y a une demi-heure au plus qu'elle est éveillée. Elle ne s'ennuie pas avec Collé et Panard, puisqu'elle a de l'esprit comme un ange : elle a donc appétit.

D'après ce raisonnement, dont la justesse lui paraît démontrée, Roberville rassemble les débris du déjeuner, et propose une aile de perdrix. « Je « vous remercie, mon ami. — Je t'en prie, Rose.

« — Je ne saurais, mon ami. » Morbleu ! dit-il tout bas, je m'y perds. Passons à une dernière épreuve.

Il prend un nouveau texte. Il s'étend sur l'économie rurale, sur les soins intérieurs de la maison, et la langue de sa jolie épousée se délie. Il apprend en quel temps se taille la vigne ; en quelle saison se fait la vendange; quels plaisirs on s'y permet; quelles niches font les garçons aux fillettes ; comment on tisse le chanvre ; le couplet favori qu'on chante en le filant, et ce qu'on accorde de déchet au tisserand sur vingt-cinq livres de fil. Vint ensuite l'art de transformer les jeunes coqs en chapons, d'engraisser les poulardes et d'élever des dindons, partie essentielle et difficile de la basse-cour. Allons, allons, pensa Roberville, si elle n'a pas l'esprit orné, elle l'a du moins solide, et les femmes en état de bien conduire leur maison, sont plus rares qu'on ne pense. La véritable richesse est dans l'ordre et l'économie. Ma femme doublera mes produits; il est clair qu'elle m'apporte douze mille livres de rente. Elle est jolie, très-jolie ; je la crois douce; j'ai donc fait un très-bon mariage... Il est pourtant un peu dur de passer sa vie à parler chanvre et dindons.

Bah ! qu'est-ce au fond que ces conversations si brillantes et si vantées ? de la futilité, du vide, assaisonnés de quelque esprit dirigé par l'orgueil, par l'envie de se faire valoir et d'abaisser les autres. Que reste-t-il à la fin de ces vains mots qui ont frappé l'air? Rien. Et que manque-t-il aux tableaux un peu trop rustiques de Rose, pour les rendre enchanteurs? De les parer du charme de la mythologie. Substituons à *vendange*, au *vin du crû*, Bacchus, Silène et les Bacchantes. Que nos pigeons soient l'oiseau de Vénus ; cherchons Priape dans un chou et dans une laitue ; plaçons Flore et Zéphire dans l'anémone et la tubéreuse, et nos entretiens sont ceux des gens du meilleur ton.

Le mari le plus sot a, comme un autre, la manie d'être l'instituteur de sa femme, lorsqu'elle est jeune et docile. Cet animal barbu est si vain, lorsqu'on sourit à un trait heureux de sa compagne, de pouvoir dire à l'oreille d'animaux de son espèce : c'est moi qui l'ai faite ce qu'elle est ! Pauvres gens, qui ne vous doutez pas que la plus naïve vous mène en paraissant vous céder, et que la force est toujours l'aveugle servante de l'adresse !

Roberville, vain comme un mari, commence aussitôt son cours de mythologie. Il indique à Rose les noms qui doivent embellir chaque objet. Rose trouve qu'il est plus clair et plus court de dire *tonnerre*, que Jupiter lançant la foudre ; *rosée*, que les pleurs de l'Aurore ; et *abricot*, que les dons de Pomone. Robert insiste, Rose persiste. Il commence une dissertation sur l'excellence du langage poétique, et Rose bâille plus fort que jamais. Ici Roberville réfléchit, et se mord les lèvres. « Ma chère amie, dînons, cela « fait toujours passer une heure. »

Ils dînent. L'heure s'écoule en effet ; mais combien d'autres doivent s'écouler de ce moment à la fin du mois, et le moyen de les remplir avec une femme qui répond en bâillant ! Si du moins il avait quelques livres, il tromperait la lenteur du temps, car il sent bien qu'il ne peut penser à s'habiller et à paraître, après la manière positive dont il s'est expliqué avec madame Perceval. Un mois aux arrêts ! dans un lit ! avec une statue ! quel supplice, et à qui s'en prendre, qu'à cette imagination toujours exaltée, toujours au-delà du vrai, et dont il a toujours la faiblesse de suivre la première impulsion !

Rose, sans goût pour la fable, en a pris beaucoup à l'*histoire*. Elle croit, dans son ingénuité, que son mari peut à son gré en multiplier les leçons. Elle s'approche, elle agace ; elle sourit, elle attaque : la fable, toujours la fable, rien que la fable. « Ah ! dit-elle en bâillant de nou-« veau, si j'avais mon bas, je tricoterais. — Tu « as raison, Rose : le plaisir n'est pas inépuisable. « C'est par le travail qu'on y revient et qu'on en « sent le prix. »

En débitant cette phrase très-morale, Roberville avait mis un pied hors du lit, puis l'autre ; il est debout. Il fait quelques tours par la chambre ; il s'arrête devant une croisée ; il regarde les arbres de son verger, les fleurs de son parterre; il revient à son lit, il retourne à sa croisée.

En allant et venant, en ouvrant toutes les portes, excepté celle qu'il grillait d'ouvrir, la porte qui conduisait à l'escalier, il trouve dans un cabinet de garde-robe... il trouve!... ressource précieuse, bonheur inespéré!...

Dans ce temps-là tout le monde, depuis le colonel du cercle jusqu'au bourgeois élégant, faisait de la tapisserie. Roberville jouait l'homme du bon ton depuis l'heureuse issue de son affaire avec M. Dupont, et ce qu'il venait de trouver avec un plaisir si vrai, c'est un métier.

Il le tire au milieu de la chambre, il passe un caleçon, un manteau de nuit, et il finit une aile de l'Amour qui enlève Psyché. Celle-là parlait du moins, pensait-il, et cependant son amant a des ailes. Les anciens connaissaient mieux le cœur humain que moi.

Rose, assise sur son lit, sa tête soutenue sur ses mains, et ses coudes appuyés sur ses genoux relevés, le regardait faire, sans rien dire, et peut-être sans rien penser. Elle se fatigue enfin et de sa position, et de ce lit solitaire. Par un mouvement machinal, elle se trouve aussi debout; elle a passé une robe du matin. Elle est derrière le fauteuil de son mari, et elle s'écrie: « Ah! que « cette dame est bien! »

Roberville se retourne. Il voit une figure enchanteresse qu'embellit le plaisir de la surprise, des formes célestes, qu'une robe négligemment jetée trahit de toutes parts. L'aiguille tombe de sa main. Il regarde, il admire. « Ah! dit-il, « Psyché était moins belle que toi ; mais elle « avait une ame. — Et moi aussi j'en ai une. « Maman et M. le curé me l'ont dit. — Ah! Rose, « pourquoi as-tu parlé? tu as détruit le charme. « — Je ne t'entends pas. — Hélas! je le sais « bien. »

Elle demande à son mari ce qu'il veut faire de cette jolie vierge et de ce beau Gabriel qui la tient dans ses bras. « Partie d'un meuble, ma « bonne amie. — D'un meuble ? — Oui, un des « six fauteuils qu'accompagnera un canapé. — « Apprends-moi à faire un meuble. Je trouve « cet ouvrage-là plus amusant que mon tricot. »

Roberville, enchanté de se dérober à l'ennui qui le tourmentait, et que doublait celui qui se peignait un moment avant dans tous les traits de sa femme, met l'aiguille dans ses jolis doigts, lui montre à la tenir, à la conduire. Rose est gauche ; mais c'est la gaucherie d'Hébé, rougissant et laissant tomber sa coupe aux pieds du dieu qui lui sourit. Roberville l'encourage, elle fait mieux ; il l'applaudit, bientôt elle va l'égaler.

Allons, allons, se disait-il, elle n'est pas si bornée. Celle qui apprend à broder en deux heures, est susceptible d'apprendre autre chose. D'ailleurs, la patience et l'amour peuvent opérer un prodige.

Le reste de la journée s'écoula assez agréablement pour tous deux. La ceinture et les jarretières montèrent le souper, et on retrouva avec plaisir ce lit qu'on avait oublié pendant quelques heures. La volupté et le sommeil y régnèrent tour à tour, et le jour naissant ouvrit des yeux qui se dirent : amour et bonheur.

Que faire, quand les yeux et la bouche ont tout dit ? Déjeuner comme la veille ; comme la veille se mettre au métier. Faire de la tapisserie deux jours de suite, en faire encore le lendemain, le reste du mois... Quelle perspective !
« Je m'ennuie, ma bonne, dit franchement Ro-
« berville. — Et moi aussi, mon ami. — En-
« nuyons-nous avec courage. — Ennuyons-nous,
« mon ami.

« — Tu descendrais volontiers. — Oui, mon
« ami. — Et moi aussi, ma femme. — Descen-
« dons, mon ami. — C'est impossible, Rose. —
« Pourquoi donc, mon ami ? — Veux-tu que
« nous passions, dans l'esprit de tes parens, de
« tes amis, pour des jeunes gens inconsidérés,
« qui ne savent ce qu'ils veulent, ni ce qu'ils
« font ? Si le projet de nous suffire à nous-mêmes
« nous a donné en effet du ridicule, à quelles
« plaisanteries piquantes ne nous exposerions-
« nous pas, en paraissant ne pouvoir plus nous
« supporter dès le second jour ? Sans doute ce
« ne serait qu'une apparence trompeuse, car je
« t'aime toujours passionnément. — Et moi aussi

« mon ami. — Mais l'apparence est tout dans le
« monde. — Elle est tout, mon ami ? — Tout
« absolument, Rose. Travaillons. — Travaillons,
« mon ami.

« Je suis excédé, s'écrie Robert vers le soir,
« et il jette au milieu de la chambre aiguilles,
« soie et ciseaux. Je n'y tiens plus. — Ni moi,
« mon ami. — Qu'on pense, qu'on dise ce qu'on
« voudra, il faut sortir de cette insoutenable pri-
« son. — Sortons, mon ami. » Et les voilà tous
deux, s'occupant gaîment de leur toilette, enchantés d'échapper l'un à l'autre.

Roberville a examiné scrupuleusement la mise
de sa jeune épouse. Il a placé la guirlande de
fleurs sur sa tête, il a donné un tour gracieux
aux plis de l'étoffe qui la couvre. Je la retrouverai
céleste, pensait-il, quand j'aurai passé un jour
sans la voir.

Ils sont prêts, et Roberville balance; il hésite,
il entr'ouvre la porte, il la referme. C'est qu'il faut
vraiment de la force d'esprit pour s'exposer à des
épigrammes, pour paraître les braver. Rose le regardait faire et ne concevait rien à ses irrésolutions. Sa bonne fortune le tira d'affaire.

Un aigre violon se fait entendre. Deux voix
plus aigres encore le couvrent bientôt. Roberville
prête l'oreille. Elle est déchirée par de détestables
vers bien méchans, bien injurieux. Le prétexte
qui s'offre est naturel : le jeune homme le saisit.
Il joue la fureur; il saute sur son épée, il sort.

Rose ne sait à quoi attribuer la colère de son époux; elle ignore ce qu'il veut faire de son épée; mais elle le suit, parce qu'elle est bien aise de sortir de cette chambre, et elle est sans alarmes, parce qu'un beau jeune homme de Paris doit savoir ce qu'il fait.

« Quels sont, s'écrie Roberville en descendant, « quels sont les insolens qui osent nous chanson« ner, et chanter leurs infames couplets à ma « porte? Ne l'avais-je pas prévu, dit maman Per« ceval? Châtions-les, reprend Roberville. Châ« tions-les, poursuit le papa Perceval, » et il s'arme d'une broche. « Passez le premier, mon « gendre.—Je sais trop ce que je vous dois, beau« père... »

Beau-père se souciait peu de l'honneur qu'on lui faisait; mais il était difficile qu'il le refusât. Tous les hommes sentent le mérite de la bravoure, et M. Perceval y prétend, comme une prude brigue la considération due à la sagesse. Celui-ci ne pouvant donc refuser le généralat, crut au moins devoir user des prérogatives de sa dignité. Il prit le valet de Roberville pour son aide-de-camp, lui ordonna d'ouvrir la porte de la rue, de reconnaître la position et les forces de l'ennemi, et de venir lui en rendre compte.

Pendant que le général s'occupait de ces mesures préliminaires, les chanteurs allaient leur train. Déja ils en sont au vingt-unième couplet. Madame Perceval rugit de s'entendre qualifier de bégueule, d'édentée, de vieille ridée. Le curé arrange un prône dans lequel il prouvera qu'on peut sans conséquence accepter et manger un dindon. Papa Perceval aiguise la pointe de sa broche, à la fin du couplet qui le traite d'époux imbécille, et qu'on mène par le nez. La petite sœur Félicité, la plus raisonnable de la famille, proteste que les moyens qu'on va employer pour repousser une ridicule agression, sont dangereux et pitoyables. Personne ne l'écoute, et l'aide-de-camp ne sachant plus auquel entendre, sort sans autre arme que son fouet de poste, dont il jouait à ravir.

Il voit le papa Valin raclant entre madame son épouse et mademoiselle Mimi, qui continuaient leur charivari infernal. De chaque côté du trio est un estafier armé d'une fourche, qu'il porte fièrement sur l'épaule en manière de trident : ce sont les charretiers de la maison Valin. Devant et derrière, sont deux drôles portant chacun un fléau : ce sont les batteurs en grange. Autour d'eux est un cercle, composé des ivrognes, des fumeurs, des curieux, des oisifs, des nourrices, des fileuses, des commères du village, c'est-à-dire, de la presque totalité des habitans, qui riaient de ce gros rire symbole de la sottise.

M. Bourguignon avait servi un certain marquis, qui faisait battre par ses gens les bourgeois qui lui déplaisaient, et qui entendait qu'ils respectassent sa livrée. Bourguignon voulut épargner à son nouveau maître l'humiliation de se mesurer avec des manans, et il commença à faire claquer son fouet, et à frapper à droite et à gauche.

Mais M. de Roberville n'était pas marquis; mais les paysans du lieu n'aimaient point qu'on coupât à coups de fouet le visage et les bras de leurs femmes. Ils cédèrent d'abord à la vivacité de l'attaque; ils s'ouvrirent, ils reculèrent. Mais, revenus de leur première surprise, ils tombèrent en masse sur Bourguignon, qui appela à son secours son maître, qui ferma la porte à double tour, qui monta au premier étage, et qui, aidé de papa Perceval, jeta bravement sur les assaillans les pots et autres ustensiles, que les trois dames leur fournissaient en abondance.

Papa Valin eut une oreille coupée d'un coup d'écumoire; Mimi et sa maman furent *contusionnées*, et se seraient trouvées mal, si elles n'avaient craint d'être plus grièvement blessées. Elles prirent papa chacune sous un bras, et firent une retraite précipitée, en appuyant un mouchoir sur la blessure du nouveau Malchus. Les spectateurs, qui perdaient l'espoir d'entendre la fin de la complainte, et qui n'avaient plus à gagner là que des coups, se dispersèrent, après avoir mis sous leurs bras les ustensiles qui valaient la peine d'être emportés, et avoir cassé les vitres de M. de Roberville avec les autres.

Bourguignon, roué de coups, était resté sur la place. Lorsqu'on eut longuement et certainement reconnu qu'il était bien seul, on fut le relever, on lui fit prendre des vulnéraires, et on lui couvrit le corps de compresses d'eau et de sel.

Or, comme on ne peut pas habiter une maison sans vitres et sans batterie de cuisine ; que lorsqu'on a coupé une oreille au coq du village, et qu'on s'est fait des autres habitans du lieu autant d'ennemis déclarés, on cesse d'y être en sûreté, M. de Roberville avisa prudemment d'envoyer la petite bonne de maman Perceval à la poste voisine. En attendant son retour, on fit les paquets, et deux heures avant le jour, les deux familles montèrent dans la cariole d'osier des Perceval, et dans le cabriolet qui avait amené M. de Roberville de Paris. On partit au galop, et on sortit du village par les derrières, de peur de mésaventure.

Voilà donc notre héros, qui ne devait plus revoir la capitale, qui y retourne au bout de quinze jours. Voilà l'homme qui devait se livrer exclusivement aux douceurs de la vie champêtre, et qui y a renoncé en vingt-quatre heures. Voilà celui qui voulait passer un mois au lit avec sa femme, et qui, dès le premier jour, a cherché un prétexte de renoncer honnêtement à ce dernier projet. Oh ! si l'homme se servait de son expérience, de ses lumières et de sa raison, que de fautes, que de regrets il s'épargnerait ! Mais, hélas ! enfant à tout âge, il chancelle, il marche de chute en chute ; il accuse la fortune, quand il ne doit accuser que lui, et pour finir ce chapitre par un trait de morale sublime que vous connaissez déjà, mais que je ne saurais vous rappeler trop souvent, je répète avec l'*Ecclésiaste* : *Vanitas vanitatum, et omnia vanitas.*

CHAPITRE II.

Autres inconvéniens d'un mariage irréfléchi.

C'est une terrible chose qu'un mariage, quel qu'il soit! A-t-il été fait avec précipitation, on impute au mari certains petits évènemens fâcheux. Tel époux a-t-il étudié sa femme, a-t-il cherché à la bien connaître avant que de se lier, on se moque de lui, quand on ne peut le blâmer. Cependant tous les mariages possibles se font de l'une ou de l'autre manière : il demeure donc constant qu'un mari ne peut échapper au blâme ou au ridicule. On voit cela, on sait cela, on se marie pourtant, et on fait bien ; car, sans le mariage, que deviendrait le monde? Au reste, un puissant motif de consolation pour un pauvre époux, c'est que tel qui le raille aujourd'hui sera raillé demain, et puis, sur cent billets, il s'en trouve un bon, et chacun compte sur celui-là. Revenons.

Pendant que le cabriolet et la cariole roulaient, Roberville s'occupait de la manière dont il vivrait à Paris. D'abord il logera dans le quartier de l'Estrapade : l'air y est pur, et on ne connaît dans ce pays-là ni les académiciens, ni même l'académie. Ainsi sa femme et sa famille ignoreront l'humiliation que lui a valu sa *Morale par alphabet*. Rose sera mise dans le meilleur goût, parce qu'une jeune femme aime cela, et qu'un mari est bien aise que la sienne brille dans son quartier. Elle aura un maître de danse, qui fera disparaître certain air gauche que le cher époux commence à remarquer. Elle apprendra la musique, parce que, lorsqu'on chante, ou qu'on joue d'un instrument on ne parle pas, et que Rose..... comme bien d'autres, gagne beaucoup à se taire. Elle fréquentera les spectacles, parce qu'ils forment l'esprit, et que de ce côté-là il y a tout à faire. On se liera avec quelques gens aimables, s'il y en a à l'Estrapade, qui feront oublier à Rose ses choux-fleurs et ses dindons, et de qui elle prendra au moins ces lieux communs qui annoncent l'usage du monde, qui ne sont pas de l'esprit, mais qui en tiennent lieu..... aux yeux de ceux qui n'en ont pas. Roberville lira beaucoup, et il trouvera cent bibliothèques à un écu par mois. Sa femme prendra insensiblement le goût de la lecture, et si elle a le courage d'ouvrir la grammaire de Restaut, il est indubitable que, dans un an ou deux, elle saura l'orthographe, ce qui donne une certaine opinion, à l'Estrapade surtout, de l'éducation qu'on a reçue.

La famille Perceval faisait, de son côté, un plan

de vie assez agréable. La maman se proposait de loger, elle, son mari et Félicité, chez son gendre, à qui elle promettrait, pour la forme, une bonne pension, que son désintéressement éprouvé ne lui permettrait pas d'accepter. Elle partagera ses loisirs entre les *Grands danseurs du Roi* et le prédicateur en vogue. M. Perceval comptait affermer son bien, et trouver un estaminet où il lirait tous les jours la Gazette de France de feu Marin, ou le Journal de Bouillon, en fumant sa pipe, et en vidant sa pinte de tisane... Sa tisane, c'est du vin blanc. Mademoiselle Félicité pensait qu'une jolie fille vieillit ignorée dans un village; que lancée sur un grand théâtre, elle fixera les regards, et que ses parens, qui ont marié sa sœur sans dot, feront sans doute, en sa faveur, un sacrifice, qui lui procurera un établissement solide et agréable. Chacun rêvant de son côté, on voyageait sans mot dire. Rose ne parlait pas plus que les autres. Je ne saurais vous dire à quoi elle pensait; peut-être ne pensait-elle à rien.

Madame Perceval avait bien jugé Roberville. Les femmes, même celles qui ont le moins d'esprit, possèdent un certain tact qui ne les trompe jamais. A la première ouverture d'une pension, le gendre se fâcha aussi sérieusement que si on lui eût essentiellement manqué. Il était enchanté de vivre avec les parens d'une épouse qu'il aimait tendrement; mais il était sensiblement blessé qu'on ne rendît pas justice à son cœur, et qu'on doutât de ses moyens. Maman Perceval l'apaisa facilement, en consentant à vivre à ses frais, et en lui protestant qu'il fallait la juste et profonde considération qu'elle lui portait, pour imposer silence à sa délicatesse.

On se logea donc, et spacieusement, afin d'éviter les longs têtes-à-têtes, dont Roberville était tout-à-fait revenu. Il se meubla élégamment, parce qu'il avait de la vanité, et comme il acquit le mobilier nécessaire à deux familles, que ses déplacemens continuels lui coûtaient beaucoup, et qu'il ne tira presque rien des meubles qu'il avait laissés à la campage, il commença à emprunter.

Il aurait pu réfléchir que le train, sur lequel il montait sa maison, nécessiterait de nouveaux emprunts; qu'on peut prendre une jolie femme sans dot; mais qu'on n'est pas obligé d'épouser toute sa famille. Roberville, vous le savez, est un homme à projets, et ces gens-là ne réfléchissent jamais qu'après l'évènement.

Il était toujours empressé de se réunir le soir à sa petite femme. Une demi-heure à l'amour, le reste au sommeil, et les nuits sont courtes. Les journées s'écoulaient dans les dissipations de toute espèce, et ne pouvaient paraître longues. Roberville se trouvait passablement heureux. Il se plaisait surtout auprès de mademoiselle Félicité, sa belle-sœur, presque aussi jolie que Rose, et qui avait sur elle les avantages de la gaîté, d'une imagination toujours vive, et des saillies qui en sont la suite naturelle. Il pensa que de l'Oseraie, qu'il accusait de le contredire toujours, avait eu raison dans cette circonstance, comme dans mille autres. Il est certain, se disait-il, que si j'eusse attendu huit jours de plus, c'est Félicité que j'eusse choisie. Je ne fais que des sottises. Mais comme il n'y a pas de remède à celle-ci, les réflexions sont inutiles : ne réfléchissons plus. Qui sait d'ailleurs ce que deviendra Rose? C'est une plante tardive que la culture développera. A propos, cherchons-lui des maîtres.

Roberville n'en connaissait pas. Mais M. Bourguignon, qui avait servi un marquis, était au courant des usages, se piquait d'avoir du goût, et prétendait connaître ce qu'il y avait de mieux parmi ces gens qui vivent du superflu et de la sottise des grands, et des petits, qui ont le ridicule de les singer. Ce fut donc M. Bourguignon qu'on chargea de choisir les maîtres qui allaient faire l'éducation de madame.

Il amena d'abord un danseur, jeune, bien tourné, d'une jolie figure, et qui se présentait avec grace. Il avait, comme tous ses confrères, la prétention d'être un homme essentiel, et, comme la plupart d'entre eux, il avait tout son esprit dans ses jambes.

« Combien, monsieur, prenez-vous par leçon ?
« — Six francs, monsieur. — Six francs ! J'aurais
« pour ce prix-là des maîtres de mathématiques,
« de grec et de latin. — Vous les aurez, sans

« doute, monsieur. Mais à quoi servent le latin,
« le grec et les mathématiques? Moi, monsieur,
« j'enseigne l'art de plaire, j'anime les graces, je
« les embellis, je les crée au besoin. Dans un an,
« madame sera accomplie. Qu'est-elle à présent?
« une statue parfaite, à qui il faut que je com-
« munique la vie. »

Cette manière de définir la danse, de faire valoir des entrechats, n'était pas bête du tout. Aussi, rien de tout cela n'appartenait à M. Duponceau. Il avait appris ces phrases d'un danseur de l'Opéra, qui avait persuadé à tout Paris qu'une femme qui ne danse pas comme mademoiselle Guimard n'est bonne à rien.

Il est tellement flatteur d'avoir une femme *accomplie*, un tel avantage est si réellement impayable, que Roberville ne marchanda plus. M. Duponceau se mit en devoir de donner sa première leçon.

« Que faites-vous donc, monsieur? vous pre-
« nez les mains de madame! — Pour la placer,
« monsieur. — Vous enlevez son fichu! vous
« touchez ses épaules nues! — Pour les lui ou-
« vrir. — Vous la troussez morbleu! — Je relève,
« je drape sa jupe. — Ne relevez rien, monsieur.
« — Il faut que je voie les jambes. — Vous ne
« verrez que les pieds. — Il m'est impossible de
« lui rien apprendre ainsi. — Pardonnez-moi,
« pardonnez-moi. — Je connais mon art peut-
« être. — Votre art! votre art ne consiste pas à

« tâtonner une femme de la tête aux pieds. — Je
« vous proteste, monsieur... — Je ne le veux
« pas. M'entendez-vous? — Savez-vous ce qui
« résultera de votre opiniâtreté? — Qu'est-ce? —.
« Dans un an, madame ne saura rien. — Que
« vous importe, pourvu que je vous paie? — Et
« ma gloire, monsieur? »

Roberville s'étendit en homme intéressé sur l'indécence de semblables leçons. Il ne concevait pas comment des pères et des maris souffraient une telle licence. Duponceau lui jurait que c'était un usage généralement reçu; qu'un *professeur* de danse est un homme délicat par principes, et qu'en entrant chez une jolie femme, il laisse ses sens à la porte. Roberville tint ferme, et Duponceau fut obligé de composer. On convint que madame aurait une robe à coulisses, qui fermerait sous le menton, mais qui ne descendrait qu'à deux doigts au-dessus de la cheville du pied, et qu'elle danserait avec des gants. Or, comme une robe ne se fait pas en une demi-heure, la première leçon fut remise au lendemain.

Le professeur de musique se montra moins exigeant. Il ne demanda à voir ni les jambes, ni les épaules. Mais il s'étudia à donner à madame une pause romantique; il lui montra à arrondir son bras sur sa harpe; à laisser entrevoir ses formes, en se servant des pédales; à pencher mollement la tête; à baisser voluptueusement la paupière dans la romance; à lancer des regards perçans pendant un allegro. Roberville prétendait que tout cela n'est pas l'art. M. Sandrin répondait que ces moyens étaient au-dessus de l'art même, et le faisaient oublier; qu'on n'écoute pas une jolie femme qui déploie tous ces avantages, parce qu'on s'énivre du plaisir de la contempler; qu'il suffit qu'elle pince supportablement quelques variations, pour être recherchée, fêtée, adorée, et qu'il est beau pour un mari, de trouver dans sa femme l'objet des désirs de tous, et celui dont il est exclusivement aimé.

« Mais, messieurs les *professeurs*, puisque *pro-*
« *fesseur* il y a, il semblerait, à vous entendre,
« qu'on ne prend une jolie femme que pour les
« autres. Je ne me soucie pas du tout que la
« mienne plaise à tout l'univers. L'admiration
« mène droit au cœur, et le cœur... — Ne mène
« à rien, monsieur. L'écueil que vous redoutez,
« n'est dangereux que pour les femmes sans vertu,
« et toutes celles qui pincent de la harpe en ont
« beaucoup. — Êtes-vous marié, monsieur le pro-
« fesseur? — Non, monsieur, et je n'ai nulle en-
« vie de l'être. — Eh bien! monsieur, si cette envie
« vous prend, vous ne voudrez ni œillades lan-
« goureuses, ni regards animés. Vous n'entendrez
« pas que votre femme soit à demi-nue, pour
« qu'on admire son bras et sa gorge, ni qu'elle
« place sa harpe de manière à faire deviner sa
« cuisse. Supprimons tout cela, s'il vous plaît,
« ou s'il faut choisir, je préfère la gaucherie mo-

« deste d'une femme qui vit dans son intérieur,
« aux graces et à la voluptueuse vertu de vos *har-*
« *pistes*. — Alors, monsieur, il faut que madame
« devienne une artiste consommée; et qu'elle
« brille par son talent, si elle ne séduit point par
« ses formes. — Eh! monsieur, voilà tout ce que
« je vous demande. »

Rose prenait ses leçons le matin. Elle faisait peu de progrès dans ces deux genres, mais beaucoup dans ce que le monde appelle *maintien*, et ce que les hommes indulgens nomment assurance. Le soir, elle allait au spectacle. Elle ne trouvait de bon à l'opéra que les ballets; elle bâillait en écoutant le Tartufe et Mérope; mais elle riait de tout son cœur des fourberies de Scapin, et des tours de l'avocat Patelin. Son goût pour la toilette se formait sensiblement; et tous les jours il lui fallait quelque chose de nouveau. On l'admirait à l'Estrapade, oh dame! et tous ceux dont son mari avait composé sa société, étaient ses petits serviteurs : Rose se croyait un personnage.

Un jour, son mari était allé acheter un ouvrage très-agréable, et qui faisait un bruit prodigieux, à cause des idées hardies dont il abonde, et qu'on trouvait neuves alors. Papa Perceval se promenait au jardin du Roi; maman et Félicité écoutaient un genovéfain, bien pomponné, bien musqué, qui régnait comme un petit sultan sur son auditoire féminin. Roberville revient, son livre sous le bras. Il monte sans se faire annoncer, parce que la bourgeoisie n'avait pas encore adopté cet usage, dont les maris de tous les temps devaient cependant pressentir l'utilité. Que voit celui-ci! M. Duponceau caressait, baisait amoureusement la gorge de madame. Roberville, furieux, manifeste sa présence en appliquant un vigoureux soufflet au danseur, et il adresse des reproches sanglans à sa femme. « Mon ami, mon« sieur me montre la danse de Flore et de Zé« phire. C'est ce qu'il y a de plus nouveau, et ainsi « que l'air frais d'un beau matin joue dans le ca« lice des fleurs, ainsi Zéphire s'enlace dans les « bras de Flore, et lui communique par ses baisers « l'incarnat de la rose. — Et vous l'avez souffert! « quelle impudence! et qui vous a dit tout cela! « — Mon ami, c'est monsieur. — Vous verrez « qu'elle me fera cocu par excès de bêtise! Com« ment, ventrebleu! cet homme est étendu sur « un canapé, vous êtes sur ses genoux, et il vous « persuade qu'il danse! Monsieur le drôle, je vais « vous attaquer en séduction. — Monsieur le mari, « je ne possède pas un écu, on se moquera de « vous, et voilà tout ce que vous gagnerez. — On « se moquera de moi! on se moquera de moi! « — Oui, monsieur, on se moque des maris qui « ont de l'humeur, c'est l'usage. — Sortez, fa« quin!» Duponceau sortit, et il était temps. Monsieur le mari allait se faire raison à coups de canne.

Il était facile de pénétrer madame, et Roberville brûlait de savoir jusqu'où les choses avaient été poussées. Rose répondit avec son ingénuité ordinaire, et Roberville resta persuadé qu'il n'y avait eu que des baisers pris et rendus, mais que cinq minutes plus tard...

Une pareille aventure était bien faite pour dégoûter des maîtres à la mode, et inspirer le projet des précautions pour l'avenir. Le *professeur* d'attitudes voluptueuses et de coups d'œil assassins fut aussi congédié. La réforme s'étendit jusque sur Bourguignon, à qui monsieur ne faisait pas l'honneur de le craindre personnellement; mais qui paraissait fait pour bien mener une intrigue.

Duponceau fut remplacé par un maître à danser de la rue des fossés-Saint-Victor. Soixante ans, une bouche dégarnie, les joues cavées, une perruque à trois marteaux, des souliers taillades partout, à cause des cors et des durillons : voilà son signalement.

Le nouveau maître de harpe était à peu près du même âge, et la goutte qui lui rongeait les mains, leur donnait quelque ressemblance avec des pattes de chapon rôti.

Le successeur de Bourguignon tenait beaucoup de ces deux messieurs, et à la faveur de ces changemens, Roberville crut pouvoir dormir en paix.

Une particularité qui le frappa et qui ajouta à ses regrets, c'est que Félicité qui n'avait reçu aucune leçon, mais qui assistait assez régulièrement à celles que prenait sa sœur, savait ce qu'on avait inutilement essayé de lui apprendre, et son beau-frère, occupé un jour dans un cabinet voisin, fut étonné d'entendre résonner la harpe de madame avec assez de méthode et de précision. Il croit qu'il s'est opéré dans sa femme un changement subit. Il se lève enchanté; il accourt. Félicité, qui se croyait seule, s'étonne à son tour; elle s'arrête, la harpe est muette, mais Roberville a vu. « Ah! lui dit-il, en l'embrassant, on ne vous ferait « pas croire, à vous, que vous dansez, si vous « étiez assise sur les genoux d'un homme couché « sur un canapé. » Félicité rougit du plaisir de mériter l'éloge, et de celui d'être vengée d'un choix injuste et précipité. L'amitié qu'avait déja pour elle son beau-frère, devint un sentiment exclusif, qui, par la suite, le consola de bien des choses, parce qu'elle le partagea sincèrement.

Cependant Roberville dépensait le double de son revenu, et il ne réfléchissait pas encore aux inconvéniens qu'entraîne le dérangement des affaires. Jusque là, il n'avait rien vendu, mais les emprunts se succédaient. Rose, qui ne calculait pas plus que lui, demandait toujours, et si son mari se permettait de légères observations, elle fronçait son joli sourcil; son front était nébuleux. Elle ne recouvrait la parole, le sourire ne reparaissait sur ses lèvres, que lorsque le marchand d'étoffes et la couturière paraissaient.

Il y avait déja quelque temps que Félicité prévoyait les suites de ce désordre. La timidité naturelle à son âge, une sorte de délicatesse, ne lui permettaient pas de s'ériger en censeur, et de faire la leçon à son beau-frère. Cependant, l'avenir désastreux qui le menaçait, lui et son épouse, la déterminèrent enfin à surmonter de frivoles considérations. Elle parla avec douceur, avec ménagement, et la solidité de ses raisonnemens n'en fut que mieux sentie.

Roberville forma à l'instant le projet de payer ses dettes avec ses économies. Honteux de revenir sur ses pas, craignant de s'expliquer avec madame Perceval, il prit le parti de lui écrire qu'il avait été égaré par son cœur, et que l'état de sa fortune ne lui permettait plus de soutenir son train de maison. Il représenta à sa femme que douze francs dépensés chaque jour au spectacle font par an cent quatre-vingt louis, qui valent mieux que toutes les ariettes et les gambades du monde ; qu'une jeune dame peut être très-passablement mise, sans payer dix louis par mois à sa couturière et à sa marchande de modes, et qu'à dix-huit ans on peut se passer d'un *remise*.

Madame Perceval se soumit : elle n'avait pas d'autre parti à prendre. Mais Rose avait appris déja des dames de l'Estrapade, qu'une femme ne doit jamais céder à son mari. En conséquence de ce principe, elle entreprit de prouver, et elle prouva très-mal qu'elle ne pouvait, qu'elle ne devait pas réduire sa dépense. Roberville, qui l'aimait moins, à mesure qu'il s'attachait davantage à sa sœur, prononça le mot *je le veux*, mot fatal, qui met toujours le feu dans un ménage. Rose pleura, et son mari lui tourna le dos.

Vous prévoyez bien que les bonnes amies furent consultées. Indépendamment de l'esprit de domination, passion première des femmes, celles-ci tenaient à certains dîners, où Roberville faisait également régner l'abondance et la gaîté, et on n'est pas fâché, à l'Estrapade, de ménager son pot-au-feu. Un *chorus* général d'indignation s'éleva contre les maris impérieux. On se consulta, on discuta, et on arrêta que Rose opposerait la résistance à des prétentions absurdes, et que si son mari employait les moyens violens, elle se vengerait.

Elle ne savait pas encore comment une femme se venge, et elle n'osait le demander, de peur de passer pour ce qu'elle était. Mais elle déclara très-nettement à Roberville, qu'une femme *comme il faut* ne peut vivre sans voir Clairval et Vestris, et qu'elle continuerait de fréquenter les spectacles. Ce ton tranchant étourdit d'abord Roberville. Mais, revenant au sentiment de sa dignité, qu'on outrageait avec impudeur, il prononça la défense positive de sortir sans son agrément.

Rose ignorait les dangers où s'expose une femme qui brave un mari raisonnable. La perte de son affection, celle de l'estime des honnêtes gens, les chutes réitérées où peuvent l'entraîner son dépit et l'abandon de ceux qui la soutiennent contre elle-même, par des égards, des respects qu'il est toujours flatteur de mériter, rien de tout cela n'était prévu, ne s'était même offert à sa pensée. Elle sortit; elle fut prendre madame Thomasseau, la plus élégante de ses jeunes amies, et elles allèrent entendre les vers voluptueux d'*Atys*.

Selon l'usage invariable des femmes, Rose raconta en chemin la scène très-vive qu'elle avait eue avec son mari, et madame Thomasseau ne manqua point de la féliciter sur sa noble et courageuse résistance. Elle l'exhorta à secouer entièrement le joug, et à jouir de sa jeunesse.

Madame Thomasseau jouissait de la sienne dans toute l'étendue du mot. Elle avait épousé un riche marchand de draps, et elle vivait avec son premier garçon, dont elle n'était pas fort éprise; mais qu'elle trouvait commode d'avoir sous sa main. Elle avait un bijoutier à la porte des Tuileries, un conseiller au parlement au marais, et un officier aux Gardes au faubourg Saint-Germain, de sorte que, dans quelque quartier de Paris qu'elle allât, elle rencontrait, sans se détourner d'un pas, l'amour ou le plaisir, ce qui ne laisse pas d'être agréable.

Madame de Roberville devait aller vite avec une telle institutrice. A peine furent-elles placées et eurent-elles jeté un coup d'œil rapide sur tous les points de la salle, que madame Thomasseau s'écria : Voilà votre vengeur! Ce vengeur était un jeune mousquetaire, qui occupait la loge voisine.

Rose voit un officier bien brillant, bien tourné, d'une figure aimable, et elle ne conçoit pas encore quel mal ce vengeur peut faire à son mari. Le mousquetaire, qui déja dévore des yeux deux jolies femmes, dont il n'est séparé que par une frêle barrière, a saisi le sens des mots jetés par madame Thomasseau. Il débute par une salutation moitié leste, moitié polie. Madame Thomasseau y répond par une inclination de tête et un doux sourire. Rose se lève et répond par une profonde révérence, telle que la lui faisait faire Duponceau, au commencement et à la fin du menuet. Le mousquetaire eut envie de rire; mais Rose était si jolie! pouvait-elle long-temps paraître ridicule?

Il s'approche, il parle de la pièce qu'on va jouer, des actrices qui vont paraître, de la mode du jour, de Longchamp, du maréchal de Saxe, et il parle de tout avec l'amabilité que donne l'esprit, et la grace que procure l'usage du grand monde. Bientôt il cesse de généraliser la conversation. Il s'occupe exclusivement de ces dames; il se félicite du hasard heureux qui les lui a fait rencontrer. Ne les aura-t-il vues un moment que pour les regretter toujours? emporteront-elles le repos du reste de sa vie? C'est madame Thomasseau qui répond à tout, et qui ne répond pas mal. Son doux sourire a engagé la conversation ; c'est tout ce qu'elle voulait. Maintenant sa gaîté est modeste, réservée, décente même, parce qu'elle sait que les hommes ne s'attachent qu'en proportion de la résistance qu'ils éprouvent, et qu'elle se flatte que Rose règlera sur elle son ton et son maintien. Si madame Thomasseau eût été seule, elle subjuguait le mousquetaire. Il avait balancé un moment. Mais c'est maintenant à Rose que s'adressent ses vœux ; elle est l'objet unique de ses désirs, et Rose méritait la préférence.

« Mademoiselle est sans doute de Paris ? —
« Non, monsieur. — Comment, une provinciale
« aurait ces graces naturelles, cette tournure,
« cette aisance qui n'ont rien d'affecté ? » Ici Rose
rougit de plaisir : la flatterie est l'arme la plus
dangereuse des hommes. « Mademoiselle est chez
« des parens sans doute ? — Je suis chez mon
« mari, monsieur. — Mariée! Mariée à cet âge!
« C'est un meurtre, une indignité. Et quel est
« l'heureux mortel qui a ravi cette fleur ? — Heu-
« reux! il ne l'est pas, monsieur. — Comment,
« madame, il ne l'est pas ! — Il le dit, monsieur.
« — Le monstre ! et que lui faut-il donc ? — Que
« je me soumette à des volontés tyranniques. —
« Voilà bien les maris ! Le vôtre ose être exigeant,
« lui qui devrait passer sa vie à vos pieds. Ven-
« gez-vous, madame, c'est le seul parti qui vous
« reste. » Hélas ! pensait Rose, je le veux bien.

Mais qu'ils me disent donc comment on se venge. Moi, je n'ose pas le demander.

Notre mousquetaire n'était pas homme à le lui laisser ignorer long-temps. Des expressions passionnées, un ton vrai que donne toujours le désir, que les femmes veulent bien prendre pour de l'amour, firent palpiter le cœur de Rose. Elle écoutait, elle n'avait plus la force de répondre, et le mousquetaire n'y perdait rien.

Déja l'entreprenant officier a passé dans la loge voisine. Déja il a couvert de baisers une main charmante qu'on lui abandonne : c'est plus qu'on doit oser en public, c'est aussi tout ce qu'on peut s'y permettre. Mais ces baisers étaient expressifs. Avant la fin du spectacle, Rose commençait à se douter de quelque chose, et la vengeance à lui paraître douce.

On allait se séparer, et on voulait se revoir. Le mousquetaire demande la permission d'aller le lendemain assurer madame de son respect : c'est toujours par là qu'on commence, même avec celle qu'on veut le moins respecter. « Je ne « demande pas mieux, monsieur. Mais mon mari... « — Laissez-moi faire, madame, je serai son ami. « — Vous serez son ami ! vous ne me vengerez « donc pas ? » Le mousquetaire partit d'un éclat de rire ; madame Thomasseau suivit son exemple. « C'est un enfant à former, dit-elle. — Je m'en « charge, madame. — Mais de quoi donc riez-

« vous ? — Charmante ingénuité ! précieuse igno-
« rance, qu'il me sera si doux de dissiper ! »

On convient de l'heure et du prétexte que prendrait M. de Vercourt, des moyens qu'on emploierait si le mari était un homme sans usage, sans savoir-vivre, et le mousquetaire fit monter ces dames dans le carrosse de certaine comtesse qui était à sa disposition. Contenu par la présence de madame Thomasseau, qu'il prenait pour une demi-vertu, et à qui il faisait trop d'honneur, il se borna à ces protestations qui manquent rarement leur effet, qui sont sincères la veille, et auxquelles une femme qui a de l'expérience ne croit plus le lendemain. Il les déposa sur la place de Saint-Michel, pour leur donner le temps d'arranger la fable qu'elles débiteraient en rentrant, et il courut attendre le moment heureux dans les bras de sa comtesse.

Roberville fut aussi indigné que surpris de l'évasion de sa femme. Il concevait qu'on peut, à son âge, ne pas obéir rigoureusement, et chercher à couvrir la désobéissance de quelque prétexte spécieux. Mais braver ouvertement un époux ; mépriser sa colère et les convenances, jusqu'à lui faire dire par ses gens qu'elle est allée à l'Opéra, est un excès d'audace qu'il ne devait pas attendre d'une femme de dix-sept ans ; c'est ce qu'il ne peut souffrir, c'est ce qu'il doit réprimer.

Quels moyens emploiera-t-il ? dix plans divers

se succèdent, et tous, à l'exécution, lui présentent des inconvéniens qu'il n'a pas prévus d'abord, parce qu'il est toujours entraîné, par son imagination, au-delà de ce qui est raisonnable. Consultera-t-il Félicité? En fera-t-il l'ennemie de sa sœur? peut-il même le désirer? Sa meilleure, son unique amie ne se dégraderait-elle pas à ses propres yeux, en nourrissant en lui un éloignement qui, chaque jour, devenait plus prononcé? A-t-elle d'ailleurs l'expérience, qui seule peut conseiller sagement, dans une conjoncture aussi délicate?

Indécis, incertain, mais toujours furieux, Roberville court chez M. de l'Oseraie, chez cet homme à qui il doit tant, qu'il a trouvé sensible à ses peines, indulgent pour ses erreurs, et dont il a si mal reconnu le tendre attachement. La longueur de la route, la fraîcheur de l'air, lui avaient calmé la tête, et en entrant chez son ami, il ne sentait plus que ses torts envers cet être estimable. Il s'attendait à être froidement reçu, il le méritait, il en convenait avec lui-même. Quel fut son étonnement, lorsque de l'Oseraie prit, à son aspect, un air riant, et lui serra la main!

« Tu me délaisses dans la prospérité : tu as donc
« quelque nouvelle disgrace à me confier? J'aime
« que tu reviennes à moi dans le malheur. Cela
« prouve ta confiance et une affection que tu
« oublies trop souvent, mais que rien ne peut

« éteindre. Voyons, mon ami, que puis-je pour
« toi ? »

Roberville, rassuré, raconta tout ce qui s'était passé depuis son mariage jusqu'à ce moment. Rendu, par la bienveillance de son ami, et par la chaleur du débit, à son premier ressentiment, il peignit les torts de sa femme en traits de feu. De l'Oseraie sourit et lui dit : « N'attachons pas à
« une première imprudence une importance que
« probablement elle ne mérite pas. Ta femme a
« fait une fausse démarche ; mais il me semble
« que tu en es l'unique cause. — Moi, mon ami,
« moi ! — Écoute, Roberville. Tu as commencé
« par vouloir faire de ton amour et de celui de ta
« femme l'occupation de tous les jours et de tous
« les momens. Tu t'es hâté d'user un sentiment
« qui n'est pas éternel, et qui ne se reproduit ja-
« mais ; tu l'avais éprouvé dix fois. Voilà une pre-
« mière faute.

« Ton amour-propre se révolte, s'indigne pour
« une misérable chanson, qui eût été oubliée le
« lendemain. Tu te mets en état de guerre avec
« tout un village, tu es forcé d'enlever ta femme
« des lieux où elle vivait dans la médiocrité, au
« milieu de gens simples comme elle, qui ne pou-
« vaient ni la corrompre, ni même altérer la pu-
« reté de ses goûts. Tu la conduis à Paris ; tu
« ouvres ta maison à des gens que tu ne connais
« pas, et qui peuvent être dangereux. — Je ne
« reçois, à peu d'exceptions près, que des femmes.

« — Tant pis. Ce genre de liaison est d'autant
« plus dangereux qu'il est plus libre, et, de tous
« les corrupteurs, le plus insinuant, le plus per-
« fide est une femme corrompue. Revenons.

« Tu prends un état que ta fortune ne te per-
« met pas de soutenir. Tu fais contracter à Rose
« l'habitude du luxe, et des plaisirs dispendieux,
« et lorsque ta raison te fait sentir la nécessité
« d'une réforme, tu crois qu'il suffira d'un mot
« pour y ployer une jeune femme, sans jugement
« et sans expérience! Elle résiste, tu devais t'y
« attendre, et, au lieu de voir dans sa résistance
« l'effet certain de son défaut de lumières, au
« lieu de l'amener insensiblement à tes idées par
« la douceur, par des raisonnemens, tu deviens
« exigeant, impérieux. Tu prononces le mot *je le*
« *veux*, mot que des circonstances majeures lé-
« gitiment quelquefois, mais qui est toujours le
« signal de la discorde, et qui ne laisse d'autre
« parti à prendre que celui de la sévérité. Que
« de fautes à la fois !

« Ta femme s'aigrit au lieu de céder. Elle déso-
« béit ouvertement, et elle veut que tu le saches.
« Quelles sont maintenant tes ressources avec un
« être qui n'en a aucune dans l'esprit, et qui a
« cessé d'aimer ? Ne t'abuse pas là-dessus, mon
« ami. Eût-il survécu quelque chose de ce pre-
« mier amour à l'abus que vous en avez fait,
« cette faible lueur a dû s'éteindre par ce mot
« redoutable. C'est un malheur de le prononcer

« quand on y est contraint ; c'en est un plus grand
« d'être forcé de le soutenir ; mais le dernier de
« tous est de voir mépriser une autorité légitime,
« sans laquelle il n'existe pas d'ordre dans une
« maison.

« Je te le répète, j'attache peu d'importance à
« la démarche qu'a hasardée ta femme. Mais tu
« t'es mis toi-même dans une position qui ne te
« permet plus de reculer. Représente-lui d'abord
« qu'elle a manqué à son devoir. Déclare-lui avec
« fermeté qu'à la première désobéissance, tu la
« mettras dans un couvent. Elle paraît altière ;
« elle désobéira encore, je le crains. Alors il n'y
« aura plus à balancer. Effectue ta menace. Con-
« duis-la dans une maison décente ; fournis abon-
« damment au nécessaire ; mais imprime d'abord
« la terreur. Elle passera de l'indifférence à la
« haine. Mais les remontrances d'une supérieure
« éclairée, ses propres réflexions la rameneront
« insensiblement à toi, et à ce qu'elle se doit à
« elle-même. Elle verra, dans son époux, un ami
« vrai, envers qui elle a eu des torts réels ; elle
« aura appris à craindre, à respecter ton autorité,
« et elle te saura gré de ta clémence, quand le
« moment d'en user sera venu.

« Tels sont, mon ami, les tristes et uniques
« conseils que je puisse te donner ; tel est le
« parti que j'eusse pris moi-même, si le sort
« m'eût mis à une semblable épreuve. — Oh !
« toi, tu es heureux en tout. — J'ai fait ce qu'il

« fallait pour l'être. Quand j'ai pensé au mariage
« j'ai comparé l'amour à un météore éblouissant,
« mais passager. J'ai senti qu'une vive amitié,
« des soins, des prévenances, des égards mu-
« tuels, rendent seuls constamment heureux, et
« j'ai eu le bonheur de rencontrer une femme
« pénétrée comme moi de ces vérités. Va, mon
« ami, je te plains autant que je t'aime ; mais
« sois homme, et déploies-en le caractère. »

En quittant M. de Vercourt, madame Thomasseau avait fait la leçon à sa compagne. « Il faut,
« lui avait-elle dit, mener son mari ou en être
« esclave, et, dans l'alternative, il n'y a pas à ba-
« lancer. Vous venez de débuter comme un ange :
« sachez maintenant persévérer. Il vous en coû-
« tera, à la vérité, quelques efforts ; vous aurez
« quelques combats à soutenir, pour subjuguer
« un homme qui annonce de l'énergie ; mais
« l'empire est le prix du courage, et vous le per-
« dez sans retour, si vous cédez une fois. Dé-
« clarez d'un ton aisé et ferme que vous n'en-
« tendez pas vous contraindre, et que vous avez
« été à l'Opéra, parce que tel était votre bon
« plaisir. Si M. de Roberville s'emporte, opposez
« une dignité calme à l'orage, et retirez-vous
« dans votre appartement.

« N'allez pas lui parler du charmant mousque-
« taire. Au moindre soupçon d'une intrigue ga-
« lante, il ameuterait contre vous tous les maris :
« ces animaux-là ont tous le ridicule de ne vou-

« loir pas être trompés. Il entraînerait encore
« dans son parti les dévotes, les prudes, les bé-
« gueules, et une femme qui n'a plus pour elle
« que ses amans, est à peu près seule, car ce
« n'est plus l'amour de l'individu qui les guide,
« c'est celui du plaisir, et cet amour-là n'est qu'un
« goût passager. Bonsoir, ma petite. Fermeté,
« adresse et discrétion : avec cela une femme
« arrive à tout. »

Roberville et Rose se conformèrent exactement aux conseils qu'ils avaient reçus. Le mari exigea tout ; l'épouse ne voulut rien accorder. Ils se séparèrent aussi indifférens l'un pour l'autre que s'ils eussent eu quinze ans de mariage, et aussi animés, aussi aigris que deux Normands qui se menacent mutuellement d'une assignation.

Il est bien extraordinaire, pensait Roberville, que ma femme ne trouve des idées, qu'elle ne s'exprime facilement que pour me contredire. Vous verrez qu'elle deviendra aimable pour tout le monde, excepté moi. Cette remarque de Roberville pourrait être faite par bien des maris, qui n'y pensent pas. Concluons-en que tout est pour le mieux, et ajoutons une huitième *béatitude* à celles que nous connaissons déja : *Bienheureux les maris faciles et confians.*

CHAPITRE III.

Vous deviez vous attendre à cela.

Madame de Roberville dormit très-bien : les sots ne s'affectent jamais. Son mari se frotta le front une partie de la nuit : était-ce un pressentiment ? L'image du beau mousquetaire se présenta le matin à l'imagination paresseuse de madame, et fixa le sourire sur ses lèvres. Monsieur, à son réveil, retrouva les soucis sur son oreiller.

Il était à peine levé, qu'on lui annonça quelqu'un qui demandait à le voir avec empressement. Roberville ordonne qu'on fasse entrer, et à peine a-t-il parlé, que la porte s'ouvre, qu'un jeune homme se précipite et le serre dans ses bras en s'écriant : « Mon cousin, mon cher cou-
« sin ! »

Roberville le regarde. Taille bien prise, figure heureuse, habit de soie noire complet, dentelles d'Angleterre, épée d'acier, chapeau sous le bras : on pouvait reconnaître ce parent-là. Roberville n'y voyait qu'une difficulté : il ne se souvenait pas d'avoir ouï dire à sa mère qu'il eût jamais des oncles ou des tantes, et sans cela il n'est pas aisé d'avoir des cousins.

« Monsieur, répondit celui-ci, votre père avait
« un frère nommé Hippolyte, qui parvint à l'âge
« de dix-huit ans, sans savoir faire autre chose

« que jurer, boire, jouer aux dés et avec les filles.
« Grand-papa Robert, qui n'était pas endurant,
« le fit enlever, conduire à Brest, et mettre à
« bord d'un vaisseau qui partait pour les Antilles.

« Au milieu de la traversée, le bâtiment fut
« assailli d'une tempête, dont je vous ferai l'his-
« toire si vous voulez. — C'est inutile, monsieur.
« — Il fut jeté sur un rocher, où il se brisa.
« L'équipage se mit dans les chaloupes, et on
« refusa d'y recevoir Hippolyte, parce qu'on ne
« voulait pas les surcharger, et que si quelqu'un
« devait être noyé, il valait mieux que ce fût un
« mauvais sujet qu'un autre. En conséquence de
« ce raisonnement, auquel Hippolyte eût répondu
« d'une manière victorieuse, si on lui en eût laissé
« le temps, il fut réduit à s'accrocher à quelques
« plantes marines, et il resta dans l'eau jusqu'au
« cou, attendant le moment d'être tout-à-fait
« submergé, ou tiré de-là par quelqu'un de ces
« coups du sort qui tiennent du prodige, et que
« cependant on lit partout.

« Bientôt il se trouva les épaules hors de l'eau ;
« une heure après, il n'en avait que jusqu'à la
« ceinture ; enfin le roc se découvrit, et Hippo-
« lyte put se promener à pied sec. Vous allez me
« prendre par mes propres paroles, et crier au
« miracle. Rien n'est pourtant plus simple que ce
« que je vous raconte : la marée baissait, voilà
« tout.

4.

« En se promenant sur son rocher, Hippolyte
« pensa que la marée, qui avait baissé, remonte-
« rait infailliblement au bout de six heures. Il ne
« savait même pas si elle ne baissait pas déja au
« moment où le vaisseau périt, auquel cas il au-
« rait, à la marée prochaine, de l'eau par-dessus
« la tête, perspective qui n'était pas faite pour
« l'égayer.

« En faisant toutes ces réflexions, il broncha
« et tomba, parce qu'il observait les bornes de
« l'horizon, au lieu de regarder à ses pieds. Sa
« chute ramena son imagination vagabonde au
« point qu'il occupait, et il se trouva entre un
« coffret et deux caisses, dont il ne put se tirer
« qu'à l'aide d'un ferrement avec lequel il les
« brisa. Une des caisses était pleine de biscuit,
« l'autre de vin de Champagne, et le coffret d'or.

« Hippolyte but et mangea, et se trouva assez
« bien pour tenir à la vie et aux jouissances. Il
« regarda ses richesses avec complaisance, et ju-
« gea que s'il pouvait les porter à terre, il aurait
« de quoi jouer aux dés et avec les filles le reste
« de ses jours. Il n'y avait qu'un obstacle à sur-
« monter : c'est que la terre était à quatre ou
« cinq cents lieues de lui.

« Cependant, comme un grand cœur ne déses-
« père de rien, Hippolyte se mit à fabriquer, des
« débris du bâtiment et de quelques cordages
« rompus, un mauvais radeau sur lequel il char-

« gea ses provisions et son or. Il s'y plaça ensuite,
« s'y attacha fortement, et s'abandonna à sa
« bonne ou à sa mauvaise fortune.

« Bientôt un vaisseau, que la tempête avait
« aussi écarté de sa route, mais qu'elle n'avait
« pas brisé, parut fort à propos, et recueillit
« Hippolyte, son biscuit, son vin de Champagne
« et sa cassette. Tout cela est arrangé pour le
« mieux, allez vous dire. J'en conviens avec vous ;
« mais une preuve certaine de la vérité de ces
« faits, c'est que me voilà, et que je n'existerais
« point si mon père se fût noyé alors.

« Hippolyte, arrivé à Saint-Domingue, crut en
« être quitte pour payer généreusement son pas-
« sage. Ce n'était pas là le compte du capitaine.
« Presque tous les hommes sont fripons, quand
« ils peuvent l'être avec impunité. Celui-ci avait
« jeté un dévolu sur la cassette de mon père, et
« il lui déclara qu'il fallait partager, ou s'attendre
« à être dénoncé et à perdre le tout. Hippolyte
« dit au capitaine que le trait n'était pas délicat.
« Le capitaine répondit qu'on fait toujours mal
« ses affaires avec de la délicatesse, et il persista
« si vivement dans ses prétentions, qu'Hippolyte
« aima mieux se tirer de ce pas difficile avec
« cent mille écus qu'avec rien.

« Il vécut un an comme un petit seigneur. Un
« an de cette vie encore, et il ne lui serait plus
« rien resté. L'amour, qui fait au hasard le bien
« et le mal, l'amour le sauva.

« Hippolyte rencontra chez le gouverneur la
« fille d'un riche habitant, jeune, jolie et très-
« éveillée. Vous savez qu'il aimait à jouer avec les
« filles ; elle aimait à jouer avec les garçons. Ils
« jouèrent tant qu'au bout de six mois monsieur
« le gouverneur lui notifia que s'il n'épousait ma-
« demoiselle Sophie dans les vingt-quatre heures,
« il le ferait mettre aux fers à la réquisition de
« son père.

« Comme une femme jeune, jolie et riche, vaut
« mieux qu'un procès criminel, Hippolyte épousa
« mademoiselle Sophie.

« Comme il n'était pas très-content de son père,
« il n'avait pas jugé à propos de lui donner de
« ses nouvelles.

« Comme un père se console aisément de la
« perte d'un mauvais sujet, le grand-papa Robert
« ne s'occupa plus de son fils.

« Comme un goût qu'on ne combat point de-
« vient irrésistible, ma mère joua tant avec les
« garçons, qu'elle en mourut.

« Comme il est juste qu'un père meure avant
« son fils, le mien s'est décidé, il y a six mois, à
« me transmettre sa fortune.

« Et comme on ne jouit bien de son opulence
« qu'à Paris, j'ai tout réalisé, je me suis embar-
« qué, et je suis ici depuis huit jours.

« Mon premier soin a été de chercher les Ro-
« bert, s'il en existait encore. Je n'avais reçu de
« mon père que des renseignemens très-généraux

« sur sa famille. Cependant, à l'aide de quelques
« notes du lieutenant de police, et des registres
« de votre paroisse, je vous ai découvert, mon
« cher cousin, et je m'empresse de vous offrir
« mon amitié, et votre part de deux millions, si
« vous en avez besoin. »

Cette histoire était un peu extraordinaire, et le ton du narrateur peu propre à persuader. Mais le moyen de ne vouloir pas être le cousin d'un homme qui a deux millions, et qui vous offre sa bourse! Roberville devait soixante mille livres, et les intérêts de cette somme réduisaient son revenu à neuf mille francs. Il forma le projet de se libérer aux dépens du cousin.

Il devait craindre que le parent attribuât le dérangement de ses affaires à son inconduite, ce qui pourrait éteindre tout-à-coup cette belle chaleur, ce noble désintéressement. Roberville jugea donc à propos de faire précéder la demande des soixante mille francs, du récit des faits qui avaient successivement nécessité les emprunts, et il conta au cousin les particularités que vous connaissez déjà. Le cousin le plaignit, le loua de la fermeté qu'il opposait aux fantaisies d'une femme déraisonnable, s'engagea formellement à payer ses dettes, et finit par une offre qui devait séduire un homme dans sa position.

« J'ai acquis hier, lui dit-il, à Épinai, près
« Saint-Denis, une propriété charmante. La mai-
« son est simple, mais les jardins sont délicieux.

« La nature n'a produit nulle part de paysage
« aussi piquant, aussi varié; nulle part l'ordon-
« nateur n'a aussi complètement caché l'art. Ce
« chef-d'œuvre est l'ouvrage de M. de Nayer, qui
« s'est fait la plus haute réputation en ce genre (1).
« Vous le connaissez, mon cousin? — Non, mon
« cousin. — Vous en avez au moins entendu par-
« ler? — On en parle partout. — Je vous prête ma
« maison. Conduisez-y madame de Roberville, et
« passez-y quelques mois avec elle. Les beautés
« locales la séduiront, et elle perdra insensible-
« ment à Épinai ces habitudes qui vous blessent
« si justement. Vous serez arrivé à votre but, sans
« avoir été contraint d'employer l'autorité, moyen
« que dans notre famille on emploie toujours à
« regret. »

Roberville trouve la proposition sage et naturelle. Il se félicite de ramener, sinon l'amour, du
moins le calme dans sa maison. Il accepte avec
les protestations de la plus vive reconnaissance
et du dévouement le plus absolu. Il fait appeler
madame.

Madame paraît, et monsieur lui présente le
cousin. Elle le fixe, recule et rougit. « Quel en-
« fantillage! s'écrie Roberville. Approchez, ma-
« dame; embrassez un parent généreux, qui réta-

---

(1) Ces jardins existent réellement. Ils appartiennent à
M. de Nayer, maire d'Épinai, qui en fait parfaitement les
honneurs, et qui passe sa vie au sein des arts et de l'amitié.

« blit nos affaires. » Rose hésite, elle balance, elle craint de faire quelque bévue. Son mari la pousse dans les bras du cousin. Par quelle fatalité l'hymen donne-t-il toujours, tête baissée, dans les piéges que lui tend l'amour ?

Le cousin est le mousquetaire; la maison d'Épinai appartient à sa comtesse, et il n'aurait pas un sou, s'il n'avait emprunté la veille cinquante louis à un de ses camarades.

Roberville fait part à sa femme de l'intention où il est de passer quelque temps à Épinai. Sa femme lui répond qu'elle est disposée à faire ce qui lui plaira, et que la société de son parent lui sera toujours agréable. « Voyez-vous, disait
« tout bas Roberville au mousquetaire, voyez-
« vous les effets heureux de l'énergie que j'ai
« déployée hier? Les femmes, quoi qu'elles disent,
« sentent qu'elles sont faites pour obéir. Elles
« ploient sous un mari ferme, et ne résistent
« qu'à un sot. — Vous avez raison, mon cousin.
« Mais sachez maintenant adoucir le joug, à me-
« sure que ma cousine reviendra à son devoir. —
« Vous sentez bien que je l'engagerai à être tou-
« jours plus soumise, en reconnaissant sa doci-
« lité par des égards, des attentions. Oh! je sais
« comment il faut mener une femme. — Mon car-
« rosse est à la porte : ne laissez pas refroidir ces
« favorables dispositions. » Les mousquetaires menaient les affaires rapidement, et celui-ci était plus mousquetaire qu'un autre.

« Allons, ma bonne amie, donnez ordre qu'on
« nous fasse une malle ou deux pendant que nous
« déjeunerons. — J'y cours, mon ami. — Je suis
« sûr, mon cousin, que vous n'aurez plus de ma
« cousine que de la satisfaction. — Ma foi, je
« commence à le croire. »

M. de Vercourt ne manqua point d'offrir son
hommage à la famille assemblée. Roberville répéta exactement ce que lui avait dit le cousin.
Papa et maman Perceval ouvrirent les yeux et
les oreilles. Félicité observait le jeune homme, et
tira son beau-frère à part. « Ne lui trouvez-vous
« pas, dit-elle, un air contraint? — Bah! voulez-
« vous qu'un homme de vingt ans, qui n'a encore
« vécu qu'avec des nègres, soit à son aise, au
« milieu de quatre à cinq personnes qu'il voit pour
« la première fois? Apprenez qu'il me donne
« soixante mille francs, et qu'il me prête les plus
« beaux jardins des environs de Paris. — Je n'ai
« rien à répondre à cela. »

On déjeune. M. de Vercourt est réservé, gai,
spirituel avec décence. Pas un regard qui s'adresse
à Rose; toutes ses attentions sont pour Félicité.
« Il est charmant, disait tout bas maman Perceval. »
Si elle pouvait le fixer, pensait Roberville! Beaucoup de maris sont de cette finesse-là.

On laisse la garde des lieux au beau-père et à
sa femme; on témoigne à Félicité de vifs regrets
de la quitter; on se promet de venir quelquefois
passer un jour avec elle; on ne manquera pas de

lui amener l'aimable cousin. On part, on arrive à Épinai.

« Cette maison, dites-vous, appartient à la com-
« tesse? Et si la fantaisie d'y venir lui prenait?
« — Elle est dame d'atours de la Dauphine, et
« elle est de service en ce moment. — Et son car-
« rosse? — Un moment donc, vous ne me laissez
« pas le temps de respirer. M. de Vercourt a ren-
« voyé l'équipage, et il a dit à Roberville : Il faut
« lui ôter, avec les moyens d'aller à Paris, l'envie
« d'y retourner. »

La jolie cousine se lance dans les bosquets, dans la prairie. Elle monte le yacht, elle visite les îles. Partout elle admire; elle s'écrie, elle proteste qu'elle passerait sa vie dans ce lieu de délices. Roberville partage son ravissement. Il n'a qu'un regret : c'est de ne pouvoir acquérir ces jardins enchantés. « Mais le cousin est si bon! il
« paraît tenir si peu à ce qu'il a! Je ne lui ai de-
« mandé que soixante mille francs; il m'eût éga-
« lement donné cent mille écus. Qui sait, lorsqu'il
« apprendra combien je tiens à cette propriété... »
Vanitas vanitatum!

Quand on n'est que trois à la campagne, il est difficile de se ménager des tête-à-têtes, et quand on n'a que cinquante louis à sa disposition, il n'y a pas de temps à perdre. Vercourt avait distribué les logemens, de manière à pouvoir s'introduire facilement la nuit prochaine chez madame. Mais il fallait au moins trouver le moment de lui dire à l'oreille : Vous laisserez votre porte ouverte, parce qu'elle crie sur ses gonds. Il suivait Rose pas à pas; mais il avait toujours sur ses talons le cher mari, trop reconnaissant pour ne pas faire à son noble parent la cour la plus assidue. Vercourt enrageait... et Rose aussi.

On dîne, et le repas est frugal. Le mousquetaire assure qu'une vie sobre est mère de la santé; qu'il se trouve à merveille de ce régime, et Roberville n'a garde de le contredire. C'est la femme du jardinier qui a fait la cuisine; c'est le jardinier qui apporte les plats et qui se retire. Vercourt proteste qu'il ne peut souffrir les domestiques, qu'ils ôtent toute la liberté de la conversation, et qu'ils sont souvent les espions de leurs maîtres. Roberville ne manque pas d'assurer que pour être bien servi, il faut se servir soi-même. Cependant il regarde sa femme ; il craint qu'un genre de vie aussi nouveau ne lui déplaise extraordinairement... Sa femme conserve sa gaîté franche et son air satisfait.

Il amène la conversation sur l'objet qui l'intéresse essentiellement. « Il est inutile, mon cousin, « de me parler de cela davantage : c'est paraître « douter de ma sincérité. J'ai contracté un enga- « gement ; je le tiendrai. Mais l'exécution tient à « certains arrangemens que je dois prendre avec « mon banquier. Je ne peux terminer avant « quinze jours, et j'en suis bien fâché. — Que « cela ne vous chagrine pas, mon cousin. J'atten-

« drai un mois s'il le faut. — Je vous certifie
« qu'avant ce temps-là vous saurez à quoi vous
« en tenir. A propos, savez-vous que votre belle-
« sœur est jolie, mais très-jolie! — Elle a de l'es-
« prit comme un ange, un caractère doux, et les
« qualités les plus rares. — Je crois en effet cette
« jeune personne propre à assurer le bonheur
« d'un galant homme, et je serai enchanté de
« la voir bien mariée. — J'avais toujours eu de
« l'éloignement pour le mariage. — Et notre petite
« Félicité vous en rapproche peut-être. — Je ne
« dis pas encore ce que je ferai. Au reste, j'as-
« surerai un million à celle que j'épouserai. » Roberville croit déja sa belle-sœur millionnaire.
Heureux de son bonheur futur, il cherche le
pied de sa femme; il veut lui exprimer et lui
faire partager un sentiment, que les convenances
ne lui permettent pas de laisser éclater. Ce n'est
pas le pied de madame qu'il rencontre; c'est celui
de quelqu'un bien plus habile, qui, sans se dé-
concerter, répond mollement à la douce pression, et qui carresse en même temps le pied mi-
gnon qu'on lui a abandonné dès l'instant où l'on
s'est placé. Maris, défiez-vous des grandes napes
à table, des bras à la promenade, et des sacs
partout.

On se lève, on rentre dans les bosquets. Le
cousin s'échappe un moment; il revient, il offre
son bras à madame, et la jolie main, qui paraît
à peine le toucher, le presse amoureusement. Le

sac, confident discret, est légèrement suspendu à un doigt effilé; il est entr'ouvert, il a déja reçu le billet qui prononce sur les destinées du mari. Rose s'éloigne à son tour. Elle reparaît, ici, derrière un arbre; plus loin, derrière des touffes de lilas; elle joue, elle folâtre; à peine l'a-t-on perdue de vue, et elle a trouvé une minute pour lire et déchirer le billet. Oh! c'est un grand maître que l'amour! on l'a souvent dit, et je pouvais me dispenser de le répéter.

Nos jeunes gens se lassent de courir. On veut se reposer sur le bord de l'eau, sous les peupliers d'une île qui semble consacrée à l'amour. On remonte sur le yacht, on vogue, on aborde. On trouve une collation champêtre composée du meilleur laitage et des fruits les plus beaux. Tout cela ne coûte rien à Vercourt, c'est la comtesse qui traite sa rivale. Avouons, messieurs, que s'il y a des femmes adroites, il est des hommes qui les valent bien.

« Oh, parbleu, il me vient une excellente idée. « Par ici, par ici, ma belle cousine ! » Vercourt prend la main de la jeune femme, il l'entraîne, ils se rembarquent, ils sont au milieu du canal. « Cousin, vous voilà précisément dans la position « de Robinson. Voyons si vous serez aussi indus- « trieux que lui. » Il est charmant, pensait Roberville. Quelle variété piquante il met dans nos plaisirs! Rose a raison, on passerait ici sa vie... Hé ! mais... oui... sans doute, ces jardins sont à moi. Le cousin aime Félicité. Au premier jour il me chargera des demandes. J'exigerai cette terre en présent de noces, et un homme amoureux ne refuse rien.

Pendant que le bon mari fait des projets, Vercourt suit l'exécution des siens. Il a conduit sa douce amie sous un bois épais. Un banc de gazon se présente, on s'assied. On débute par les aveux mutuels qu'on s'est faits la veille à l'Opéra; mais que la passion naissante aime tant à répéter. Le beau mousquetaire croit pouvoir tout se permettre : tout autre l'eût cru comme lui. « Finis-
« sez, monsieur, je ne permettrai point cela. —
« Refuser à un homme qu'on aime un baiser sur
« ces lèvres de rose ! — Ma bouche a promis fidé-
« lité. —Parbleu, c'est bien le moment d'avoir des
« scrupules, et d'en avoir d'aussi plaisans ! — Je
« ne plaisante pas, monsieur. Ma bouche ne faus-
« sera pas son serment. » Le mousquetaire insiste ; madame de Roberville se défend avec opiniâtreté. Vercourt s'afflige, se désole. « Que vous
« êtes enfant ! de quoi vous plaignez-vous ? du
« refus d'une bagatelle. Mais ne savez-vous pas
« qu'il n'y a que ma bouche qui ait juré ? »

Vercourt, en riant aux éclats, devint possesseur de mille charmes qui n'avaient rien promis, et dans l'excès de leur ravissement, cette bouche si chaste fut infidèle comme le reste.

Rose, revenant à elle, se plaignit amèrement de l'infraction du traité. Le mousquetaire promit d'en observer les conditions à l'avenir. Il les viola cinq minutes après, et la conscience timorée de la petite femme était déjà rassurée, lorsqu'ils rejoignirent le nouveau Robinson.

Le pauvre insulaire avait travaillé de son côté, non à défricher un coin de terre, ni a prendre des chèvres sauvages ; mais à enlacer les rameaux d'un saule pleureur dans les branches de quelques peupliers. Il avait préparé pour le cher cousin un toit de verdure impénétrable aux rayons du soleil. La bêche avait pratiqué une table de gazon, et le petit fossé qui l'entourait était destiné à reposer leurs pieds. La collation était rangée avec goût sur l'herbe verdoyante.

« A merveille, à merveille, cousin ! s'écrie le
« mousquetaire. Que de choses en aussi peu de
« temps ! D'honneur, vous êtes digne d'habiter
« une île déserte. — N'est il pas vrai ? et vous, à
« quoi avez-vous passé le temps ? — J'ai donné à
« ma cousine une première leçon de billard. Elle
« manie la queue à ravir. »

Tout le monde était fatigué, et la collation parut excellente. Au repas champêtre succéda le plaisir de la pêche, et l'étang de la comtesse fournit la matelotte pour le soir. Le mousquetaire avait trouvé un éclair de bonheur sur le banc de gazon ; mais l'amour est insatiable, et Vercourt soupirait après des jouissances commodes, prolongées. Il remarqua que pour bien saisir les beautés de la nature, on doit se coucher avec le soleil, afin de se lever avec lui. Roberville, excédé des travaux de la journée, ne désirait plus que son lit; Rose, très-satisfaite de son amant, était impatiente de se retrouver dans ses bras, et quand tout le monde est du même avis, les choses s'arrangent d'elles-mêmes. Neuf heures sonnaient, et chacun se retirait chez soi.

Après les derniers complimens, Vercourt tire sa porte avec fracas, et, la repoussant aussitôt, il s'assure une sortie facile. Il a en effet persuadé le cousin qu'il est bien et dûment renfermé, et qu'il ne pense qu'à dormir. Rose a suivi à la lettre les instructions que lui donnait le billet. Son appartement est ouvert; elle est dans un lit parsemé de roses, et dans l'état où Vénus sortit du sein de l'onde. Elle compte les minutes; elle appelle en secret l'amour et le bonheur.

Roberville, toujours plein d'attentions et de prévenances, avait aussi laissé sa porte ouverte et sa bougie allumée. Il n'y avait pas de domestiques dans la maison; le cousin pourrait avoir besoin de quelque chose, et les soins de tous genres ne coûteront rien à un homme qui attend de celui auquel il les rendra, soixante mille francs, et une propriété charmante.

L'ardent, l'impétueux Vercourt prête depuis quelque temps une oreille attentive : le plus profond silence règne autour de lui. Il se lève, il sort de sa chambre. La lumière qui frappe sur le mur opposé à la porte du cousin, indique qu'elle est ouverte. Roberville a-t-il quelque soupçon? L'inclination qu'on feint pour sa belle-sœur, ne doit-elle pas écarter toute idée d'intelligence avec sa femme? Lit-il? que fait-il? C'est ce dont il faut d'abord s'assurer. L'amant le plus intrépide ne se brouille avec le mari qu'à la dernière extrémité, et Vercourt voulait conserver l'amitié de celui-ci jusqu'à son dernier écu.

Il veut savoir si le cousin veille ou dort; il s'avance sur la pointe du pied, il tâtonne. Le point lumineux lui sert de fanal, sans rien éclairer autour de lui. Un jardinier une jardinière, connaissent peu les dispositions d'un appartement : ces bonnes gens ont laissé, dans un coin du corridor, un guéridon, une cuvette et son pot à l'eau, qui devaient être dans un cabinet de toilette, et que Vercourt ne pouvait s'attendre à rencontrer là. Son pied accroche le meuble léger et sans aplomb. Le guéridon, la porcelaine, roulent à dix pieds de lui, et se brisent avec fracas. Le cousin se réveille en sursaut, saute de son lit, prend sa bougie, et se trouve nez à nez avec Vercourt. « Bon dieu ! qu'avez-vous, mon cher « cousin?—Une indigestion épouvantable, et je « viens vous demander du secours. — Du thé, « mon cousin, force thé. — Non, un verre de « rhum, et l'estomac se dégagera. — Du thé vous « dis-je, du thé, c'est le remède souverain. » Roberville ouvre la croisée; il appelle la jardinière à grands cris. Vercourt se donne au diable; Rose, interdite, profite cependant de ce moment de tumulte pour s'enfermer à double tour.

La jardinière accourt, un pied chaussé, l'autre nu; un jupon dans une main, son fichu dans l'autre, et ce désordre ne la rend pas plus intéressante. Une bourrée est au feu, la bouilloire suspendue, la boîte au thé sur la table, la théière essuyée. Vercourt assure qu'il se trouve mieux, et annonce qu'il va se recoucher. Roberville y consent; mais il déclare qu'il passera le reste de la nuit auprès du cher cousin, et qu'il lui versera de l'eau chaude, jusqu'à parfait soulagement. Vercourt proteste qu'il ne boira pas; Roberville jure qu'il boira; Vercourt s'enfuit dans sa chambre, Roberville y entre avec lui. La jardinière monte le thé, Roberville verse, Vercourt se cache sous la couverture. Roberville prie, supplie, conjure; le mousquetaire est sourd. Roberville commence, sur les dangers d'une indigestion, une dissertation aussi prolixe que savante. La jardinière, femme très-entendue, saisit cette circonstance favorable. Elle descend; elle remonte armée d'une seringue, et, pendant que Roberville cherche à découvrir la tête, elle attaque le postérieur. Un coin de la couverture est levé, et Vercourt ne sait plus à quel assaillant faire face. Défend-il le haut, il sent le bout de la canule à l'orifice. Echappe-t-il à l'instrument, il retrouve Roberville la tasse à la main. Il se ploie, il s'allonge, il se roule, il s'étend comme un ver. Dans la rapidité de ses mouvemens, il heurte le bras de Roberville; l'eau bouillante lui couvre une épaule et le dos. La douleur le rend immobile; l'arme fatale est appliquée, le piston joue, Vercourt n'a pas perdu une goutte. Prompt à la riposte, il renvoie, à la jardinière, l'eau qu'elle a introduite, mais colorée et odorante. Elle jette les hauts-cris; le mousquetaire la regarde; il est vengé. Le visage, le cou, la gorge sont inondés. La bonne femme s'emporte, tempête; Vercourt et Roberville rient aux éclats.

Le reste de la nuit est employé à réparer le désordre. Le mousquetaire se recouche dans des draps blancs. Roberville s'obstine à rester, le cousin le laisse faire, et s'endort profondément, bien convaincu qu'il ne peut mieux faire. Roberville attribue ce sommeil tranquille à l'évacuation produite par le lavement. Rassuré sur l'état du cousin, il rentre dans sa chambre, et se remet au lit.

Rose ne sait à quoi attribuer le carillon infernal qu'elle a entendu. Elle croirait que son mari a surpris son amant, cherchant à s'introduire chez elle, sans les bruyans éclats de rire qui ont terminé cette scène. Elle se lève au point du jour, elle descend dans les jardins; elle cherche, elle trouve le jardinier, elle l'interroge; elle apprend que ses plaisirs ne sont que différés.

Parbleu, se disait Vercourt, en s'habillant, je ne craindrai, la nuit prochaine, ni thé, ni graine de lin, ni mari. Celui-ci est le premier qui ait mystifié un mousquetaire; mais je prendrai glorieusement ma revanche. En déjeunant, il parle de Félicité, il en parle à la promenade, il en parle au dîner, et toujours avec plus de chaleur. Enfin, lorsque le jour va finir, qu'on peut tout au plus arriver à Paris avant que le soleil se montre à Pékin, Vercourt prie, supplie son bon, son obligeant cousin, de ne pas différer son bonheur, et d'aller à l'instant même demander le cœur et la main de sa belle-sœur. Roberville cède avec empressement à des instances, dont le résultat peut combler tous ses vœux. Il prend son épée, sa canne à pomme d'or; il trotte à pied jusqu'à Saint-Denis, où il se jette dans la première cariole qui se présente.

« Ah! mon ami, disait Rose à son amant, tu
« m'as fait connaître combien la vengeance est
« douce; mais, jusqu'ici, tu m'as bien peu vengée.
« — Nous avons aujourd'hui un tort de plus à
« punir : une nuit qui devait être délicieuse, et
« qu'on m'a fait passer entre une bouilloire et une
« seringue! — Et les inquiétudes mortelles que j'ai
« eues? — Oui, la vengeance sera sans bornes.
« Une nuit d'Alcmène pourrait à peine y suffire.
« — Qu'est-ce qu'une nuit d'Alcmène, mon ami?
« — C'est une nuit double, mon petit ange. —
« Oh! ayons une nuit double. »

Quand on en a passé une sans dormir, le lit est bien attrayant. Il a un charme irrésistible, augmenté par le désir et la présence de l'objet aimé.

Nos amans soupent de bonne heure, ils soupent à la hâte. Vercourt donne, en se levant, le signal du combat; son intrépide amante se montre digne de lui. Il l'enlève, il la porte, il la dépose sur l'autel; il arrache jusqu'au dernier voile qui couvre la victime; le premier sacrifice est consommé. « Cher vengeur, cher vengeur, » disait d'une voix entrecoupée la jeune femme, ivre de la vengeance qu'elle a goûtée, et de celles que son amant lui promet encore.

Le bon mari cheminait trop lentement au gré de son impatience. Il était dix heures au moins, lorsqu'il arriva à l'Estrapade. Il craignait de trouver la famille Perceval couchée. Mais Félicité n'avait à se venger de personne, et dès long-temps maman Perceval ne trouvait plus de vengeurs. On allait se mettre à table.

Félicité se hâte de donner un couvert, et cet aimable empressement est payé de deux baisers. Aux caresses fraternelles succèdent les félicitations. Il est difficile de s'en réjouir, quand on n'en connaît pas l'objet. On attendait, la bouche ouverte, que Roberville s'expliquât. C'est par là qu'il aurait dû commencer; mais il ne faisait rien comme un autre.

Il débuta par dépeindre son cher cousin de la tête aux pieds; il fit valoir le moindre de ses agrémens personnels, ce qui était fort inutile: Félicité était fille, et toute fille à marier a jugé en un clin d'œil un homme qui ne l'est pas. Ro-

berville vint enfin aux propositions. Des propositions, il passa aux conditions, et il ne dit plus un mot qui ne fût avidement recueilli, et qui ne plût infiniment. En marquant le plus haut intérêt, et un zèle vraiment sincère pour le bien-être futur de la petite personne, M. de Roberville ne s'oubliait pas. « Mon cousin donne à Félicité un
« million, dont sa charmante habitation d'Épinai
« fait partie pour trois cent mille livres. Mais
« comme il a pour moi beaucoup d'amitié, il en-
« tend que j'aie la jouissance, à vie, de cette maison,
« à la charge par moi de l'entretenir dans l'état
« où elle est, et de l'y recevoir avec sa femme,
« quand ils voudront y venir. »

Il n'y avait pas la moindre objection à faire contre ces arrangemens. Il restait à une fille, qu'on mariait encore sans dot, sept cent mille francs net, et un fort joli homme. Il eût fallu être bien difficile pour délibérer; aussi répondit-on à l'instant, et de la manière que le désirait Roberville.

« Ce cher cousin, de quelle joie son tendre
« cœur sera pénétré! avec quelle ivresse il va
« m'entendre! Eh!... mais... pourquoi retarder
« la jouissance que l'amour lui réserve? Peut-
« être l'incertitude de son sort l'empêche de se
« livrer au sommeil. Qu'il sache dans deux heures
« qu'il n'a plus qu'à marquer l'instant de sa féli-
« cité. Qu'on m'aille chercher un fiacre. »

Roberville repart, avec plus d'empressement

encore qu'il n'est venu. Il anime, il stimule son cocher, et, à chaque coup de fouet, il ajoute quelque chose au pour-boire promis. Il arrange sa harangue au cousin. Elle est insinuante, flatteuse, et il ne résistera pas à des phrases si bien tournées; d'ailleurs, la jouissance de la maison d'Epinai est le prix de la main de Félicité. Le cousin y gagnera encore, pensait-il, car enfin, j'ai estimé ce bien-là au-dessus de sa valeur. Il n'entrera dans aucune explication avec les Perceval : celui qui donne n'a rien à dire, et Félicité est trop avantagée, pour se permettre la plus faible réclamation. Ainsi, il n'est pas probable que ma supercherie soit jamais découverte. D'ailleurs, je me mettrai toujours en tiers, jusqu'après la signature du contrat. Ma foi, vive les gens d'esprit! me voilà propriétaire sans frais.

Roberville descend à une portée de fusil d'Epinai; car enfin, tout amoureux qu'est le cousin, il pourrait fort bien reposer, et on ne saurait avoir trop de ménagemens pour son bienfaiteur. Sonner à la grille serait inconvenant, parce que le logement du jardinier est éloigné, et il faudrait que le cousin vînt lui-même ouvrir, ce qui ferait beaucoup de peine à Roberville. Il longe les murs du parc; il cherche l'endroit d'où sa vue s'est perdue dans la vallée de Montmorency, et où, par conséquent, la muraille a peu d'élévation. Il s'accroche, il monte, il parvient au faîte; le voilà dans l'enclos. Pauvre mari!

Il s'avance vers la maison. Il écoute; pas le plus léger bruit. « Il dort, dit-il. Allons attendre « son réveil dans ma chambre, et qu'il doute, aux « premiers mots qu'il entendra, s'il veille, ou s'il « n'est pas flatté par le plus doux des songes. » Toujours plein des plus délicates attentions, Roberville va chez le jardinier. Il frappe; il demande la clé d'une fausse-porte des cuisines; il revient, il allume une bougie, il quitte ses souliers au bas de l'escalier, il entre chez lui, et la perte de nos amans était au moins retardée, s'il ne lui fût venu dans l'esprit d'aller écouter à la porte du cousin. « Je n'entends rien, c'est à merveille; mais avec « qui causerait-il, et s'il ne dort pas, n'est-il pas « juste que je jouisse de la reconnaissance due à « mes succès et à la célérité de mes démarches? » Idée fatale aux intérêts de tous.

Roberville s'avance sur la pointe du pied; il trouve la porte de Vercourt ouverte. Il avance... C'est maintenant lui qui doute s'il veille; il ne peut en croire ses yeux. L'étonnement, la colère le rendent immobile; la bougie est prête à s'échapper de sa main... Vercourt n'est pas dans son lit, il n'y a pas été; il ne peut en partager qu'un, c'est celui... Et le mari le moins attaché à sa femme n'aime pas cela.

Quand on est seul à la campagne avec sa maîtresse; qu'on ne craint ni mari, ni fâcheux; qu'on s'est assuré que les jardiniers sont allés, à l'autre extrémité du parc, oublier les travaux du jour, enfin, qu'on a fermé la porte ordinaire d'entrée, on croit n'avoir pas besoin d'autres précautions, et Vercourt avait négligé de s'enfermer avec madame de Roberville. L'époux outragé paraît tout à coup devant eux.

« Lâche, ingrat, tu déshonores l'homme qui te
« croyait son ami! — Qu'avez-vous donc, mon
« cousin? — Ce que j'ai, malheureux, ce que j'ai!
« — Allons, ne va-t-il pas se mettre un tas de
« chimères dans la tête, s'aviser d'être jaloux! —
« Moi, jaloux d'une perfide, d'une infame! Je suis
« furieux, et les effets de ma colère seront ter-
« ribles pour tous deux. — Modérez-vous, mon
« cousin. Le cœur plein de l'image de Félicité,
« je ne pouvais dormir, et je suis venu parler
« d'elle avec madame. — Parler avec madame,
« tous deux dans le même lit! — Qu'importe?
« Vous ne supposez pas sans doute qu'on puisse
« éprouver des désirs auprès de sa cousine ger-
« maine. Et quand cela serait, ne savez-vous pas
« que le bienheureux Robert d'Arbrisselles cou-
« chait avec les plus jeunes de ses religieuses,
« dans l'unique vue de mortifier ses sens? Or, ne
« puis-je pas aussi me sanctifier auprès de ma-
« dame? C'en est trop, s'écrie Roberville, exas-
« péré, hors de lui, et il lève sa canne à pomme
« d'or. On peut pardonner, reprend le mousque-
« taire, quelques injures à un mari qui a de l'hu-
« meur; mais je ne supporterai pas ce dernier
« outrage. Oui, mon ami, vous êtes cocu, puis-

« que vous voulez le savoir, et vous me rendrez
« raison du geste que vous venez de vous per-
« mettre. — Quoi, non content de me couvrir d'in-
« famie et de ridicule, vous allez encore attenter
« à ma vie! — Mon cher, tout homme qui épouse
« femme jolie et bête, doit s'attendre à bien des
« accidens, et à être corrigé, lorsqu'il prend trop
« mal les choses : c'est la règle. Allons, en garde,
« et finissons-en. »

En écoutant, en débitant ces dernières phrases, Vercourt a passé sa culotte, et a mis flamberge au vent. Le courage, très-équivoque de Roberville, est soutenu par la fureur, irrité par les railleries. D'ailleurs, on le pousse, on le presse; il tire sa petite épée.

Madame Thomasseau a appris à Rose que rien ne donne autant de célébrité à une femme que deux hommes qui se coupent la gorge pour elle, et Rose se garde bien de séparer les combattans. Elle se borne à faire des vœux pour Vercourt, parce qu'elle sait encore qu'une femme du bon ton s'intéresse plus à son amant qu'à son mari. Il est vrai que le mousquetaire l'a traitée de bête; mais elle a lieu de se croire une bête fort aimable, puisqu'il lui a juré qu'il l'aime à la rage.

Ces messieurs ont croisé le fer. Vercourt fait les gros yeux; il a frappé trois ou quatre fois le parquet du pied, et déja Roberville a reculé jusqu'au mur, où le cher cousin va le clouer, lorsqu'un carillon infernal fait ce que Rose aurait dû faire. Vercourt recule à son tour; il regarde, il s'inquiète, il attend. Roberville respire.

Madame la comtesse, jeune, jolie, riche, et veuve avec tout cela d'un vieux mari, qui s'était borné à lui procurer quelques avant-goûts, s'était donnée à Vercourt avec tout l'abandon d'un cœur qui cède au besoin d'aimer. Faveurs, largesses, elle prodiguait tout pour le fixer; elle avait même pardonné quelques infidélités passagères du genre de celle-ci; mais ces infidélités mêmes avaient éveillé sa jalousie, et un homme à gages lui rendait compte de toutes les démarches de Vercourt. Elle avait trouvé odieux qu'il pût la tromper encore, et intolérable qu'il choisît sa maison pour le théâtre de ses plaisirs, et surtout qu'il lui donnât une bourgeoise pour rivale. L'amour-propre est au moins de moitié dans toutes les sensations des femmes.

Madame la comtesse avait écrit pendant une partie de la journée précédente. Elle s'était adressée à plusieurs gens en place. Elle s'était échappée de Versailles à l'entrée de la nuit, et elle venait jouir de sa vengeance.

« Dans cette chambre, s'écria-t-elle en entrant, « dans ce lit même! Le trait est atroce. Messieurs, « exécutez les ordres dont vous êtes porteurs. » Ces messieurs étaient un commissaire et deux exempts de police, soutenus par une douzaine de leurs gens.

« De par le roi, dit un exempt à madame de

« Roberville, levez-vous et suivez-moi. — Où
« faut-il vous suivre, monsieur, dit Rose intimi-
« dée? — A la Salpétrière, mademoiselle. Le roi
« est bien bon, dit Roberville, de m'épargner la
« peine de châtier ma femme. Comment, reprit
« la comtesse, vous êtes le mari! Vous faites là
« un joli métier. — Vous voyez, madame, que
« j'ai l'épée à la main.

« De par le roi, dit l'autre exempt à Vercourt.
« — De quoi s'agit-il, monsieur! — J'ai ordre de
« vous remettre au commandant de votre corps.
« — J'entends, quinze jours d'arrêts. Ma chère
« comtesse, le tour est un peu vif.

« Monsieur, continua Roberville en s'adressant
« au mousquetaire, vous sentez que je ne veux
« pas de vos soixante mille francs. — Et vous
« faites bien. — Je renonce aux cadeaux d'un pa-
« rent tel que vous. — Je vous le conseille. —
« Je me suis montré en brave homme.... — Pas
« trop. — Et maintenant la justice aura son cours.
« — Je ne connais pas cela. — Ah! vous feignez
« d'être amoureux de ma belle-sœur; vous me
« faites courir à Paris, et tout cela pour coucher
« avec ma femme! Voilà des témoins : je mange-
« rai une partie de vos deux millions, et cette
« maison m'appartiendra dans peu de temps, en-
« tendez-vous, mon cousin?

« Votre cousin!... deux millions!... cette mai-
« son vous appartiendra ! reprit la comtesse. Je
« vois qu'on vous a joué comme moi, mon cher

« ami. Monsieur est le cadet d'une famille distin-
« guée de Bretagne, et vous n'êtes qu'un petit
« bourgeois. Il n'a pas cent louis de rente, et vous
« ne gagnerez rien à plaider contre lui. Cette
« maison est à moi, et vous aurez la bonté d'en
« sortir avec celui qui vous y a établi.

« Un petit bourgeois, répliqua Roberville ! un
« petit bourgeois comme moi vaut bien une
« grande dame sans mœurs. — Qu'est-ce que
« c'est, mon ami? Est-ce à vous qu'il appartient
« de juger les usages de la cour ? — Ma foi, ma-
« dame, les petits jugent les grands, et je pro-
« nonce, moi, qu'entre les femmes-filles, il n'y
« a de différence que du coin de la rue à l'inté-
« rieur d'un palais. — Délivrez-moi, messieurs,
« de ces criailleries. »

Le commissaire s'avança gravement, de peur
de perdre de son importance, de chiffonner sa
robe, et de déranger sa perruque à trois marteaux. Le bras étendu et l'index en l'air, il dit :
« Votre principe, monsieur, n'est que d'un phi-
« losophe, et ce n'est point avec des hypothèses
« qu'on gouverne les états. L'expérience a établi
« des distinctions, que nous appliquons rigou-
« reusement aux différentes classes de femmes.
« Femmes honnêtes, et il y en a. Elles s'ennuient
« un peu; mais elles sont respectées. Femmes
« faibles, qui n'ont qu'un amant. L'opinion pu-
« blique les ménage, parce que la faiblesse est
« le partage ordinaire de la condition humaine.

« Femmes galantes, qui ont plusieurs amans;
« mais qui accordent leurs plaisirs avec les bien-
« séances. Celles-ci sont reçues partout. On en
« parle à l'oreille; mais comme on ne cesse de
« leur marquer une estime qu'elles n'inspirent
« plus, elles se trouvent fort bien de la galante-
« rie, et voilà pourquoi il y a tant de femmes
« galantes. Femmes entretenues, qui appartien-
« nent au plus *donnant*. L'état de ces dames est
« un peu scandaleux; mais elles sont jolies, et
« on ne méprise pas ce qui plaît. D'ailleurs nous
« les protégeons, parce qu'elles tendent sans cesse
« à rétablir l'égalité des fortunes. Quant à celles
« qui trafiquent publiquement de leurs charmes,
« nous les tolérons, parce que les femmes hon-
« nêtes et les femmes faibles leur doivent de ne
« pas recevoir dans les rues des baisers avinés, et
« de ne pas faire d'une borne un sofa. Mais à la
« moindre incartade, elles passent du ruisseau à
« l'hôpital et à la Salpétrière. Ces maisons sont les
« égoûts, où la fange va se perdre, et quelquefois
« se purifier. Or, il est clair que ce n'est pas là
« que je conduirai une femme en puissance de
« mari, que j'ai trouvée avec un mousquetaire dans
« une maison respectable. Je prends sur moi de
« mener madame aux *Repenties*, couvent où elle
« trouvera une société très-variée, où par con-
« séquent elle ne se corrigera pas, mais où elle
« restera tant qu'il plaira à monsieur de l'y laisser
« et d'y payer sa pension. — Comment, mon-

« sieur, je suis cocu, et il faut que je paie! Il
« me semble que mon prétendu cousin..... — Fi
« donc! monsieur, ce serait vous déshonorer.
« Vous avez une jolie femme, elle vous trompe,
« et vous paierez. C'est la règle à la cour, et
« cette règle sera la vôtre, puisque vous ne vou-
« lez pas tenir à la bourgeoisie. Partons, s'il vous
« plaît. J'ai encore un capucin à prendre rue
« Trousse-Vache, et un prieur de bénédictins chez
« la Montigny. »

Vercourt monta dans un fiacre avec son exempt; madame de Roberville dans un autre, accompagnée du commissaire et de sa suite. Madame la comtesse, après avoir fermé ses portes, et pris ses clefs, s'élança dans son carrosse. Roberville resta seul sur le pavé, et comme on ne se pend plus, qu'on ne se noie plus, qu'on ne s'afflige plus pour être cocu, il reprit, à pied, le chemin de Paris, et il disait : « A quelque chose malheur
« est bon. Me voilà au moins débarrassé d'une
« femme que je n'aime plus. »

CHAPITRE IV.

Roberville premier commis.

Comme ces sortes d'accidens ont toujours un côté plaisant, que le plaisant mène au ridicule, et que le ridicule est ce que les Français craignent par dessus toutes choses, Roberville était un peu embarrassé en rentrant à son logement de l'Estrapade. Un père, une mère, une sœur, sont toujours empressés de savoir pourquoi et comment une aussi proche parente est disparue. Les indifférens même se font un malin plaisir de pénétrer ces sortes d'aventures, qui alimentent la conversation pendant une demi-heure, et c'est beaucoup, dans un siècle où on a si peu de chose à se dire, qu'on est réduit à une bouillotte ou à un boston.

Roberville sentit donc qu'il ne pouvait cacher ce qui venait d'arriver, et il prévint les interrogations, afin que le lendemain il ne fût plus question de rien. Il s'étendit avec complaisance sur les détails de son combat avec Vercourt; il allait le tuer infailliblement, si le respect dû aux ordres du roi n'eût retenu sa main. Maman Perceval trouva fort étrange que le roi daignât se mêler de ce qui se passe dans l'intérieur des familles. Elle prétendit que, dans de telles circonstances, c'est au mari seul à invoquer l'autorité; mais que tout mari qui prend ce parti est un sot, parce qu'il donne de la publicité à une chose si ordinaire, que personne n'y prend plus garde. Elle conclut à ce que Roberville réclamât sa femme, qui ne devait pas être aussi rigoureusement punie pour un acte de tempérament. Roberville répliqua que *les actes de tempérament* pourraient se multiplier, et qu'il n'en voulait pas courir la chance; que ce n'est pas d'ailleurs le nombre, mais le genre de l'acte, qui constitue le cocuage; qu'il se tenait pour être aussi bien cocu, que s'il eût épousé madame A.... ou madame F.... et que sa faible moitié resterait où elle était.

Ce raisonnement ne persuada point maman Perceval. Elle continua la discussion, et distingua les différentes nuances du cocuage, avec une précision qui annonçait plus que de la théorie. Roberville fut inflexible.

Maman Perceval observa alors, avec beaucoup de sagacité, que puisque sa fille cadette manquait un joli homme et un million, elle devait au moins, en mère prudente, assurer les droits de son aînée. Elle enjoignit, en conséquence, à M. Perceval, d'aller le lendemain prendre hypothèque pour mille écus de revenu, au capital de soixante mille francs, du douaire assuré à madame de Roberville, par son contrat de mariage. Roberville s'écria qu'il était bien dur de voir engager son bien en faveur d'une femme infidèle, qui ne lui avait rien apporté. Il s'étendit sur la rigueur, sur l'indécence d'une telle mesure. Maman Perceval répliqua que les lois sont toujours respectables; qu'aucun cas ne dispense de les observer, et elle fut inflexible à son tour.

Un évènement plus ou moins fâcheux, force toujours celui qu'il frappe à un retour sur lui-même. Roberville, qui réfléchissait trop tard, mais qui pourtant réfléchissait quelquefois, pensa que ce n'est pas tout d'être défait de sa femme;

qu'il est bon aussi de se délivrer de ses créanciers. Les intérêts des intérêts grossissaient chaque jour la masse de ses dettes, parce qu'il ne payait personne, d'après une raison fort simple ; c'est qu'on n'abandonne pas le quart de son revenu, quand on n'a que douze mille livres de rente. Il jugeait, en ce moment, qu'il vaut mieux renoncer à la partie qu'au tout, et comme il était aussi neuf en affaires, que familier avec tous les genres de dissipation, il fut consulter, sur les formes à suivre, son oracle ordinaire, M. de l'Oseraie.

« Mon ami, lui dit celui-ci, il est inutile de
« revenir sur le passé : occupons-nous de l'ave-
« nir. L'outrage que tu as reçu, est de ceux qu'un
« homme d'honneur ne pardonne jamais. S'en
« trop affecter, serait d'une dupe : femme qui
« trompe, ne mérite pas un regret. Y paraître in-
« sensible, serait d'un cœur sans délicatesse ; et
« quelque parti que tu prennes, on rira d'abord.
« C'est à quoi doivent s'attendre tous les maris
« qui se trouvent dans une certaine position ;
« mais le public ne méprise que ceux qui auto-
« risent le dérèglement de leurs femmes, par une
« lâche insouciance. Une dignité calme et réflé-
« chie te conciliera les esprits, si d'ailleurs ta con-
« duite est sans reproche, ce qui dépend entiè-
« rement de toi.

« Commence par payer tes dettes : il est hon-
« teux de devoir, surtout quand on peut s'ac-
« quitter. Le reste de ton bien sera plus que suf-

« fisant pour assurer le douaire de madame de
« Roberville. Hypothèque cette dernière partie.
« Mets-toi dans l'heureuse impuissance d'en dis-
« poser.

« Tu ne concevais pas, dis-tu, qu'on pût vivre
« avec neuf mille livres de revenu. Concevrais-tu
« davantage qu'on fût riche avec cent mille écus
« de rente, ne sachant pas se borner, et dépen-
« sant toujours au-delà des produits? Mon ami,
« il est bien rare qu'un homme oisif ne finisse
« par se ruiner. L'art de conserver sa fortune est
« plus difficile qu'on ne pense, et ceux qui ne
« sont pas nés avec un certain esprit d'ordre,
« n'ont qu'un moyen de prévenir le naufrage,
« c'est de s'occuper. Le travail éloigne d'abord
« les fantaisies; il apprend la valeur de l'argent,
« par la difficulté de le gagner; il devient ensuite
« une habitude salutaire, sous tous les rapports.

« Travaille donc, mon cher ami. Je t'en ai cent
« fois offert les moyens, et je peux te les procurer
« encore. Le temps et l'expérience ont dû t'ou-
« vrir les yeux, et j'aime à croire que tu n'élude-
« ras plus, sous les prétextes les plus frivoles,
« des conseils que tu demandes de bonne foi, et
« dont la solidité paraît te convaincre. »

M. de l'Oseraie entra ensuite dans des détails
nécessaires, mais que je ne rapporterai point,
parce qu'aujourd'hui il faut être sobre de morale,
quand on veut se faire lire. Roberville, ramené,
convaincu par les raisonnemens de son ami, se

sentit tout à coup enflammé d'une noble émulation. Il forma le projet de se faire citer comme un modèle d'application et d'exactitude. De l'Oseraie, qu'il avait si souvent trompé, crut à la sincérité de ce retour, l'en félicita, l'embrassa, et l'envoya mettre ordre à ses affaires domestiques.

Les deux doyens des maîtres de danse et de harpe, une femme de chambre et le vieux domestique furent congédiés, comme gens au moins inutiles. Roberville garda sa cuisinière, personnage toujours essentiel ; mais il lui prescrivit la plus sévère économie. Il quitta son appartement de l'Estrapade, et força ainsi la famille Perceval, qui devait lui payer une pension, et qui ne payait rien, à retourner dans ses champs. Il regretta l'amitié sincère et les agrémens de Félicité ; mais il pensa que lorsqu'on a travaillé tout le jour, on est bien aise de dormir la nuit, et qu'on peut se passer de la société d'une jolie fille, peut-être trop séduisante. Il se défit d'une partie de son mobilier, notamment des ottomanes : il se rappelait la danse de Flore et de Zéphire. Il vendit sa maison de campagne, dont il ne jouissait plus, et qui lui coûtait mille francs par an en frais de jardinage, quoiqu'il ne mangeât pas une laitue de son jardin; en réparations que son architecte ne faisait pas, et en impôts qu'on est bien aise de réduire autant que possible. Le prix de cent cinquante arpens de ses terres les plus médiocres compléta la somme dont il avait besoin, et il se retira à un troisième étage, rue Jean-Pain-Mollet. C'est là qu'il devait économiser neuf mille francs chaque année, parce qu'il avait décidé de vivre désormais avec ses appointemens. Or, il est clair qu'il ne lui fallait que sept ans pour recouvrer ce qu'il avait dissipé en quinze mois.

La France était alors en guerre avec la moitié de l'Europe. Lowendall venait de gagner la bataille de Lawfeld. Richelieu prenait Mahon, mais les Anglais ruinaient nos colonies. Dans cet état de choses, il y a toujours des gens actifs, adroits, qui s'enrichissent en silence, et avec des apparences légales. Un M. Merlicourt venait d'obtenir l'entreprise des vivres de la marine. On ne connaissait pas, disait-on, de plus honnête homme. De l'Oseraie lui-même en eût répondu sur sa tête, et Merlicourt, en effet, s'était toujours très-bien conduit dans des affaires commerciales, dont les bénéfices dépendent uniquement de la confiance publique.

Un entrepreneur des vivres de la marine doit ordinairement cette place à de puissantes protections, et les protecteurs étaient chers en ce temps-là. On n'offre pas une boîte de bonbons à la maîtresse d'un roi, et il est assez naturel de reprendre, à la première occasion, trois ou quatre cent mille livres qu'il a fallu distribuer. Il est naturel aussi que ceux qui les ont reçues trouvent bon que celui qui les a données s'arrange en conséquence.

Il est vrai cependant que, pour que les uns gagnent, il faut que les autres perdent. Ceux qu'on dépouille se plaignent quelquefois ; mais ils parlent de si loin, de si bas, qu'ils ne sont point entendus, et ceux qui sont là-haut, assurent de bonne foi que tout est pour le mieux dans le meilleur des mondes possibles.

C'est à Merlicourt que de l'Oseraie parla de Roberville. Il en parla avec chaleur. Merlicourt prévoyait déjà certaines circonstances où les bons offices des gens considérés pourraient lui devenir nécessaires. Il saisit avec empressement l'occasion de s'attacher de l'Oseraie. Roberville fut nommé premier commis dans une partie qu'il ne connaissait pas. Il en fit l'observation, poussé peut-être autant par la paresse, que par un mouvement de probité. Merlicourt répondit qu'il était aussi étranger que Roberville à son administration, quand il l'avait obtenue ; que tout s'apprend avec de l'intelligence et de la bonne volonté, et qu'un sujet présenté par M. de l'Oseraie, devait être abondamment pourvu de tout cela.

On a dit, il y a long-temps, qu'on mène les hommes en caressant leur vanité. Celle de Roberville lui suggéra qu'il pouvait tout faire sans dispositions et sans connaissances. Quelques louanges encore, et il se fût chargé du gouvernement de l'État. Voilà donc le sort de nos braves marins, chargés de la défense de Chandernagor, de Pondichéry, du Sénégal, de la Guadeloupe, de la Martinique et de nos côtes, confié à deux hommes, dont l'un doit voler, d'après les raisons exposées plus haut, et dont l'autre ne sait pas encore de quoi se composent les provisions de bouche qu'il doit fournir à nos escadres. Oh! c'est une belle chose que les protections!

De l'Oseraie était trop honnête homme pour souffrir que son ami acceptât cet emploi, s'il en eût connu l'importance. Il présumait, avec quelque raison, que Merlicourt, qui avait besoin d'agens éclairés, n'employait personne que conformément à ses forces. Il crut que la place accordée à Roberville était de celles qui rapportent beaucoup et qui occupent peu, une de ces places de faveur, comme il y en avait alors, et comme il n'y en aura plus, bien certainement. Il assura Merlicourt de sa reconnaissance, et Roberville fut installé.

Sa nomination ne fut pas plutôt connue, que vingt ou trente de ses subordonnés accoururent dans son cabinet, lui présentèrent leurs hommages, et lui demandèrent sa protection. Jamais Roberville n'avait été fêté, honoré ainsi. Il était enchanté, et tant que la conversation fut générale, il la soutint avec une dignité aimable. Mais, comme on ne passe pas deux heures à se louer réciproquement, parce que la matière est bientôt épuisée quand on ne se connaît pas, et même quand on se connaît, ces messieurs, après avoir prêté à Roberville toutes les qualités, toutes les vertus qu'il avait, ou qu'il n'avait pas, finirent par lui demander ses ordres. Donner des ordres, quand on n'est au courant de rien, et en donner à trente personnes, c'est ce que le personnage le plus impudent n'oserait faire. Roberville, étourdi de sa position, répondit, d'un air important, qu'il verrait. On lui repliqua que le travail pressait ; qu'on équipait à Brest une flotte qui devait mettre à la voile au premier moment, et qu'on ne cessait de recevoir à ce sujet des lettres de l'administration civile de la marine.

Roberville déclara qu'il se dispensait, en raison de l'urgence, de développer les vues qu'il avait pour l'amélioration de la partie ; qu'il s'occuperait de réformes utiles, quand on serait moins surchargé d'affaires ; que chacun eût à suivre avec activité le travail commencé, et à le lui soumettre chaque jour par extrait. Des colonnes de chiffres en extraits ! c'est ce qu'on n'avait pas vu encore. Roberville croyait trouver deux avantages à cette méthode : d'abord il ne se fatiguerait pas à lire des liasses de papiers ; ensuite il comptait s'instruire promptement avec ces tableaux en raccourci des opérations générales. Les premières notions acquises, il projetait de raisonner, ou de déraisonner, de manière à n'être compris de personne, ce qui donne beaucoup de poids à un chef, et masque son ignorance. Bien des gens en place se servaient alors de ce moyen, et ne s'en trouvaient pas mal.

Parler de réforme à des commis, ou présenter de l'eau à un hydrophobe, c'est la même chose. Ceux-ci, déjà révoltés qu'un *intrus* eût enlevé une place à laquelle chacun d'eux se croyait des droits certains, s'indignèrent qu'il voulût débuter par des suppressions. Roberville n'était plus cet homme éclairé, équitable, qui devait apprécier et récompenser le talent de chacun. C'est un sot, disait celui-ci, en sortant, à son ami intime. C'est un ignorant, disait tel autre; un étourdi, un présomptueux qu'il faut faire sauter, chuchotait la masse. Or, comme les amitiés de bureaux ressemblent à celles des couvents, un ami intime trouva bien vite un prétexte pour rentrer dans le cabinet du premier commis. Il lui rapporta très-exactement les propos tenus; il ne manqua pas de nommer les personnages, et Roberville commença son travail par inscrire sur ses tablettes ceux qui lui avaient rendu justice.

Vous prévoyez, sans doute, que le délateur était un de ces êtres qui ne sont propres à rien, et à qui on n'accorde un modique emploi que pour leur épargner l'humiliation de demander l'aumône. Celui-ci, pétri d'orgueil et de bassesse, prétendait à une place distinguée, trouvait bons tous les moyens d'y parvenir, et il est rare que ces gens-là ne réussissent point : le plus sot d'entre eux n'ignore pas que l'amour propre blessé ne pardonne jamais. On feint de se mettre au-dessus de l'outrage; on accueille même l'offenseur; mais au plus léger prétexte, on l'immole, *malgré soi*, au bien public. Que de vengeances particulières a servi ce grand mot !

Qu'on chasse seulement sept à huit employés par an, pensait Durocher, et il est indubitable que mon traitement augmentera progressivement : monsieur le premier commis me doit trop pour mettre des bornes à sa reconnaissance. En effet, Roberville s'attacha involontairement à cet homme, et tout en protestant qu'il était incapable de récrimination, il éloignait de lui les sujets qui pouvaient l'éclairer ; il donnait sa confiance à celui qui le flattait servilement. Huit jours n'étaient pas écoulés, qu'il lui avait avoué son ignorance absolue, et qu'il lui demandait des conseils. Durocher, tout inepte qu'il était, en savait plus que lui. Roberville admirait ses rares connaissances ; Durocher croyait sa fortune faite.

Pendant que Roberville suivait la voie la moins propre à l'instruire, et que ses commis s'étudiaient à embrouiller de plus en plus la besogne, M. de la Galissonière, qui avait battu l'amiral Bing devant Minorque, et qui se flattait avec quelque raison d'obtenir de nouveaux avantages, s'indignait à Brest de la lenteur des préparatifs. L'administration civile de la marine écrivait à l'entrepreneur général des vivres. Le chef d'escadre s'adressa directement au ministre.

Le ministre sentit combien ses plaintes étaient

fondées. Il était naturel qu'il parlât au roi de la manière dont il était servi ; qu'il lui fît connaître l'ignorance ou la friponnerie de ses agens subalternes. Mais Merlicourt avait été placé par madame de Pompadour, à qui on ne déplaisait pas impunément. Elle eût détruit avec un mot les impressions qu'aurait reçues le monarque. C'était vouloir se perdre, sans remédier à rien. D'ailleurs, les ministres de ce temps-là tenaient plus à leur place qu'à la gloire de la France. Celui-ci se tut; les Anglais bloquèrent le port de Brest, et Merlicourt trouva le moyen de se faire payer les fournitures qu'il n'avait pas faites.

Le marquis de la Galissonière accourut en poste à Paris. Il jetait feu et flammes. Il ne parlait que de faire pendre l'entrepreneur des vivres, et de culbuter le ministre. On lui insinua qu'il y avait une Bastille pour les causeurs, et un conseil de guerre pour juger ceux qui désertent leur poste. Il était possible, en effet, qu'un coup de vent forçât les Anglais à s'éloigner de la rade de Brest, et qu'on attribuât à l'absence du chef l'inaction de notre flotte. La Galissonière s'en retourna aussi vite qu'il était venu.

Il était d'usage alors que les gens distingués par leur naissance ou leur fortune, eussent des gens de lettres à leur table. Les premiers payaient en espèces, les autres en esprit. Le maître de la maison leur savait bon gré d'en avoir pour lui, et ses convives lui témoignaient plus ou moins d'égards, selon que sa table était plus ou moins bonne.

Les grands seigneurs recevaient ce qu'il y avait de mieux à l'Académie; la haute finance admettait le *fretin* de cette illustre compagnie, car il se glisse du fretin par tout. Merlicourt était réduit à Gallet, à Panard et à quelques autres, qui, pour n'être pas académiciens, n'en étaient pas moins des gens de mérite, et surtout de bons compagnons.

Roberville, protégé, présenté par de l'Oseraie, était invité à toutes les fêtes que donnait Merlicourt, et c'est par des fêtes brillantes qu'on se soutenait alors. Comment des supérieurs éclaireraient-ils la conduite d'un homme qui les traite souvent, magnifiquement, et qui leur fait chanter, par Gallet et l'Attaignant, des couplets, pleins de délicatesse qu'ils ne saisissent pas, et de louanges qu'ils ne manquent pas de s'appliquer? C'est à l'une de ces fêtes que Roberville se retrouva avec Gallet, et Gallet, vous vous en souvenez peut-être, était un des auteurs de la *mystification* que la *Morale par Alphabet* valut à son auteur.

Gallet n'était pas homme à laisser échapper une aussi belle occasion d'amuser les convives. Il raconta la scène de l'Académie; il orna son récit de traits piquans, d'incidens controuvés, enfans d'une imagination féconde; il fixa l'attention générale: on est sûr de se faire écouter, quand on veut être méchant, et qu'on l'est avec esprit.

L'historiette parut charmante à ceux qui ne la connaissaient pas. Ceux qui l'avaient lue dans l'*Année Littéraire* et la Gazette *Marin*, la trouvèrent nouvelle. On craignait que le conteur n'arrivât à la fin de sa narration. Roberville seul trouvait le récit trop long, et quoique Gallet ne le désignât par aucune apostrophe, par aucun signe, il se décela par sa rougeur, par son embarras. Tous les yeux se fixèrent sur lui.

Nous n'aimons pas qu'on humilie ceux qui ont des rapports directs avec nous. Nous prévoyons que la plaisanterie nous atteindra tôt ou tard, au moins par ricochet. En effet, celui qui avait donné un emploi important à un inconnu, à l'auteur de la Morale par Alphabet, à un auteur berné, pouvait craindre les plaisans partout... excepté chez lui. Merlicourt se récria sur l'inconvenance du procédé de Gallet. Il prit le ton tranchant d'un homme qui traite splendidement, et qui, par conséquent, a le droit de tenir le thermomètre de la gaîté. Il apprit à la société que Roberville était un de ses premiers commis, un autre lui-même, et qu'il était absurde de ne pas distinguer le littérateur de l'homme d'affaires. Aussitôt la scène changea. Gallet, qui aimait la bonne chère, se mordit les lèvres, et se tut. Un des rieurs observa qu'il n'y a rien de neuf sous le soleil; que les modernes ne peuvent que rhabiller les idées des anciens, et que M. de Roberville aurait dû jouir de cette prérogative comme un autre. Un second ajouta qu'il avait pu, sans ridicule, se mettre au nombre des candidats, lorsqu'il avait vu l'Académie admettre de grands seigneurs qui ne savent pas l'orthographe. Un troisième dit que cette ambition était louable, en ce qu'elle annonçait une ame au-dessus du vulgaire. Merlicourt termina la séance en déclarant que l'homme qui brille dans une partie utile, est très-supérieur à un bel-esprit, et que la manie de tourner des vers n'annonce que de la niaiserie, de la paresse, et ne mène jamais à la fortune. Tous les convives, ceux même qui ne l'avaient pas entendu, protestèrent qu'il avait raison, en sablant sa liqueur des îles. Gallet adressa trente révérences à Roberville, en arrangeant une épigramme contre lui. Enfin Merlicourt roula son grand fauteuil en arrière, et chacun s'empressa de se lever, et de chercher dans ses yeux ce qu'on pourrait faire ou dire qui lui fût agréable.

Au nombre des convives était un petit monsieur, bien gros, bien court, et qui paraissait très-content de lui. Il écoutait d'un air suffisant; il approuvait, ou improuvait d'un simple mouvement de tête. Il riait avec confiance de ce qu'il avait dit, et il riait seul, parce qu'il parlait mal et qu'il ne donnait pas à dîner. Il louait chaudement les auteurs morts, afin de pouvoir dénigrer les vivans. Il leur trouvait à tous des défauts essentiels; il glissait sur ce qu'ils avaient de bon, et il se fût placé à la tête de la littérature française, s'il n'eût craint de se faire siffler. Ce monsieur-là n'avait encore travaillé que pour l'Almanach des Muses.

Il tira Roberville à part, pendant que les autres admiraient les jardins et les serres chaudes de Merlicourt, qu'ils se récriaient sur la beauté d'une petite fleur, d'un brin d'herbe, apportés du Pérou ou du Sénégal, et dont le propriétaire ne parlait qu'avec enthousiasme, parce qu'ils lui coûtaient extrêmement cher, quoiqu'ils ne fussent bons à rien. « Monsieur, dit le petit homme,
« auriez-vous la faiblesse de croire que tous les
« gens de mérite soient de l'Académie ? — Com-
« ment le croirais-je, monsieur, puisque je n'en
« suis pas ? — Observez, monsieur, que j'y au-
« rais des droits avant vous, car vous n'êtes qu'un
« prosateur, et j'ai l'honneur d'être poète. —
« Monsieur, je suis loin de vous contester la
« prééminence. — J'aime qu'on se mette à sa
« place, et je vous vengerai de tous ceux qui
« vous ont persiflé. Soyez persuadé, monsieur,
« que Gallet, Panard, l'Attaignant et Piron lui-
« même, qui n'est pourtant pas sans quelque
« mérite, n'auront jamais rien de commun avec
« moi, ni avec vous. — Comment, monsieur,
« vous me placerez au-dessus de ces gens-là ! —
« Écoutez-moi, monsieur. — Je ne perds pas un
« mot. — Une société, qui rivalisera bientôt avec
« l'Académie, et qui finira par l'écraser, se forme

« au sein du mystère. — Bon. — Nous sommes
« déja réunis au nombre de cinquante. — Bravo !
« bravo ! Ils ne sont que quarante là-bas... — Et
« qui ont de l'esprit comme quatre. — Oh ! ce
« mot-là n'est pas de vous. — Rien de nouveau
« sous le soleil, monsieur, on l'a dit à table.
« Nous avons rédigé nos statuts. — Et vous en
« êtes content ? — C'est moi qui les ai faits. Nous
« ne sommes plus incertains que sur le titre
« que nous prendrons. — Hé! qu'importe le titre ?
« — Pardonnez-moi, pardonnez-moi. Il nous
« faut un mot composé du grec et qui signifie
« beaucoup. Rien de beau comme le grec, rien
« d'aussi répandu. Ma cuisinière le parle tous les
« jours. Lit-elle la Gazette de Santé, c'est du
« grec ; va-t-elle chez l'apothicaire, encore du
« grec ; chez l'herboriste, toujours du grec. Nous
« finirons par être dispensés de savoir le français.
« — J'en serais très-fâché, moi qui ne parle que
« cette langue-là. — Parbleu, je n'en connais
« pas d'autre, et mes nouveaux confrères ne
« sont pas plus savans. Mais nous avons des tra-
« ductions grecques et latines, et cela suffit pour
« citer à l'occasion. Un de nos membres a même
« fait, sur une traduction de Théocrite, une
« traduction nouvelle, et il se dispose à com-
« menter Racine d'après Luneau-de-Boisgermain
« et M. de La Harpe. — Il me semble, monsieur,
« que vous vous écartez un peu de votre objet.
« — J'y reviens.

« Nous nous proposons d'admettre encore
« parmi nous quelques gens d'esprit. — Et je
« serai du nombre ? — N'en doutez pas. Je vous
« proposerai ; on nommera une commission pour
« examiner vos titres... — Et si son rapport m'est
« défavorable ? — Ne craignez rien : le rappor-
« teur sera bien aise que je serve, à mon tour,
« les candidats dont il demandera l'admission. Ce
« sont de ces services que nous nous rendons
« mutuellement. — Et qui tournent à l'avantage
« de la société. — Certainement, parce qu'il est
« reconnu que nous avons trop de mérite pour
« nous tromper sur les sujets que nous propo-
« sons. »

Lorsqu'on ne peut figurer au premier rang, on est bien aise de briller au second. Roberville adopta avec plaisir les vues de son protecteur, et il fut mis au rang des candidats à la séance suivante, composée de sept membres, nombre compétent pour délibérer. La commission nommée, l'un de messieurs les commissaires dit à l'oreille du présentateur qu'il avait le malheur de ne pas connaître la Morale par Alphabet. « Ma
« foi, je ne la connais pas plus que vous, répon-
« dit le petit monsieur ; mais nous ressemblons
« aux moines ; il nous faut des recrues, et il doit
« vous suffire du titre d'un ouvrage pour en faire
« l'extrait. — Chargez-vous-en, mon confrère,
« car je suis accablé de travail. Je finis ma sa-
« tire contre le goût... — Et vous devez la lire

« en séance publique. Diable, c'est un beau mor-
« ceau ! — Je m'estimerais fort heureux qu'il va-
« lût les trois madrigaux et les deux fables dont
« vous régalerez notre auditoire. — Vous êtes
« trop modeste, mon confrère. — La modestie
« est le cachet du vrai talent. »

Après avoir épuisé ce que la louange a de fin et de délicat, ces deux messieurs convinrent que Roberville ferait lui-même l'éloge de son ouvrage, et que le rapporteur n'aurait que la peine de le lire, après l'avoir copié, pourvu toutefois qu'il ne fût pas trop long. Or, comme un bon office se paie par un autre, il fut arrêté que le petit monsieur se ferait nommer commissaire lorsque son confrère proposerait le poète Fardeau, très-connu dans la rue des Lombards.

Roberville se fit un peu prier pour se louer lui-même. Il lui en coûterait beaucoup pour répéter ce que des connaisseurs avaient dit de son ouvrage. Il craignait que leurs éloges fussent exagérés. Il sentait le besoin qu'il avait d'indulgence, et il débitait ces lieux communs avec les révérences et les roulemens d'yeux usités en pareille circonstance.

A la séance d'après, le président fit résonner sa petite sonnette, et dit très-gravement : « Vous
« avez à entendre le rapport de votre commission
« sur le candidat qui vous a été proposé. »— « Chut,
« chut, chut », fit-on de tous côtés. Le rapporteur

se leva, tira de sa poche un cahier orné de jolie faveur couleur de rose ; et il lut :

« Il m'est bien doux, messieurs, d'avoir à vous
« rendre compte d'un ouvrage aussi distingué que
« celui de M. de Roberville. On y trouve tout ce
« qui est utile et agréable. Chaque article est traité
« dans le style qui lui est propre. Le lecteur est
« frappé de la profonde connaissance du cœur
« humain, développée dans cet ouvrage, et unie
« aux idées les plus philantropiques. C'est Mon-
« taigne paré des beautés de la langue moderne,
« c'est La Rochefoucault vaincu. Un des avan-
« tages inappréciables de cet ouvrage, est le
« classement des matières par ordre alphabétique.
« La conversation roule-t-elle sur le vice ou la
« vertu, sur l'indépendance ou l'esclavage ; le pro-
« priétaire de la brochure la tire de sa poche à
« la dérobée, trouve aussitôt la définition que
« cherchent les interlocuteurs : il la répète de
« mémoire, et chacun admire et se tait. Quel
« livre, messieurs, que celui qui donne de l'esprit
« à tout le monde, et qui ne se vend que quinze
« sous ! Je conclus à ce que son auteur soit admis
« parmi vous.

« Quel talent dans ce rapport, disait l'un !
« quelle clarté, ajoutait l'autre ! quelle précision,
« s'écriait un troisième », et des applaudissemens prolongés annoncèrent la satisfaction de l'assemblée, et ses dispositions en faveur du candidat.

Monsieur le secrétaire prend un petit panier de chaque main. Dans l'un sont les boules blanches, et dans l'autre les noires. Les paniers circulent autour du tapis vert. Chacun des membres prend une boule blanche et dédaigne de regarder les autres. L'admission de M. de Roberville ne peut être douteuse. En effet, le président le proclame reçu à l'unanimité.

Un membre tire un rouleau de papier de sa poche. Il va commencer la lecture d'un Essai sur l'égalité des hommes, prouvée par l'égalité des plantes. Son regard benin s'étend autour de la table et sollicite l'attention. O douleur !... Monsieur le secrétaire dit un mot à l'oreille de monsieur le président ; monsieur le président répond par un signe de la main. La porte s'ouvre ; un individu se présente, la tête courbée jusque sur ses genoux, et le président dit : « Messieurs, vous « possédez dans votre sein M. de Roberville. » Tous les membres de la société se lèvent, saluent leur nouveau confrère, et le confrère leur dit d'un air orgueilleusement timide : « Je ne sais ce « que j'ai fait, messieurs, pour mériter l'honneur « d'être admis parmi vous. Je justifierai cette « faveur insigne par le zèle et l'exactitude que « la société est en droit d'attendre de ceux qui « la composent. » Et tout cela se fait et se dit sans rire.

On approchait du jour où la séance publique devait se tenir. Quel jour que celui-là pour les membres d'une société littéraire! Ceux-ci avaient une fureur inextinguible de produire, et tous se faisaient, disaient-ils, un devoir de contribuer à l'éclat de cette mémorable journée. Tous ambitionnaient en secret la gloire de paraître un moment à la tribune, et de fixer l'attention de l'auditoire *le plus éclairé*. Que de pauvretés, tant en prose qu'en vers, devaient être applaudies, puisqu'elles avaient été reçues pour cela! Comment l'avaient-elles été? Comme Roberville venait d'être admis, et comme le poète Fardeau allait l'être. L'adage secret de la société était: *Passez-moi la rhubarbe, et je vous passerai le séné.*

Aussi, lorsqu'un membre proposait une pièce pour cette fameuse séance, avec quel enthousiasme, on se récriait sur les beautés qu'elle contenait, et on disait tout bas à son voisin. C'est détestable. On lisait à son tour; on recevait les mêmes éloges tout haut, on était jugé tout bas, et les uns et les autres se gonflaient d'aise et se croyaient bien sûrs de passer à la dernière postérité.

Il fallait surtout entendre les rapports sur les ouvrages nouvellement publiés par quelques-uns des membres. Quels détails, quelle prolixité! Le rapporteur trouve tout beau, admirable. Pas un défaut, pas une tache à remarquer. Si l'auteur n'était pas nommé, vous croiriez qu'il s'agit de Montesquieu, de Voltaire ou de Jean-Jacques. En sortant de la séance publique, l'auditoire émerveillé doit courir en masse à la boutique du libraire ; sa fortune et la réputation de l'auteur sont faites. *Va t'en voir s'ils viennent, Jean.*

Vous croyez peut-être que tout était fini, quand on avait une collection de pièces dont la lecture devait durer trois grandes heures : vous n'y êtes pas. Dans quel ordre les lira-t-on ? Question importante, et impossible à résoudre au gré de tous. « Vous sentez, monsieur le président, « que je ne peux pas lire une dissertation sur le « sphynx après un poëme érotique : je ne serais « pas écouté.—Permettez-moi de vous faire obser- « ver, monsieur le président, que ma fable ne fera « aucun effet après une description de l'intérieur « de l'Afrique qui aura épuisé l'attention.—Mon- « sieur le président, je demande la priorité pour « mon idylle. Elle n'est pas assez longue pour « nuire à ceux qui liront après moi. »

M. le Président.

« Silence, messieurs, silence. Ceci est assez sé- « rieux pour être discuté avec calme et méthode. « La société veut-elle me charger de la rédaction « du programme ? »

« Non », disent les uns. « Oui », disent les autres. Ceux-ci sont les menins du président.

M. le Président.

« Je vais mettre la question aux voix. »

Il résulte des bras en l'air et des bras pendans, bien et dûment comptés, que le président ne se mêlera pas de cette affaire. Chacun alors ouvre un avis, et c'est celui dont l'adoption l'arrangera le mieux. Tous parlent à la fois. C'est un bruit à ne plus s'entendre.

« Je demande la parole, je demande la parole », crie en beuglant un homme qui n'avait rien dit encore, et dont les poumons frais et vigoureux couvrent toutes les voix, et même la sonnette.

M. le Président.

« Vous avez la parole. »
« Messieurs, il est neuf heures, et vous vous
« y prenez de manière à n'avoir rien décidé à
« minuit. Je propose qu'on s'en remette au sort,
« de l'ordre des lectures. Appuyé, appuyé », s'écrie-t-on de toutes parts. Il n'est personne qui ne compte sur sa bonne fortune. Celui même qui porte ses trente sous à un bureau de loterie, croit tenir le terne dans sa poche. La proposition fut unanimement adoptée, et celui que le hasard avait le plus maltraité, disait tristement en sortant : « Il vaut mieux lire le dernier, que ne pas
« lire du tout. »

Le soleil éclaire enfin ce jour, dont le souvenir se perpétuera à jamais dans les fastes de la société. Chacun des membres à reçu six billets d'entrée, qui sont distribués, comme de raison, aux plus proches parens, ou à des amis sûrs. Chacun des membres est paré comme un triomphateur. Ils se montrent les uns aux autres leurs femmes, leurs sœurs, leurs maîtresses, leurs frères, leurs fils, leurs neveux : le succès n'est pas incertain. La séance est ouverte.

La lecture du premier morceau est commencée. C'est la longue histoire de deux membres morts, que personne n'a connus de leur vivant. On écoute d'abord avec attention, on bâille ensuite, on applaudit en bâillant, parce qu'il faut être civil; on s'endort, et les coups de coude font imperceptiblement le tour de la salle. « Réveillez-
« vous donc, maman. — Vous dormez, mon frère.
« — Un peu de complaisance, mon oncle. Pensez
« donc que ces messieurs sont les confrères de
« papa, de mon cousin, de votre ami; que par
« cette raison seule ils doivent avoir du mérite, et
« que nous leur devons des égards. » On se fait violence, on se réveille; de faibles applaudissemens se font entendre dans ce coin-ci, dans celui-là. Le lecteur s'attendait à être plus favorablement traité. Le confrère, son voisin, lui fait observer que le succès d'estime est le prix le plus flatteur d'un ouvrage sérieux, et que l'estime, toujours réfléchie, dédaigne ces éclats bruyans que produisent l'engouement et l'étourderie.

On passe à une seconde, à une troisième lecture. L'un des auteurs a la voix nasillarde, l'autre parle en fausset, et l'auditoire ne s'écarte pas

trop encore de la marche qui lui a été tracée.
Mais cette dissertation sur le sphynx est si longue,
si vague, si dépourvue de ce qui intéresse, de ce
qui attache quelquefois dans un ouvrage de ce
genre, que les bénévoles auditeurs ne peuvent
s'empêcher d'en désirer vivement la fin. Quelques-uns donnent déjà des marques d'impatience.
C'est en vain que quelques autres, plus directement intéressés au succès, font de continuels efforts pour relever les applaudissemens.

« Madame, s'écrie enfin une petite vieille, en
« s'adressant à sa voisine, je trouve fort inconve-
« nant, très-déplacé que vous n'applaudissiez pas
« mon fils. Ce n'est pas là ce dont nous sommes
« convenues, et je vous proteste que je n'accor-
« derai pas la moindre marque de satisfaction aux
« madrigaux de votre mari. — Madame, le vrai
« talent n'a pas besoin de l'appui d'une cabale, et
« mon mari est assez avantageusement connu...
« — De vous, peut-être, madame. Mais je crois
« que sans le programme, le public ignorerait
« jusqu'à son nom. — Hé bien, madame, tant pis
« pour le public. — Mais, madame, nous nous
« sommes engagées à soutenir réciproquement
« ceux qui nous intéressent. — Mais, madame,
« pouvais-je prévoir que votre fils nous parlerait
« aussi longuement d'un vieux monstre qui n'in-
« téresse plus, et dont on ne se souvient que par
« la sottise qu'il a fait faire à Jocaste? »

Ce dialogue fut vingt fois interrompu par le

président, qui pâlissait, qui rougissait de colère et de honte. Les confrères étaient furieux qu'on révélât aussi publiquement le secret de la société. L'auditoire balançait entre l'engagement partiellement contracté avec tel ou tel membre, et le besoin de rire du ridicule de cette scène. Connaissez-vous un Français qui ait résisté une fois à l'envie de rire, et n'avez-vous jamais remarqué avec quelle facilité cette envie se communique? Elle prévalut sur les procédés, sur les principes, sur les clauses du traité clandestin. Le rire, d'abord contenu, étouffé, gagne bientôt de proche en proche, et quand tout le monde rit, personne ne se contient plus.

M. de Merlicourt, à qui Roberville n'avait pas manqué d'envoyer un billet, trouva très-mauvais qu'on se conduisît avec cette indécence devant un directeur général des vivres de la marine. Il voulut s'en expliquer hautement, et crut que la déférence qu'on lui marquait partout, contribuerait ici au rétablissement de l'ordre. Il se leva, il parla; on l'écouta et on le berna. Un plaisant lui dit qu'il avait incontestablement le droit de donner le ton à sa table; mais que là, où il ne traitait point, il n'avait qu'à choisir entre deux partis : rire comme les autres, ou se retirer. Un autre ajouta qu'on peut être un très-mauvais écrivain et un très-honnête homme; qu'il estimait messieurs de la société en leur qualité de citoyens; mais que c'était leur rendre un service essentiel que les guérir de la manie d'écrire, et que les petits Mécènes de Paris feraient fort bien aussi de renoncer au rôle ridicule de protecteurs subalternes. Oh! à ce dernier trait Merlicourt ne se possède plus. Il appelle ses gens. Ses gens ne l'entendirent pas, parce qu'ils étaient dans la rue. Mais ce mot n'en fut pas moins un signal de guerre. La perruque de Merlicourt vole au nez du président. Merlicourt veut tirer son épée : elle a passé de main en main à l'autre bout de la salle. Un des rieurs monte sur un banc et fait tourner son chapeau sur la pointe de la pacifique épée, comme vous avez vu un faiseur d'équilibres faire tourner un plat d'étain au bout d'une broche. Roberville est furieux à son tour. Il vole d'une chaise rembourrée à une banquette; de la banquette à un tabouret; il écarte à droite et à gauche ce qui s'oppose à son passage; il pénètre jusqu'à son protecteur. Il assène un coup de poing sur l'oreille du plus irrévérent. Celui-ci riposte par un autre. « Ne souffrons pas, « s'écrie le président, que des profanes portent « impunément la main sur un membre d'une so- « ciété respectable. » Il s'avance à la tête de la troupe sacrée. Il a vengé Roberville; mais le combat s'engage. Chacun est obligé d'y prendre part, l'un pour punir un insolent adversaire, l'autre pour le prévenir.

La victoire est quelque temps indécise. Apollon et les Muses, d'un côté, la fière Pallas, de l'autre, saisissent, perdent et reprennent l'avantage. O infortune, ô douleur! la personne sacrée du président est renversée sur le dos d'une grosse maman qui a déja perdu son bonnet et son tour de gorge. La tête du président entre par la fente de sa robe; son corps entier passe dans un panier volumineux, dont les deux côtés reposaient naguère sur les genoux de deux voisins galans, et qui est tout-à-coup changé en place forte. C'est de là que le président fait une défense d'autant plus belle qu'il n'y voit plus, et qu'il est peut-être le premier général aveugle dont parle l'histoire. La tête en bas, les deux mains fixées sur le parquet, le buste soutenu par les cuisses de la grosse maman, ce grand homme joue des jambes; il allonge des coups de pied autour de lui; il en donne tant et tant, qu'il frappe enfin sa dondon entre les deux épaules, et la jette sur le nez. Ils tombent ensemble; ils n'offrent plus qu'une masse informe, semblable aux débris d'un bastion que vient de faire sauter une mine.

Ainsi que dans Homère et dant Tite-Live, la chute du chef est toujours suivie de la défaite de l'armée; ainsi les membres de la société, privés de leur président, ne pensent plus qu'à la retraite. Elle se fit plus aisément qu'ils n'osaient l'espérer. Un cocher de fiacre attendait à la porte une dame qui n'avait pas payé sa première course, et qu'il lui importait qu'on n'étouffât point. Il avertit le commandant du poste voisin. Dix soldats du guet suivirent le sergent, et arrivèrent la baïonnette haute. Ils séparèrent les combattans, qui ne demandaient pas mieux, parce qu'on se lasse plutôt de recevoir des coups, que de rire.

Combien de jeunes femmes rougirent de plaisir ou d'orgueil, en gagnant leur voiture à travers une double haie de curieux, dont les regards avides dévoraient des charmes qu'il n'était plus possible de leur dérober ! Que de vieilles outrées des ris insultans qu'excitèrent des ruines qui ne devaient plus être exposées au grand jour ! Que d'hommes au nez cassé, à l'œil poché ! Que de côtes meurtries ! Que d'entorses et que de boiteux ! Quelle journée pour le concierge de la société ! là, il trouve une breloque de montre, et plus loin la montre elle-même : ici, il ramasse de fausse hanches, et là-bas un faux cul; dans un coin, un bonnet de dentelles; dans un autre, le tronçon supérieur d'une canne à pomme d'or, une boucle d'oreille, un solitaire. Trois ou quatre séances semblables, et sa fortune est faite ; car vous devinez que ces objets passent promptement dans sa poche, et de sa poche dans son armoire. On réclame le lendemain. Il cherche soigneusement, avec ceux qui ont perdu, ce qu'il sait ne pas trouver.

Mais, hélas ! et quatre fois hélas ! cette première séance devait être la dernière. M. de Merlicourt, après avoir été vivement houspillé, avait eu le chagrin, la honte de rentrer chez lui sans perruque et sans un des pans de son habit. Dans son indignation, il avait instruit la ville et la cour des circonstances de la scène scandaleuse dont un homme *comme lui* avait été forcé d'être acteur. Les compagnons de sa mésaventure ne furent pas plus discrets. Les beaux esprits de la capitale s'égayèrent, l'un dans une chanson, l'autre dans un poëme burlesque ; celui-ci dans un madrigal, celui-là dans une élégie. Monsieur le lieutenant de police voulait bien qu'on eût de l'esprit, et même qu'on prétendît en avoir ; mais il n'entendait pas que cette prétention amenât la guerre civile. Il défendit à messieurs les membres d'avoir de l'esprit collectivement, et comme un homme adroit tire parti de tout, il fit hommage à madame de Pompadour de la prompte et éclatante justice qu'il avait rendue à son protégé. Madame de Pompadour lui présenta sa main à baiser, et le lieutenant de police visa dès ce moment au ministère de la marine.

Ainsi s'étaignit une société, qui naguère se croyait immortelle. *Vanitas vanitatum, et omnia vanitas!*

CHAPITRE V.

Projets de propager la probité, d'être continent, etc.

ROBERVILLE, privé encore une fois de la palme littéraire, et fort aise d'avoir esquivé celle du martyre, qui, pendant l'orageuse séance, avait plané sur sa tête, Roberville forma le projet de se dérober à toute espèce d'éclat, et de se renfermer dans les devoirs obscurs, mais lucratifs de sa place. Le dévouement avec lequel il avait reçu quelques coups de poing qui s'adressaient à son chef, le lui avait rendu plus cher. Merlicourt ne mettait point de bornes à sa faveur, comme Roberville s'abandonnait à sa bienveillance pour Durocher. Déja deux ou trois de ceux qui avaient déclamé contre le premier commis, avaient reçu leur congé. A chaque disgrace, toujours motivée sur le bien du service, Durocher avançait d'un pas, et les choses n'en allaient pas mieux.

Cependant Roberville s'instruisait. Déja il avait acquis assez de lumières pour pressentir que les opérations pouvaient n'être pas réglées par la stricte probité, et que monsieur le directeur général était trompé par ses agens : il lui faisait bien de l'honneur. Au projet de remplir exactement ses devoirs, il joignit celui de porter la lumière dans toutes les parties de l'administration ; d'étourdir un jour son bienfaiteur par l'étendue de ses connaissances ; de lui livrer à la fois toutes les têtes de l'hydre des abus, et d'arriver ainsi à la célébrité, qu'il avait en vain cherchée ailleurs.

Ce projet, au moins, était de ceux qui honorent leur auteur, quel qu'en soit le succès. C'est le seul, de tous ceux qu'a formés Roberville, qui lui prépare des souvenirs satisfaisans. Mais est-il au pouvoir d'un homme, quel qu'il soit, de corriger des voleurs? Un souverain les chasse quelquefois; il ne les corrige jamais. Il les remplace par d'autres, et, pour peu qu'il manque d'énergie, bientôt las de ses vains efforts, il abandonne la nature humaine à sa perversité. Nous verrons, plus tard, ce qui résulta du double projet de Roberville. N'anticipons pas sur les évènemens.

M. de Merlicourt, parvenu à l'apogée de sa fortune, crut ne pouvoir mieux faire que d'en créer un ou deux héritiers. Il chargea Roberville de chercher, de concert avec lui, celle qui devait être de moitié dans ce grand œuvre, et ses prétentions étaient bornées : un million en dot, cela se trouvait aisément chez les fermiers-généraux; de la figure, cela se trouve partout; des talens, quoi de plus commun? des qualités, toutes les femmes en ont : demandez à ces dames.

« Tenez particulièrement à la dot, lui disait
« Roberville; cela console de bien des choses,
« et je crois que dans le mariage on a souvent
« besoin de consolations. Faites peu de cas de la
« figure, on s'y accoutume promptement. Défiez-
« vous des talens, et surtout de la danse de Flore
« et de Zéphire, des airs de tête, des bras arrondis, et du jeu du pied sur les pédales d'une
« harpe. Tout cela mène la femme au plaisir, et
« le mari au chagrin. Quant aux bonnes qualités,
« rapportez-vous-en à votre fortune. Partout
« vous en trouverez le masque. L'avenir seul

« vous apprendra ce que vous aurez réellement
« rencontré. — Comment donc, mon cher Rober-
« ville, mais vous êtes philosophe ! — J'ai de l'expé-
« rience, monsieur. — Vous êtes marié ! — Et
« j'ai rencontré, au million près, toutes les belles
« choses après lesquelles vous courez.

« — J'entends. Vous avez fait de l'hymen une
« épreuve fâcheuse, et vous êtes d'avis que j'é-
« pouse une femme riche, sans éducation et sans
« beauté. — Oui, monsieur, c'est ainsi que je
« pense. Je vous le répète, qu'est-ce que la
« beauté après six mois de mariage? Rien. Qu'est-
« ce que les talens? Une niaiserie, et à qui ce
« vain prestige est-il profitable? A une nuée
« d'étourdis que la beauté attire, que les talens
« fixent, qui obsèdent une femme, et qui finis-
« sent par la séduire, si toutefois elle ne va pas
« d'elle-même au-devant de la séduction. — Mais
« on dirait, à vous entendre... — Oui, monsieur,
« je le suis. — Vous êtes?... — Cocu.

« — C'est malheureux. — Malheureux, non ;
« mais humiliant. — Cependant, il ne faut pas
« tirer une conclusion générale d'un évènement
« particulier. — J'ai dit cela comme vous. — Il
« est des femmes honnêtes. — Ce n'est pas le grand
« nombre. — Je peux en trouver une. — On gagne
« bien un terne à la loterie. — J'occupe une grande
« place, je représente, je suis riche, considéré,
« assez jeune encore. — Qu'est-ce que tout cela,
« contre la fatalité? — Je ne manque pas de mé-

« rite. — Enfin, vous voulez en courir la chance.
« — J'y suis décidé. — Eh bien, monsieur, cher-
« chons. »

Merlicourt met une de ses voitures à la disposition de Roberville. Roberville se lance dans le tourbillon du grand monde; il court partout, et partout il est bien reçu, parce qu'on accueille toujours un homme qui a un carrosse, sans s'informer des moyens qui le lui ont procuré. Il voit de petites filles, de jeunes veuves de toutes les tailles, de toutes les tournures, de tous les caractères. Il examine, il étudie, après avoir préalablement demandé à l'oreille d'un de ces amis de société, dont on sait à peine le nom : A-t-elle un million de dot?

Roberville était dans la force de l'âge, dans tout l'éclat d'une mâle beauté. Ses occupations littéraires et administratives avaient imposé silence pendant quelque temps à un penchant dominant, qui se réveilla à l'aspect des charmes dont il se trouva tout à coup entouré. Ici, un grand œil bleu, un air timide et décent attaquent son faible cœur; là, des regards de feu s'échappent d'un œil noir, et viennent à travers de longs cils, porter le désir et le trouble dans son âme. Roberville s'aperçoit qu'il est seul, et il lui serait si doux d'aimer et de l'être! « Ah! disait-il en
« soupirant, on fait très-bien de punir une femme
« infidèle; mais pourquoi me punir d'une faute
« qui n'est pas la mienne? Pourquoi ne puis-je

« me consoler dans les bras d'une seconde épouse,
« des torts de la première? Quel dédommagement
« offre la société à un mari dans ma position?
« Des femmes à séduire? Ferai-je subir à d'autres
« un affront qui m'a si vivement affecté? Trom-
« perai-je une jeune personne innocente et naïve?
« Porterai-je le désespoir dans son cœur et le
« trouble dans sa famille? Loin de moi ce fatal
« projet! Soyons chaste, et souffrons, puisque
« nos lois n'ont pas le sens commun. »

Tout cela est bien aisé à dire. Parmi les beautés qui pouvaient flatter les sens de M. de Merlicourt, et grossir une bourse déjà trop arrondie, Roberville avait distingué une jeune veuve, qui réunissait tous les avantages. Vingt ans, taille svelte, élancée, figure enchanteresse, graces sans apprêt, esprit naturel et sans prétention, caractère doux, réputation intacte, et cent mille livres de rente; telle était madame d'Achicourt.

Fille de qualité sans fortune, elle avait épousé, à dix-sept ans, M. d'Achicourt, qui en avait soixante-quatre, et avec cela la goutte, un cautère et un asthme. M. d'Achicourt n'était pas, comme déjà vous le soupçonnez, un de ces vieillards sensuels, qui achètent à tout prix une ombre de plaisir, et qui se flattent que l'innocence et la beauté ranimeront des sens éteints. Garçon, et toujours sage par l'absence des passions, ce qui, je l'avoue, n'est pas très-méritoire, ses infirmités étaient l'effet d'une constitution faible et d'un travail soutenu, qui lui avait valu cent mille écus de rente. M. d'Achicourt était généralement estimé, parce qu'aucun négociant n'avait porté plus loin la loyauté et l'intelligence du commerce. Il était aimé, parce qu'il se plaisait à faire du bien.

Il avait rencontré dans le monde mademoiselle de Verville, que personne ne pensait à épouser, parce qu'alors la première qualité d'une fille était sa dot. Personne aussi ne songeait à en faire sa maîtresse, parce qu'on ne cherche pas à avilir ce qu'on respecte. M. d'Achicourt résolut de réparer à son égard les torts de la fortune. Il n'avait que des parens éloignés, qu'il connaissait à peine, et il crut pouvoir, sans injustice, disposer en faveur d'une infortunée, du tiers de ce qu'il avait acquis par son travail. Il proposa sa main, que les parens de la demoiselle acceptèrent avec transport. La jeune personne ne pensa point comme eux : il est un âge où les jouissances du cœur sont tout, et où l'or est compté pour peu de chose. Mademoiselle de Verville résista. Ses parens opposèrent à sa répugnance leur extrême médiocrité, la nécessité d'avancer deux frères qu'elle aimait tendrement, et qui languissaient dans les derniers grades militaires. Ils pressèrent, ils caressèrent une enfant qui ne savait pas leur résister, et mademoiselle de Verville suivit M. d'Achicourt à l'autel.

On s'égaya sur ce mariage : M. d'Achicourt s'y attendait. Des plaisanteries indiscrètes frappèrent son oreille, le jour même de ses noces : il dédaigna d'y répondre. A mesure que la nuit s'approchait, la tristesse, déja peinte sur la physionomie de sa femme, prenait un caractère plus prononcé. M. d'Achicourt ne s'en alarma point : il avait un moyen certain de la dissiper.

Madame d'Achicourt était retirée. Conduite, soutenue, encouragée par sa mère, elle n'attendait que le moment de consommer le plus douloureux sacrifice. M. d'Achicourt se dérobe à la foule importune, et passe dans l'appartement de sa femme. Madame de Verville voulut s'éloigner « Restez, lui dit-il, madame. Connaissez le sort « de votre fille, et jugez-moi. »

Prenant alors le maintien et le ton solennel qui convenaient à la circonstance, il adressa la parole à sa jeune épouse. « Madame, faire acheter ses bien-
« faits, c'est vouloir en perdre le fruit ; c'est dis-
« penser l'être qui les reçoit de la reconnaissance,
« et même de l'estime dont le bienfaiteur le plus
« modeste se complaît à recevoir des marques :
« voilà pour l'homme en général. Voici des dis-
« tinctions qui me regardent personnellement. Je
« serais le plus ridicule des vieillards, si je croyais
« pouvoir vous inspirer de l'amour, et le plus
« odieux, si j'arrachais à la complaisance ce que
« le cœur seul doit accorder. Je prétends à votre
« amitié. Ce sentiment consolateur m'aidera à sup-
« porter le reste d'une vie douloureuse, et ce
« sentiment, je veux le mériter. Je ne vous met-

« trai pas aux prises avec votre devoir; je ne
« vous contraindrai pas à une dissimulation conti-
« nuelle, pénible et humiliante; enfin, je n'uni-
« rai point la vieillesse et ses infirmités à la jeu-
« nesse, à la fraîcheur et aux graces. Je contracte
« l'engagement de vous aimer comme un père,
« et de vous respecter comme ma fille.

« Cette conduite serait déplacée à l'égard d'une
« jeune personne, qui doit éprouver le besoin
« d'aimer, si je ne sentais que je tarderai peu à
« vous rétablir dans vos droits. Vous aurez accru
« alors l'estime dont vous jouissez déja, de celle
« que vos procédés pour moi auront inspirée à
« un public léger, mais toujours juste. Vous join-
« drez à tous vos avantages, ceux d'une fortune
« indépendante, et vous ferez le bonheur d'un
« homme que vous saurez choisir, parce que vous
« êtes raisonnable et prudente. »

M. d'Achicourt se disposait à passer dans son
appartement. Sa jeune femme lui prit les mains,
les lui baisa avec transport. Elle voulait parler;
son époux la prévint. « Point de remercîmens,
» madame; je ne fais rien que pour moi. J'ai
» senti qu'il fallait choisir de votre amitié ou de
» votre haine; j'obtiens la première, et vous ju-
» gerez combien elle m'est précieuse, par les
» soins que je prendrai pour la conserver. »

Il sortit, et laissa sa jeune épouse et sa mère
étonnées, interdites, admirant un procédé si délicat et si rare. Il ne s'éloigna pas un moment du

plan qu'il s'était tracé, et il en reçut la récompense. Madame d'Achicourt, pénétrée de reconnaissance, allait au-devant de ses moindres désirs; elle le comblait d'égards et de complaisances; elle lui prodiguait ces soins attentifs, si précieux pour l'homme souffrant. Le monde se trompa sur le caractère de son attachement. On le prit pour un sentiment qu'elle était loin d'éprouver, et qui paraissait aussi extraordinaire qu'inexplicable. On décida enfin que la nature avait formé ce cœur-là exprès pour M. d'Achicourt; on convint généralement qu'il méritait son bonheur, et on ne s'en occupa point davantage.

Un an s'écoula de cette manière. Les infirmités de M. d'Achicourt augmentèrent au point de lui faire pressentir une fin prochaine. Sa femme ne le quittait pas; elle s'efforçait de soulager des maux qu'elle ressentait autant que lui. Le moment fatal arriva. Il dit à sa femme un dernier adieu; il la remercia tendrement de ce qu'elle avait fait pour lui; il la laissa inconsolable.

Vous aurez une idée de sa situation, vous, jeune fille, qui avez perdu dans votre père un bienfaiteur, un ami vrai, un appui salutaire. Vous l'avez pleuré, comme madame d'Achicourt pleura son époux; comme elle, vous en conserverez un souvenir cher, et comme elle, vous apprendrez qu'il n'est pas de douleur éternelle.

Le temps du deuil était écoulé. Madame d'Achicourt venait de reparaître dans le monde, et le monde, qui oublie tout, attendait avec impatience le moment de la revoir. Telle est l'effet d'une vertu douce, d'un caractère aimable et égal. Ils ne séduisent pas comme des qualités brillantes; ils ne surprennent pas les cœurs. Ils s'insinuent petit à petit; mais ils finissent par captiver. Les êtres de cette classe ont peu d'amis; mais ils n'en perdent aucun.

Madame d'Achicourt, aimable, belle, riche ne tarda pas à fixer tous les vœux. Ces hommages ne l'éblouirent pas. Elle se trouvait au milieu de gens qui l'avaient négligée pauvre, et dont l'empressement devait peu la flatter. Elle était polie avec eux, et elle se livrait facilement à ceux qu'elle voyait pour la première fois : ils n'avaient pas de torts à lui faire oublier. Elle voulait bien même supposer qu'elle eût obtenu deux ans plus tôt la justice qu'ils lui rendaient alors. Son amour-propre blessé cherchait-il un dédommagement, ou est-il d'une belle ame d'accorder des qualités à ceux qui ne nous ont pas donné encore de raisons de les mésestimer?

Au nombre de ces derniers, était Roberville, dont l'extérieur prévenait toujours favorablement; qui, sans avoir précisément de l'esprit, se faisait écouter, par l'expression qu'il donnait aux choses les plus simples, surtout près d'un objet qui l'intéressait. Raisonnable, judicieux même, lorsqu'il ne s'abandonnait pas à la manie des projets, sa conversation devait plaire à une femme décente, dont la gaîté ne s'exprimait jamais par des éclats. Roberville, sans s'interroger sur la nature des sentimens que madame d'Achicourt commençait à lui inspirer, sans en pressentir les suites, se laissait aller au charme qui l'entraînait. Sans effort, sans étude, sans même y penser, il prenait les formes et le ton qui pouvaient plaire à la jeune dame. Assez assidu pour se faire remarquer, trop peu empressé pour inspirer de la défiance, il n'était pour madame d'Achicourt qu'un jeune homme sans prétentions, qui la préférait aux autres femmes, et il est toujours flatteur d'être préférée, quoiqu'on sente qu'on en est digne. D'après ces dispositions, elle devait distinguer Roberville, et il est difficile à une femme sans expérience de prévoir où la mènera un sentiment, quelque indifférent qu'il lui paraisse.

Roberville, après deux, trois soirées passées auprès de madame d'Achicourt, fut convaincu qu'un galant homme ne pouvait faire un meilleur choix. Il en parla à Merlicourt avec une chaleur dont il ne démêlait pas encore la source, mais qui n'échappa pas à son protecteur. Celui-ci jugea qu'une femme qui plaisait beaucoup à un homme bien plus jeune que lui, n'était pas l'épouse qui lui convenait. Il pouvait avoir raison. Mais était-il certain qu'une autre ne plairait pas aussi après le mariage? Quoi qu'il en soit, il reçut avec indifférence les ouvertures de Roberville; il répondit vaguement qu'il verrait madame d'Achicourt. Il la vit, il la trouva charmante, et il intercepta des regards qui le déterminèrent à porter ses vues ailleurs.

Roberville la voyait tous les jours. Il lui consacrait tous les momens qu'il pouvait dérober au travail. Madame d'Achicourt commençait à compter les heures d'absence. Elle n'avait point d'amour, oh! non, elle n'en avait pas; elle se le disait au moins, elle cherchait à se le persuader. En effet, une femme estimable peut-elle aimer un jeune homme fait pour plaire, mais qui ne s'est pas déclaré? D'après la force de ce raisonnement, elle allait tous les soirs où devait être Roberville; Roberville arrivait avant elle, où il savait la trouver, et jamais ils ne se donnaient un rendez-vous. Il y aura demain un cercle brillant chez madame la marquise, disait l'un à l'issue d'une soirée qui paraissait toujours trop courte. Je dîne demain chez la comtesse, disait l'autre. Après demain je vais aux Français; et aux Français, chez la comtesse, chez la marquise ils s'approchaient insensiblement; une place se trouvait toujours ménagée auprès de la jeune dame, sans adresse, sans intention. Roberville la prenait comme un autre eût pu la prendre, et il ne la quittait plus.

L'innocence disposait les choses de façon qu'il eût été difficile qu'un autre s'en emparât. Tantôt c'était une ottomane dont l'éventail, les gants, le sac à ouvrage garnissaient tout un côté; tantôt ces objets étaient sur une chaise dont les barres soutenaient deux pieds mignons, et tout cela disparaissait dès que Roberville s'approchait. Au spectacle, le panier garnissait tout le devant de la loge, et Roberville se plaçait d'abord derrière. Mais on avait toujours quelque chose à lui dire. C'étaient des choses très-indifférentes sans doute. Cependant on parle bas aux Français; Roberville ne pouvait entendre du troisième rang; madame d'Achicourt était continuellement obligée de tourner la tête. Des hommes, qui savent vivre, ne souffrent pas cela, et se prêtent à tout. Roberville passait au second rang. Dans l'entr'acte, la jeune dame se levait; une chaise se découvrait, et Roberville s'asseyait, pour ne pas empêcher de voir ceux qui étaient derrière lui. Alors on n'entendait plus Piron, ni Voltaire. On causait confidentiellement. On ne se disait rien de positif; mais on s'entendait à merveilles. Le temps volait avec rapidité; on était étonné de voir tomber le rideau; on se quittait à regret, et on savait où se retrouver le lendemain.

Ces innocentes finesses-là n'échappent pas longtemps à des yeux observateurs. On ne parlait dans le monde que du mariage du joli couple, c'est ainsi qu'on les nommait. L'engagement qu'avait contracté Roberville n'était connu qu'à l'Estrapade; quartier dont n'approchent jamais les gens d'un certain ton. Il n'avait pas cru devoir en parler dans la société brillante où il était jeté, afin de n'avoir pas à répondre à des questions, toujours embarrassantes après ce qui lui était arrivé. Mais sa situation, qu'il ne pouvait oublier, le rendait timide, circonspect avec madame d'Achicourt. Il cherchait à s'étourdir sur le sentiment qui l'attachait à elle; il eût voulu pouvoir se le dissimuler.

Il avait formé le projet de respecter la sagesse et un lien que son épouse avait méconnu. Il sentait ce qu'il devait de ménagemens à une femme telle que madame d'Achicourt. Il se reprochait de lui faire partager un sentiment qui ferait un jour le tourment de son cœur. Il s'accusait de l'avoir fait naître, tandis qu'avec un mot il aurait pu le prévenir. Il sentait la nécessité de faire à son amie un aveu, trop tardif sans doute; mais qui seul pouvait lui rendre son repos. Il sortait avec la volonté de lui déclarer son mariage et d'obtenir son pardon. Il revoyait la femme charmante, et, près d'elle, il n'avait de force que pour aimer.

Madame d'Achicourt se livrait avec sécurité au penchant le plus doux. Elle ne comptait son existence que du moment où elle avait vu Roberville. Plus elle le voyait, plus elle le trouvait estimable. Elle lui savait gré de sa retenue auprès d'elle. Elle l'attribuait à sa modestie, qualité si rare alors, et que possèdent si éminemment les jeunes gens d'aujourd'hui. Elle l'attribuait à la différence de leurs fortunes, et elle en concluait en faveur de la délicatesse de son amant. Elle l'attribuait... à quoi ne l'attribuait-elle pas?

Cependant elle avait à remplir les derniers vœux de son époux. Qui était plus digne que Roberville de lui succéder? S'il continue à garder le silence, il faudra donc l'encourager en lui laissant pressentir qu'il est aimé et qu'il peut prétendre à tout. Pauvre enfant! elle les eût oubliés ces derniers vœux de son époux, s'ils n'eussent rendu en quelque sorte respectable la passion qui la dominait.

Maîtresse d'elle-même, mais trop jeune encore pour tenir une maison, elle vivait avec sa mère. Elle n'avait osé proposer à Roberville de le recevoir, et il frémissait à la seule idée de solliciter une faveur qui ferait naître des occasions dangereuses, qu'il voulait de bonne foi éviter. Il en était au point de ne pouvoir plus vivre sans madame d'Achicourt, et il était incapable de penser à la séduire. Son amour croissait à chaque instant, et sa position, toujours plus vivement sentie, le rendait le plus misérable des hommes.

Oh! combien il se repentait d'avoir méprisé les conseils de son ami! « Si j'avais cru de l'Ose-
« raie, je serais libre encore, et je déposerais mon
« cœur, mon être, ma vie aux pieds d'Adèle; je
« lui devrais mon bonheur, et je suis en proie
« aux plus cruels tourmens... Allons voir de l'O-

« seraie... Que me dira-t-il que je ne sache déjà ?
« Il me reprochera d'avoir caché mon état à ma-
« dame d'Achicourt ; il m'ordonnera de fuir. Hé !
« le puis-je, grand dieu !... Il le faut, il le faut
« cependant. Qu'elle m'oublie, qu'elle me mé-
« prise, qu'elle me croie ingrat, barbare ; je me
« soumets à tout, pourvu qu'elle recouvre son
« repos. »

Il rentre chez lui, il fait une malle, il court à la campagne. Il va déposer dans le sein de Félicité sa douleur et ses combats. Félicité est jeune ; elle doit être compatissante. Elle partagera sa peine ; il l'adoucira en parlant sans cesse d'Adèle. Il arrive. Madame Perceval le reçoit mal, parce qu'elle aime Rose, et que l'amour maternel est aveugle. M. Perceval ne lui marque que de la froideur, parce qu'il règle ses mouvemens sur ceux de sa femme. Félicité l'accueille comme un frère malheureux. Il lui parle, elle écoute, elle s'attendrit, ses yeux se remplissent de larmes. Ah ! s'écrie-t-il, je trouve enfin un cœur qui répond au mien.

Madame Perceval ne conçoit rien à ces longs tête-à-têtes. Elle attribue à Roberville la perte de sa fille aînée : quels sont ses desseins sur la cadette ? Pourquoi a-t-elle l'air abattu, les yeux rouges ? Madame Perceval interroge Félicité. Le secret de Roberville n'est pas le sien ; elle s'obstine à le taire. Sa mère soupçonne tout, elle croit tout, elle ferme sa maison à son gendre. Il revient à Paris.

Il trouve un billet de madame d'Achicourt. Depuis deux jours elle ne l'a pas vu. Elle a envoyé chez lui. Elle sait qu'il est à la campagne. A la campagne sans avoir pris congé d'elle! Est-ce ainsi qu'on se conduit avec une amie? Elle donne à dîner le lendemain. Elle ne pardonnera qu'à condition que Roberville se réunira à d'aimables convives, et qu'il contribuera à dissiper le vide insupportable qu'elle éprouve.

Qu'il contribuera! infortunée! c'est lui seul que tu désires, que tu veux, que tu appelles. Le dîner n'est qu'un prétexte, un hommage aux bienséances. Ton cœur est ouvert à ton amant; tu lui ouvres ta maison : quel asile te reste-t-il?

« C'en est fait! s'écrie Roberville; mes forces
« sont épuisées, ma raison éteinte. Le sort en est
« jeté. »

Il répond qu'il arrive excédé, qu'il n'est pas présentable en ce moment, mais qu'il ira dîner le lendemain à l'hôtel; voilà le fond de sa lettre. Mais il a écrit quatre pages. Des expressions brûlantes sont coupées par des phrases inintelligibles. Le désordre de ses idées passe dans le cœur de madame d'Achicourt. Elle a pitié de son amant; elle décide de le rendre à lui-même en se déclarant la première. Elle ne forme plus qu'un vœu, elle n'a qu'une volonté : c'est de couronner l'amour de Roberville et de partager sa félicité.

Il se présente chez madame d'Achicourt. Il est pâle, défait. Le secret qu'il lui cache est un poids insupportable, qui oppresse, qui froisse son cœur. Madame d'Achicourt, alarmée, cherche à cacher l'inquiétude qui la tourmente. Ses efforts mêmes la trahissent : l'amour vertueux est toujours maladroit. Ses convives lisent dans ses yeux; mais l'état de Roberville leur paraît inexplicable. Il est accablé, lorsque tout semble concourir à son bonheur.

Le dîner fut triste. Madame d'Achicourt en attendait la fin avec la plus vive impatience. Elle brûlait d'être seule avec son amant. Elle voulait descendre dans ce cœur navré, y chercher sa peine, le consoler, le rendre à la vie, en l'ouvrant à l'espoir.

On se lève enfin. Roberville est isolé, errant au milieu de vingt personnes. Tout entier à ses idées, et par conséquent à son malheur, il ne voit pas même celle pour qui il donnerait sa vie. Elle est auprès de lui. Ils sont seuls dans l'embrasure d'une croisée. Elle veut parler; la pudeur la retient. Sa main rencontre celle de Roberville et la presse doucement. Roberville se tourne vers elle. Les plus beaux yeux du monde expriment l'amour et la pitié. Il sort d'un rêve douloureux; il ne voit plus que son Adèle; et à l'aspect de tant de charmes, il oublie sa probité. En vain elle lui ordonne de parler ; les mots expirent sur ses lèvres. Renoncer à la voir, à en être aimé, eût été un effort sublime de vertu ; mais dans la route épineuse qu'elle nous trace, débute-t-on par le plus pénible des sacrifices ? Ce n'est que par degrés qu'on s'élève au-dessus de soi-même, et qui n'a pas l'habitude de combattre, doit être constamment vaincu. Roberville le fut, il garda le silence.

« Qu'avez-vous, mon ami? Votre état m'in-
« quiète; vous le voyez, et vous me cachez ce
« qui vous afflige. — Si je parle, vous me haïrez.
« — Croyez-vous que je le puisse? — Vous le
« devez. — Je ne vous entends pas. — Adèle?
« — Mon ami? — Je suis bien malheureux. —
« Ne puis-je rien pour vous ? — Vous pouvez
« tout !... Vous ne pouvez rien. — Vous ne m'ai-
« mez donc pas? — Adèle, je vous adore. — Vous
« venez de décider votre sort et le mien. Croyez-
« vous que je sois insensible? Que dis-je, n'avez-
« vous pas vu combien vous m'êtes cher ? — N'a-
« chevez pas. — Il ne me reste rien à dire. — Adèle,
« je suis au désespoir. — Du désespoir, quand
« on aime, quand on est aimé! — Je ne peux
« prétendre à votre main. — Votre fortune est
« bornée, je le sais; mais je suis riche, et quel
« plus noble emploi ferai-je de mon bien, que
« de le partager avec l'homme que je préfère? Je
« suis de qualité; mais vous avez un emploi hon-
« nête, des vertus et l'estime de M. de l'Oseraie.
« Ces titres valent les miens. Mon mari n'en avait
« pas d'autres. D'ailleurs, mon ami, doit-on

« craindre le monde, quand on n'a rien à se re-
« procher? Est-ce du sein de la félicité qu'on en-
« tend ses vains murmures, qu'on daigne s'y ar-
« rêter? Vous aimez Adèle, vous venez de le lui
« dire; Adèle est à vous. »

« Je ne sais, s'écrie la marquise, quand il
« plaira à M. de Roberville de nous rendre ma-
« dame d'Achicourt. Cette journée est la plus
« maussade que j'aie passée de ma vie. Pas une
« saillie, pas un trait piquant. Les uns se parlent
« dans le coin d'une croisée; les autres les re-
« gardent sans dire un mot. Je n'y tiens plus, je
« vous le déclare. La gaîté est mon élément; il
« faut que j'y rentre. Réveillez-vous, messieurs,
« faites avancer nos voitures, et partons tous
« pour mon château. La liberté qui règne à la
« campagne, vaut bien l'auguste gravité de ce sa-
« lon. Les petits jeux sont préférables à des sen-
« tences, et les espiègleries à des réflexions.
« Allons, mon beau monsieur, ajouta-t-elle en pre-
« nant la main de Roberville, conduisez-moi à
« mon carrosse. Si nos amusemens vous paraissent
« au-dessous de vous, vous philosopherez avec
« qui bon vous semblera dans mes bosquets so-
« litaires. »

Roberville se laisse conduire : c'est un homme
hors de lui, incapable d'avoir une volonté. Il est
dans le carrosse de la marquise; elle lui parle, il
n'entend pas. Un jeune colonel répond pour lui.
La conversation s'engage; on s'agace, on s'égaie,

on rit; on laisse le philosophe mélancolique à ses pensées. Elles étaient sans liaison, sans suite; sa tête était l'image du chaos.

Madame d'Achicourt avait été piquée qu'on l'eût interrompue au moment où Roberville était dans la nécessité absolue de s'expliquer. L'aveu de ses sentimens ne s'était échappé qu'avec un effort pénible. C'était une victoire de l'amour sur la pudeur. Faudra-t-il qu'elle revienne au point d'où elle est partie? Est-il concevable que Roberville ne soit pas tombé à ses pieds, ivre d'amour et de reconnaissance? Comment s'est-il laissé enlever par une femme qui lui est indifférente? Cette conduite est inexplicable. Cependant il aime. Ses moindres actions, son silence même, peignent un sentiment profond, insurmontable. Il est réservé, timide. Il a craint de se laisser aller à l'impulsion de son cœur, de me donner en spectacle à des gens toujours disposés à trouver aux choses les plus sérieuses un côté ridicule. Il y a des bosquets à Sceaux. Je m'y égarerai avec lui. L'occasion, la solitude, un regard décideront notre commun bonheur.

C'est ainsi que madame d'Achicourt passait d'une idée à une autre, rejetant celle qui blessait son amour, adoptant celle qui le flattait. Ses compagnons de voyage avaient le caractère, la légèreté d'esprit de ceux qui voyageaient avec Roberville. Comme eux, ils parlèrent du vaudeville du jour; ils ajoutèrent un article à la chronique scandaleuse, et ils abandonnèrent la femme charmante à ses réflexions.

On arrive. Chacun s'occupe d'abord de ses arrangemens particuliers, et ces dispositions prennent le reste de la soirée. Roberville, rendu à lui-même, s'enfonce dans les bois. Il y cherche le calme qu'on n'y trouve jamais, quand le cœur est agité. Il va, il vient, il s'efforce de se recueillir, de se retrouver. Les derniers mots de madame d'Achicourt se présentent à sa mémoire trop fidèle, et ajoutent au trouble de ses sens. D'un côté est le bonheur le plus parfait auquel un mortel puisse atteindre; de l'autre est la barrière insurmontable qu'il a élevée entre Adèle et lui. L'amour d'Adèle, cet amour si naïvement, si franchement exprimé, est un malheur de plus. Son imagination frappée lui offre un objet fantastique; c'est sa maîtresse connaissant enfin l'obstacle qui les sépare, révoltée de sa dissimulation et de sa bassesse, l'accusant de perfidie, lui reprochant l'abus de sa confiance, lui redemandant le repos de son cœur, le retour de ces jours sereins qui s'écoulaient au sein de l'innocence et de la paix, et qu'il ne peut plus lui rendre. Il entend ses plaintes, il voit ses pleurs. Ce tableau déchirant le jette dans un accès de désespoir. Il erre çà et là, une pièce d'eau l'arrête; il la considère, il rit du rire d'un insensé. Bientôt la fureur s'empare de lui; ses nerfs sont tendus, ses muscles en contraction... « Terminons à la fois et

« mes combats et mon supplice... » Il s'est précipité.

Adèle, simple comme la nature, belle comme elle, s'occupait peu des recherches de l'art et des commodités inventées par le luxe. Elle avait laissé à ses femmes le soin de son appartement et de sa toilette; elle cherchait son amant. Déja elle l'avait distingué à travers le feuillage; elle l'avait perdu sous l'épaisseur du bois; elle le retrouvait pour le perdre encore. Elle avançait lentement. Son pied agile était retenu par la décence, qu'elle n'invoquait jamais, et qui l'accompagnait toujours.

Un bruit sourd frappe son oreille; elle ne sait à quoi l'attribuer. Ce bruit se prolonge; elle croit reconnaître un effet de l'eau fortement agitée. Elle s'alarme... Si c'était lui !... Cette seule pensée impose silence à toute espèce de considérations. Elle s'élance, elle court, elle jette un cri, elle se précipite après son amant.

Le bassin a peu de profondeur. Le malheureux n'a pu y trouver la mort qu'il cherchait, et qui eût prévenu de nouvelles infortunes. Il se sent relever, soutenir par une main qui s'essaie à le rendre à la vie. Ses yeux se rouvrent. C'est son amante, pâle, tremblante, qui a veillé sur ses jours, qui succombe elle-même à la violence des sensations qui l'ont agitée. Il ne veut plus mourir. Il prend Adèle dans ses bras, il l'enlève, il la dérobe à l'ardeur du soleil, il la porte sous un ombrage touffu, il l'y dépose avec respect. Il appelle; personne ne lui répond. Il s'éloigne, il va chercher des secours... L'abandonnera-t-il mourante? Il revient; il se penche sur elle, il lui prodigue les noms les plus doux, il la presse dans ses bras. Il voit, il touche des formes célestes, qu'il n'a pu jusqu'alors que soupçonner. Il brûle, il s'égare, il ne se connaît plus... Il ose tout.

Adèle ouvre péniblement les yeux; elle les porte sur son amant, elle sourit à celui qui la déshonore... Bientôt elle sent son outrage, elle s'indigne, mais elle est sans force. « Malheureux, « dit-elle d'une voix languissante, tu ravis ce que « l'hymen allait t'accorder. »

La foudre n'est pas plus prompte que l'effet de ces mots sur Roberville. Désespéré de n'avoir pu jouir, c'est maintenant la jouissance même qui le désespère. Il s'éloigne à grands pas, au moment même où Adèle a tant de besoin d'être rassurée, où son cœur flétri est avide de consolations. Il la laisse seule avec sa conscience, en proie aux plus déchirantes réflexions. Une porte s'offre à lui; c'est celle du parc. Il sort, il est sur la route de Paris; il marche, poursuivi par le souvenir de son crime, par l'image de sa déplorable victime; il croit ne pouvoir mettre un intervalle assez grand entre elle et lui.

Il est dans la ville. Il en parcourt au hasard différentes rues; il ne peut échapper à lui-même. Il arrive machinalement devant la maison de

M. de l'Oseraie. Il s'arrête. « Ici, dit-il repose en
« paix l'homme qui n'a rien à se reprocher. L'in-
« fluence du vice lui fut toujours étrangère. C'est
« donc à moi qu'il était réservé de la lui faire
« connaître! Je cède au besoin de m'approcher
« d'un être vertueux. Près de lui je me croirai
« meilleur. Qu'il soit à la fois mon juge et mon
« consolateur. »

Il frappe. Le suisse, effrayé de son désordre, refuse de l'introduire. Il viole le domicile de son ami; il pénètre malgré les valets; il trouve de l'Oseraie éveillé par le tumulte, inquiet sur la cause qui le produit. Il tombe à genoux devant lui; il prend ses mains, il les mouille de ses larmes. Il veut parler; les sanglots coupent sa voix. Il cache sa tête dans le sein de son ami stupéfait. Il lui semble que le sein du juste est un asile contre les remords. Il y respire plus librement.

Ses larmes l'ont soulagé. Il répond aux questions que lui adresse de l'Oseraie. Il commence son triste récit, cent fois interrompu par des exclamations de honte et de douleur.

« Vous avez commis un crime, lui dit de l'Ose-
« raie, un crime irréparable. Vous avez voulu
« fuir, vous le deviez, vous le pouviez : on peut
« toujours ce qu'on veut fortement. Vous avez
« voulu mourir; c'est la ressource d'un lâche.
« L'homme courageux n'a-t-il donc que la mort
« à opposer à ses passions? Noyez-vous mainte-

« nant dans des larmes inutiles. Que serviront à
« madame d'Achicourt ces larmes et votre repen-
« tir ? Si votre faute n'a pas ces suites fatales qui
« éclairent la société, lui rendrez-vous sa propre
« estime et le calme du cœur ? Éloignez-vous de
« moi. J'ai pardonné des faiblesses ; je ne vivrai
« pas avec un homme vicieux. Éloignez-vous,
« vous dis-je. Cessez ces étreintes ; laissez mes
« mains ; les vôtres sont souillées. Allez pleurer
« seul. Vous êtes indigne de m'approcher. »

Il appelle ses gens. Il ordonne qu'on mette ses
chevaux, qu'on porte Roberville dans sa voiture,
qu'on le conduise chez lui. On détache l'infortuné de ce sein, où il trouvait un reste de vie et
de consolation. Ses forces l'abandonnent. Il
tombe privé de sentiment.

Ce spectacle touche, émeut de l'Oseraie ; mais
il ne transige jamais avec sa conscience. « Qu'on
« lui couvre un lit à l'extrémité de ma maison.
« Qu'on veille à ses besoins ; mais qu'on lui inter-
« dise l'entrée de mon appartement. Qu'on aille
« jusqu'à la violence, s'il ose s'en permettre au-
« cune.

Il en était incapable. Son sang, enflammé par
l'amour, par des combats multipliés, par le sentiment de sa faute, porta au cerveau le délire
du cœur. Une fièvre dévorante le saisit. Il appelait Adèle, il lui demandait pardon, il voulait
mourir à ses pieds. Les efforts continuels de deux

hommes robustes pouvaient à peine le retenir sur son lit.

Madame d'Achicourt était revenue à elle. Son œil languissant cherchait, appelait celui qui l'avait outragée, et qu'elle ne pouvait haïr. Madame d'Achicourt n'avait aucune expérience ; mais il lui semblait qu'on ne s'éloigne pas de celle qu'on aime, et qu'on vient d'offenser. Elle se lève, elle fait quelques pas, elle s'inquiète, elle s'alarme, et pourtant elle est loin de prévoir son malheur.

Elle reprend le chemin du château ; elle tourne la tête à chaque pas ; à chaque pas elle se flatte de rencontrer celui qu'elle ne reverra plus.

Elle rentre chez elle. Elle interroge ses femmes ; ses femmes ne savent rien. Après s'être mise en état de paraître, elle descend au salon. Elle le parcourt d'un coup d'œil rapide. La joie y règne ; Roberville n'y est pas. Elle sort, elle s'enfonce de nouveau dans les bosquets. Elle en visite les réduits les plus solitaires. Elle voudrait, elle n'ose appeler celui auquel elle se croit irrévocablement liée. Si quelqu'autre que lui l'entendait ! Le nœud qui les unit est tout pour elle, sans doute ; mais qu'est-il pour un monde toujours malin, toujours médisant ? Elle remonte au château. Elle s'arrête devant la porte de Roberville. Elle va frapper... Sa main tremblante retombe. Timide, irrésolue, elle balance entre la décence et l'amour. Ira-t-elle au-devant de celui qui devrait lui faire oublier son audace par les empressemens les plus vifs, les plus délicats, les plus soutenus?... Si cependant sa chute dans la pièce d'eau a eu des suites, si sa santé est altérée, l'abandonnera-t-elle à des soins étrangers? Elle se livre à cette idée vraisemblable, consolante. Elle se trouve le courage d'une ame innocente, mais forte, qui se met au-dessus de tout... Elle frappe à cette porte. Un laquais lui répond que Roberville n'a point paru.

Il faut renoncer à une dernière lueur d'espérance. Roberville est parti, il l'abandonne, il la fuit, et dans quel moment, grand dieu! Elle rentre chez elle éplorée, anéantie.

La cloche appelle à la salle à manger les joyeux habitans du château. Madame d'Achicourt fait dire qu'elle ne descendra pas. On décide qu'elle et Roberville sont fous; qu'il faut se hâter de les marier pour les débarrasser l'un de l'autre. On se met à table, et on ne pense plus qu'au plaisir.

A mesure que les heures s'écoulent, l'état de madame d'Achicourt devient plus douloureux. Elle se reproche amèrement une faute qui n'est pas la sienne. Elle en prévoit les conséquences; elle frémit. Elle est en proie au désespoir. Elle ne trouve pas une larme.

« Puisque M. de l'Oseraie l'aime, il doit avoir
« des qualités, s'écrie-t-elle en sortant d'un long
« accablement Allons trouver l'homme respec-

« table. Confions à l'honneur le secret de l'amour
« trahi. Que de l'Oseraie soit mon appui, mon
« consolateur, mon guide... Je suis incapable
« d'agir, et même de penser. »

Elle sonne, ses femmes paraissent. Elles sont effrayées de l'altération de ses traits, du désordre de ses idées. Elles veulent éveiller la marquise. « Non, dit madame d'Achicourt, il me faut un « ami; on n'aime ici que la dissipation. Ma voiture « à l'instant même. — Hé, où irez-vous, madame, « dans l'état où vous voilà ? — Chez M. de l'Ose-« raie. »

Les femmes obéissent. Vertus, considération méritée, noble emploi du crédit, le nom de l'Oseraie rappelait tout ce qu'il y a de bon, d'honorable. Chercher un tel homme dans quelque circonstance que ce soit, c'est user de sa raison : celle de madame n'est donc pas aliénée.

On part sans bruit à l'aube du jour. Madame d'Achicourt est chérie de ses gens ; ses femmes partagent des peines qu'elles ne soupçonnent pas, et gardent un silence respectueux. Son cocher seconde son impatience.

On arrive. On annonce l'infortunée. M. de l'Oseraie va la prendre au pied de son escalier ; il lui présente la main. « Dispensez-vous de parler, « lui dit-il, madame; je sais tout. » Il sait tout, pensait-elle, et il ne me méprise point ! Je ne suis donc pas coupable. Je suis au moins bien malheureuse.

Il la conduit à l'appartement de sa femme. « Voilà, lui dit-il, celle pour qui je n'eus jamais « de secret, parce qu'elle et moi ne sommes qu'un. « dans la position où vous êtes, c'est une femme « aimante qu'il vous faut : un homme oblige, il ne « sait pas consoler. » Il tire sa femme à l'écart; il lui adresse quelques mots, il sort.

Madame d'Achicourt se trouve plus faible de son absence. Résolue à lui tout dire, à tout entendre, il fallait qu'elle se préparât à une scène nouvelle qu'elle n'avait pas prévue. Madame de l'Oseraie vit son embarras. Elle s'approcha d'elle; elle lui prodigua ces caresses et ces marques de déférence qui annoncent l'amitié et l'estime, et qui font renaître le courage, si elles ne rendent pas le bonheur. C'est dans les bras de cette femme compatissante que madame d'Achicourt retrouva un peu de calme et des pleurs.

« On meurt quelquefois d'une douleur prolon-
« gée, avait dit de l'Oseraie à son épouse, et jamais
« d'un coup violent. Si l'incertitude est le plus
« cruel des maux, c'est peut-être par sa durée.
« Ne la flattez pas d'un vain espoir; épargnez-lui
« une nouvelle secousse. Qu'elle sache qu'il n'y a
« rien à espérer. L'accès doublera de violence,
« mais il n'y aura que celui-là. »

Elles étaient assises sur un même sofa. Madame d'Achicourt avait la tête penchée sur l'épaule de madame de l'Oseraie, et ses larmes coulaient dans son sein. Levait-elle ses yeux sur ceux de l'amie que venait de lui donner le malheur, elle y trouvait l'intérêt le plus tendre, la compassion la plus douce, et cela ne lui suffisait pas. « Votre « mari connaît ma déplorable aventure, ma- « dame; comment la connaît-il? A-t-il des nou- « velles récentes de celui... » Elle ne put en dire davantage.

Madame de l'Oseraie réfléchissait à la manière de tourner, d'adoucir un aveu aussi délicat. Cette question, qui amenait naturellement un éclaircissement aussi pénible qu'indispensable, la mit plus à son aise. Elle parla avec le ménagement dû à l'infortune; avec les égards qui rétablissent le faible dans sa propre estime; avec cette effusion, ce sentiment, ces tours heureux, qui ôtent aux expressions ce qu'elles ont d'amer. Madame d'Achicourt apprit que son amant était marié.

Ainsi que l'avait prévu de l'Oseraie, l'accès fut terrible. Toutes les sensations violentes se réunirent à la fois dans le cœur de l'infortunée, et le déchirèrent. Le sentiment de son déshonneur, la crainte d'une maternité infamante, la privation absolue d'espoir, la nécessité de mépriser, de haïr l'homme qu'elle adorait, c'est plus que ne peut supporter une femme vertueuse et sensible. Égarée, délirante, celle-ci s'accusait; elle accusait son séducteur; elle accusait le ciel qui n'avait pas secouru l'innocence. Elle maudissait le jour où elle était née; elle maudissait une vertu stérile qui n'avait pu la garantir; elle maudissait un sexe qui se fait un travail, un honneur de perdre celles qui n'ont à opposer, aux piéges de la perfidie, que de la franchise et de l'amour. Ses belles mains meurtrissaient ce sein, innocent comme elles. Madame de l'Oseraie, tremblante, troublée, ne savait quel parti prendre. Madame d'Achicourt était sourde aux raisonnemens, insensible aux caresses, inaccessible à la persuasion. A chaque minute le désespoir augmentait d'un côté, et l'embarras de l'autre. Madame de l'Oseraie fit appeler son mari.

« Madame, dit celui-ci à la déplorable victime,
« pourquoi cet égarement, pourquoi ces violen-
« ces ? Madame d'Achicourt, l'exemple, l'hon-
« neur de son sexe, ne sait-elle pas souffrir ? —
« L'honneur de mon sexe ! J'en suis devenue la
« honte. — Détrompez-vous, madame. Un faible
« enfant qu'on égorge, tombe et n'est pas désho-
« noré. Osez vous élever au-dessus d'une catas-
« trophe que vous n'avez pu prévoir ni prévenir.
« Osez-vous juger, comme vous jugeront les hon-
« nêtes gens, au rang desquels je ne balance pas
« à me compter. Je vois en vous une femme in-
« fortunée, que je dois plaindre, sans cesser de
« la respecter. Ceux qui ne penseront pas ainsi,
« sont indignes de vous, et qu'importe leur opi-
« nion ? Que dis-je ? pourquoi vous jugeraient-ils ?
« Pourquoi connaîtraient-ils un évènement qu'il
« dépend de vous d'ensevelir dans l'ombre ? Votre

« vertu personnelle, les mœurs publiques vous
« défendent ces éclats imprudens, qui, en éclai-
« rant le monde, aggraveront votre infortune.
« Un intérêt, plus puissant encore, vous ordonne
« de vous modérer et de vivre. Êtes-vous certaine
« que vos jours soient à vous seule? La nature
« n'a-t-elle pas des droits plus sacrés que ceux
« de l'amour et de l'orgueil blessés? Si un être,
« innocent du crime de son père, existait en ce
« moment; si des transports, que votre raison
« peut réprimer, lui ôtaient la vie ! c'est alors,
« madame, que, sans asile contre votre con-
« science, il faudrait gémir et invoquer la mort. »

De l'Oseraie avait un ton, une chaleur de débit qui ajoutaient à l'ascendant que lui donnaient ses qualités. Madame d'Achicourt, frappée de sa première phrase, forcée ensuite d'écouter, vaincue par le dernier raisonnement de l'homme estimable, se précipita dans ses bras. La confusion succéda au délire. Elle tomba à genoux, et élevant vers le ciel ses mains et un front pur :
« Vous l'ordonnez, mon Dieu ! je supporterai mon
« infamie; je l'oublierai s'il est possible. Je vivrai,
« sans aimer la vie; je vivrai pour remplir les
« devoirs que le malheur m'a imposés. »

M. de l'Oseraie saisit ce moment de résignation. Il enleva l'infortunée. Sa femme et lui la conduisirent à la campagne, non dans un de ces châteaux, où les plaisirs bruyans semblent insulter à la douleur; mais dans une maison simple et riante, où l'on est toujours près de la nature. C'est là, que l'active amitié, que les soins compatissans s'efforçaient de cicatriser une blessure douloureuse et profonde. C'est là, que madame d'Achicourt, respectée et chérie, était sans cesse distraite de sa peine. Voulait-elle descendre dans son cœur? un ami l'arrachait à elle-même, et la ramenait aux sentimens doux et consolateurs. Son lit était dressé dans la chambre de madame de l'Oseraie. Leurs paupières se fermaient au milieu d'un entretien, dont l'aimable sensibilité faisait seule les frais. Un songe pénible agitait-il l'infortunée? madame de l'Oseraie, toujours attentive, tirait son amie d'un sommeil fatigant, lui parlait, dissipait des idées sinistres, et la rendait au calme et au repos.

De l'Oseraie avait rendu à madame d'Achicourt un autre service non moins essentiel. Il avait dérobé à sa mère la connaissance du triste évènement, et le spectacle de la douleur d'une fille qu'elle idolâtrait. Il avait écrit à madame de Verville qu'on avait lié chez lui une partie de campagne; que madame d'Achicourt n'avait pu se donner exclusivement à la marquise; qu'elle avait cédé à ses instances, et qu'il la lui rendrait dans un mois. Madame de Verville avait répondu avec franchise, qu'elle était charmée que sa fille apprît à choisir ses amis, et qu'elle était flattée que M. de l'Oseraie voulût bien être le sien.

XIV.

On avait ri chez la marquise du départ brusque et original de Roberville ; on s'occupa davantage de l'absence de madame d'Achicourt. La disparition d'une femme charmante est un évènement à la campagne. Monsieur le comte, monsieur le chevalier jurèrent qu'ils ramèneraient la fugitive. Ils protestèrent, en riant, qu'elle ne résisterait pas aux séductions de leur esprit et de leur figure, et ce qu'ils disaient en riant, ils le pensaient sérieusement.

Leur visite étourdit un peu madame de Verville. Elle sentait que sa fille devait être accusée au moins de bizarrerie. Il fallait répondre, et mentir ne remédiait à rien. Elle jugea que ne pouvant justifier sa fille de l'oubli des convenances, elle devait lui faire honneur du motif qui l'avait déterminée. Elle avoua que, fatiguée du tumulte, elle était allée reposer sa tête et nourrir son esprit chez M. de l'Oseraie.

Il est inconcevable, disait le chevalier, qu'on soit aussi impoliment raisonnable à vingt ans. Partir à trois heures du matin, reprenait le comte, sans avoir pris congé de personne ! Fuir les jeux et les plaisirs, pour aller philosopher entre deux tristes époux ! Je ne lui pardonnerai jamais, s'écria la marquise. Elle se plaignit partout d'un procédé inouï, indécent. Le monde blâma le procédé, mais il jugea que la société de madame de l'Oseraie convenait mieux à une très-jeune femme, que celle de la marquise.

Un mois était écoulé. Certaine crainte n'existait plus, et elle avait eu cela d'utile, que madame d'Achicourt était parvenue à se vaincre, et qu'il ne restait de ses premiers transports, qu'une mélancolie qui la rendait plus intéressante, et qui n'avait rien de dangereux. On ne craignait plus de la laisser à elle-même. De l'Oseraie partait tous les matins; il allait à Paris suivre ses affaires; il revenait le soir. Les dames travaillaient, jouaient, causaient. Quelquefois madame d'Achicourt se retirait dans un petit bois.

Elle se laissait aller à une profonde rêverie. Un livre instructif ou agréable s'échappait de ses mains, une larme tombait de sa paupière; mais ces larmes n'étaient plus brûlantes. Elle se levait pour échapper à son cœur : son cœur la suivait partout.

Elle sentit enfin qu'il était temps de cesser d'être à charge à ses amis. Elle se proposait de rentrer chez sa mère, d'éviter le monde, et de vivre avec un très-petit nombre de personnes choisies. Elle fit goûter ce projet à madame de l'Oseraie. Elle allait l'exécuter, lorsqu'un incident imprévu changea sa manière de voir et de sentir.

De l'Oseraie était à Paris ; sa femme était occupée dans l'intérieur de la maison ; madame d'Achicourt effeuillait machinalement quelques roses, en prenant le frais dans la cour. Le piéton de la poste aux lettres entre, et remet à la jeune dame celles qui étaient pour la maison. Elle regarde les adresses... L'écriture de l'une d'elles la frappe... Vous vous rappelez qu'elle avait reçu quelques billets de celui...

Le paquet est volumineux ; il est à son adresse. Cette lettre fait palpiter un cœur trop tendre ; un sentiment, à demi vaincu, se réveille avec violence. Il est combattu par le ressentiment, par le mépris ; mais il existe tout entier ; il est dangereux, elle le sent, et il ne dépend pas d'elle de l'éteindre.

Troublée, éperdue, elle court vers son amie. « La lirai-je? lui dit-elle — Non, répond avec fer« meté madame de l'Oseraie. — Mais s'il était « moins coupable que les apparences l'annon« cent? — Le crime est avéré. — Que ferons-nous « de cette lettre ? — Brûlez-la. — Il croira que « je l'ai lue : où est alors l'inconvénient de la lire ? « — Renvoyez-la-lui. — Et où est-il, bon dieu ! « — J'ai son adresse. Donnez-moi cette lettre. « Adèle, vous avez brisé le cachet ! — C'est par « inadvertance. »

C'est aussi sans y penser qu'elle ouvrait insensiblement le paquet, en écoutant son amie, en lui répondant. Est-il possible de ne pas lire une lettre ouverte, quand on le désire vivement, et qu'on n'a pour témoin que l'indulgente amitié ? « Un instant va détruire l'effet de tous nos soins, « disait madame de l'Oseraie. C'est la dernière

« fois que je m'occuperai de lui, répondait l'in-
« fortunée. »

Il écrivait qu'il revenait des portes du tombeau, où l'avait conduit le sentiment de son crime. Il parlait de son amour naissant, de la résistance qu'il lui avait opposée, de la résolution d'avouer ses engagemens, de l'impuissance où il était de le faire, dès qu'il voyait l'objet aimé. Il rappelait son respect, le silence qu'il avait gardé après les ouvertures les plus séduisantes. Il nommait son attentat une erreur des sens. Souvent il s'accusait; mais il prouvait qu'il n'avait eu d'autre intention que d'adorer en secret celle dont il n'avait pu s'éloigner. Il était indigne d'elle, il le sentait; mais il espérait au moins qu'elle ne le mépriserait pas; et qu'il pourrait se justifier plus complètement, lorsqu'elle lui permettrait de la revoir. La lettre était brûlante, comme le cœur qui l'avait dictée. Elle devait porter le ravage dans une ame disposée aux plus fortes émotions. C'est ce qui arriva.

« Non, s'écria madame d'Achicourt, il n'est
« pas coupable! c'est un malheur de moins pour
« moi. Je lui rends mon estime; mais je ne le
« verrai plus. — Il vous cherchera; vous l'aimez,
« vous serez faible encore. Vous en gémirez,
« Adèle; mais enfin l'habitude étouffera le re-
« mords. — Que dites-vous, mon amie ? Tout
« mon être se soulève à cette seule idée. — La
« vertu ne transige jamais. Elle fait le sacrifice

« entier, absolu, parce qu'elle ne présume pas
« de ses forces. Il vous cherchera, vous dis-je. —
« Je mettrai Dieu entre lui et moi. — Y pensez-
« vous, Adèle ? Remplissez le but de la nature.
« Faites le bonheur d'un galant homme. — Moi,
« tromper ! Unir une femme dégradée à un être
« respectable ! Aimer un autre que lui ! Jamais.
« — Il n'est point de passion éternelle. — Je ne
« puis aimer qu'une fois. — Fuyez donc, c'est le
« seul parti qui vous reste. — Je ferai plus : la
« Valière s'est punie ; moi, je m'immolerai. »

De l'Oseraie arriva. Il combattit une résolution subite, et par cela seul inébranlable en ce moment. Les femmes ont aussi leur genre d'héroïsme : c'est celui du dévouement. Comme nous, elles aiment à sortir de la route commune, à se distinguer, à fixer l'attention. Moins enthousiastes, peut-être, elles le sont avec plus de ténacité, et la raison ne peut rien, tant que l'enthousiasme dure. De l'Oseraie se flatta que la solitude, les austérités du noviciat ramèneraient madame d'Achicourt à des sentimens modérés. Il céda, ne pouvant faire mieux.

Elle partit. Elle descendit chez son notaire. Elle signa l'abandon de sa fortune à sa mère et à ses frères. Elle entra dans un cloître, et les portes d'airain se fermèrent sur elle pour ne se rouvrir jamais.

C'est de là, qu'avant de se courber sous le

cilice et les macérations, elle écrivit pour la dernière fois à son amant. Elle ne lui reprochait rien; elle ne faisait pas valoir son sacrifice. Elle lui disait un éternel adieu : elle n'avait pu se priver de cette consolation. « Dieu seul, disait-elle en « finissant, peut occuper un cœur où vous avez « régné. »

Vanitas vanitatum, et omnia vanitas.

DEUXIÈME PARTIE.

CHAPITRE PREMIER.

Essayons de rire encore.

Six mois s'étaient écoulés. Roberville était revenu à lui et à ses occupations. Sœur Adélaïde commençait à réfléchir : le temps est l'infaillible consolateur. Déja elle sentait que Dieu n'est quelque chose, que lorsque les passions ne sont rien, et elle avait vingt et un ans ! Les derniers conseils de madame de l'Oseraie lui revenaient souvent à la mémoire ; l'idée de sa prétendue dégradation s'en effaçait ; le souvenir de Roberville s'affaiblissait, et le besoin d'aimer se faisait sentir. Osera-t-elle déclarer à ses supérieures que la vie monastique lui est à charge, qu'elle ne peut plus la supporter? Quel sera son sort, maintenant que ses biens sont partagés entre sa mère et ses frères? Consentira-t-on à les lui rendre, ou vivra-t-elle d'une pension quelconque qu'on voudra bien lui accorder? Donnera-t-elle au monde le spectacle d'une femme sans caractère? s'exposera-t-elle à ses railleries? Toutes ces considérations l'enchaînaient dans son cloître. Le temps des épreuves expira, et ce fut au milieu de ces incertitudes, de ces irrésolutions, qu'elle prononça des vœux téméraires. Beaucoup d'amour, une dévotion mal entendue et un orgueil déplacé, voilà ce qui faisait des Carmélites.

Roberville pensait quelquefois à cette Adèle. Il ne concevait pas qu'on se fît religieuse sans vocation, quand on n'a rien à se reprocher, et seulement par humeur. Il ne concevait pas davantage qu'il eut été mortellement malade du regret d'avoir fait une chose toute naturelle, et sans aucun plan de séduction; tant il est vrai que notre manière de voir les choses dépend du moment, de la prévention, d'un sang plus ou moins échauffé. « Plus de projets de chasteté, disait-il. Il n'y a
« qu'un fou qui en fasse, et qu'un homme im-
« puissant qui les exécute. »

M. de Merlicourt, qui aimait beaucoup Roberville, ne l'avait pas perdu de vue un moment. En rapprochant les circonstances, il avait reconnu que madame d'Achicourt s'était punie d'avoir eu du plaisir, et que son amant l'avait à peu près oubliée, ce qui arrive toujours, et ce qui n'empêche pas de jurer amour éternel, de la meilleure foi du monde, après avoir faussé vingt ou trente de ces sermens-là. M. de Merlicourt avait conclu de tout cela, que ce qui était arrivé à une femme très-sage, pourrait arriver à la sienne; que la prendre jolie, n'est pas toujours la prendre pour soi; que la prendre laide, n'est pas agréable; que la prendre riche est inutile, quand on a soi-même des biens considérables; enfin, qu'on peut se passer d'héritiers de son fait, quand on n'a qu'un nom obscur à leur transmettre.

Cependant Merlicourt n'avait pas la manie des projets, et avec la facilité de satisfaire tous ses goûts, il se serait bien gardé d'imiter ce pieux roi de France, qui mourut d'un excès de continence. Il avait fini par croire que rien n'est plus commode qu'une maîtresse. On paie, il est vrai; mais on a du plaisir pour son argent. Une fille couverte de diamans fait honneur au maître, comme une livrée riche et un attelage élégant. On est trompé sans doute; mais il vaut mieux l'être par sa maîtresse que par sa femme, et puis, on a la ressource de s'en défaire, sans formalités et sans frais, quand on en est mécontent ou fatigué. D'après ces raisonnemens, qui ne sont pas moraux du tout, mais qui forment le code de la plupart des gens du grand monde, Merlicourt avait pris à ses gages une femme charmante.

Il s'était bien gardé de la faire voir à Roberville, pendant qu'il en était amoureux : il savait qu'il y a au moins imprudence à présenter à une femme un homme plus jeune et plus aimable que soi. Mais le temps, qui use tout, ayant usé cet amour-là, comme tant d'autres, et madame d'Atys n'étant plus pour Merlicourt qu'un objet de luxe, il voulut que Roberville enviât son bonheur passé, et applaudît à sa magnificence. Il l'invita à souper dans sa petite maison, un soir que madame d'Atys avait été à l'opéra éclipser des princesses, et prouver à d'honnêtes bourgeoises que si la sagesse est satisfaisante, la volupté est lucrative.

Il eût été bon alors qu'on dédommageât ces petites femmes qui refusent tout à leur cœur et à leur vanité; qui ne s'élèvent jamais au-dessus de leur pot au feu, et qui s'ennuient vertueusement chez elles, en marquant d'un signe quelconque celles qui dépouillent leurs maris avec impudeur. Un nœud de rubans jaunes sur la tête, par exemple, les cheveux coupés de telle ou telle manière, auraient dit : Cette femme est une *fille*. Eloignez-vous d'elle, jeunes personnes qui craignez le souffle de la corruption, et la femme fille, isolée partout, eût été forcée de rester chez elle. Dès lors, plus de diamans, de carrosse; autant d'économies pour le *monsieur* et sa triste famille. Heureusement cette mesure serait inutile; aujourd'hui que tous les hommes ont des mœurs, et les petites filles de la modestie. Revenons.

Roberville ne pensait pas à payer la pension de sa femme. On ne lui demandait rien, et son dernier amour, qui l'avait exclusivement occupé, et sa maladie, et sa longue convalescence, et ses projets de réforme administrative, tout avait concouru à lui faire oublier à peu près qu'il était marié. Il s'était cependant passé des choses assez piquantes pour le tirer de cette espèce d'apathie, s'il en avait eu connaissance.

M. de Vercourt, notre mousquetaire, n'avait pas eu le temps de se rassasier des charmes de la séduisante Rose. Un éclair de plaisir, dérobé pendant que le mari jouait au Robinson, une nuit ébauchée, voilà où le sort avait borné ses jouissances, et quinze jours d'arrêts échauffent singulièrement une jeune tête. Le commissaire de police avait nommé le couvent où il allait conduire sa belle, et un officier ne peut mieux occuper ses loisirs, qu'à faire des plans de siége et à combiner les attaques du fond de sa chambre.

C'est ce que fit M. de Vercourt. Un domestique affidé allait reconnaître les dehors de la place. Il examinait attentivement les murs extérieurs; il jugeait leur élévation; il étudiait la position des bâtimens; il comptait les croisées; il venait rendre compte de tout à son maître, qui, le crayon d'une main, la gomme élastique de l'autre, traçait, effaçait, corrigeait, et qui parvint à faire, sous les yeux de son espion, un plan assez exact du couvent des Repenties, qui ne lui servit à rien. Si la prévoyance est utile en guerre, ce sont presque toujours les circonstances qui la dirigent.

Quand les assiégeans ne sont pas en force, ce qu'ils ont de mieux à faire, c'est de se ménager des intelligences dans la place, et c'est ce que tenta M. de Vercourt. Son éclaireur fut chargé de séduire la tourière, ce qui n'était pas facile. Elle était vieille, et l'âge aigrit le caractère. Elle avait toujours été laide, et son cœur était resté froid. Privée long-temps de toute espèce de jouissances, elle avait fini par s'en faire une, c'était de tourmenter les autres. Cette femme se montra donc incorruptible. Cependant elle avait aussi son côté faible : elle aimait passionnément le café, les confitures et les liqueurs des îles. Elle l'avait laissé entrevoir; mais pour causer un quart-d'heure avec elle, il aurait fallu faire au moins sa provision d'un an, et Vercourt avait perdu ce qui restait de ses cinquante louis, en jouant avec des camarades qui venaient le consoler pendant sa captivité. L'argent, l'argent!

C'est le nerf de la guerre ainsi que des amours.

Il fallut donc se résoudre à emporter la place d'assaut. Cela ne coûte rien, et n'est pas dangereux quand on n'a que des nonnes à combattre. Les préparatifs se bornaient à une échelle de trente pieds, et il y a des échelles partout. Un couvreur, ami de l'espion, consentit à en prêter une.

Une partie des murs formait un côté d'une rue étroite, et déserte la nuit. Rien de facile comme de monter et de descendre. Trouver la cellule de Rose, ne l'était pas du tout. Au pis-aller, la première incursion ne serait qu'une reconnaissance des lieux.

Vercourt sort à minuit de l'hôtel des mousquetaires. Ses provisions de bouche se composent de quelques massepins et d'un carafon de liqueur. Ses munitions de guerre sont dans son audace et son agilité. Il arrive. Le couvreur et son laquais tiennent le pied de l'échelle. Il monte. Ses aides-de-camp montent après lui, et aident à passer l'échelle de l'autre côté du mur. Notre héros descend dans le jardin, et se recommande à la fortune. Les deux autres se sont fait ouvrir un cabaret pour l'attendre plus commodément.

Voilà le bel officier parcourant les allées, rodant autour des bâtimens, écoutant à toutes les portes, et les trouvant toutes fermées. Il eût su où était la cellule de Rose, sans en être plus avancé. Que fera-t-il? s'en retourner, et n'en pas savoir davantage, autant vaudrait n'être pas venu. Le lendemain, les portes seront fermées encore. Elles le sont probablement toutes les nuits : voilà qui est désespérant, diabolique. « Morbleu, disait-« il, les mousquetaires ont pris Valenciennes, et je « ne tirerai pas ma maîtresse d'un couvent! » Il adopte, il rejette cent desseins plus fous, plus inexécutables les uns que les autres. Il va, il vient, il se démène. Il se casse le nez contre un grand crucifix de bois. Il en fait le tour en jurant.

Le piédestal est creux. En jetant dans les broussailles les instrumens aratoires qu'il recèle, Vercourt pourra s'y cacher. Il a de quoi vivre pendant une journée, et cette journée peut amener quelque incident heureux.

Pendant qu'il se livre à des espérances fort incertaines, la cloche de l'église commence à sonner, et bientôt il voit des lumières à toutes les croisées. Les nonnes, pensa-t-il, vont chanter les matines. Il n'est pas impossible que Rose passe près de moi; je tirerai le bas de sa robe; elle comprendra qu'elle a ici un libérateur. En effet, la communauté en corps défile devant Vercourt, mais il ne voit que des religieuses. Elles se rendent à l'église, et le mousquetaire n'a pas plutôt entendu leurs voix aigrelettes, qu'il sort de dessous son piédestal, et se rapproche des bâtimens.

Bonheur inattendu! la porte par où ces dames sont sorties, est fermée à double tour; mais le trousseau de clés est resté à la serrure, soit qu'on l'y ait oublié, ou que, se bornant à s'assurer de leurs prisonnières, les religieuses fussent sans inquiétude sur les entreprises du dehors. En effet, comment soupçonneraient-elles qu'on fût assez hardi pour violer l'asile des épouses du Seigneur?

Vercourt entre, il monte à tâtons. Il frappe bravement à la porte de la première cellule. Elle était habitée par une religieuse octogénaire, dispensée, en raison de son âge, d'assister aux offices. « Ouvrez, dit la bonne dame. Où loge ma-

« dame de Roberville, demande Vercourt ? Vous
« me direz cela, vous qui sans doute êtes ici
« comme elle pour expier vos jolis péchés. —
« Saint Augustin ! c'est un homme ! Et pour qui
« me prend-il ? Au feu, au meurtre ! » Et la vieille
s'agite dans son lit, d'où elle ne peut s'arracher. Au
feu, soit, crie Vercourt rassuré par l'impuissance
de son ennemie, au feu ! au feu ! et il continue
de crier en parcourant les corridors.

A ces cris redoublés, dix-huit ou vingt jolies
pécheresses sortent en chemise de leurs cellules.
Quel enchantement, si le soleil eût éclairé cette
scène délicieuse et burlesque ! Vercourt appelait
Rose, et en attendant que Rose répondît, il tâtonnait partout, et s'en trouvait fort bien.

Il distingue enfin la voix chérie. Il se nomme.
« Habillez-vous, lui dit-il, et partons ; il n'y a pas
« un moment à perdre. — Je ne demande pas
« mieux, mon ami. Oh ! par grace, emmenez-nous
« aussi, s'écrièrent toutes les autres à la fois. —
« Parbleu, je le veux bien. Allons, mesdames,
« hâtez-vous. Faire le bonheur général et le sien,
« c'est être doublement heureux. »

Des prisonniers qui soupirent après leur liberté, ne perdent pas de temps à leur toilette.
En deux minutes nos espiègles sont dans le jardin.
L'une n'a pu trouver un bas ; il manque à l'autre
un de ses souliers. Celle-ci est sans fichu, celle-là
sans bonnet ; mais n'importe. La liberté, la
liberté ! On ne voit que cela, on ne pense qu'à

cela. On s'élance sur l'échelle; on se met à califourchon sur le mur à mesure qu'on monte. Vercourt tire l'échelle après lui, aidé par deux de ces dames, qui s'écorchent un peu les doigts, mais qui n'y font pas attention.

Le domestique et le couvreur attendaient de l'autre côté. Ils ne savent que penser en voyant cette file de femmes symétriquement rangées sur une muraille. Leur incertitude est promptement dissipée On descend comme on était monté; on s'éloigne à grands pas, et on laisse le couvreur, stupéfait, disposer de son échelle comme il l'entendra.

« Voyons, mesdames, qu'allez-vous devenir, « dit Vercourt, quand on fut au bout de la rue? « Je n'imagine pas que vous pensiez à retourner « chez vos maris. Le ciel nous en garde! répon- « dirent-elles toutes ensemble. — Vous n'êtes pas « dans un état à vous présenter dans un hôtel « garni. D'ailleurs, vous êtes peut-être sans ar- « gent? — Nous n'avons pas le sou. — Ni moi non « plus. Il n'y a qu'un parti à prendre : venez pas- « ser la nuit à l'hôtel des mousquetaires, et de- « main nous verrons. A l'hôtel des mousquetaires, « s'écrièrent les petites pécheresses. »

Vercourt prend sa Rose sous un bras, une duchesse sous l'autre; il se met en tête de la colonne. On marche à petit bruit; on prend les rues détournées. On avait fait la moitié du chemin; on comptait arriver sans mésaventure; mais le diable, qui se mêle de tout, à ce qu'on dit, poussa une patrouille du guet à cheval le long du quai des orfèvres, au moment où nos fugitives débusquaient de la petite rue Saint-Louis.

Leur nombre, leur désordre devaient faire naître le soupçon. Le commandant de la patrouille les pria brusquement d'arrêter, et leur demanda qui elles étaient, d'où elles venaient, où elles allaient. Vercourt n'était pas préparé à un interrogatoire. Il resta muet. Mais les femmes galantes ont ordinairement l'esprit du moment, et un mensonge tout prêt. Une brune piquante, très-vive, très-usagée, s'écria : « Nous ne nous atten-
« dions pas, mesdames, à être arrêtées par le
« guet. Il faut répondre comme de simples bour-
« geoises, car on ne peut nous deviner sous ce
« costume. Monsieur, je suis la comtesse de Ver-
« ville; voilà la duchesse de Mercourt, la mar-
« quise de Valsin. Nous sommes toutes des femmes
« de qualité, qui sortons d'un bal masqué qu'à
« donné monsieur le premier président. — Mais,
« mesdames, vous n'êtes pas même habillées du
« tout, et des femmes de distinction ne s'en re-
« tournent pas à pied, à quatre heures du matin.
« — Je vois bien, monsieur, qu'il faut tout vous
« dire : nous espérons au moins que vous serez
« discret.

« Nous avions demandé nos carrosses pour six
« heures, et nous comptions terminer gaîment la
« plus agréable des nuits. Au milieu d'une con-

« tredanse, dont j'étais, moi, monsieur, le pre-
« mier président fait trois ou quatre tours sur
« lui-même. Il devient rouge, ses yeux s'enflam-
« ment ; il tombe sur le parquet, tué d'un coup
« de sang. — Ah! mon dieu, madame, que me
« dites-vous là ? — La vérité, monsieur.

« Vous jugez quelle frayeur un évènement de
« cette espèce cause à des femmes. Nous quittons
« la salle ; nous allons reprendre nos habits, et
« le désordre où vous nous trouvez, est la suite
« du trouble inséparable d'un pareil moment.
« Nous sortons à la hâte de cette maison. Les uns
« fuient par la cour de la Sainte-Chapelle, d'au-
« tres par la rue de Harlai. Le hasard nous a
« conduites ici, et monsieur veut bien se charger
« de nous remettre chez nous. — Mais, madame,
« je ne vois rien de secret à tout ce que vous me
« dites-là. — Le voici, monsieur. Madame la pré-
« sidente a le plus grand intérêt à prévenir des
« collatéraux avides. A la pointe du jour, elle
« mandera son notaire, elle se mettra en mesure,
« et une indiscrétion lui coûterait deux millions.
« — Mais, madame... — Mais, monsieur, reprend
« Vercourt, en élevant la voix, il ne convient
« pas à un petit officier du guet d'interpeler ainsi
« la comtesse de Verville. Si vous doutez de sa
« véracité, reconduisez-nous à la maison mor-
« tuaire. Mais je vous déclare que si vous avez
« cette impudence, demain vous serez cassé.

« — Si vous m'aviez laissé finir, monsieur,

« vous sauriez que loin de mériter des menaces,
« j'ai quelques droits à la reconnaissance de ces
« dames. — Comment cela ? — J'allais leur parler
« des accidens qui peuvent arriver à des femmes
« parcourant les rues de Paris à cette heure... —
« Vous oubliez que je suis avec elles, monsieur.
« — Et leur proposer de les escorter, moi et mon
« escouade. — Apprenez, monsieur, qu'un mous-
« quetaire vaut une compagnie du Guet. Passez,
« continuez votre service, et soyez tranquille sur
« l'article des accidens. »

L'officier passa en effet. Madame la comtesse fut comblée d'éloges, et priée de tenir une autre histoire prête, dans le cas où on rencontrerait une seconde patrouille, ce qui n'arriva point, fort heureusement. Le diable était allé lutiner dans un autre quartier.

On arrive à l'hôtel des Mousquetaires. On gagne la chambre de Vercourt, on y entre pêle-mêle. On respire, on se croit en sûreté. « Mesdames,
« je n'ai qu'un lit, ainsi personne ne se couchera.
« Je n'ai que deux chaises ; personne ne s'asseoira :
« égalité parfaite dans notre république. Je n'ai
« qu'une chandelle ; elle nous suffira, parce que
« nous n'avons rien à lire. Je ne possède pas un
« écu ; mais j'ai du crédit chez le restaurateur de
« l'hôtel. Je vais le faire lever, et nous déjeune-
« rons : je crois que vous en avez besoin. — Oui,
« déjeunons, dit la petite comtesse, et dormons
« après. — Vous devez être, mesdames, aussi fati-

« guées que moi. — Et comment dormir, ma
« bonne amie? debout? — Laissez donc. Mon-
« sieur n'a qu'un lit, à la bonne heure ; mais il
« suffira à toutes. Tirons au milieu de la chambre
« matelas, sommier, couvertures, et dédoublons
« tout cela. Ce coucher-là en vaudra bien un
« autre. J'ai quelquefois éprouvé que le plus dur
« n'est pas le plus mauvais. »

Aussitôt dit, aussitôt fait. Voilà nos petites femmes couchées. Elles couvrent la superficie de la chambre. Vercourt trouve à peine où poser le pied pour aller à la provision. « La singulière
« aventure, disait l'une ! elle est charmante, re-
« prenait l'autre. C'est un roman tout entier,
« ajoutait une troisième ; Il y manque un bon
« dénouement, poursuivait celle-ci. Qui sait ce
« que Dieu nous garde, murmurait celle-là ?

« Mesdames, dit Vercourt en rentrant, j'ai fait
« une réflexion. Ne réfléchissons pas, monsieur
« le mousquetaire, cela fatigue, dit la petite com-
« tesse. — Pardonnez-moi, madame, pardonnez-
« moi, réfléchissons : cela est quelquefois utile. J'ai
« pensé qu'on va s'apercevoir de votre évasion.
« — C'est égal. — La supérieure agira. — C'est
« égal. — L'officier du guet dira à tout le monde
« que le premier président est mort. — C'est égal.
« — On lui rira au nez. — C'est égal. — C'est
« égal, c'est égal ! ce qui n'est pas égal, c'est que,
« piqué d'avoir été joué, il déclarera avoir ren-

« contré vingt femmes sous la conduite d'un
« mousquetaire. Il désignera votre âge, vos cos-
« tumes ; on vous reconnaîtra au signalement ;
« on fera perquisition ici ; on vous trouvera ; on
« vous reconduira à votre couvent, et on m'en-
« verra, moi, passer dix ans dans une citadelle.
« Convenez, mesdames, que tout cela vaut la
« peine qu'on y pense. — Bien, voilà le mal.
« Avez-vous trouvé le remède ? — Il faut déjeu-
« ner à la hâte. — Soit. — Et vous habiller toutes
« en mousquetaires. — Délicieux. — Je n'ai que
« deux habits, et je dois la préférence à madame
« de Roberville. — C'est juste. Après ? — Cha-
« cune des autres s'arrangera avec un de mes
« camarades. — Fi ! l'horreur ! On fait son mari
« cocu, c'est tout simple ; mais son amant ! Mon
« pauvre chevalier ! — Quel tort cela fera-t-il à
« votre pauvre chevalier ? Vous aurez du plaisir,
« vous en donnerez, et le pauvre chevalier en
« prendra de reste, quand vous le retrouverez.
« — Monsieur le mousquetaire raisonne assez
« juste, ma chère amie. — Il faut savoir céder à
« la nécessité. — On dit les mousquetaires très-
« aimables. — Mais, mesdames, mesdames, faire
« son amant cocu ! cela s'est-il vu jamais ? — Pré-
« férez-vous retourner au couvent, madame la
« comtesse ? — J'aimerais mieux me noyer, mon-
« sieur. — Laissez-vous donc conduire. — Faites
« au moins des choix heureux. Que nous n'ayons
« pas à rougir, si plus tard nous rencontrons

« dans le monde... — Je vous donnerai la fleur
« de la compagnie. »

A peine a-t-il dit ces mots, que la porte s'ouvre. Dix-neuf jeunes gens, beaux comme Adonis, vifs comme la poudre, espiègles... comme des mousquetaires, paraissent, leur chandelle à la main. « A la bonne heure, ils sont bien, dit la « comtesse. Venez vous asseoir ici, et déjeunez « avec moi, vous, monsieur, qui me regardez « tendrement, et qui avez la tête d'Apollon sur « les épaules d'Hercule. » Les autres dames firent aussi leur invitation, ce qui n'était pas régulier; mais cette nuit devait être très-irrégulière. Quand toutes les femmes sont jolies, personne n'a à se plaindre de son partage. Nos officiers répondirent à l'appel, et chacun déjeuna gaîment avec sa chacune.

Vous prévoyez sans doute que Vercourt avait tout arrangé en allant ordonner le déjeuner. Il aimait passionnément le sexe; mais que faire de vingt femmes à la fois? Il devait ses premiers soins à madame de Roberville; il fallait donc se débarrasser des autres, au moins pour quelques heures. Qui sait ce que le fripon méditait pour le lendemain? Les mousquetaires portaient la cordialité jusqu'à établir quelquefois communauté de biens, et il est un genre d'échange dont les jeunes gens se trouvent à merveilles.

Le déjeuner fini, on se sépare. On va clandestinement s'enfermer deux à deux, et pendant le reste de la nuit, nos petites pécheresses disaient en soupirant d'amour et de plaisir : Oh ! ce cou-« vent-ci vaut bien l'autre ! »

Vingt petits ménages sont établis, et personne ne s'en doute encore. On s'est levé, on a essayé des uniformes. L'un est trop long, l'autre trop large. Il a fallu se réunir dans une même chambre, échanger les habits de manière à paraître le moins ridicule qu'il se pourrait, et ces échanges-là ne se font jamais que l'amour ne commette quelque larcin, surtout quand de jolies dames ont pour femmes de chambre des mousquetaires. Une espièglerie succédait à une autre, et toutes amenaient des éclats de rire prolongés, qui attirèrent enfin un vieux brigadier, qui s'avisa de regarder par le trou de la serrure.

Le monsieur faisait plus de cas de sa croix de Saint-Louis que d'une femme, et pour cause. Il fut très-scandalisé du spectacle qui s'offrait à ses yeux, et il alla déclarer ce qui se passait au maréchal-des-logis de semaine. Le maréchal-des-logis sortit pour aller prendre des ordres du lieutenant de la compagnie, qui lui dit : « Je trouve très-« bon que ces messieurs aient des femmes ; mais « je n'entends pas qu'ils les introduisent à l'hôtel, « et je ne souffrirai pas qu'on avilisse l'habit du « corps. Allez, monsieur, faire déshabiller ces « donzelles, et mettez-les à la porte. »

Quand le maréchal-des-logis revint, l'hôtel était investi par un bataillon des gardes françaises, qui avaient ordre de ne laisser entrer ni sortir personne, précaution qui laissa quelques momens encore à nos amans. Vous voulez savoir comment les gardes françaises se trouvaient là : je vais vous le dire.

Vercourt, malgré son étourderie, avait prévu à peu près ce qui était arrivé. En revenant de matines, les religieuses entendirent la voix éteinte de la vieille recluse, qui n'avait cessé de crier. Elles surent que les jolies pénitentes venaient d'être enlevées, n'importe par qui. La supérieure trembla. Elle répondait de ces dames, qui tenaient toutes à d'illustres familles. Elle écrivit au lieutenant de police; elle manda le jardinier, qui logeait dans une cour extérieure. Par une fatalité singulière, le jardinier, en allant chez le lieutenant de police, rencontra l'escouade du guet qui avait arrêté nos tendres fugitives. Cet homme courait, et un homme qui court la nuit est suspect. Celui-ci fut arrêté, et interrogé à son tour. Il répondit avec naïveté et franchise. L'officier du guet se douta qu'on s'était moqué de lui. Il fit monter le jardinier derrière un de ses hommes, et alla au grand trot à l'hôtel du premier président. Il fit un vacarme infernal à la porte. Le suisse vint lui ouvrir en grondant, et il apprit que non-seulement le premier président n'était pas mort, mais qu'il n'avait pas donné de bal, et qu'il n'avait dansé de sa vie.

Les soupçons de l'officier se changèrent en conviction. Il courut chez le lieutenant de police. Le lieutenant de police ordonna à ses gens d'envoyer faire... l'officier. L'officier insista. Il parla si haut que le lieutenant de police se mit à une fenêtre. Quand il sut de quoi il s'agissait, il cria qu'on mît ses chevaux; il passa sa robe de chambre; et sans se donner le temps de prendre sa culotte, il sauta dans sa voiture, et se fit mener ventre à terre chez le ministre de Paris.

Le ministre se délassait du poids des affaires entre les bras d'une danseuse de l'Opéra. Il fit dire au lieutenant de police de repasser. Le lieutenant de police fit répondre que l'état était en danger. A ce mot terrible le ministre se leva. « Si vous n'agissez promptement, monseigneur, « le plus pur sang de France est corrompu ; plus « de héros à espérer. — Expliquez-vous, mon- « sieur. — Les dames détenues aux Repenties sont « évadées, et se feront faire des enfans par je ne « sais qui. Or, vous connaissez, monseigneur, « l'axiome de droit : *est pater ille*, etc. »

A cette fatale nouvelle, le ministre est prêt à perdre la tête. Il fait monter l'officier du guet, qui n'avait jamais dépassé la loge du suisse : rien ne fait disparaître les distances aussi promptement que le besoin. Indications prises, le ministre envoie un ordre aux casernes des gardes françaises. Le lieutenant de police en expédie de tous les côtés. Plus de repos pour lui, ni pour monseigneur, jusqu'à ce que ces dames soient retrouvées.

Quelques mousquetaires, très-innocens de tout ce qui s'était passé, aperçurent le bataillon des gardes, et répandirent l'alarme dans l'hôtel. Nos amans se doutèrent d'abord à qui on en voulait, et ne perdirent pas un instant. On sort de la chambre de toilette, on se sépare deux par deux, on prend différens corridors pour être moins remarqués; on traverse les cours, on se réunit dans le magasin au fourrage. Ces messieurs creusent un nid, où se cachent les amours éplorés, et ils reviennent, enchantés du stratagême, voir quelle tournure vont prendre les choses.

On n'avait pas de certitude que ces dames fussent à l'hôtel, et il est probable qu'on n'eût pas été chercher dans un tas de foin des maréchales et des duchesses. Mais le vieux brigadier avait tout observé, et il se promettait bien de mettre un terme à des plaisirs qu'il ne pouvait plus partager.

Bientôt on vit le lieutenant de police en personne descendre de son carrosse. Nos jeunes gens se disposaient à lui faire une scène, lorsque le duc de ***, capitaine commandant de la compagnie, descendit de la même voiture, et contint tout le monde par sa seule présence. Il demanda un trompette, et lui fit sonner le bouteselle.

En cinq minutes la compagnie fut à cheval.

Le capitaine ordonna à messieurs les mousquetaires de remettre les clefs de leurs chambres. On allait commencer une perquisition générale, lorsque le vieux brigadier dit un mot à l'oreille du maréchal-des-logis, à qui enfin on avait permis de rentrer. Celui-ci parla au lieutenant, et le lieutenant au capitaine. Le capitaine ordonna de garder les rangs, et se détacha avec le lieutenant de police et sa suite. Ils marchèrent vers le dernier asile qu'avait pratiqué l'Amour à ses élues, et douze à quinze palefreniers les découvrirent confuses et tremblantes.

Le lieutenant de police tire de sa poche la terrible liste. Il appelle par leur nom la princesse, la duchesse, la marquise, la présidente, l'intendante, la conseillère. Les pauvres petites viennent tour à tour, les yeux baissés, se placer au milieu du cercle formé par les redoutables agens de la police. Madame de Roberville est appelée la dernière. Sa fraîcheur, sa gentillesse frappent le duc de ***. Il demande qui elle est ; on lui répond que ce n'est qu'une bourgeoise. Que de dames de haut parage eussent voulu ressembler à cette bourgeoise-là !

Or, comme une bourgeoise doit se trouver très-honorée de servir aux plaisirs d'un grand seigneur, le duc prononça, *in petto*, que celle-ci lui appartiendrait.

Le front sévère du lieutenant de police se dérida, lorsqu'il vit toutes ses fugitives rassemblées.

Mais qu'en fera-t-il ? Les reconduire à leur couvent en plein jour, c'est achever de les déshonorer par un éclat inutile. Il est plus sage d'attendre à la nuit. Où les enfermer jusque là ? Le duc propose de les mettre dans la chambre du vieux délateur, toujours accessible pour lui.

L'âge du brigadier inspira de la confiance au magistrat. Mais il prévit qu'un seul homme ne contiendrait pas vingt jeunes gens amoureux, et comme il vaut mieux prévenir les fautes d'insubordination que les punir, on retint cinquante gardes françaises. On les plaça aux portes et sous les croisées, et on envoya prendre au couvent de quoi habiller ces dames plus décemment qu'elles n'en étaient sorties.

On avait fait beaucoup, on voulut faire davantage. On essaya de connaître les audacieux qui avaient profané le couvent. Le duc fait mettre pied à terre. Le lieutenant de police passe dans les rangs. Il interroge, il flatte, il caresse ; il tâche de s'insinuer dans les esprits. Il n'obtient que des réponses évasives ou plaisantes. Il se pique, il rappelle au duc qu'il a les clefs des chambres de ces messieurs. Il se flatte d'y trouver quelques indications qui décèleront les coupables, et on va fureter partout. Ici est une robe, là un jupon ; plus loin une jarretière brodée, ailleurs un bonnet. Certains signes non équivoques annoncent que partout on a couché deux. On interpelle les jeunes gens qui habitent ces différentes chambres; ils s'obstinent au silence, et le duc saisit cette occasion d'éloigner son rival qu'il ne connaît pas : il envoie en prison tous ceux qui avaient eu des relations avec ces dames. Le moyen n'était pas nouveau. Hérode, dit saint Mathieu, l'employa jadis sans succès.

Le lieutenant de police, jaloux de tout approfondir, se détermine à retourner chez ces dames. Il croit qu'il intimidera facilement des femmes, qu'il les fera parler. Il compte tirer de leurs aveux mêmes les mesures qu'il opposera à leurs tentatives subséquentes. Ces dames, si douces, si traitables avec les mousquetaires, reprennent la dignité et le ton de la cour. C'est la maréchale qui, cette fois, porte la parole. Elle répond laconiquement qu'elle sait se soumettre aux ordres du roi, mais que personne n'a le droit d'interroger des femmes comme elles, et qu'elles sont décidées à ne pas répondre. Le magistrat réplique que c'est au nom du roi qu'il interroge. « Hé bien !
« monsieur, reprend la petite comtesse, dites au
« roi que nous nous sommes évadées sans aucun
« secours étranger; qu'en fait de couvent chacun
« a son goût; que Ninon avait choisi les grands
« Carmes, et que nous préférons les mousque-
« taires; que nous avons couché ici; que nous
« nous en sommes fort bien trouvées, et que
« nous y reviendrons quand nous le pourrons.
« Dites à nos maris qu'enfermer des femmes,
« c'est user du droit du plus fort, et que lors-

« qu'elles s'échappent, elles usent du droit na-
« turel. Ajoutez, si vous voulez, que les cocus
« les plus sages sont ceux qui évitent l'éclat, et
« que donner de la publicité à une chose toute
« ordinaire, c'est vouloir se faire montrer au
« doigt. »

Ce discours pathétique fut suivi de longs éclats de rire. Le magistrat sentit qu'on allait se moquer de lui ouvertement, et il fut rendre compte au ministre de ce qu'il avait fait. Le ministre part pour Versailles, et va amuser le roi du récit de cette aventure : le roi aimait beaucoup les aventures scandaleuses. Celle-ci lui fit oublier qu'il venait de perdre la bataille de Minden, ses flottes et ses colonies; qu'on voulait qu'il chassât le prétendant, à qui il avait promis sa protection, et qu'on exigeait qu'il payât à Dunkerque un commissaire anglais, chargé de l'empêcher de rétablir le port.

Cependant le duc était réellement amoureux de madame de Roberville. Sans cesse il cherchait des prétextes pour retourner chez ces dames, et il en trouvait facilement, puisqu'elles manquaient de tout. Le brigadier, qui savait vivre, se retirait respectueusement lorsqu'il paraissait, et le duc n'en était pas plus avancé, car enfin si on peut tout proposer à une femme, il est des choses qu'elle ne peut pas écouter devant témoins. D'ailleurs, un homme titré a toujours soin de couvrir ses fredaines du masque de la décence.

Celui-ci était fort embarrassé. La journée s'écoulait ; il fallait agir, et non délibérer.

« Monsieur, lui dit enfin la petite comtesse, « je vois bien qu'une de nous ne rentrera pas « au couvent. Mettez-vous à votre aise, et nom- « mez franchement celle à qui vous décernez la « pomme. » Le duc, encouragé, prend la main de la beauté qui l'enchaîne, et la baise avec transport. Ce baiser, en pareille circonstance, est une déclaration positive. Les femmes, je l'ai déjà dit, ont l'esprit du moment, et un certain tact que nous soupçonnons à peine, nous autres hommes. Celles-ci, sans se consulter, sans même se dire un mot, se réunirent dans un coin de la chambre, et laissèrent le duc aussi seul qu'il pouvait l'être avec madame de Roberville.

Il s'explique sans détour : il n'y a pas de temps à perdre. Il parle ; il parle bien ; il est bel homme. Rose sourit à toutes ses propositions, et dans ce cas, sourire c'est répondre. Le duc sort avec l'empressement du désir, et comme le désir ne calcule jamais, il ne ménage pas plus sa bourse que ses chevaux.

Il y a, dit-on, à Paris vingt mille individus qui se lèvent sans savoir comment ils dîneront, ni où ils coucheront. Un grand seigneur a toujours à sa solde quelques-uns de ces gens-là, avec lesquels il communique par un intermédiaire adroit.

A dix heures du soir, un carrosse de place s'arrête à la porte de l'hôtel des mousquetaires. Deux femmes en descendent, et se chargent chacune d'un énorme paquet. Elles viennent des *Repenties*; elles apportent des effets à l'usage des dames. Les Gardes Françaises n'ont pas ordre d'arrêter les paquets; les deux messagères sont introduites. « Permettez, mesdames, que nous vous aidions à « vous habiller convenablement. » Le pudibond brigadier se retire.

On ouvre les paquets, on regarde, on retourne tout; on ne reconnaît rien de ce qu'on a laissé au couvent. On marque de la surprise : « Tout « cela vous est envoyé, mesdames, par M. Du-« perron. Plus de mots. Habillez-vous. — M. Du-« perron! Qui de nous connaît ce M. Duperron? « — Qu'il vous suffise de savoir, mesdames, que « c'est un homme très-utile aux femmes qui ai-« ment le plaisir. — C'est là tout ce que vous en « savez? — C'est tout ce que nous pouvons vous « en dire. — Habillons-nous, et vive M. Duperron! »

A dix heures et demie, quatre autres carrosses arrivent. Un commissaire en robe, un exempt et son bâton, douze à quinze hommes descendent des carrosses. Le commissaire présente au commandant des Gardes Françaises et au vieux brigadier l'ordre du lieutenant de police. Il notifie à ces dames qu'elles aient à le suivre, avec ce ton dur qui ajoute l'humiliation au malheur. Les jeunes dames soupirent, gémissent; on est indifférent à leur peine, on ne s'en occupe pas. On leur prend le bras à toutes, non par un sentiment d'humanité, mais pour s'assurer d'elles. On les conduit aux différentes voitures, on les y fait monter, on s'y entasse avec elles. Il faudrait un miracle pour les tirer de là, et il ne s'en fait plus.

Les cochers fouettent, les voitures partent. Les portes de l'hôtel des mousquetaires se referment. On marche au grand trot, on tourne plusieurs rues, les carrosses se séparent, probablement pour dérober au public la connaissance de ce qui se passe. Ils se réunissent une demi-heure après sur la place Louis XV; ils prennent le chemin des Champs-Elysées. La petite comtesse conserve toujours une sorte de présence d'esprit. « Nous n'allons point à notre couvent, dit-elle. « Où donc nous menez-vous? Silence, répond le « commissaire, d'une voix terrible, » et la pauvre petite se tait.

On s'enfonce sous les allées; on gagne l'avenue de Marigny; on s'arrête à deux cents pas du faubourg Saint-Honoré. Le commissaire et l'exempt ordonnent de descendre; on leur obéit. Les hommes qui forment leur escorte s'éloignent, se dispersent, disparaissent. « Bonheur inattendu! s'é-
« crie la petite comtesse, bonheur inappréciable!
« nous sommes sauvées, mesdames, et par qui?
« —Oui, mesdames, vous êtes sauvées. Duper-
« ron, votre serviteur, a joué le commissaire,
« un de ses camarades l'exempt, des hommes

« obscurs notre suite. L'ordre qui vous a tirées de
« l'hôtel des Mousquetaires est de ma façon, et
« vous conviendrez que j'ai du talent, puisque
« j'ai trompé des yeux exercés. Vous savez tout,
« et il ne me reste qu'à vous demander pardon
« des procédés un peu durs dont j'ai usé envers
« vous; mais il fallait être vrai jusque dans les
moindres circonstances.

« Trois de ces voitures sont à vos ordres, et
« vous conduiront où vous voudrez. Montez-y
« toutes, à l'exception pourtant de madame de
« Roberville, que je n'ai pas encore l'honneur de
« connaître... — Me voilà, monsieur. — Nous al-
« lons prendre ce carrosse, et je vous conduirai
« où vous avez consenti de vous rendre. — Ah !
« monsieur Duperron, vous êtes charmant. —
« M. Duperron, je n'oublierai jamais... — Que de
« graces, M. Duperron !... — Paix, paix. Montez,
« vous dis-je, mesdames, et partez. En pareille
« aventure, il faut autant d'activité que de pru-
« dence. — Il a raison, il a raison. »

On se place, on baisse les glaces de devant,
on presse le cocher; on ne cesse de le tirer par
son habit; toutes lui parlent à la fois. « Rue Saint-
« Dominique, chez le comte d'Avercourt. — Rue
« de Verneuil, chez le marquis de Surlaville. Rue
« Taranne, chez le chevalier d'Obeterre. — Rue
« de Varennes, chez l'évêque d'Orléans... » Le
pauvre cocher ne sait à laquelle entendre. Tout
s'arrange cependant, et une heure après, ces da-

mes sont dans les bras de leurs amans, ravis de les revoir, et décidés à les dérober à tous les yeux.

Rose avait promis au duc de se rendre à sa petite maison. C'est là que Duperron l'a conduite. C'est là que l'attendaient son nouvel amant, l'opulence et le plaisir.

Une autre scène se passait à l'hôtel des mousquetaires. A minuit, l'ordre véritable, le vrai commissaire et son cortége y arrivent. Ils frappent, on leur ouvre... Le détachement des Gardes est retiré; les dames sont enlevées!... on s'écrie; on s'étonne... Le vieux brigadier produit l'ordre en vertu duquel il a livré les prisonnières. On le compare à l'autre, on les examine soigneusement. Le faux est reconnu; mais il est trop tard. Ces dames sont mises de manière à pouvoir se présenter partout. Sans doute chacune d'elles a trouvé un asile. Où les chercher?

On les cherche en vain. Après avoir donné à l'amour un moment dont nos jolies pécheresses pouvaient fort bien se passer, leurs amans n'avaient pensé qu'à les mettre en sûreté. Sans s'être vus, sans s'être entendus, tous avaient pris le même parti. La belle chose que le jugement! Les choix heureux qu'avaient faits ces dames! Ces messieurs étaient sortis de la ville avec leurs maîtresses, et à la première poste, ils les avaient confiées à des gens sûrs. L'une allait au château de son doux ami; l'autre à celui d'un confident discret; celle-ci en Suisse, celle-là en Hollande, et le lendemain, ces héros, successeurs des mousquetaires, se montrèrent à l'œil-de-bœuf et au petit coucher, pour écarter les soupçons.

Ce dénouement mit le lieutenant de police en fureur; le ministre rougit vingt fois de colère, et le roi en rit beaucoup. Or, quand le roi riait, tout le monde devait rire. Le ministre rit, les courtisans rirent; on rit à la ville, le rire gagna jusqu'à la bourgeoisie, et comme la ville donne le ton aux provinces, les provinciaux rirent aussi, sans trop savoir pourquoi. Puissiez-vous rire vous-même, en finissant ce chapitre!

CHAPITRE II.

Roberville perd son emploi.

Le lendemain, le duc, ivre d'amour et de bonheur, avait été trouver le comte de Saint-Florentin. Il lui avait représenté que s'il était juste d'enfermer les femmes titrées qui manquent à leurs époux, il était cruel d'étendre cette mesure jusqu'à des bourgeoises jolies et complaisantes, qui ne peuvent pas se mésallier, et qui donnent même souvent des enfans nobles à leurs maris. Il demandait ce que deviendraient de jeunes seigneurs, mariés par des raisons de convenance, si on leur ôtait tous leurs moyens de dissipation. « Il faudra donc que nous partagions, avec des « financiers, des filles que nous ne pouvons pas

« payer comme eux. Un duc et pair de France,
« rival d'un fermier-général ! Cela serait absurde,
« choquant, mon cher comte. Souffrez que les
« bourgeois soient cocus : ils sont faits pour
« cela. »

Le comte de Saint-Florentin n'avait rien à répondre à des argumens de cette force-là. Très-bien lui-même avec la duchesse, il saisit l'occasion de s'insinuer dans les bonnes graces de l'époux. Elles ajoutent les grandes entrées aux petites; elles multiplient les occasions; elles aident à tirer parti de toutes. Le comte signa la révocation de la lettre de cachet qui pesait sur madame de Roberville. C'est la première grace qu'on avait obtenue à la cour précisément pour être roturier.

Dès ce moment, sécurité entière. Madame de Roberville fut établie dans la petite maison du duc. Un de ses carrosses, un cocher et un laquais furent mis à sa disposition, ce qui n'ajouta pas un sou aux dépenses journalières de l'amant. Il joignit à cela un trousseau de dix mille livres, et mille francs par mois, ce qui n'était pas cher, et comme certaines femmes changent de nom, quoiqu'elles ne puissent compromettre le leur, il fut convenu que celle-ci s'appellerait madame d'Atys.

Madame d'Atys était assez satisfaite de son sort. Le duc lui plaisait assez; sa voiture était assez belle, ses laquais assez bien faits, et elle avait assez de mille francs par mois, pour elle, assez modérée, pour une cuisinière assez bonne, et une femme de chambre assez adroite. Cependant l'uniformité et le bonheur ne s'accordent pas long-temps. Il est fort ennuyeux d'être presque toujours vis-à-vis de soi-même, quand on n'a pas d'esprit, pas de talens, et qu'on n'entend pas ce qu'on lit. Madame d'Atys s'était fort bien trouvée de sa fugue à l'Opéra avec madame Thomasseau : elle eut envie d'y retourner. On n'y trouvait pas toujours des mousquetaires; mais il y avait alors des chevau-légers, des gendarmes de la garde, des gardes du corps. Que de ressources pour les femmes-filles! Elle part avec sa femme de chambre, confidente née de sa maîtresse, comme toutes celles qui servent des femmes de cette classe, et même des femmes d'un rang plus relevé.

Madame d'Atys avait pris goût à l'épée, et elle eut le désagrément de ne pas trouver ce qu'elle cherchait. Mais un jeune conseiller au parlement lui prouva que la robe a aussi ses agréables, et comme madame d'Atys n'était pas fine, celui-ci sut au bout d'une demi-heure qu'il était auprès de la maîtresse du duc de ***.

Or, comme une femme entretenue n'inspire pas beaucoup de réserve, le jeune conseiller lui dit qu'il l'aimait, ce qui était faux, qu'il la désirait, ce qui était vrai, et il finit par la prier de lui donner à souper. Madame d'Atys répondit, avec sa naïveté ordinaire, que M. le duc ne venait jamais le mardi, et que sa femme de chambre introduirait M. le conseiller, quand ses gens seraient retirés. M. le conseillier promit amour et discrétion : c'est la règle.

Il fut exact à la minute. Mais reprenons les choses de plus haut.

Le duc était rigide observateur des bienséances. Très-amoureux de madame d'Atys, il ne lui donnait cependant que les momens qu'il pouvait dérober à la duchesse, sans manquer aux égards qu'il croyait lui devoir. La duchesse profitait de ces absences, et regrettait qu'elles ne fussent pas plus fréquentes. M. de Saint-Florentin, dans sa première ferveur, se dépitait d'être réduit aux lundis, aux vendredis et aux samedis, et comme il n'est pas d'amant qui ne cherche à écarter, par des moyens plus ou moins honnêtes, un époux incommode, M. de Saint-Florentin voulait faire avoir au duc l'ambassade de Berlin. Il machinait cette affaire avec la favorite de sa majesté, qui lui devait quelque reconnaissance, parce qu'il était le très-humble serviteur de ses fantaisies, et voilà comment se distribuaient alors les grandes places. O le bon temps, le bon temps! regrettons-le donc bien.

Pendant qu'on intriguait à la cour pour coiffer un mari une fois ou deux de plus par semaine, on intriguait plus simplement, mais aussi sûrement à la petite maison du duc. La femme de chambre, mademoiselle Zulime, moins jolie que sa maîtresse, mais très-piquante, avait jugé à propos de s'arranger avec le cocher et le laquais. Elle les trompait alternativement, et elle menait cette double intrigue avec une aisance, une grace qu'on ne saurait trop admirer. Sans cesse elle disait un peu de mal de Lafleur et de Champagne à sa maîtresse, dont elle avait pénétré la facilité, et elle avait grand soin de se mettre en tiers, quand madame parlait à l'un d'eux.

A ses petits intérêts près, mademoiselle Zulime était fort équitable. Elle jugeait que le duc, avec son étiquette et ses nuits conjugales, ne suffisait pas à une femme de vingt-un ans. Elle avait instruit madame d'Atys du grand principe : qui paie doit être trompé. Mais il entrait dans son système que madame ne prît que des amans d'une certaine classe, parce que ces amans-là savent reconnaître les veilles, l'adresse et la discrétion d'une femme de chambre, et qu'il faut que chacun vive de son métier. Elle avait donc jugé monsieur le conseiller un homme très-sortable, et l'avait aidé de toute son influence, pendant une demi-heure qu'avait duré la négociation.

Et pour que Lafleur et Champagne n'éprouvassent pas de velléités qui eussent gêné ses manœuvres mystérieuses, elle avait été passer un quart d'heure au grenier à foin, et elle avait attiré le laquais dans sa chambrette. Deux bouteilles de vieux Bourgogne avaient été ajoutées à leur ration ordinaire, et avec ces précautions, Zulime pouvait espérer que ces messieurs dormiraient : pas du tout.

Mademoiselle Zulime donnait régulièrement et alternativement les nuits d'absence de monsieur à Champagne et à Lafleur. Elle persuadait à celui qui couchait seul, qu'elle faisait la lecture à madame, attaquée depuis quelque temps d'une insomnie indomptable, et elle les avait armés l'un contre l'autre d'une défiance qui faisait sa sûreté : jusque-là, tout avait été bien.

Mais le cocher qui devait être de service cette nuit-là, n'était pas de ces hommes qui se calment comme un petit maître. Zulime l'avait éconduit sous des prétextes assez frivoles ; il avait eu de l'humeur. L'humeur mène au soupçon, et enhardi par le bon vin, il était venu écouter à la porte de madame. Il n'avait rien entendu, et il était monté chez Zulime qu'il n'avait pas trouvée. Il va, il vient, il cherche dans tous les recoins, enfin il entend mettre une clef dans la serrure d'une porte de derrière.

Il approche sur la pointe du pied ; il se cache derrière la porte même qui venait de s'ouvrir, et bientôt il voit un homme, introduit par une femme qui ne pouvait être que Zulime : la cuisinière avait cinquante ans. Les fumées du Bourgogne se joignent à celles de la jalousie. Champagne n'est plus un homme, c'est un diable. Il tombe à grands coups de fouet sur le conseiller et sa Zulime.

Ceux-ci poussent des cris affreux, dont Champagne n'est pas ému. Il continue de frapper, et ils seraient tombés sur la place, si Lafleur, éveillé par les cris de sa belle, ne fût venu faire une puissante diversion. Indigné de la scène atroce qu'il a sous les yeux, il attaque en preux chevalier le persécuteur de sa dame, et le conseiller profite de ce moment de relâche pour s'éloigner de la malencontreuse maison.

Quand on s'est bien battu, on finit par s'expliquer et s'entendre. Il serait plus sage de commencer par là ; mais les hommes ne sont pas faits ainsi. Lafleur et Champagne apprirent que mademoiselle Zulime était bigame, comme beaucoup d'autres, ce qui ne les étonna point, ce qui même les affecta peu : entre canailles on s'arrange. Mais ils furent révoltés que Zulime osât leur donner un adjoint à qui son opulence apparente assurerait bientôt la prééminence. Zulime s'imagina que la vérité serait crue, et elle la dit tout entière. Le cocher lui répondit énergiquement qu'elle en avait menti ; qu'elle n'avait pas de raison de leur cacher cette intrigue, si elle existait, parce qu'ils devaient trouver tout simple qu'une catin fît son métier. Zulime répondit que le secret de madame n'était pas le sien. Le cocher répliqua qu'un secret de cette nature ne se cache pas à des gens qu'on aime, parce qu'il peut avoir des suites désagréables, telles par exemple que la scène qui venait de se passer. Zulime ayant épuisé tous ses moyens de persuasion, invoqua le témoignage de sa maîtresse, que la peur avait pelotonnée dans son lit. Madame d'Atys se trouva forcée de justifier Zulime, ou de s'en défaire, et comme une femme de chambre adroite est une chose de première nécessité pour une fille, madame d'Atys se décida à la garder, à avoir deux confidens de plus, et à payer leur silence. Il est fâcheux d'être obligée de traiter avec ses gens, et de vivre, pour ainsi dire, en société avec eux. Mais il y a réellement si peu de distance d'une femme entretenue à sa servante ! C'est ce qui rend la première traitable, et ce qui console la seconde de la nécessité d'obéir.

Il était probable que le conseiller jaserait, que ses propos deviendraient publics, et parviendraient jusqu'au duc. Or, si en payant on peut craindre d'être trompé, on n'aime pas à en avoir la certitude. Si douze mille livres de rente ne sont pas un sort brillant, une fille modeste s'en contente, et elle est bien aise de les conserver... en attendant mieux. Le conseil assemblé... le conseil était composé de madame, qui présidait, comme de raison, de sa femme de chambre, qui faisait l'office de secrétaire, et de Champagne et de Lafleur, qui répondaient, lorsque madame leur demandait qu'opinez-vous : je *copine* comme madame.

Le conseil assemblé donc, madame *copina* qu'il fallait prévenir le conseiller. Elle écrivit au duc, par son secrétaire, qui écrivait mieux qu'elle, qu'un importun l'obsédait depuis quelque temps ;

qu'irrité de se voir renvoyer des billets, qui n'avaient pas été lus, il s'était abandonné aux plus coupables excès; qu'il avait porté l'audace jusqu'à entrer dans son arrière-cour, à l'aide d'une fausse-clé; mais que son cocher et son laquais qui faisaient la ronde toutes les nuits, l'avaient étrillé de manière à ce qu'il ne reparût de long-temps; qu'elle suppliait monsieur le duc de la garantir de semblables entreprises, en menaçant le petit conseiller Dubourg de son indignation.

Le petit conseiller, qui descendait directement du fameux Anne Dubourg, mais qui ne le valait pas, était cependant fort aimable. Le duc sut très-bon gré à sa *fille* du sacrifice qu'elle lui faisait, et pour lui témoigner sa satisfaction, et la maintenir dans le chemin de la *vertu*, il lui envoya une paire de girandoles.

Vous riez de ce mot vertu! mais chaque profession a la sienne. Celle de l'usurier est de rendre exactement le gage sur lequel il a prêté à cinquante pour cent. Celle du voleur consiste à ne rien distraire du butin. Celle d'une fille est de n'en pas avoir, mais d'être fidèle au propriétaire du jour, et à cet égard-là même, bien peu de filles sont vertueuses.

Cependant le conseiller n'avait pas envie de parler des coups de fouet qu'il avait reçus : on ne tire pas vanité de ces choses-là. Mais deux contusions en croix, très-distinctement marquées sur un visage, sont des preuves parlantes d'un évènement extraordinaire, auquel il faut donner une tournure quelconque.

Le conseiller voulait se venger du tour qu'on n'avait pas pensé à lui jouer; mais auquel les apparences lui faisaient croire. Il avait son amour-propre à ménager, et comme les faits les plus simples sont les plus vraisemblables, il dit à messieurs de la grand'chambre, qu'il était au mieux avec une femme charmante que le duc de*** cachait dans sa petite maison; qu'il s'était introduit par une porte de derrière, dont on lui avait donné la clef, et que marchant sans lumière, pour tromper la vigilance des domestiques, il était allé donner de la tête sur un bras de cheminée, qui lui avait meurtri le visage, ce qui ne l'avait pas empêché de passer une nuit délicieuse.

Bientôt tout Paris sut que le duc avait une maîtresse très-jolie et très-facile. C'est ce que voulait notre conseiller. Il comptait bien que le dépit ferait chasser madame d'Atys. Bientôt la duchesse fut instruite, et elle se disposa à tirer parti de cette découverte. Elle commença par persiffler son mari sur l'infidélité de sa belle. Le trait glissa: le duc était prévenu. Il savait d'ailleurs que l'épouse est toujours disposée à calomnier la maîtresse. La duchesse s'échauffa par degrés. Elle parvint à jouer une scène violente. Elle rendit avec assez de vérité la jalousie et le désespoir, et c'est ce que le bon duc redoutait. Il entreprit de la calmer, de la meilleure foi du monde. Elle le repoussa.

Une femme est bien forte, quand elle a convaincu son mari d'une faiblesse. Il perd le droit d'éclairer sa conduite, et même de se plaindre de fautes que madame lui reprocherait d'avoir provoquées. La duchesse et le comte cessèrent de se contraindre. Ils se bornèrent à sauver les apparences, et le duc ne fut pas ambassadeur, parce qu'il n'était plus nécessaire de l'éloigner, depuis que le petit conseiller avait parlé. Quels grands effets résultent quelquefois d'une petite cause!

Tout ceci s'était passé à l'époque où Merlicourt, long-temps incertain entre le mariage et l'amour illicite, venait de se décider en faveur du dernier. Le duc, toujours réservé dans sa conduite, n'avait pu, disait-on, être séduit que par une femme d'une rare beauté. Quel honneur pour un financier, de la souffler à un homme de ce rang! Merlicourt avait demandé une entrevue, et ses propositions préliminaires furent si sonnantes, que madame d'Atys ouvrit les oreilles et sa porte. Champagne et Lafleur, prudemment avertis, cette fois, se tinrent à l'écart, et Merlicourt trouva madame d'Atys au-dessus de l'idée qu'il s'en était faite.

Un hôtel est acheté au nom de la belle; il est meublé magnifiquement. La toilette renferme un écrin de cinquante mille francs, et le secrétaire le premier quartier d'un traitement de deux mille louis. De jolis chevaux normands sont à l'écurie; un carrosse verni par Martin est sous la remise. Tout cela est pris sur la subsistance des matelots; mais qu'importe que des matelots souffrent, pourvu qu'une fille soit dans l'opulence?

Madame d'Atys sortit un soir de chez elle, n'emportant que ses charmes et ses girandoles : le reste ne méritait plus son attention. Le duc trouva une lettre bien pathétique, où on lui disait qu'on était inconsolable d'avoir jeté le trouble dans sa maison; qu'on sacrifiait l'amour le plus vrai au retour de la paix conjugale; qu'on s'éloignait en gémissant, et qu'on n'avait pu se refuser la satisfaction de garder une marque de sa tendresse : c'étaient les girandoles.

Le duc, désolé d'être brouillé avec sa femme, plus affligé encore de la perte d'une maîtresse accomplie, dont la délicatesse lui paraissait sans exemple, le duc se laisse entraîner à la comédie française, par un ami qui voulait le distraire de tant de chagrins. Le premier objet qui frappe ses yeux, est madame d'Atys, très-consolée et chargée de diamans. Furieux d'être joué avec cette impudence, il sort de sa loge, il marche à grands pas vers celle de la perfide; il va éclater. Son ami l'arrête avec deux mots : un grand seigneur qui se rend ridicule, perd sa considération sans retour.

Le duc retourna chez lui. Revenu sincèrement

à sa femme, brillante encore de jeunesse et d'attraits, il tenta tous les moyens de reconquérir son cœur. Elle répondit constamment qu'elle n'aurait plus rien de commun avec un homme qui avait exposé sa santé, et elle rit, dans les bras du comte, de sa douleur et de sa crédulité.

Merlicourt conserva paisiblement sa conquête. Il en jouit jusqu'à satiété, et voilà où en étaient les choses, lorsqu'il invita Roberville à souper.

Roberville, en entrant, reconnut sa femme, plus formée et plus belle que lorsqu'il s'en était séparé. Son premier mouvement fut celui de la surprise; l'amour-propre le ramena aussitôt à la réflexion. Il pensa qu'un mari joue un sot rôle en présence de l'amant avoué de sa femme, et il se contint. Il se flatta que madame aurait assez de bon sens pour dissimuler aussi. Il se trompa. Elle se tut à la vérité, mais par un autre motif.

Elle avait tremblé en voyant Roberville. Son imagination, assez paresseuse, lui avait vivement retracé une suite de désordres, sur lesquels la femme la plus aguerrie n'est jamais sans une sorte d'inquiétude. Elle voyait son couvent; elle entendait crier les gonds et les verroux. L'air aisé et même galant de Roberville la remit par degrés. Elle finit par croire qu'il ne la reconnaissait pas.

Merlicourt avait remarqué du trouble. Il l'attribua à la vue d'un très-joli homme, qui fait toujours son effet, et il s'y arrêta peu, parce qu'il n'aimait plus. Il espéra même que cette liaison naissante prendrait une tournure assez sérieuse, pour lui donner un prétexte honnête de rupture, car enfin un galant homme ne quitte pas une femme comme un ivrogne une bouteille vide, et, quelque riche qu'on soit, on ne se soucie pas de donner par an quarante-huit mille livres, qui ne rapportent ni plaisir ni honneur.

On se mit à table. Le souper fut très-gai. Roberville regardait sa femme, lui adressait de fort jolies choses, auxquelles elle répondait assez bien. Elle avait retenu de son mousquetaire et du duc, une cinquantaine de phrases piquantes, qu'elle plaçait heureusement, et sa beauté faisait valoir les idées ordinaires dont elle se servait pour amener le trait. Roberville était étonné, charmé, ravi. Parbleu, pensait-il, il est bien extraordinaire que tout le monde couche avec ma femme, excepté moi. Pourquoi ne me mettrais-je pas aussi sur les rangs? Que de cocus je ferais à la fois!

En vérité, pensait la petite femme, aucun des hommes que j'ai eus ne vaut mon mari. J'étais enfant quand je l'ai pris, et je n'ai pas su l'apprécier. Merlicourt m'ennuie. Pourquoi ne lui donnerais-je pas pour adjoint mon mari tout comme un autre? Il aime les femmes, il ne me reconnaît pas; il croira à une bonne fortune. Et le pied et le genou commencèrent à jouer de part et d'autre.

Une jeune personne bien innocente, bien timide, contenue par la présence de sa mère, n'entend par la douce pression que l'aveu d'un amour honnête, et lorsqu'elle y répond, elle veut dire seulement : Demandez ma main à maman ; je ne désire que d'être à vous. Un coup de genou donné et rendu entre une femme galante et un homme qui a de l'usage, signifie tout autre chose. Il s'exprime si positivement, que Roberville sortit, sous je ne sais quel prétexte, et il fut dire à la fidèle Zulime : « A minuit, je serai ici. — Ma« dame y consent ? — Regardez-moi. — Madame « doit consentir. »

Roberville rentre. Il amène la conversation sur l'administration des vivres de la marine. Il a l'air de se rappeler une opération importante, qu'il doit terminer le lendemain de très-bonne heure. Il presse Merlicourt de se retirer et de le remettre chez lui. Merlicourt se rend, et part, convaincu que l'affaire dont parle Roberville peut se régler à midi comme à huit heures, et qu'ainsi, il y a intelligence entre lui et madame d'Atys. Il se propose de les surprendre, de jouer une scène, et d'aller chercher à l'Opéra le plaisir du changement.

Il n'était que dix heures et demie lorsque Roberville rentra chez lui. Une grande heure devait s'écouler encore avant l'instant du rendez-vous. A quoi l'emploiera-t-il? Il s'occupe d'abord du bonheur dont il va jouir : telle est la marche de la passion. Son imagination rapide lui peint une nuit tout entière, et le conduit jusqu'au réveil. C'est ici que la réflexion commence, et que le jugement pèse les conséquences de cette nuit.

« Insensé, que vas-tu faire ? L'inconduite de ta
« femme t'a forcé à t'assurer d'elle, et tu autori-
« serais ses désordres par un raccommodement
« inévitable ! Elle s'en prévaudra sans doute, et
« quels seront tes droits et tes moyens de répri-
« mer des fautes, dont tu vas en quelque sorte
« te rendre le complice ? Ajouteras-tu, sans rou-
« gir, aux débris de ta fortune le produit de la
« honte de ton épouse ? Te réduiras-tu ainsi à tout
« voir, à tout supporter ? Auras-tu la lâcheté de
« te déshonorer à tes propres yeux et à ceux du
« public ?... Non. Ma femme est jolie, à la bonne
« heure. Mais il y en a trente dans Paris qui la va-
« lent, et qui ne m'ont pas fait cocu. Cherchons
« une de ces femmes-là, et abandonnons la mienne
« à sa destinée. »

Roberville n'avait fait de sa vie un raisonnement qui valût celui-là. Très-satisfait de lui, il se déshabille, il se couche. Il trouve son lit solitaire, et la vertu difficile ; mais enfin il s'endort de ce sommeil calme qu'elle seule peut procurer.

Minuit venait de sonner, et madame d'Atys commençait à compter les minutes : les fantaisies de certaines femmes sont inexplicables. Celle-ci avait repris un goût très-vif pour son mari, et elle avait contracté la douce, ou la malheureuse habitude de les satisfaire tous. Trop jolie pour trouver de cruels, trop emportée pour attendre, elle se plaignait déjà de l'inexactitude de Roberville. Cent fois, dans un quart-d'heure, elle avait envoyé la fidèle Zulime à la croisée ; cent fois Zulime en était revenue muette, les bras pendans, et sa figure triste disait : Je ne vois personne. Déja l'impatiente Rose avait donné un coup de pied à Zéphire. Zéphire était un petit chien-lion, qu'il fallait trouver charmant, et à qui devaient s'adresser les seconds complimens, quand on entrait chez madame. Déja elle avait renversé et brisé un cabaret de porcelaine, tout aussi innocent que Zéphire. Enfin, n'y tenant plus, elle se met elle-même à cette croisée. « Imbécille, « s'écrie-t-elle en donnant un soufflet à Zulime, « vous ne le voyez pas collé contre ce mur, at- « tendant avec une impatience égale à la mienne, « que vous alliez lui ouvrir ? »

Zulime, étourdie du soufflet, tenant sa joue à deux mains, descend, entr'ouvre la porte, et appelle à demi-voix M. de Roberville. L'homme se détache du mur, il entre, il monte... Madame d'Atys est pétrifiée... C'est Merlicourt.

L'invitation de Zulime est une preuve sans réplique de l'infidélité de sa belle. Il lui rappelle les sermens qu'elle lui a faits, la confiance qu'il y a donnée, son amour constant, et ses libéralités. Il parle délicatesse à une femme qui en connaît à peine le nom, honneur à celle qui n'en a plus.

Moins il est affecté, et plus il est long : un orateur qui pérore à froid, ne sait jamais finir. Il conclut enfin en annonçant une rupture éternelle.

S'il n'eût dit que quatre mots, madame d'Atys n'eût su que lui répondre. La longueur de la harangue lui donna le temps de se remettre, et de trouver une tournure décente à la chose qui l'était le moins. Elle opposa à l'orage ce sang-froid qui persuade presque toujours. Elle raconta tout ce qui s'était passé entre elle et Roberville, à l'exception pourtant de la fantaisie qu'elle avait eue de coucher avec lui. Elle avait reconnu son mari ; elle avait lieu de tout craindre de sa sévérité. Elle lui avait demandé une entrevue, où elle comptait bien lui prouver qu'elle n'avait de tort réel que dans sa liaison avec le mousquetaire, puisque ses aventures subséquentes étaient la conséquence nécessaire de son évasion du couvent. Il faut qu'un mari soit de bien mauvaise humeur pour ne pas pardonner une première faute, expiée par six mois de détention. Elle avait conçu le projet de fléchir le sien, de rentrer chez lui, de remonter au rang de femme estimable. Un amant injuste, déraisonnable, peut seul blâmer ce retour aux vrais principes, et elle se félicite de connaître enfin celui à qui elle avait donné son cœur tout entier, à qui, dans toutes les situations où elle se serait trouvée, elle se proposait de le conserver. Elle finit par un trait d'héroïsme qui de-

vait être du plus grand effet. « Vous m'avez soup-
« çonnée, vous n'êtes plus digne de moi. Repre-
« nez vos bienfaits, monsieur. J'ai cru les tenir
« des mains de l'amour; je rougis de les avoir
« reçus; je rougirais de les garder plus long-
« temps. »

Elle marche à son secrétaire avec la dignité d'une princesse de théâtre; elle prend le contrat de donation de l'hôtel qu'elle habite; elle va le mettre en pièces.

Merlicourt, hors de lui, la conjure de n'en rien faire. Madame d'Atys n'est plus cette femme qui, un instant avant, lui était à charge, et dont il voulait se défaire. C'est une femme charmante, mariée à un homme connu et qui a un état. La remettre avec son mari et la garder, est un coup de maître, une source de plaisirs nouveaux. Rien ne ranime un amour éteint, comme la crainte subite de se voir quitter par celle qui en fut l'objet. Le cœur humain est pétri de contradictions: on quitte une femme, on ne veut pas l'être. L'amour-propre ne se prête pas à cette idée, et si l'habitude tue le sentiment, la contrariété, les obstacles le réveillent. Merlicourt presse, conjure. Il offre sa médiation toute puissante auprès de Roberville : c'est là qu'on l'attendait.

Madame d'Atys s'adoucit. Le contrat est remis dans le secrétaire; Merlicourt est admis dans ce lit où il s'était promis de ne jamais rentrer, et qu'on ne comptait point partager avec lui. Il y entre avec transport; il y passe une nuit d'ivresse, et le lendemain il envoie la plus jolie corbeille de fleurs, au fond de laquelle est un rouleau de cinq cents louis : un raccommodement coûte toujours quelque chose.

« Parbleu, madame, dit Zulime, cet homme-
« là est charmant! Vous avez joué hier comme
« un ange; mais vous avez joué gros jeu. Si M. de
« Merlicourt eût repris vos bijoux et vos autres
« effets? — Il ne le pouvait pas, sans se rendre
« la fable de tout Paris. — Mais enfin s'il vous
« eût prise au mot? — Je lui eusse arraché les
« yeux. — Et s'il vous eût laissé déchirer le con-
« trat? — La minute est chez le notaire. — Je
« vois que tout était prévu. Mais, dites-moi, s'il
« vous plaît, pensez-vous sérieusement à vous
« remettre avec votre mari? — J'en suis folle; il
« faut que je l'aie, n'importe comment. — Et
« vous quitterez M. de Merlicourt? — Le quit-
« ter! je prétends au contraire me ménager un
« raccommodement par mois. — J'entends. —
« Mais comment se fait-il que Merlicourt se soit
« trouvé là, et que Roberville n'y ait pas été?—
« Oh! madame, pas d'amour sans jalousie, et M.
« de Merlicourt vient de vous prouver combien
« il est amoureux. — A la bonne heure; mais
« Roberville... — Hé! qui diable entend rien à la
« bizarrerie des hommes? Une affaire, un obstacle
« imprévu, peut-être l'aspect de M. Merlicourt...
« — L'aura éloigné, tu as raison... Zulime? — Ma-

« dame? — Apporte-moi cette corbeille. — La
« voici. — Ouvre ce rouleau. — Après ? —
« Prends dix louis. — Ah! madame... — Prends,
« te dis-je. Je me reproche une vivacité... — Bien
« pardonnable sans doute. A ce prix-là, madame,
« mes deux joues sont à votre service. »

Merlicourt et Roberville se rencontrèrent dans leurs bureaux. « Monsieur, dit le directeur gé-
« néral, après avoir débité quelques phrases in-
« différentes, vous êtes marié. — Je le sais bien,
« monsieur. — Votre femme n'a eu qu'un tort
« envers vous. — Elle en a eu cent. — Elle n'en
« a eu qu'un, et vous le lui avez fait expier.
« Réduite à s'évader, livrée aux horreurs du be-
« soin, elle a pu... — Tout se permettre à la fa-
« veur de ce prétexte. — Sans doute elle l'a pu.
« — Et elle l'a fait. — Vous seul êtes donc l'u-
« nique cause de ses derniers écarts. — C'est fort
« bien conclure. Voyons, monsieur, où voulez-
« vous en venir? — Monsieur, à ceci : vous ne
« serez pas plus sévère, ni plus délicat que de
« grands seigneurs, qui ont repris leurs femmes
« après des éclats aussi publics que celui..... —
« Monsieur, chacun a sa manière de voir et de
« sentir. Je ne suis pas un grand seigneur, et je
« ne reprendrai pas ma femme. — Mais cela est
« reçu. — Je m'en moque. — Je vous en prie.
« — Je n'en ferai rien. — je le veux. — Je ne le
« veux pas. — Je saurai vous y contraindre. —
« C'est ce que nous verrons.

« — Vous le prenez sur un ton bien haut, mon-
« sieur. — C'est vous qui m'y forcez, monsieur.
« — Savez-vous, monsieur, que le duc de *** et
« moi ne pouvons déshonorer la couche d'un pe-
« tit particulier comme vous? — Le petit parti-
« culier vous doit peut-être des remercîmens? —
« Enfin, monsieur, votre dernier mot?... — Est
« que madame d'Atys doit se trouver fort heu-
« reuse que je la laisse tranquille, et que jamais
« madame d'Atys ne sera madame de Roberville. »
Vanitas vanitatum!

Madame d'Atys emprunta la main de Zulime,
et elle écrivait à son mari. « Vous vous êtes expli-
« qué hier très-clairement avec moi. » Avec le pied
et le genou. « J'ai répondu à votre aveu d'une
« manière positive. Vous vous engagez formelle-
« ment avec ma femme de chambre, et vous ne
« venez pas! Cela est fort mal, monsieur. Accou-
« rez ce soir à minuit, et méritez l'oubli d'une
« négligence qu'on ne peut pardonner qu'à un
« aussi joli homme.

« Allons, disait Roberville, me voilà placé entre
« ma femme et son amant. Je résisterai à l'une,
« quoiqu'elle me tente furieusement; mais l'autre?
« Quelle fureur a-t-il donc de me remettre avec
« ma femme? Hé! parbleu, il veut couvrir ses
« fredaines de mon nom, et se donner le plaisir
« de me berner, comme l'a fait le beau mous-
« quetaire. Il n'en sera rien, de par tous les dia-
« bles... Mais il parle de m'y contraindre... Hé!

« m'y voici. Il est au mieux avec le contrôleur-
« général, et la maîtresse du roi. Il fera intervenir
« l'autorité, et fera de moi le *bonneau* de ma-
« dame. Il faut le prévenir, et j'en ai les moyens. »
Il sonne. « Qu'on appelle M. Durocher.

« Durocher, il y a long-temps que je me livre
« à la dissipation, et que je néglige les affaires ad-
« ministratives. Je vous ai confié mon projet de
« réformer les abus, et de faire fournir enfin à
« nos matelots une nourriture saine et abondante.
« Je me reproche mon inaction ; mais je la répa-
« rerai. Occupons-nous exclusivement du bien de
« l'état ; méritons l'estime de la France entière.
« — Et ajoutons de nouveaux bénéfices à la gloire
« stérile d'avoir fait notre devoir. — Cette gloire
« est tout pour moi, monsieur. — Ah ! cepen-
« dant si vous étiez directeur-général, et moi
« premier commis ?... — Mais l'opération projetée
« pourrait nous mener là. Apportez-moi demain
« les notes que je vous ai demandées, il y a quatre
« mois, et surtout n'avancez que des faits posi-
« tifs que je puisse prouver jusqu'à l'évidence. —
« Oh ! j'en ai de quoi faire pendre cinq cents
« employés. — Le directeur-général est-il du
« nombre ? — Il est en tête du tableau. — Tant
« pis, c'est un homme que j'aime beaucoup ; mais
« la probité fait taire en moi les affections per-
« sonnelles. »

Les notes étaient terribles. Les commis des
vivres de la marine avaient reçu des fournis-

seurs de Brest, Toulon et Rochefort, quinze cent mille francs en dix-huit mois, dont on connaissait la répartition. Merlicourt avait touché cinq cent mille francs pour sa part, qui devait être la plus forte, parce qu'il était chef, et qu'il ne faisait rien. Vingt mille aux premiers commis qui ne faisaient pas grand'chose, et le surplus divisé entre deux cents employés sur qui roulait le travail. Voilà la cause première qui mettait les équipages à la vache au lieu de bœuf, au cochon ladre au lieu de bêtes saines, au biscuit de seigle au lieu de froment, à la piquette au lieu de vin, et à l'eau-de-vie de douze degrés au lieu de vingt. De là, le mécontentement, les murmures sourds, la négligence dans le service, et le scorbut. De là, les relâches forcées, pour remplacer par des vivres frais des vivres gâtés, qu'il fallait jeter à la mer. De là, l'inaction de nos flottes, et l'empire des mers abandonné aux Anglais. De là, les plaintes réitérées de M. de la Galissonière, dont les lettres étaient arrêtées par les premiers commis du ministère de la marine. De là, enfin le silence de certains officiers, qui avaient leur traité particulier avec les fournisseurs.

Mais comment Durocher s'était-il procuré ces éclaircissemens? Durocher, intrigant comme tous les hommes nuls, avait écrit aux commis subalternes des différens ports. Il avait vanté son amour du bien public, son crédit, et il avait promis un avancement rapide à ceux qui lui donneraient des renseignemens certains. Un commis, qui n'avait pu voler que vingt-cinq louis, et à qui on en promettait cinquante, qu'il gagnerait légitimement, ne voyait que la gloire de l'état, y rapportait toutes ses vues, et eût calomnié plutôt que de se taire. Chacun de ces messieurs se croyait, sur la parole de Durocher, l'homme de l'administration, et tous avaient travaillé avec une ardeur incroyable à se perdre mutuellement.

Déjà les notes étaient rédigées en forme de mémoire bien clair, bien fort, bien convaincant. Mais il restait une difficulté, c'est que Roberville avait touché ses vingt mille francs comme les autres. Il n'y avait pas là de quoi arrêter long-temps des hommes qui entendaient les affaires. Roberville n'a reçu que pour écarter la défiance des coupables, et pénétrer leurs manœuvres. La preuve certaine de son innocence, c'est qu'il les dévoile. Que répondre à cela ?

Nos deux honnêtes gens jugèrent à propos de joindre à des pièces déjà trop convaincantes, un témoignage irrécusable. Roberville écrivit à M. de la Galissonière, dans un style convenable au personnage qu'il voulait jouer. L'officier-général, aussi franc et désintéressé, qu'instruit et brave, ne vit dans Roberville qu'un homme digne de toute son estime. Désespéré de ne pouvoir servir utilement sa patrie, indigné de n'avoir pu porter la vérité aux pieds du trône, il saisit avidement l'occasion de démasquer enfin des fripons, et de les faire châtier. Il répondit à Roberville par un mémoire détaillé. Il louait son courage, il l'engageait à persévérer, et à tout tenter pour pénétrer jusqu'au roi.

Cependant Merlicourt, plus amoureux que jamais, plus aveugle et plus libéral, tenait toujours essentiellement au désir de pouvoir avouer publiquement sa maîtresse, et Rose à celui de coucher avec son mari. Elle lui avait écrit plusieurs lettres, qui toutes étaient restées sans réponse. Irritée enfin d'une résistance à laquelle elle n'était pas accoutumée, maîtrisée par une fantaisie nouvelle qu'irritaient les difficultés, elle consulta Merlicourt, au bonheur duquel elle semblait rapporter toutes ses démarches. Merlicourt lui donna un conseil fort simple, et dont l'exécution devait jeter Roberville dans un extrême embarras. Rose promit à son amant de suivre exactement ses instructions, et après avoir juré qu'elle détestait Roberville, et qu'elle ne se remettait avec lui que par respect pour les mœurs publiques, elle se promit à elle-même de violer l'article principal du traité, qui lui interdisait toute espèce d'intimité avec son mari.

Roberville venait de recevoir le paquet de M. de la Galissonière. Il s'était félicité avec Durocher de posséder cette pièce triomphante, avec laquelle il se croyait sûr de prévenir les desseins de Merlicourt sur sa femme et sur lui, et de lui succéder dans sa place. Durocher se voyait premier commis, et il était ivre de joie. Les deux conspirateurs se quittèrent au comble de leurs vœux, et chacun fut diner chez soi.

Roberville monte, il entre... Il doute s'il veille; il est muet d'étonnement. Sa femme et sa Zulime se sont établies chez lui; elles ont ouvert les armoires, les commodes; elles ont défait leurs paquets; elles rangent leurs effets avec une tranquillité, une aisance inexprimables. Rose vient gaîment au devant de son mari.

« Mon cher ami, lui dit-elle, je vous aime, et
« rien ne le prouve comme la démarche que je
« hasarde aujourd'hui. Vous faites le cruel, mais
« vous ne l'êtes point, je le sais, et vous ne re-
« pousserez pas une jolie femme, qui se jette
« dans vos bras. Ah! mon dieu! quel air sombre
« et réfléchi! Regardez-moi, beau garçon! sou-
« riez à votre amie. » Elle lui caressait le menton, elle lui relevait la tête, et Roberville ne savait que faire, ni que dire. Un baiser donné à propos jette le trouble dans ses sens. Il balance, il hésite, il va oublier ses projets, et sacrifier sa raison au plaisir..... Un dernier effort le rend à lui-même; il s'arrache de ces bras qui le pressent amoureusement; il fuit à l'extrémité de la chambre.

« C'en est trop! s'écrie Rose indignée; je ne
« souffrirai pas ce dernier outrage. Vous êtes mon
« mari, monsieur, et vous ne semblez l'avoir ou-
« blié que pour me priver des droits... — Il serait

« plaisant, madame, de vous les voir revendi-
« quer, après la conduite affreuse... — Des mots,
« monsieur! je vais y opposer des choses. Vous
« m'avez fait enfermer, et, six mois après, vous
« avez sollicité mon élargissement. — Moi, ma-
« dame! — Vous, monsieur. L'ordre qui révoque
« ma lettre de cachet le dit expressément. —
« C'est une fourberie. — N'importe, l'ordre parle,
« vous avez redemandé votre épouse ; son domi-
« cile est chez vous; elle n'en a pas d'autre, et
« vous ne pouvez l'en chasser que par un juge-
« ment, que vous n'obtiendrez point : j'ai der-
« rière moi M. de Merlicourt. Choisissez d'être
« mon amant ou mon mari : j'entends que vous
« soyez l'un ou l'autre. — Je n'ai rien à répondre
« à ces impertinentes prétentions, et, morbleu,
« si je ne peux vous chasser d'ici, vous ne m'em-
« pêcherez pas d'en sortir, et je m'en vais. »

Il fait quelques pas. Rose, au désespoir, se
jette devant lui et l'arrête. Elle invoque le ciel;
elle le prend à témoin de son repentir; elle lui
demande justice d'un inhumain, dont le cœur se
ferme à sa voix suppliante; elle fond en larmes;
elle tombe aux pieds de son mari.

Elle était belle; il était jeune, sensible et facile. Il oublie les affronts dont elle l'a couvert;
il ne voit plus qu'une femme éplorée, que sa douleur embellit encore. Il la relève, il la conduit
sur une ottomane; il se dispose à discuter. Il
n'avait eu qu'un moyen de vaincre, et c'était de

fuir. Le moment favorable était perdu : Zulime s'éloigna, et Roberville fut faible, et se crut peut-être heureux.

Le réveil l'éclaira. Il voulut revenir sur ce qui était fait, et parler lorsqu'il n'y avait plus rien à dire. De nouvelles caresses lui fermèrent la bouche, et il se borna à sauver les apparences, puisqu'il consentait à perdre l'honneur.

Il fut arrêté que madame de Roberville retournerait à son hôtel, qu'elle conserverait le nom d'Atys, que sa porte serait fermée à Merlicourt et à tous les hommes ; que Roberville n'irait chez elle que la nuit, mais qu'il irait tous les soirs. L'exécution du traité fut jurée de bonne foi, et sans restriction mentale de la part de Rose : elle aimait ; elle le croyait au moins. L'illusion durera-t-elle long-temps ?

On sert un joli dîner, et Roberville oublie que sa femme en a fait les frais. Zulime refait les paquets, et, en fille adroite, elle ménage quelques tête-à-têtes, qui tournent au profit de ce qu'on appelle amour. Les porteurs sont rappelés, et, à la chute du jour, Roberville reconduit madame à cet hôtel, désormais l'asile de l'infamie de l'un et de l'autre.

Merlicourt, qui avait conseillé madame d'Atys et qui était impatient de connaître le résultat de son entrevue avec son mari, se présente à l'hôtel quelques momens après. On lui dit que madame n'est pas rentrée. Il court chez Roberville. Un chef suprême croit un subalterne très-honoré de le recevoir à toute heure. On lui dit qu'il n'y a personne chez Roberville. Merlicourt ne conçoit pas que madame d'Atys ne soit pas chez elle ou chez son mari. Il est tant de choses qu'un homme plus éclairé que Merlicourt ne conçoit pas, et qui sont pourtant bien ordinaires!

Le lendemain, M. le directeur-général retourne à l'hôtel. On lui dit que madame n'est pas visible. M. le directeur trouve la réponse déplacée, et il pouvait enfin lui paraître extraordinaire qu'on lui refusât l'entrée d'une maison qu'il avait payée. Il fit du bruit, on l'entendit de l'appartement, et comme il fallait nécessairement s'expliquer, et qu'on aime mieux se défaire d'un importun plus tôt que plus tard, on lui députa mademoiselle Zulime, qui lui dit très-sérieusement : « Madame « a suivi vos conseils, monsieur; elle s'est récon- « ciliée avec son mari, et dans ce moment ils re- « posent ensemble. — Comment, ensemble! Ta « maîtresse était convenu avec moi... — Je le « sais bien, monsieur; mais vous devez juger quel « ascendant a sur sa femme un mari offensé. Est- « il possible de se défendre?.. — Ta maîtresse est « une... — Quand elle couchait avec vous, mon- « sieur; mais avec son mari! quoi de plus conforme « à la morale, à la religion? — Tais-toi, imbécille, « et ouvre-moi cette porte. — Vous n'êtes plus « rien ici, monsieur. — Insolente!... Ta maîtresse « ose me traiter ainsi! — Vous deviez vous y at-

« tendre, monsieur. On vous rend ce que vous
« avez prêté à M. le duc. — Je me vengerai, j'en
« jure par... — Vous ne vous vengerez pas, mon-
« sieur. Une jolie femme trouve, quand elle le
« veut, des protecteurs qui imposent silence à
« un directeur des vivres. » Zulime n'avait plus
rien à ajouter. Elle fit paraître Champagne et Lafleur, qui donnèrent à entendre à M. de Merlicourt que ce qu'il avait de mieux à faire était de
se retirer.

Merlicourt avait au côté une épée, vierge encore, qu'il ne crut pas devoir prostituer à des
valets. Il sortit, et fut chez lui cacher sa colère et
méditer sa vengeance.

Les places supérieures de sa partie étaient à sa
nomination; mais ses choix étaient soumis à l'ac-
ceptation du ministre. Il ne pouvait donc renvoyer un homme dont la commission était visée
par une autorité première. Il n'était pas possible
non plus de garder un commis qui avait l'impertinence de coucher avec sa femme, dont son
chef était amoureux, et Merlicourt décida que
Roberville sauterait : il suffisait pour cela de mentir au ministre. On semblait alors être tacitement
convenu qu'un inférieur qui déplaît a tort.

La fidèle Zulime n'avait pas manqué de rendre
aux époux ou aux amans, comme il vous plaira
les nommer, la scène qui venait de se passer entre elle et Merlicourt. Roberville jugea qu'il n'y
avait pas un moment à perdre. Ses pièces étaient

prêtes, et il en avait fait faire trois ou quatre ampliations qui devaient être remises au ministre, au roi, et même à sa maîtresse, s'il fallait avoir recours enfin à la plus puissante des autorités.

Cette maîtresse était madame de Pompadour, qui joignait à une figure charmante une éducation soignée, et un esprit aimable et pénétrant. Elle abusait souvent de ces avantages pour maîtriser le monarque. Elle lui faisait commettre des fautes; mais elle savait au moins le faire respecter, en le respectant elle-même. Celle qui venait de lui succéder était une femme avilie, qui, ne pouvant s'élever jusqu'à son illustre amant, l'avait fait descendre jusqu'à elle, et l'avait asservi en le plongeant dans la plus crapuleuse débauche. Elle avait dépouillé le trône d'un reste d'éclat, et le prince de l'amour que le Français porte si facilement à ses maîtres. Incapable de diriger les affaires, et même de les entendre, elle bornait son ambition à régner au boudoir, et elle y tenait son amant captif. La France était abandonnée à des mains rapaces ou inhabiles. La corruption était au comble. La vérité n'arrivait plus jusqu'au monarque, et lui-même paraissait craindre de l'entendre. Roberville ignorait ces particularités, et il croyait à la justice, dont on ne parlait plus à la cour qu'avec dérision. Le bonhomme!

Il part, son mémoire sous le bras. Il se rend chez le ministre; il lui fait demander audience. Ainsi ce projet de porter la lumière dans toutes les parties de l'administration, conçu d'abord par les motifs les plus louables, abandonné longtemps par cette versatilité qui distingue Roberville, repris ensuite par des raisons personnelles, ce projet, quel qu'en soit le résultat, ne peut plus honorer son auteur. Ce n'est maintenant qu'une misérable intrigue cachée sous des apparences respectables.

Pendant que Roberville attendait le retour de celui qui était allé l'annoncer au ministre, Merlicourt parut. Il avait écrit la veille à monseigneur, qui lui avait répondu qu'il l'attendrait le lendemain. Ainsi, pas d'obstacles pour lui; toutes les portes lui sont ouvertes. Il passe, en lançant un regard foudroyant à Roberville.

Ses menaces réitérées avaient inquiété notre héros; ce coup d'œil expressif doubla son énergie. Il se lève, et répétant, d'après César, et entre ses dents, *le sort en est jeté*, il marche sur les pas de Merlicourt. On sait qu'il occupe un premier emploi à l'administration des vivres; il est tout simple qu'il accompagne son directeur-général; on le laisse passer; ils entrent ensemble dans le cabinet du ministre.

Après les révérences d'usage, Merlicourt se dispose à parler. Il voit un bras qui s'alonge devant lui, armé d'un volumineux mémoire... Il se tourne... c'est Roberville. Le directeur pâlit. Il juge que son premier commis a pris un parti vigoureux, et quelque déhonté qu'on soit, il est des vérités qu'on n'aime pas à s'entendre dire en face. Cependant il faut se tirer d'un pas difficile quand on s'y est engagé, et l'audace, déguisée sous l'air d'une noble assurance, réussit quelquefois auprès de certaines gens.

« Monseigneur, c'est avec une peine sensible
« que je viens vous déclarer que je ne puis garder
« plus long-temps monsieur dans mes bureaux.
« — Monseigneur, c'est avec les plus vifs regrets
« que je viens vous dénoncer monsieur. Mais le
« bien de l'état... — Monseigneur, je l'ai admis
« pour obliger M. de l'Oseraie... — Monseigneur,
« j'ai acquis les preuves les plus évidentes... —
« Monseigneur, malgré ma juste considération
« pour celui qui me l'a présenté... — Malgré la
« reconnaissance que je dois à monsieur... — Je
« ne peux tolérer l'insubordination, la paresse et
« l'incapacité. — Je ne peux contribuer par un
« coupable silence à perpétuer les délits dont les
« conséquences sont déja trop funestes. Prenez
« mon mémoire, monseigneur ; lisez celui de
« M. de la Galissonière, et vous jugerez qui, de
« monsieur ou de moi, est le calomniateur. —
« Monseigneur, débarrassez-moi de cet homme-
« là. — Défaites-vous de celui-ci, monseigneur. »
Et comme il n'est pas possible de rester dans les bornes de la décence et de la modération, quand on est mu par une passion violente, ces deux

messieurs commencèrent à parler ensemble, et finirent par vociférer d'une telle manière que le ministre fut obligé de se boucher les oreilles.

Et comme aussi un usage respectable, car il est consacré par le temps, ne permet pas qu'un subalterne puisse avoir raison quand il inculpe son chef, Roberville reçut l'ordre très-sec de se retirer dans une antichambre, et d'y attendre la décision de monseigneur.

Comme encore il importait très-peu à monseigneur que Pierre ou Paul fût premier commis à l'administration des vivres, et qu'il savait qu'on ne doit jamais mécontenter le chef d'une partie pour une vétille, la destitution de Roberville fut prononcée. Mais comme un ministre ne peut paraître négliger aucun avis important, et que celui-ci n'avait pas le temps de lire, les mémoires du malheureux distitué furent renvoyés à un premier commis du ministère, qui dit le lendemain, dans un rapport de quatre lignes, que l'écrit de Roberville était l'ouvrage d'un cerveau brûlé, et celui de M. de la Galissonière, l'effet de l'humeur tracassière qu'on lui connaissait à la cour et à la ville.

Merlicourt sortit triomphant du cabinet du ministre, et sans daigner regarder Roberville, il lui dit en passant : « Vous n'êtes plus rien, monsieur. « Je vous défends l'entrée de mes bureaux. »

« Ah ! je ne suis plus rien, dit Roberville en le
« suivant ! Je suis un honnête homme, monsieur ;

« personne ne m'ôtera cette qualité; personne ne
« me reprochera de voler l'état, ni de perdre un
« bon employé, parce qu'il ne veut pas prendre
« à son compte les enfans que vous pourriez faire
« à sa femme. Ah! je ne suis plus rien! Je vais
« parler au roi... Oui, je lui parlerai, et demain,
« vous pourrez fort bien n'être plus rien vous-
« même. »

Quelle probité que celle de Roberville! Il oublie qu'il a reçu vingt mille livres des empoisonneurs de nos marins, et qu'il n'a dénoncé Merlicourt que par la crainte d'être prévenu. Il se targue avec impudence d'un titre qu'il déshonore. Que d'honnêtes gens de cette espèce on rencontre dans le monde!

On donne volontiers tort à celui qui crie. On croit communément que la vérité est toujours calme, et on ne réfléchit pas que la persécution irrite, et que l'homme irrité ne ménage plus rien. Les laquais rirent des reproches très-fondés que Roberville adressait à Merlicourt. Celui-ci eut l'air de ne pas les entendre : cela le dispensait d'y répondre. Il traversa la cour avec la dignité d'un personnage en faveur; il monta en carrosse et disparut.

Durocher apprit bientôt la disgrace de Roberville. Il était tout simple qu'il abandonnât son associé, et qu'il cherchât à profiter de sa chute. Il fut trouver Merlicourt, à qui il dit qu'il venait de découvrir que le premier commis travaillait contre lui, et que le plus inviolable attachement à son chef étant le plus sacré des devoirs, il s'empressait d'engager monsieur à se mettre à l'abri des entreprises d'un ingrat. Il entremêla son discours de ces basses flatteries, dont les hommes de ce genre sont toujours prodigues, et dont tant de gens sont dupes, quelque grossières qu'elles soient. Merlicourt accueillit Durocher comme s'il lui eût en effet appris quelque chose; il lui promit de l'avancer, et le nomma quelques jours après à un meilleur emploi.

Cependant il n'était pas sans inquiétude sur les démarches que Roberville comptait faire à la cour. Il savait qu'il était difficile d'approcher le roi, quand on n'avait ni un grand nom, ni un protecteur puissant qui levât les obstacles. Mais il n'ignorait pas non plus qu'il est des circonstances heureuses dont un homme vindicatif, et par conséquent opiniâtre, ne manque jamais de profiter. Roberville pouvait rencontrer le souverain à la chasse, lorsqu'il irait à la messe, ou qu'il en reviendrait. Il pourrait s'introduire à un grand couvert, et, au mépris des usages, remettre son mémoire en présence de toute la cour, et déclamer hautement contre des malversations avérées. Quelqu'insouciant que fût le prince, il était vraisemblable que de pareils délits lui donneraient de l'humeur, et qu'il ferait rechercher les coupables. Merlicourt fit mettre cent mille francs dans sa voiture, et il fut trouver la favorite, qui se souciait fort peu de lui, mais qui faisait cas de ses cadeaux, et qui, par cette raison, le recevait toujours de manière à lui persuader qu'il était au mieux dans son esprit.

Il faudrait être bien difficultueux pour ne pas juger innocent un homme qui se fait annoncer par cent mille francs. Aussi la favorite prononça que Roberville était un faquin qu'il fallait mettre à Bicêtre. C'était assez l'avis de Merlicourt.

Mais il réfléchit que M. de la Galissonière avait écrit de son côté; qu'il était d'un caractère à prendre publiquement la défense de Roberville, et que le parti le plus sage était de fermer toutes les avenues qui conduisaient jusqu'au roi, et d'étouffer cette affaire. La favorite promit tout ce qu'il voulut, et Merlicourt revint à Paris, très-satisfait du succès de ses démarches; mais réfléchissant cependant que le plaisir de perdre Roberville lui coûtait un peu cher.

« Parbleu, disait celui-ci en faisant ses paquets
« pour Versailles, on conviendra que je suis mal-
« heureux! Je me suis marié comme un fou, et
« j'ai été cocu. J'ai pris patience, et je n'y ai
« rien gagné. Maintenant je ne veux plus l'être,
« je me fâche, et je perds mon emploi : com-
« ment faut-il donc faire? » il faut, monsieur de Roberville, écouter un ami désintéressé et sage, quand on a le bonheur d'en avoir un, et qu'on n'a pas assez de tête pour se conduire soi-même.

Voilà notre homme à projets en route. Il ne

doute pas que le prince ne l'écoute, ne l'accueille, et quoi de plus naturel, puisqu'il va lui rendre un service important? Il dit aux premiers factionnaires qu'il va parler au roi. Ces factionnaires sont des Gardes-Suisses, qui ne lui répondent pas un mot, parce que les Suisses ne sont pas causeurs, et que la consigne de ceux-ci ne s'étend pas plus loin que la grille, et qu'elle est ouverte à tout le monde. Roberville monte les degrés du péristyle, et il répète à dix ou douze valets de pied qu'il veut parler au roi. Les valets de pied lui rient au nez, et lui défendent d'aller plus loin. Roberville répond qu'il a des avis essentiels à donner au monarque. On lui réplique que le monarque donne des ordres, et ne reçoit pas d'avis. Il prétend que le souverain doit être accessible à ses sujets, parce qu'il est leur père. On lui fait observer que si le père recevait tous ses enfans, il ne saurait à qui entendre, et qu'il n'aurait pas un moment à donner au jeu, à la bonne chère, et à sa maîtresse. Or, il faut nécessairement qu'un roi joue, boive et fasse l'amour. Roberville ne trouva pas ces raisons convaincantes; il parla haut, et comme on parle bas à la cour, messieurs les valets de pied le reconduisirent hors la grille, et le consignèrent à la sentinelle. Roberville, qui ne se décourageait pas aisément, essaya de rentrer, et cette fois, le Suisse lui dit gravement : *Toi ne poufre pas parler au roi.* Roberville insista, et le Suisse lui présenta la crosse de son fusil. Roberville se retira, ne concevant pas qu'un enfant ne puisse parler à son père.

Comme les contrariétés, et même les chagrins ne lui ôtaient jamais l'appétit, il fut s'établir chez un traiteur : un gargotier ne s'avisait pas alors d'écrire au-dessus de sa porte, en lettres d'or, et sur un fond rouge : Restaurateur.

CHAPITRE III.

Une petite intrigue de cour.

En mangeant sa côtelette, en vidant sa bouteille de Mâcon, Roberville parlait de ce qui venait de lui arriver à un monsieur qui dînait à côté de lui. Le monsieur trouva très-simple ce qui paraissait très-extraordinaire au narrateur. « Si vous n'eussiez parlé à personne de votre « dessein d'approcher le roi, vous fussiez proba- « blement parvenu jusqu'à la galerie, et peut- « être eussiez-vous trouvé l'occasion de remettre « votre mémoire à sa majesté. — Ah! le roi passe « tous les jours dans la galerie? — Pour aller à « la messe. — Et je lui aurais remis mon mé- « moire? — Je n'ai pas dit cela. — Qu'avez-vous « donc dit? — Que ce qui est difficile, n'est pas « impossible, et qu'avec de la patience... — Oh! « je n'en ai pas du tout. — Non? en ce cas, je « vais vous indiquer un moyen qui a réussi à plus « d'un solliciteur. — Ah! voyons ce moyen. —

« On a quelquefois une jolie femme, une jolie
« sœur, une jolie cousine. — J'en sais quelque
« chose. — Quand on n'a rien de tout cela, on
« loue une fille de la rue Saint-Honoré; on l'ha-
« bille convenablement; on lui fait prendre un
« maintien modeste; on lui recommande de ne
« pas jurer; on se place avec elle sur le passage
« du roi. Le roi la regarde; elle baisse les yeux,
« en laissant échapper un sourire presqu'imper-
« ceptible, et elle tâche de rougir. Le roi s'ap-
« proche, et il prend, en lui parlant, un ton
« d'indifférence, dont personne n'est dupe. La
« belle allonge le bras, en répondant à sa majesté,
« et, qu'elle ait dit une balourdise ou non, le
« placet est à son adresse.

« — Ma femme fera la fille à ravir. — Bon,
« cela vous épargnera un loyer. Et madame est
« donc jolie, dit un autre monsieur, qui n'avait
« pas parlé encore; mais qui n'avait pas perdu
« un mot de la conversation? — Ma femme est
« une des plus belles femmes de Paris. — En vé-
« rité? — D'honneur. — Quel âge? — Vingt-un
« ans. — C'est un peu vieux. N'importe, revenez
« demain, et madame parlera au roi. — Vous
« plaisantez. — Apprenez, monsieur, qu'en af-
« faires je ne plaisante jamais. — Qui donc êtes-
« vous, monsieur, qui avez tant de crédit, et qui
« dînez si économiquement? — Passons dans le
« jardin; je vais vous le dire. Je suis, monsieur,
« le valet de chambre du valet de chambre coif-

« feur de M. Le Beau, premier valet de cham-
« bre du roi. Quand je veux faire réussir une
« affaire, j'en parle à mon maître, qui en parle
« au sien. Je ne garde que dix louis; j'en donne
« quinze au valet de chambre coiffeur... — J'en-
« tends. Pour parler au roi, il m'en coûtera vingt-
« cinq louis. — Payés d'avance, c'est la règle. —
« Monsieur, je ne les ai pas sur moi. — Vous les
« apporterez demain. — Et si je ne parle pas au
« roi?... — On ne vous rendra rien ; c'est encore
« la règle. — Voilà une règle bien singulière. —
« C'est la mienne, et je ne m'en départs jamais.
« Demain ici, à la même heure, si la chose vous
« est agréable. »

Je pourrais bien perdre mes vingt-cinq louis, pensait Roberville en retournant à Paris. Ma foi, qui ne risque rien n'a rien, dit le proverbe, et je donnerais ce qui me reste pour culbuter ce Merlicourt, qui fait l'insolent avec le mari de sa maîtresse.

Roberville se rend à l'hôtel de madame d'Atys. Il lui raconte ce qui s'est passé; il lui fait part de ses projets pour le lendemain. Madame d'Atys est enchantée de paraître à la cour : plus d'une femme honnête eût accepté la proposition avec le même plaisir. Madame d'Atys n'a plus d'autre pensée que de briller dans une embrasure de fenêtre, d'y être remarquée, et d'entendre chuchoter autour d'elle : Qu'elle est bien! c'est encore ce qu'une femme honnête écoute très-volontiers.

On fait des châteaux en Espagne pendant le reste de la journée. On se couche tard ; on dort peu, on se lève matin. L'embrasure de croisée, les cordons bleus, le roi, tout cela fatigue, obsède l'imagination, qui cependant reproduit sans cesse les mêmes idées. Zulime épuise tout son art pour embellir un des plus séduisans objets qu'ait formés la nature. La soie, l'or, les diamans couvrent madame d'Atys, sans rien dérober de ses graces. Roberville s'est mis aussi avec le plus grand soin. Il prend de l'or dans ses poches. La voiture neuve, les chevaux soupe-de-lait, les harnais piqués en argent, tout est prêt. On part on brûle le chemin, on est arrivé.

Il était temps. Merlicourt n'était vengé qu'à demi. Il lui restait à punir celle qui lui refusait des faveurs qu'il avait dédaignées un moment. Merlicourt était allé chez le lieutenant de police. Il lui avait peint ses erreurs avec toutes les apparences du repentir. Il semblait gémir sur des prodigalités qui finiraient par le mettre au-dessous de ses affaires. Il suppliait le magistrat de le sauver de sa propre faiblesse, en le séparant d'un objet trop dangereux. Il distribua de l'or dans les bureaux, et on ne résistait pas alors à ce mobile-là. On trouva des notes qui rappelèrent que la petite dame avait déja été enfermée ; on y vit que, depuis sa sortie du couvent, sa conduite avait toujours été équivoque, et, comme il n'y a pas à balancer entre une fille entretenue et un homme qui sert bien l'état, et qui ne tient pas à quelques rouleaux, l'ordre d'arrêter madame d'Atys fut expédié.

Il n'est pas agréable de descendre d'un équipage galant à la porte d'un traiteur. Mais puisqu'il fallait y arriver à pied ou en carrosse, Roberville jugea qu'il valait mieux faire filer la voiture jusque là. Il descend seul, il entre ; il trouve son homme, au moins aussi impatient que lui, qui le regarde d'un air de satisfaction, et qui lui demande où est madame. « Dans mon carrosse. — « Il faut que je la voie. — Venez. »

Le négociateur s'étonne en voyant la richesse de l'équipage et les charmes de madame. « Elle
« est fort au-dessus de l'idée que je m'en étais
« faite. Le succès de votre affaire est sûr ; mais je
« suis forcé de changer quelque chose aux con-
« ditions de notre traité. — Comment donc, mon-
« sieur ? — Oui, monsieur. Je vous ai pris hier
« pour un petit particulier, et vous êtes un homme
« opulent. J'ai cru qu'il ne s'agissait que d'une
« jolie femme, et vous m'amenez Vénus en habit
« de cour. Mon tarif varie selon les gens à qui
« j'ai affaire. Quintuplons la somme convenue, et
« agissons à l'instant. — Mais, monsieur... — Le
« succès est sûr, vous dis-je. — Mais cent vingt-
« cinq louis... — Ne sont rien pour un homme
« comme vous. — Je conviens que je suis au-des-
« sus de cela. — Donnez-les donc. — Diable,
« diable ! — Allons, vous faites l'enfant... Ah,

« mon dieu ! que vous êtes lent à dénouer les
« cordons de cette bourse ! — C'est que cent
« vingt-cinq louis... — Font trois mille francs, je
« le sais. — Allez donc, quinze louis encore, s'il
« vous plaît. Voilà qui est bien. Allez m'attendre
« au Tapis Vert. Dans un quart-d'heure, vous
« aurez de mes nouvelles. »

« Si cet homme était un escroc, disait madame
« d'Atys en prenant le bras de son mari, et en
« recueillant soigneusement les œillades qu'on
« lui adressait déjà de tous les côtés.... — Si cet
« homme est un escroc, nous aurons perdu mille
« écus. Mais s'il est de bonne foi, nous sommes
« vengés de Merlicourt ; j'obtiens sa place, je la
« fais faire par Durocher, je vole peu, je passe pour
« un très-honnête homme, et je jouis de la vie. »

Le Tapis Vert est, comme chacun le sait, une grande et magnifique pièce de gazon, bordée d'allées d'arbres et de bosquets charmans. C'est là que les femmes à prétention allaient se faire voir, et il y avait toujours beaucoup de femmes. C'est là que se rassemblaient tous les amateurs, et il y avait toujours beaucoup d'hommes. Dès que madame d'Atys parut, les amateurs se réunirent autour d'elle. Dès que les autres femmes se virent abandonnées, elles lui cherchèrent des imperfections ; elles lui en trouvèrent mille. Les regards passionnés des hommes la vengèrent, et elle disait, de manière à être entendue, que les hommes de cour sont des êtres charmans !

A ces mots, un cordon bleu, qui épiait l'occasion de parler à Vénus en habit de cour, lui proposa son bras, et offrit de lui faire voir Versailles. Le bras d'un cordon bleu donne de la considération à une femme quelconque, et le bras fut accepté. Un cavalier, brillant de parure, de jeunesse et de santé, vint se placer devant Roberville, et l'obligea à s'arrêter. Il ne proposa rien : il prit le bras que le bon mari venait d'abandonner. Il est clair qu'un homme qui se met familièrement à côté d'un cordon bleu, doit être d'une naissance distinguée, et madame d'Atys n'eut garde de retirer son bras. Elle entendait à droite et à gauche des propos galans, de ces jolis *riens* que savaient prodiguer les Français d'alors, et qui tournaient si facilement la tête à toutes les femmes. Madame d'Atys ne trouvait pas le temps de répondre, et elle n'y perdait pas ; mais un sourire enchanteur était le prix de chaque mot agréable. Elle ne cessait de sourire ; elle était ivre d'orgueil, et Roberville, dont on ne daignait pas s'occuper, marchait derrière, en se grattant l'oreille.

Tout à coup, on entend murmurer : Voilà M. Lebeau. Toutes les femmes connaissaient M. Lebeau ; toutes cherchaient à fixer l'attention de M. Lebeau ; toutes savaient à quoi menait sa protection.

M. Lebeau ne fut pas incertain sur l'identité de l'objet qu'il cherchait. D'Atys brillait au-dessus

des autres, comme Diane effaçait ses nymphes, ou plutôt comme Calypso, qui n'était pas tout-à-fait aussi chaste. M. Lebeau s'approche; il salue assez légèrement l'homme au cordon bleu; il lui dit quatre mots à l'oreille, et celui-ci se retire. Le cavalier élégant, qui tenait l'autre bras, n'a rien entendu; mais il est au courant des affaires. Il fait à madame d'Atys une profonde révérence, et se perd dans la foule. Roberville se dispose à reprendre la place qu'on lui a enlevée. Lebeau devine d'abord un mari. Il lui demande si madame a son mémoire; Roberville répond que oui. « En ce cas, attendez ici. Je vais intro-
« duire madame dans le cabinet du roi. » Roberville supplie humblement M. Lebeau de le protéger. « Voilà, lui dit le *Bonneau* du jour, la
« plus puissante des protections. » Il désignait madame, et il disparaît avec elle.

Ils s'enfoncent dans des corridors obscurs; ils montent, ils descendent des escaliers dérobés; ils arrivent à un petit logement fort sombre, mais élégamment décoré. Madame d'Atys demande si elle est chez le roi. « Vous êtes chez moi, lui
« dit Lebeau. — Et pourquoi chez vous, mon-
« sieur? — Il est de règle absolue, madame, que
« je sache ce que je présente à mon maître. Je
« suis très-satisfait de ce que je vois; il me reste
« maintenant... — Je ne vous entends pas, mon-
« sieur. » Lebeau jugea inutile d'en dire davantage à une femme qui n'entendait rien; mais ses

procédés devinrent si clairs, si vifs, que madame d'Atys s'écria : « Je ne vous permettrai pas cela, « monsieur. » C'était la première fois qu'elle disait non. Mais Lebeau n'était pas beau.

Il invoquait la règle absolue, invariable. Madame d'Atys se défendait toujours. « Voulez-vous, « lui dit-il enfin, parler au roi, et jouir des hon- « neurs de sa couche ? vous n'avez que ce moyen « d'y parvenir. » A ces mots, la tête de madame d'Atys se monte. Déja elle se voit sur les marches du trône ; elle distribue les graces ; elle dispose des emplois, des honneurs ; les grands de l'état sont à ses pieds. Elle cède, en pensant que le chemin qui conduisait jusqu'au roi, était un peu détourné.

Lebeau sortit, et envoya une femme de chambre, qui avait le talent et l'habitude de mettre celle qui devait être présentée, en état d'être déshabillée en un tour de main. Une heure après, il vint prendre madame d'Atys, et la conduisit avec autant d'égards et de marques de déférence, que s'il ne se fût rien passé entre eux : l'étiquette l'ordonnait, et M. Lebeau, ne voulait pas qu'on pût soupçonner qu'il était le *hulla* de son maître.

Les charmes de notre belle firent sur le prince l'impression qu'ils produisaient sur tous ceux qui la voyaient. Elle fut accueillie de manière à justifier ses espérances. Elle présenta son mémoire. Le monarque prétendait s'occuper de toute autre chose que de lecture. Une sujette n'a rien à refuser à son souverain, tout le monde sait cela ; mais l'expérience avait appris à madame d'Atys que les conquêtes faciles sont celles qui flattent le moins. Elle résista précisément autant qu'il le fallait pour donner une certaine idée de sa pudeur, et elle mit dans sa résistance la coquetterie propre à ranimer des sens presque éteints.

Un amant de cet âge, tranchons le mot, un vieux libertin, éprouve le besoin des longs intervalles, et il est bien aise de les remplir d'une façon qui empêche sa belle d'en calculer la durée. Or, quel moyen plus sûr de distraire une femme de certaines choses, que de l'occuper de ses intérêts ? Le roi prit le mémoire, et le lut fort bien. Si de honteuses faiblesses déshonoraient le prince, il n'en était pas moins éclairé et judicieux, quand ses passions satisfaites le rendaient à lui-même. Les friponneries de toute espèce, dont il tenait la preuve, le mirent en fureur. Il jura qu'il ferait pendre Merlicourt et ses principaux agens, et il envoya chercher M. le chancelier.

Il paraîtra un peu extraordinaire qu'il choisît ce moment pour parler d'affaires sérieuses. La gravité du premier magistrat du royaume ne devait pas s'accorder avec le désordre de la toilette de madame d'Atys. Mais l'étonnement cessera, si on se rappelle que la favorite en titre jouait avec la perruque de M. le chancelier, et que celui-ci oubliait à ses pieds la dignité de son rang. Oh ! le bon temps, le bon temps !

Le mémoire de Roberville, celui de M. de la Galissonière sont remis au chancelier, avec l'ordre de faire arrêter Merlicourt et ses complices, et de nommer des commissaires pour instruire leur procès. Un coup d'œil suppliant et enchanteur à la fois, vaut à madame d'Atys la promesse de la place de directeur-général des vivres. Tout le monde est content, et chacun agit d'après l'impulsion qu'il vient de recevoir. Madame d'Atys est plus complaisante que jamais; son auguste amant oublie de nouveau son âge; le chancelier relève sur le mémoire les noms des délinquans; des ordres sont expédiés pour les différens ports.

Déjà des agens de la police s'étaient portés à l'hôtel de madame d'Atys; déja Merlicourt s'était placé à une croisée d'un café voisin, pour la voir monter en voiture, et jouir de sa peine et de sa confusion. M. Marais arrive au grand trot d'un cheval noir boiteux et d'un blanc aveugle, qui le traînaient dans un fiacre jaune à moulures rouges, doublé d'un vieux point de Hongrie. On avait jugé dans les bureaux de la police que puisque Merlicourt était condamné, on ne lui devait plus d'égards; que la lettre de cachet lancée contre lui pouvait avoir été sollicitée par quelque jolie femme; que cette jolie femme pouvait être madame d'Atys comme une autre; et qu'il était au moins prudent de suspendre, afin de ne pas se mettre mal avec quelqu'un qui avait incontestablement de puissantes protections à la cour.

En conséquence, M. Marais apportait à son confrère l'ordre de ne point agir, s'il en était temps encore, ou du moins de se retirer sans bruit, s'il avait parlé. Il apprend que Zulime a déclaré de bonne foi que Roberville et sa femme sont allés à Versailles, et que madame devait être présentée par M. Lebeau. Une simple conjecture se convertit en certitude, et Marais s'écrie aussitôt que son confrère a mal conçu la mission dont il est chargé; que son erreur allait compromettre la réputation d'une femme respectable; qu'il s'agissait d'arrêter Merlicourt, et qu'à la vérité on avait ajouté verbalement qu'on pourrait le trouver chez madame d'Atys; qu'enfin... « Voilà votre « homme, dit Zulime en interrompant Marais. Le « voyez-vous, là, au café de Flore? » Marais s'élance, il part comme un trait, il entre, il prononce le fatal *de par le Roi.*

Merlicourt pâlit et monte dans le fiacre doublé de point de Hongrie. On le mène à la Bastille, et l'ex-directeur-général disait en se promenant circulairement dans une chambre ronde de trois pieds de diamètre. « Il est bien singulier que je « me trouve en prison, au moment où je comp« tais y faire mettre mon infidèle ! *Vanitas va-* « *nitatum!* »

Il était sept heures du soir, et Roberville attendait toujours M. Lebeau au Tapis Vert. Il se promenait, il s'asseyait, il marchait, il bâillait, il tempêtait. Si les amateurs d'un sexe charmant démêlaient d'un coup d'œil une jolie femme au milieu de cent autres, les femmes de ce temps-là, plus modestes, plus timides en apparence, étaient aussi très-justes appréciatrices du mérite extérieur, et, sans sortir de la réserve que leur imposait l'usage, elles savaient regarder un bel homme de manière à l'encourager. Roberville, occupé de ses projets d'élévation, ne s'apercevait pas qu'il fixait l'attention de la plupart de ces dames. Deux d'entre elles vinrent enfin s'asseoir sur un banc de marbre, dont notre héros occupait un bout. Il est tout naturel que des femmes fatiguées s'asseoient, et deux femmes qui causent n'ont rien à craindre de la médisance. Il est vrai que celles-ci auraient pu prendre un autre banc que celui où venait de se placer un très-joli homme. Mais elles en étaient éloignées de deux pieds et demi au moins; elles ne daignaient pas le regarder ; qu'avait-on à dire ?

Cependant un intervalle de deux pieds et demi n'est pas impossible à franchir. La conversation de ces dames était très-animée, et on ne parle pas vivement, sans que le corps s'agite un peu. Sans le vouloir, sans même y penser, et surtout sans s'en apercevoir, elles se trouvèrent assez près de Roberville, pour que l'une d'elles le touchât de son éventail. Quand on a donné un coup d'éventail à un inconnu, on ne peut se dispenser de lui adresser quelques mots d'excuses. Un homme qui sait vivre, ou qui a seulement des yeux, répond toujours à une jolie femme, et lorsqu'on a commencé à se parler, on continue ordinairement, quand on se convient.

Roberville, qui était d'abord à un bout du banc, se trouva bientôt, je ne sais comment, entre les deux petites causeuses. Le temps lui paraissait moins long avec elles; elles le trouvaient rapide auprès de lui; tout allait à merveille.

Déja elles savaient que madame de Roberville avait été présentée par M. Lebeau. Déja Roberville avait appris que les maris jouent à la cour un rôle un peu plus sot qu'ailleurs; qu'on ne s'y occupe pas d'eux; que leurs femmes, fières des bonnes graces du maître, les regardent comme leurs très-humbles serviteurs, et qu'il ne devait pas s'étonner que M. Lebeau le fît attendre. Mais, comme la chose la plus désagréable a toujours son beau côté, on ajoutait que ces maris-là avaient le bon esprit d'oublier qu'ils étaient mariés, et qu'ils trouvaient mille occasions séduisantes, quand ils étaient jeunes et bien faits. Ces derniers mots étaient accompagnés d'un regard tellement expressif, qu'il était impossible que Roberville ne l'entendît pas. Il oublia un moment M. Lebeau et ses espérances de fortune.

Il était huit heures. Roberville devait se croire tout-à-fait oublié. Il n'avait rien pris depuis neuf heures du matin, et comme rien n'est aussi triste que l'amour quand il a faim, notre héros pria ces dames de lui faire l'honneur de dîner avec lui. On lui fit sentir avec ménagement que des femmes d'un certain ton n'entrent pas chez un traiteur. On ne donna son adresse, qu'après s'être fait prier autant qu'il le fallait pour la faire désirer davantage. On convint d'un signal, et on se sépara très-empressé de se revoir.

Un homme à bonnes fortunes ne reste pas long-temps à table; mais un homme à bonnes fortunes, qui n'est pas amoureux, sait accorder ses plaisirs et ses affaires. Roberville, en sortant de chez le traiteur, retourna au Tapis Vert, et n'y trouvant ni M. Lebeau, ni son valet de chambre coiffeur, ni le valet de chambre du valet de chambre, il courut s'oublier au sein de la volupté.

Le signal convenu était un peu bruyant; mais la maison était isolée; elle était tout-à-fait à l'extrémité de Versailles. Les rues adjacentes étaient habitées par des artisans, plus amateurs de repos que d'intrigues; ainsi, il n'y avait rien à craindre que les suites du *gare-l'eau*, auxquelles on est exposé partout.

Roberville fait résonner ses mains comme un homme qui a reçu un billet de parterre pour faire réussir une mauvaise pièce. Un petit laquais se présente à une porte qui ouvre sur un vaste jardin, en assez mauvais état. Roberville ne conçoit pas que des femmes d'un certain genre ne fassent pas au moins ratisser leurs allées. Le petit laquais le conduit sous quelques arbres où régnait une obscurité profonde. Il lui prend la main; il le guide à travers de hautes herbes de toute espèce. Roberville se pique les jambes, et s'écrie que lorsqu'on donne un rendez-vous à un homme qui ne connaît pas les lieux, on fait au moins arracher les chardons et les orties. Le petit laquais lui met la main sur la bouche; il lui recommande le silence, parce que M. le comte n'est pas couché encore, et qu'il est aussi jaloux de sa sœur que de sa femme. Roberville apprend avec plaisir qu'il va coiffer un comte. Il n'a pas encore fait de cocu de cette importance, et il espère bien s'allier doublement avec celui-ci, car les deux dames lui ont paru également prévenues en sa faveur. Pendant qu'il se livre à ces douces idées, son guide lui fait descendre un escalier délabré, et, toujours prompt à accorder les circonstances et ses projets, il trouve tout simple qu'on le cache à la cave, en attendant le moment fortuné.

Tout à coup il entend derrière lui la porte de cette cave se fermer avec un certain bruit. Roberville n'est pas brave, et ce petit incident dissipe aussitôt les fumées d'amour qui l'enivraient déja. Que devint-il, lorsque des flambeaux éclairèrent le lieu de la scène!... une cave infecte et ruinée; des murs chargés de limaçons; un fond humide et glissant, et, ce qui était plus effrayant encore, quatre hommes, à la mine rébarbative, sortis d'un caveau contigu, armés jusqu'aux dents, et dont les intentions ne pouvaient paraître équivoques.

« Ah! mon petit monsieur, lui dit l'un d'eux, vous
« croyez les jolies femmes! Ah! vous croyez n'avoir
« qu'à vous montrer pour leur tourner la tête! Ah!
« vous êtes assez borné pour croire que des fem-
« mes, qui annoncent de la naissance et de l'éduca-
« tion, donnent des rendez-vous dans une cassine
« abandonnée! Mon cher ami, duper un sot et un
« fat, est œuvre pie, et nous pouvons faire notre
« métier avec vous en sûreté de conscience. Per-
« mettez que nous procédions à votre inventaire...
« Une montre à répétition, enrichie de bril-
« lans?... confisquée à notre profit. Un beau so-
« litaire?... cela nous convient encore. Une boîte
« d'or?... nous aimons la vaisselle. Vous avez sans
« doute quelques louis dans votre poche... Non,
« ne vous donnez pas la peine. Je vais y fouiller
« pour vous... Deux, cinq, sept, neuf... c'est mo-
« dique; mais il faut s'en contenter, puisqu'il n'y
« en a pas davantage... Une épée d'acier? cela n'a
« de prix que chez le fourbisseur. Un habit brodé
« en soie, c'est une misère que cela. Allons, mon
« cher, nous allons vous bander les yeux, et vous
« mettre dans un endroit, d'où vous ne suivrez
« pas nos traces. Nous irons ensuite nous réjouir
« à vos dépens avec madame la comtesse et sa
« belle-sœur. »

On le mène les yeux bandés, il ne sait où. On
l'attache à un arbre; on lui donne trois ou quatre

petites tapes sur les joues, et on s'éloigne en se moquant de lui.

Le premier soin de Roberville fut de chercher à recouvrer l'usage de ses mains. Les messieurs qui l'avaient mis là, avaient probablement passé par les mains de la maréchaussée : ils savaient faire des nœuds. Ceux qui retenaient Roberville se serraient en proportion des efforts qu'il faisait. Il jugea qu'il n'avait d'autre parti à prendre que d'appeler à son secours, si toutefois il était dans un lieu d'où il pût être entendu. Il cria longtemps, et il commençait à désespérer de se tirer de là, lorsqu'une voix glapissante se fit entendre dans l'éloignement : « Qui appelle? que voulez-« vous? où êtes-vous ? » A ces mots, Roberville double ses cris. Il prie, il conjure, il supplie. La bonne vieille s'approche, prend ses ciseaux, coupe les cordes, et détache le mouchoir, en pressant ses questions de manière que Roberville ne savait à laquelle répondre.

Lorsqu'il eut satisfait la curiosité de sa vieille, il apprit qu'il était au bout de l'avenue de Sceaux. Revenu des charmes d'un sexe qu'il appelait perfide, rendu à lui-même par sa triste aventure, il reprit le chemin du château. Il était temps de savoir ce qu'était devenue sa femme, ce qu'elle avait fait pour lui, ou du moins ce qu'elle pourrait faire. « Parbleu! disait-il en marchant, ces vo-« leurs sont d'assez bons diables, car enfin, où « en serais-je s'ils m'eussent déshabillé ? L'ora-

« teur est un homme de très-bon sens : il m'a
« dit des choses un peu dures, mais d'une grande
« vérité. Je me suis conduit comme un enfant
« qu'un papillon, une mouche, distraient de l'ob-
« jet qu'il poursuit. Quand réfléchirai-je donc
« avant que d'entreprendre? Allons, Roberville,
« renoncez aux aventures galantes, et occupez-
« vous exclusivement de votre fortune. »

En raisonnant ainsi, il voit à ses pieds un papier roulé. Ce n'était pas un billet de banque :
il n'y en avait pas alors en France. Ce n'était pas
non plus un effet de la caisse d'Escompte, elle
n'était pas encore établie. Cependant Roberville
ramasse le papier, par un mouvement machinal
de curiosité. Il s'approche des croisées d'un café.
Il ne pense pas à y entrer : il ne lui reste pas de
quoi prendre une limonade. Il déroule son papier... c'est un billet d'entrée au spectacle de la
cour. On donnait ce jour-là *Alzire*, très-mau-
vaise tragédie, comme tout le monde le sait; mais
qui charmait la cour et la ville, également dé-
pourvues de goût et de jugement.

Dans toute autre circonstance, un billet de
comédie eût été la trouvaille la plus insignifiante
pour un homme qui venait d'être volé. Elle était
précieuse pour Roberville, qui pouvait rencontrer là sa femme, ou M. Lebeau; qui pouvait
se flatter au moins d'obtenir des indications propres à trouver l'une ou l'autre.

Il se présente; il entre. Il est frappé de la richesse de la salle et de la magnificence des spectateurs. Il est ébloui de la beauté d'une femme sur laquelle sont fixés les yeux du roi et de toute la cour. Il la regarde plus attentivement... Il reconnaît madame de Roberville. « Oh! oh! dit-il, « si je m'en rapporte aux apparences, mes affaires « sont en bon train. Allons savoir précisément « où elles en sont. »

Madame de Roberville était fort jolie ; mais elle ne justifiait pas l'engouement général qu'avait cru remarquer son mari : aussi n'existait-il pas. Un seigneur avait dit à l'oreille d'un autre qu'elle avait été introduite dans les petits appartemens ; le mot avait passé d'oreille en oreille. Le roi regardait la jeune femme avec complaisance. Les uns observaient jusqu'à quel point elle était digne de la préférence que le maître semblait lui accorder ; d'autres calculaient déja, sur les regards qu'il lui adressait, la mesure des égards qu'ils auraient pour elle. Vive les gens de la cour pour tirer parti de tout !

Roberville arrive à la porte de la loge qu'occupait madame. On lui signifie qu'il ne peut y entrer. Roberville trouve fort extraordinaire qu'un mari ne puisse aborder sa femme partout. Il élève la voix ; un homme accourt, c'est Lebeau. « Ah! « vous voilà, mon cher ; je suis fort aise de vous « rencontrer. — Il vous eût été facile de me voir « plus tôt, et vous m'eussiez épargné une algarade « fort désagréable. — Parlez bas. — A la bonne

« heure. Je vous ai attendu quatre heures au
« Tapis Vert. J'ai voulu me dissiper un peu; j'ai
« été volé...—Bien, bien. Ce n'est pas de tout
« cela qu'il s'agit. — Ah! cela ne vaut pas la peine
« que j'en parle. — Finissons, que venez-vous
« faire ici?— Parbleu! Je viens causer avec ma
« femme. —Votre femme! celles que sa majesté
« honore de ses faveurs, n'ont plus de mari. —
« Ah! le roi a honoré ma femme de ses faveurs!
« au moins ce cocuage-là n'est pas déshonorant,
« et peut avoir son côté avantageux. Que me
« donne sa majesté, en échange de ce qu'elle
« m'ôte?— La place de Merlicourt. Vous êtes
« nommé.—Je suis nommé! je suis nommé! Dites
« bien à sa majesté que je suis le plus humble
« de ses serviteurs.— Bon, allez-vous-en.—Je ne
« demande pas mieux. Mais je vous dis qu'on m'a
« volé. — Eh bien! vous volerez à votre tour. —
« A la bonne heure. Mais, en attendant, il faut
« que je retourne à Paris, et je n'ai pas le sou.
« — Je n'ai pas le sou, je n'ai pas le sou! Expres-
« sion canaille. — Oh! ma foi, qu'on s'exprime
« comme on voudra, on passe toujours pour ca-
« naille, quand on n'a rien. — Partez, vous dis-je.
« Votre voiture vous attend où vous l'avez lais-
« sée. — Je le sais; mais madame... — Madame
« aura les carrosses de la cour. Où donc avez-
« vous vécu? — Allons, je souperai une heure
« plus tard, voilà tout. Dites à ma femme... —
« Oh! l'ennuyeux personnage qu'un mari! Je ne

« m'étonne pas que les accidens soient si com-
« muns. » Et Lebeau prend Roberville par les
épaules. Il le pousse au milieu de cinq à six pages, qui le poussent à travers une double file de
valets de pied, qui le poussent, à leur tour, jusque dans la rue, où il arrive sans savoir comment.

Madame de Roberville s'occupait fort peu de
son mari. Le retour de tendresse qui l'avait surprise, était déjà très-calmé, et ce qu'il en restait
venait de s'évanouir devant les idées de grandeur
qui l'occupaient uniquement. Son sort allait être
brillant, sans doute. Mais elle attendait, avec impatience, et la fin du spectacle, et M. Lebeau,
pour savoir quelle terre on lui donnerait, si elle
serait érigée en marquisat ou en duché, quand elle
serait publiquement présentée, si elle aurait le
tabouret, etc.

La toile baissée, Lebeau vint la prendre mys-
térieusement, et lui annoncer à l'oreille qu'elle
aurait l'honneur de coucher avec le roi. Tant de
bonheur parut à la petite femme un présage certain de son élévation. Les questions se multiplièrent tellement, elles étaient d'un genre si extraordinaire, que Lebeau, qui ne faisait rien que
méthodiquement, ne put s'empêcher de rire
comme un fou. Madame d'Atys, très-choquée de
cette liberté, lui dit sèchement qu'il ne lui convenait pas de s'oublier ainsi auprès de la maîtresse
de son roi. Lebeau lui rappela qu'elle avait été

un moment la sienne. Madame d'Atys lui donna un soufflet. Lebeau l'embrassa, en riant plus fort que jamais, et il la conduisit jusqu'au lit du roi, en l'accablant de quolibets.

Madame d'Atys conclut, de ces privautés, que son exaltation n'était pas prononcée encore, et ce n'était pas mal juger pour une femme sans esprit. Mais elle prévit quels avantages une nuit royale pouvait lui donner, et elle se promit bien d'user du double ascendant qu'allaient lui assurer sur le prince sa beauté et le plaisir.

Personne ne voit aussi promptement ni aussi juste qu'une femme qui craint de perdre son amant, et, à cet égard, la maîtresse en titre d'un roi est plus femme qu'une autre. L'attention que sa majesté avait donnée à madame d'Atys pendant le spectacle ; certains coups d'œil d'intelligence qui leur étaient échappés, avaient été remarqués de la favorite, qui ne pouvait se coucher sans savoir qui était la nouvelle débarquée, quels étaient ses projets, et quels seraient les moyens de la renvoyer dans sa province, s'il y avait lieu.

Elle assembla aussitôt son conseil privé, composé de quelques seigneurs sans talens, sans qualités, mais qui s'élevaient à force de ramper. Ils jouèrent d'abord l'indignation ; ils ne concevaient pas qu'une petite provinciale osât se déclarer la rivale d'une femme accomplie, d'une femme qui méritait de voir l'univers à ses genoux. Cette audace devait être punie ; mais il fallait d'abord connaître la téméraire. Ces messieurs courent déposer chez eux les décorations qu'ils déshonorent. Ils se partagent les différens quartiers de la ville. Ils ne rougissent pas de s'adjoindre ceux de leurs valets en qui ils reconnaissent quelque intelligence. A leur inquiétude, à leur activité, on eût cru que l'ennemi était aux portes de la capitale.

Il est des momens où la toute-puissance aime à se dépouiller de sa splendeur, et à jouir des charmes d'une douce égalité. Ces courts instans sont favorables à la beauté qui sollicite. L'amour, d'ailleurs, sait-il rien refuser? Madame d'Atys demanda beaucoup, et obtint ce qu'elle avait demandé; mais une nuit fatigante, à la suite d'une soirée assez bien employée, ramène chez un vieillard la raison avec l'impuissance. Le roi sentit l'inconvénance de ses promesses, et le ridicule dont il se couvrirait en les tenant. Il passa, avec Lebeau, dans son cabinet. Il fut convenu qu'on mettrait madame d'Atys au *Parc-aux-Cerfs*, et qu'on l'amuserait, sous différens prétextes, tant que la fantaisie de sa majesté durerait.

En conséquence de cet arrangement, le fidèle Lebeau proposa à madame la marquise d'écrire à sa femme de confiance à Paris, et d'en faire venir les objets nécessaires à la représentation et à la volupté. Madame la marquise, enchantée de s'entendre donner ce titre, eût écrit à toute la terre. Elle fit une longue liste de ce qu'il lui fallait, et elle ordonna à Zulime de suivre les paquets et les cartons, et de venir reprendre son service auprès d'elle. Elle finissait par quelques mots de bienveillance. Elle disait que, de quelque pompe qu'elle fût environnée, elle n'oublierait jamais ses anciens serviteurs, et que Zulime occuperait toujours une place distinguée dans son palais et dans ses affections.

La petite tête de Zulime tourna aussi à la lecture de cette lettre. Elle prit les clés de l'hôtel, et se mit en chemin pour Versailles, en faisant aussi ses rêves de grandeur. Elle pensait qu'on n'approche la maîtresse du roi que par l'intervention de sa femme de confiance; que tous les hommes, amans ou solliciteurs, doivent payer une audience en proportion de leur amour, ou de l'importance de l'objet qu'ils poursuivent; ainsi, cadeaux du roi, cadeaux des courtisans de madame, cadeaux des grands qui veulent grandir encore, cadeaux des petits bourgeois qui veulent devenir quelque chose, et, avec tant de cadeaux, quatre ans doivent suffire à une femme de chambre adroite, pour avoir aussi une fortune, un hôtel, et trouver un mari qui lui donne une consistance dans le monde. Mademoiselle Zulime prenait les grands airs dans sa vinaigrette, comme si elle eût été dans son carrosse, et elle regardait ses compagnons de route comme ses laquais.

Cependant le conseiller Bonneau insinuait adroitement à madame la marquise que le roi avait des ménagemens à garder avec la favorite qu'elle allait remplacer; qu'il ne pouvait la renvoyer brusquement; qu'il lui fallait quelques jours pour préparer une rupture, et qu'il jugeait à propos de couvrir ses nouvelles amours du voile du mystère. Il ajoutait que madame la marquise, qui sans doute aimait le roi pour lui-même, ne balancerait pas à lui sacrifier, pendant une semaine ou deux, l'éclat auquel elle était destinée, et dont elle jouirait ensuite avec plus de sécurité. Madame la marquise ne trouvait pas ces raisons excellentes. Elle eût voulu régner à l'instant même sur le monarque et sur ses états. Mais comment se refuser à ses désirs, sans craindre de lui déplaire, et de perdre une fortune assurée? Madame d'Atys se laissa conduire.

Elle daigna prendre le bras de Lebeau; elle l'assura de sa constante protection; elle lui promit un régiment pour son fils, et elle s'engagea à marier sa fille. Lebeau répondait à ces promesses par des protestations de respect et de dévouement absolu. La scène méritait d'être écrite. Elle ne le fut pas, et je me garderai bien de la faire d'imagination, de peur de lui ôter de son originalité.

Madame la marquise fronça le sourcil en entrant dans le jardin, et en y voyant folâtrer douze à quinze jeunes filles, peut-être aussi jolies qu'elle. « Où m'avez-vous menée, mon cher? C'est encore « un couvent que cette maison. — Madame la « marquise se trompe. C'est l'asile des amours;

« c'est un temple que lui a élevé notre maître,
« et où il vient quelquefois oublier le poids de
« sa grandeur. — Que dites-vous, Lebeau? C'est
« donc un sérail que ceci? — Précisément, ma-
« dame la marquise. Mais..... — Mais, mais... Je
« vous trouve bien impertinent d'y conduire une
« femme comme moi. — Permettez, madame la
« marquise... — Je ne permets rien. Je me plain-
« drai, et je vous ferai chasser. — J'espère que
« madame n'aura pas la dureté de m'ôter ma
« place. Si elle veut réfléchir un moment, elle
« sentira qu'elle ne jouirait nulle part d'un aussi
« entier *incognito*. Destinée pour la cour, elle
« apprendra ici à commander avec aisance, à
« accorder avec dignité, à refuser avec grace. —
« Qu'est-ce que c'est, mon ami, qu'est-ce que
« c'est? Ai-je quelque chose à apprendre? Votre
« maître ne me trouve-t-il pas parfaite? Ne me
« l'a-t-il pas juré devant vous? Remenez-moi
« chez le roi : je vous l'ordonne. — Je m'empres-
« serai toujours d'obéir aux ordres de madame la
« marquise; mais j'ai l'honneur de lui représenter
« que je ne fais et ne dis rien que par ordre
« exprès de sa majesté. — Le roi veut me con-
« fondre avec ces petites filles-là! — Il veut qu'elles
« forment votre cour, qu'elles vous obéissent,
« qu'elles s'empressent à vous plaire. — Ah! voilà
« qui devient différent. — Il exige que vous soyez
« connue dans cette maison, sous le nom de made-
« moiselle de Courville. — A quoi bon? — Toutes

« les demoiselles que vous voyez, sont de qualité, « ou nobles, et vous prendrez ici vos premiers « degrés de noblesse. — Ah! j'entends, on ne peut « être marquise sans être noble. — Cela arrive « quelquefois, et n'en est pas mieux. Vous ne « voudriez pas avoir l'air d'une parvenue. — Mais « on dit que celle que je vais remplacer... — J'a- « voue que son origine est un peu obscure; aussi « son élévation a fait étrangement clabauder. — « Fort bien. Je sortirai d'ici comme demoiselle « de qualité. — Oui. Le roi veut que son nouveau « choix soit généralement approuvé, et que les « hommages que vous rendront ses courtisans « soient sincères. — Je n'ai rien à répliquer à « cela. »

Il était inutile que Lebeau fît la leçon à ces demoiselles. L'expérience leur avait appris que la dernière arrivée était l'objet des empressemens du prince et le canal de ses graces. Les délaissées n'étaient pas fâchées de sortir d'un lieu où elles ne respiraient plus que l'ennui et le dégoût; mais elles aspiraient toutes à une retraite décente et avantageuse. Le prix de bons et loyaux services était fixé à quarante mille livres. Cependant celles qui étaient protégées doublaient la somme, et l'apportaient en dot, avec leur expérience et leurs appas, à un gentilhomme dont elles relevaient la chaumière, à un commis de la guerre, à un major de place, qui, en reconnaissance, leur donnaient un état.

En conséquence, tous les égards, toutes les attentions qui pouvaient flatter mademoiselle de Courville, lui furent prodigués. Elle se crut vraiment reine du grand boudoir. Elle promit des commis et des majors à qui en voulut, et le but de Lebeau fut rempli.

Pendant qu'on intriguait au Parc-aux-Cerfs et ailleurs, les intimes de la favorite couraient les rues, les tripots et les auberges de Versailles. L'un d'eux, plus adroit et plus actif que les autres, fatigué de recherches inutiles, était retourné chez lui, avait repris son habit brodé, avait envoyé chercher des chevaux de poste, et était allé descendre chez Marais, qui lui devait sa place. Si le duc de *** n'avait pas été retenu chez lui par la goutte, il eût épargné bien des démarches à ces petits grands seigneurs; il n'eût pas manque d'aller au spectacle de la cour; il eût infailliblement reconnu madame d'Atys, et dechiré le voile dont elle s'enveloppait.

M. Marais, qui se croyait un personnage, ne se levait pas aisément à une heure du matin, et il murmura, bien qu'on lui eût annoncé son protecteur. Madame Marais, qui couchait avec son mari, quoique déja ce ne fût plus l'usage, lui représenta qu'il pourrait avoir besoin encore de monsieur le comte, et que les gens qui nous sont utiles doivent toujours nous trouver une physionomie ouverte. D'après ce raisonnement, Marais passa sa robe de chambre, alla au-devant de monsieur le comte, l'aborda d'un air riant, et lui protesta qu'il s'estimerait trop heureux de lui être bon à quelque chose.

Il n'y avait pas d'apparence que Marais pût rien découvrir cette nuit. Aussi le comte se borna à lui demander ses bons offices pour le lendemain. Il lui raconta, dans le plus grand détail, ce qui s'était passé au spectacle de la cour, ce qui s'était fait et dit chez la favorite. Il parla des inquiétudes fondées de la dame, et de la magnificence avec laquelle elle récompensait un service. Le hasard avait mis Marais au courant de toute l'affaire. Vous vous rappelez que Zulime lui avait appris que madame d'Atys était allée à Versailles, et qu'elle devait être introduite par Lebeau.

Cependant, comme les hommes n'estiment les choses qu'en proportion des difficultés qu'ils éprouvent pour les obtenir, Marais jugea à propos de faire acheter à monsieur le comte les éclaircissemens qu'il pouvait lui donner à la minute. Il se jeta dans un fauteuil, se frappa le front, fixa ses yeux sur le parquet, les reporta au plafond, se leva, ouvrit un carton, retourna quelques paperasses, et vint se rasseoir en disant : « Il est impossible que je ne trouve pas quelque « notice sur cette femme, moi qui sais ce qui « se passe à Versailles comme à Paris. — Voyez, « mon cher Marais, cherchez, secondez mon impa-« tience. »

Marais ouvre un autre carton. Il en tire une note... « Madame de Roberville conduite aux Re-
« penties... — Eh! ce n'est pas cela, monsieur. —
« Un moment, monsieur le comte. Madame de
« Roberville, sortie du couvent, devient maîtresse
« du duc de ***, à qui elle est enlevée par le di-
« recteur-général des vivres de la marine. — Ce
« n'est pas cela, vous dis-je, ce n'est pas cela. —
« Peut-être, monsieur le comte. Voyez-vous ce
« numéro qui me renvoie à ce carton-ci?... Son
« mari, premier commis aux vivres de la marine,
« se brouille avec Merlicourt... — Eh! qu'ont de
« commun ce mari et ce Merlicourt?... — Atten-
« dez... Voyons le n°. 33... Ah! ce mari adresse
« au roi un mémoire appuyé d'une lettre fulmi-
« nante de M. de la Galissonière; il ne peut pé-
« nétrer jusqu'au souverain... Dubourg, valet de
« chambre de M. Lebeau, consent à présenter
« la dame... — Nous y voilà, nous y voilà! Le-
« beau lui a parlé dans les corridors, à la sortie
« du spectacle, et l'a menée on ne sait où. Mon
« cher Marais, je n'oublierai jamais le service que
« vous me rendez. Quelle clarté dans les indica-
« tions! quelle exactitude, quelle méthode dans
« la tenue de vos papiers! Vous êtes un homme
« unique dans votre genre. » Or, vous saurez que
sur ces papiers si bien tenus, il n'y avait pas
un mot de ce que Marais venait de lire.

« Monsieur le comte, avez-vous votre voiture
« à la porte? — J'ai ma chaise de poste. — Prenez

« cette adresse : c'est celle de madame de Rober-
« ville ou de madame d'Atys. Sachez si elle est
« ou non à Versailles.—J'y cours, mon ami... Je
« suis à vous, tout à vous. Je n'attends que l'oc-
« casion de vous le prouver. »

Le comte fait voler les chevaux. Un louis fait lever le portier, un autre louis fait descendre Lafleur. Madame est à Versailles ; sa femme de chambre lui a porté vingt paquets. Elle va donc y rester; c'est donc elle qu'on a vue au spectacle; c'est donc une fille entretenue que Lebeau a mise dans les bras de son maître ! Elle n'est plus à redouter, et la favorite va retrouver le calme et le sommeil.

Le comte repart. Il court à crever les chevaux. Il arrive, il se fait annoncer, il est introduit. La maîtresse en titre est désolée. Elle n'a pas vu le roi avant son coucher. La nouvelle favorite va lui ravir sans doute sa personne et son cœur, la dépouiller de son influence, de sa considération. Il faut mourir quand on a été tout et qu'on n'est plus rien. « Il faut vivre, madame, et plus heu-
« reuse que jamais, s'écrie le comte. » Il entre en matière, et à mesure qu'il débite ce qu'il a appris de Marais, la figure de madame s'épanouit et devient enfin rayonnante. Elle jette ses bras au cou du comte; elle le presse contre son cœur; elle lui jure qu'à la première promotion, il aura le cordon bleu; elle lui remet deux cents louis pour Marais.

Un doux sommeil rafraîchit ses attraits, ranime son imagination, et lui rend tous ses moyens de plaire et de persuader. A peine est-elle éveillée, qu'elle s'occupe des mesures propres à lui ramener un prince, dont elle est forcée de tolérer les fantaisies, mais qu'elle veut empêcher d'avoir un goût prononcé. Elle envoie chercher Lebeau. Elle lui reproche d'avoir donné au roi une femme publique, et elle oublie qu'elle a passé de la fange au trône : nous oublions si aisément ce qui nous humilie !

Lebeau, interdit, effrayé, proteste que madame de Roberville est mariée, et qu'il connaît son mari. La favorite lui répète que madame de Roberville est une fille, et elle ajoute qu'en pareille circonstance toute erreur est crime de lèse-majesté. Elle entre dans tous les détails qu'elle tient du comte. Elle terrifie Lebeau, elle l'accable, elle le réduit à n'être plus que l'instrument de ses volontés.

Elle l'interroge avec la sévérité d'un juge et l'orgueil d'une reine. Elle apprend que Merlicourt est à la Bastille; que le chancelier a reçu l'ordre de lui faire son procès; que sa place est accordée à Roberville; que sa femme a la promesse d'une terre érigée en marquisat; mais qu'à ce dernier égard, le roi est décidé à se rétracter. La comtesse sent que ces mesures de rigueur, que ces graces accordées annoncent plus qu'un simple goût. Elle prévoit qu'un moment de séduction peut suffire pour engager sérieusement le roi, et le faire aller au-delà de ses promesses. Elle exige de Lebeau le serment solennel de tout faire pour perdre madame de Roberville dans l'esprit de son maître. Lebeau promet tout; il convient de la nécessité d'agir sans le moindre délai, et il sort convaincu que la comtesse peut le renverser, en éclairant son amant sur la conduite première de sa nouvelle conquête.

Les fripons ont entre eux certaines règles qu'ils appellent principes, probité, et dont leur intérêt mutuel ne leur permet pas de s'écarter. La favorite pensa que si elle abandonnait ceux à qui elle vendait les emplois, elle perdrait la confiance des aspirans et une branche considérable de son revenu. Elle fit prier le chancelier de se rendre chez elle.

Elle se plaignit avec amertume qu'il lui eût caché les mesures prises contre Merlicourt. Le chancelier s'empressa de l'assurer qu'il n'avait reçu les ordres que la veille au soir, et qu'il n'attendait que l'heure du lever de madame la comtesse pour venir les lui communiquer. La favorite se rendit garant de l'innocence de Merlicourt. Elle fit entendre qu'elle ne doutait pas que monsieur le chancelier ne choisît des commissaires disposés à la faire éclater. Elle demanda qu'ils fussent nommés à l'instant; qu'il leur fût ordonné de se transporter aussitôt à la Bastille, et de solliciter, d'après leur premier interrogatoire, la mise en liberté de l'accusé. Le chancelier, homme ambitieux, et par cela même courtisan, était né avec de grands moyens, un coup d'œil sûr, un tact fin. Il aimait l'équité, et il était juste, quand on lui permettait de l'être. Il osa résister. La comtesse lui ferma la bouche avec ces quatre mots : « Si vous ne cédez, je me « brouille avec vous. » Or, *je me brouille avec vous* voulait dire : dans huit jours vous n'aurez plus les sceaux. Les commissaires furent nommés.

Le contrôleur-général fut mandé ensuite, et poussé à déclarer au roi qu'on ne pouvait destituer subitement un homme à la tête d'une administration importante, sans interrompre les opérations; que la reddition de ses comptes demandait au moins trois mois, et qu'il fallait qu'il fût libre pour s'en occuper. Enfin, le ministre de la marine, qui avait un parti puissant contre lui, et qui ne se soutenait que par la favorite, consentit à ôter le commandement de la flotte de Brest à M. de la Galisonière.

Ces mesures n'étaient qu'un hommage rendu à cette probité de corsaires, dont je vous parlais tout à l'heure. Le point essentiel était de faire chasser, avec éclat, celle qui osait prétendre au cœur du souverain, et de la punir jusque dans son mari, en l'éloignant de toutes les places.

Il n'est pas de femme qui ne sente qu'il est plus facile d'écarter une rivale que de ramener un inconstant. Toutes celles qui ont un peu d'expérience, savent que l'amour n'allume pas deux fois son flambeau au même autel. La comtesse jugea qu'il fallait devenir une femme nouvelle; abandonner la délicatesse, la décence, les soins tendres et touchans qui avaient assuré l'empire à celles qui l'avaient précédée, et qui jusqu'alors avaient soutenu le sien. Quoi de plus facile à la comtesse que de prendre une route opposée, qui pourrait paraître piquante dans sa nouveauté? Il suffisait pour cela qu'elle revînt à ses premières habitudes.

Son conseil entendu, elle arrêta que Bacchus serait désormais associé à l'amour; que la licence serait substituée aux graces, et la débauche à la volupté. On disposa enfin de l'honneur du prince et de l'état, et un mot suffit pour rappeler cette époque fatale : *La France, ton café f... le camp.*

Lebeau avait promis de bonne foi d'inspirer à son maître de l'éloignement pour madame de Roberville. Il réfléchit cependant que madame la comtesse jouissait de la faveur depuis quelques années; que le roi n'était plus capable de constance; qu'il serait facile de le détacher entièrement; qu'une favorite nouvelle, qui lui devrait son élévation, se laisserait guider par lui, et deviendrait indubitablement l'instrument de sa fortune. Un an, six mois, lui suffiraient pour la rendre considérable et indépendante. Ces réflexions l'emportèrent sur ses sermens. Il se rendit au Parc-au-Cerfs. Il eut avec madame de Roberville une longue conversation. Il se garda bien de lui parler de ses vues personnelles ; mais il voulut connaître quelles seraient les ressources de cette femme, pour fixer quelques instans un homme dont les sens étaient émoussés. Il chercha l'esprit, les talens, les connaissances, l'aménité. Il parla de tout ; on ne lui répondit rien, ou on répondit mal. Il vit avec douleur qu'il fallait renoncer à ses espérances. Il résolut de faire renvoyer madame de Roberville, et de s'en faire un mérite auprès de la comtesse.

Roberville, de retour à Paris, s'était présenté dans les bureaux de son administration, avec l'assurance d'un homme qui vient de triompher de son concurrent. Il avait assemblé les chefs, et annoncé sa nomination d'un air vain et satisfait. Pouvait-on douter un moment ? Le roi avait parlé. Tenait-on alors à un chef, à un ami disgracié ? Le dévouement de Pélisson à Fouquet n'était plus qu'un ridicule digne d'être *chansonné*. On vénéra, on invoqua l'idole nouvelle. Quelques pauvres honnêtes gens, car dans tous les temps il y en a partout, gémirent intérieurement sur le sort de la France, et gardèrent leurs places, parce qu'ils en avaient besoin.

Durocher fut embarrassé un moment. Il est une pudeur naturelle dont l'homme le plus vil ne se défait jamais entièrement. Celui-ci se présenta avec une sorte de timidité. Roberville daigna lui sourire et lui prendre la main. Durocher sentit que sa démarche auprès de Merlicourt, que ses déclamations contre Roberville étaient ignorées, et passant de l'incertitude à l'audace, il loua la justice et le discernement du roi. Il s'applaudit de travailler sous un chef, dont les lumières et la probité allaient épurer une administration corrompue. Il parla tant, il mit tant de chaleur et de vérité dans son débit, que Roberville, pour commencer l'épuration, le nomma premier commis, en remplacement d'un homme habile, accusé d'aimer Merlicourt, quoiqu'il fût incapable d'aimer personne.

Un directeur général ne peut vivre comme un simple particulier. On doit quelque chose à l'importance de sa place, au public et à soi-même, et il faut que l'ouvrier vive du superflu de l'homme opulent. Ce raisonnement doit se traduire ainsi : J'ai vécu dans l'obscurité, et j'en ai été humilié. Une circonstance imprévue me lance sur le théâtre du monde, et je veux éblouir à mon tour ceux que je laisse derrière moi. J'ai vu prodiguer, à la richesse, l'estime, la considération, le respect, et je veux être, comme un autre, estimé, considéré, respecté.

En conséquence, Roberville loua un hôtel magnifique dans le faubourg Saint-Germain. Il n'avait pas encore ces richesses qui devaient lui tenir lieu de connaissances, de talens administratifs et de qualités ; mais un propriétaire ne demande pas d'argent d'avance, pourvu qu'on meuble les lieux de manière à garantir les loyers. Un tapissier vend à crédit, pourvu qu'on ne chicane pas sur le prix des articles, et qu'on assure les paiemens. Il restait à Roberville neuf mille livres de rente, et avec un carré de papier marqué, il se procura un superbe mobilier. Un carrossier, un marchand de chevaux, ne sont pas moins traitables qu'un tapissier, et quand on voit les choses en grand, on ne tient pas à une hypothèque de plus ou de moins. En quarante-huit heures, la maison de Roberville fut montée.

Ce n'est rien encore que d'avoir une maison. Il faut égaler le luxe de son prédécesseur. Il faut, comme lui, recevoir du monde, faire admirer la fraîcheur, l'élégance de l'ameublement, avoir ses complaisans à table, et payer leurs égards en perdant au jeu. Tout cela ne se fait qu'avec de l'argent comptant, et on trouvait alors, comme aujourd'hui, toutes les facilités imaginables de se ruiner ; il n'en coûtait même pas si cher : on ne payait en intérêts que cinq pour cent. On pouvait donc tenir quelques mois de plus. On pouvait même manger fort au-delà de ce qu'on avait, parce que le code hypothécaire n'existait pas, et qu'on prenait dans vingt bourses, cinq cent mille francs sur un bien qui valait cent mille écus. D'après cela, Roberville ne devait manquer de rien. Il recevait de toutes mains, et il n'avait pas la moindre inquiétude : les bénéfices de sa place devaient tout payer en trois mois.

Ces premières dispositions terminées, il s'aperçut qu'il lui manquait encore quelque chose. On l'avait séparé de sa femme, à qui il ne tenait plus que faiblement. Cette séparation, d'ailleurs, était le garant de son opulence future, et il n'y a guère de maris qui ne se consolent en pareille circonstance, et puis il y avait long-temps qu'en ce genre-là, Roberville avait appris à ne s'affecter de rien. Cependant, il était du bon ton qu'un homme riche, aimât, ou parût aimer quelque chose; et Roberville éprouvait le besoin de suivre un usage assez généralement adopté. Toujours prompt à former des projets, il en fit, sur son amour à venir, d'aussi sages que les mesures qu'il venait de prendre en finances.

« J'ai eu des femmes, des filles, des veuves,
« toutes d'une classe distinguée. Toujours même
« manière d'aimer, toujours uniformité de plai-
« sirs. De l'esprit, des prétentions, de l'exigence,
« voilà ce que j'ai trouvé chez ces dames; et, à la
« longue, cela devient fatigant.

« Je veux une petite fille, bien simple, bien
« naïve, bien jolie, bien faite, dont le babil m'a-
« muse, dont l'étourderie m'égaie, dont la ten-
« dresse m'attache.

« Une grande dame, dans ses atours, est une
« idole qu'il faut adorer de loin. Je ne craindrai

« pas de chiffonner l'étamine de ma petite, de dé-
« ranger son bonnet, et quand l'amour nous éga-
« rera l'un et l'autre, je n'aurai qu'une épingle à
« ôter, qu'un cordon à défaire.

« Les belles dames doivent beaucoup à leur
« lacet. Ma petite ne daigne pas en faire usage.
« Avec ou sans corset, son joli sein est toujours
« le même.

« On recherche une femme bien née ; on se
« presse autour d'elle. L'amour-propre est flatté
« en proportion de son rang ; mais l'amour est à
« l'amour-propre ce que tout est à zéro. Que
« m'importe à moi qu'un joli minois soit de qua-
« lité, ou non ?

« Irai-je chercher le bonheur dans ces bureaux
« d'esprit, où des bégueules rendent des oracles,
« où il faut recueillir, admirer le moindre mot
« qui leur échappe, où elles prononcent effron-
« tément sur Helvétius, Mably, Voltaire, Dide-
« rot ? Ma petite ne connaît seulement pas leurs
« noms ; mais, sans s'en douter, elle possède l'art
« de plaire.

« Qu'est l'amant d'une belle dame ? l'esclave
« de ses volontés, le martyr de ses caprices. Ma
« petite ne veut rien, n'exige rien, et permet
« tout.

« Une grande dame règle mes démarches, mes
« pensées et jusqu'à mes plaisirs. Ma petite ne
« calcule rien, et elle est toujours contente quand
« j'ai beaucoup de santé.

« Une grande dame croit m'honorer par des
« faveurs que dix autres ont obtenues avant moi.
« Ma petite est reconnaissante du bonheur que
« je lui procure, et elle m'invite ingénuement à
« lui en procurer encore. »

Roberville n'avait pas observé que les femmes en général ont des goûts, des habitudes conformes à leur éducation et à leur rang; qu'elles se font un caractère d'après les circonstances où elles sont placées; mais qu'elles sont toutes les mêmes au fond. En attendre de la reconnaissance, c'est déja prévoir le moment où on n'inspirera plus d'amour, et alors on n'obtient plus rien d'elles. Cet homme épouse sa cuisinière avec qui il vivait, mais qui a cessé de l'aimer. Elle proteste de son dévouement, de sa tendresse, en ôtant son tablier pour aller à l'église. Elle oublie, en revenant, qu'elle l'a porté, et la semaine n'est pas écoulée, qu'elle commande impérieusement à son mari et à sa servante.

Roberville a donc décidé qu'il aura une petite fille, bien jeune, bien jolie, bien neuve, qui ne verra que par ses yeux, qui n'aura d'idées que celles qu'il lui communiquera, qui le caressera, le fêtera, le respectera. Il ne sait encore où la trouver. Mais il y a dix mille petites ouvrières à Paris. On les rencontre le matin, le panier au bras, portant leur modeste dîner, et allant commencer leur journée. Dès le lendemain, il sortira en redingote ; il se tiendra sur le Pont-Neuf ; il arrêtera celle qui lui paraîtra pouvoir remplir les conditions qu'il exige. Il lui parlera, il la reverra, il parlera encore, il persuadera. En attendant, il se fait habiller, et il fait mettre ses chevaux pour aller faire l'important dans ses bureaux. *Vanitas vanitatum!*

Il monte en se balançant. Il caresse d'une main le pommeau de son épée ; il joue de l'autre avec une superbe boîte, qui a remplacé celle qu'on lui a volée à Versailles. Il *chantonne* un petit air : c'est en *chantonnant* qu'il a l'habitude de s'annoncer dans ses bureaux ; c'est à ses fredons que les plus empressés de ses commis accourent, et lui présentent leur hommage.

Il s'étonne d'être dans l'antichambre et de n'avoir vu personne. Il chante plus haut, et il est toujours seul. Il entre dans le premier bureau : à peine lève-t-on les yeux sur lui. Il s'arrête, il fronce le sourcil ; il voit sur toutes les bouches un rire sardonique, qui ajoute à son indignation. Il ouvre une seconde porte ; il la pousse avec violence. Il ne se possède plus, il va éclater... Il est frappé d'étonnement et de crainte... Merlicourt est devant lui. Les deux adversaires se regardent, se mesurent. Ils s'écraseraient si la foudre était dans leurs mains. Bientôt les deux visages se composent ; ils affectent un air serein ; ils se couvrent de ce vernis du grand monde, qui n'est que le masque des passions basses et haineuses. Merlicourt tire enfin un papier de sa poche et le présente à Roberville.

« Le roi, vu le rapport des commissaires nom-
« més pour instruire le procès de M. de Merli-
« court, convaincu que les accusations portées
« contre lui sont calomnieuses, ordonne à son
« contrôleur-général et à son ministre de la ma-
« rine de le rétablir dans ses fonctions; et dé-
« clare l'accusateur incapable d'être jamais em-
« ployé à son service directement ni indirectement.

« *Pour copie conforme*, etc. »

On reconnaît ici la suite des manœuvres de la comtesse. Les ministres, forts du rapport des commissaires, avaient facilement persuadé le roi. Merlicourt était la victime des intrigues d'un tracassier, d'autant plus dangereux qu'il savait trouver des appuis, en apparence très-recommandables. Si cependant il plaisait à sa majesté d'examiner la conduite de M. de la Galissonière, elle reconnaîtrait la justesse des observations qu'on a déjà eu l'honneur de lui soumettre. Elle démêlerait au premier coup d'œil l'ambition d'un homme qui, depuis long-temps, vise au ministère, à qui tous les moyens d'y parvenir paraissent légitimes, et qui n'a voulu renverser Merlicourt, qu'afin de pouvoir ensuite inculper le ministre. Ces déclamations étaient appuyées par les caresses, les séductions, les insinuations perfides de la favorite. Lebeau avait agi de son côté. Il avait représenté à son maître que la persécution qu'avait essuyée l'honnête Merlicourt, était l'ouvrage de madame de Roberville; qu'une femme qui ne balançait pas à compromettre ainsi son souverain dans l'opinion publique, ne l'aimait pas, et était par conséquent indigne de lui. Il ajoutait que cette femme, jolie à la vérité, n'avait aucune ressource dans l'esprit, et le roi commençait à s'en apercevoir. Pressé de toutes parts, attaqué dans tous les sens, il céda aux impulsions qu'on voulut lui donner. Ce fut au milieu d'une orgie qu'il signa l'exil du meilleur officier de notre marine, la réintégration de Merlicourt, et qu'il ordonna de renvoyer madame de Roberville.

Elle revint à Paris, accablée du coup qui la frappait, ulcérée des plaisanteries amères de Lebeau. Elle ne réfléchissait pas qu'elle avait gagné, en quatre jours, cinquante mille francs et du plaisir; que l'honneur d'avoir passé par le Parc-aux-Cerfs allait la mettre à la mode, et qu'on se disputerait la gloire de se ruiner pour elle. Ces calculs sont d'une fille, et une femme qui croit tomber du trône, qui est encore ivre de ses grandeurs et étourdie de sa chute, a besoin de vingt-quatre heures au moins pour se dépouiller tout-à-fait de son auréole, et reprendre ses premières habitudes.

La situation de Roberville était réellement déplorable. Forcé de ployer, avec les apparences du respect, sous les ordres du roi, et de s'interdire jusqu'à la plainte, il restait chargé d'un loyer énorme, et de dettes de tout genre. Il était clair que ses créanciers, instruits de sa disgrace, allaient l'attaquer dans ses biens et dans sa personne. Il ne voyait plus que huissiers, procureurs, contraintes par corps, geoliers, verroux. C'était le moment de lire le chapitre de Sénèque : *Du mépris des richesses*. Roberville, en sortant de ses bureaux, d'où on le chassait sans retour, ne pensa qu'à sauver les débris de sa fortune.

En effet, quoi de commode, et par conséquent de naturel comme une banqueroute? « Je dois, « à la bonne heure ; mais je tombe de la manière « la plus imprévue : ne suis-je pas assez à plain-« dre? faut-il encore que je me dépouille de tout « en faveur de mes créanciers? Ne m'ont-ils pas « traité en juifs? n'est-il pas juste que je les en « punisse? »

C'est d'après ce raisonnement, ou tel autre à peu près semblable, par lequel on cherche à s'arranger avec sa conscience, ce qui prouve l'hommage involontaire que l'être le plus corrompu est forcé de rendre à l'équité; c'est d'après ce raisonnement qu'on met ses meilleurs effets à couvert; on étend son passif; on restreint son actif; on se cache pendant quelques jours; on fait assembler ses créanciers; on offre quinze pour cent;

on retire ses lettres de change ; on reparaît dans une certaine aisance, et on est encore assez bien vu des hommes... ceux à qui on a fait perdre exceptés ; mais rien n'oblige à voir ceux-là.

Roberville sortait donc avec la résolution bien prise d'enlever son argent, ses bijoux, et ce qu'il y avait de plus portatif dans son mobilier. Il trouve au coin de la rue un homme assis, et pleurant sur une pierre. Il reconnaît Durocher. « Que fais-tu là ? — Vous voyez. — On t'a donc « chassé aussi ? — M. de Merlicourt m'a dit : Vous « m'avez félicité il y a huit jours d'avoir con- « gédié un ingrat ; vous avez mis votre attache- « ment pour moi au rang de vos premiers de- « voirs, et avant-hier vous avez assuré Roberville « de votre dévouement ; vous l'avez invité à por- « ter la lumière dans toutes les branches d'une « administration déprédatrice ! Loin de moi ces « hommes qui vont toujours au soleil levant ! — « Quoi, Durocher, lorsque Merlicourt m'a ôté « ma place de premier commis, tu lui as dit qu'il « avait fait un acte de justice ? — Oui, je l'ai dit. — « Et tu ne rougis pas de l'avouer ! — Pourquoi « n'en conviendrais-je point ? Je n'ai plus rien à « craindre ni à espérer de toi.

« Voilà donc les hommes, disait Roberville en « s'éloignant. Je reste seul dans ma disgrace ; je « suis délaissé par celui même que j'avais associé « à mes intrigues. Il est donc vrai que la vertu

« seule lie les hommes, et que ceux que leur in-
« térêt rapproche, ne tiennent les uns aux autres
« que par la prospérité ! »

Roberville faisait toujours les plus beaux raisonnemens du monde, quand il tombait dans le malheur. S'il eût recherché les causes de cette nouvelle infortune, il eût avoué franchement qu'il la méritait, et par les motifs qui l'avaient décidé à agir contre Merlicourt, et par l'usage qu'il avait fait d'un moment de bonheur, et par les moyens mêmes qui l'avaient préparé. En effet, complice maintenant des dérèglemens de sa femme; ne rougissant plus d'en recueillir le prix ; croyant légèrement à une nomination dont il n'a pas de titre; se conduisant comme s'il eût été installé et reconnu ; affichant un luxe révoltant, et qu'il ne pouvait soutenir qu'à force de déprédations ; négligeant ses fonctions; donnant sa confiance à un homme qu'il méprisait; renvoyant, pour l'avancer, un sujet instruit et expérimenté; voilà ce qu'il a fait en quatre jours, et il se plaint des hommes ! et il parle de vertu !

En dissimulant des bassesses, qui n'étaient pas publiques, en se résignant à une honorable indigence, en abandonnant tout à ses créanciers, il pouvait rendre encore sa chute respectable. Le monde l'eût attribuée à la versatilité d'une cour corrompue; il eût plaint la victime; il s'y fût intéressé, et l'estime générale pouvait l'aider à se relever encore. Roberville ne vit que les privations auxquelles il se soumettrait en se comportant en homme d'honneur. Il frémit à l'idée des besoins dont il serait la proie, et mettant son intérêt du moment avant les principes, qui seuls assurent un bien-être constant, il courut dépouiller ses créanciers.

CHAPITRE IV.

Toutes les banqueroutes n'enrichissent pas.

Tout fait du bruit à Paris. Une bagatelle, qui présente un côté plaisant, ou qui inspire quelque intérêt, passe de bouche en bouche, de cercle en cercle, et vingt-quatre heures après est renvoyée du salon à l'antichambre, et de l'antichambre au chansonnier du Pont-Neuf.

Une lingère, un tapissier, un bijoutier, ne savent rien de ce qu'on dit chez M. le comte, chez madame la marquise, chez le fermier-général un tel. C'est au chansonnier qu'il appartient d'instruire la classe inférieure de tout ce qui arrive d'extraordinaire. C'est lui qui a le privilége de faire rire ceux que l'événement ne touche pas; c'est lui que pouvait craindre Roberville.

Cependant, avant que sa mésaventure fût chantée, il fallait que le laquais, qui vendait un sujet *chopine* au poète de la rue Mouffetard, fût instruit des détails; que le poète se mît en verve avec du vin frélaté; que sa chanson fût faite, et, d'après l'abondance du sujet, celle-ci devait être longue. Il fallait que le censeur y eût apposé son vu; que l'imprimeur eût *tiré* pour la ville et les provinces, et que le chanteur eût appris son air. Tout cela ne se fait guère qu'en trois ou quatre jours, et il n'en faut qu'un pour déménager un hôtel, quand on a ses raisons pour ne pas perdre de temps.

Roberville, qui se décidait à la minute, et qui opérait toujours bien, comme vous le savez, forma le projet de faire porter son mobilier chez sa femme, et d'aller ensuite à Versailles essayer de tirer parti de sa faveur. Et quoi de plus facile? La maîtresse du roi n'a besoin à Paris que d'un pied à terre. Il n'y avait donc pas d'inconvénient à encombrer sept à huit pièces de l'hôtel de la marquise de Courville. Et pourquoi ne ramènerait-elle pas son amant aux sentimens de bienveillance qu'elle lui avait d'abord inspirés pour son mari?

Telles étaient les idées nouvelles dont s'occupait Roberville, en remplissant une assez vaste cassette de son argent, de ses bijoux, et de sa vaisselle. Il fait porter le précieux coffre dans sa voiture; il s'y place, tant bien que mal; et il ordonne de *toucher* chez madame.

« Ah! c'est vous, monsieur, lui dit Zulime. Je
« ne sais si ma maîtresse pourra vous recevoir.
« — Madame est à l'hôtel! — Hélas! oui. — Que
« vient-elle faire à Paris? — Des réflexions sur

« l'instabilité des choses humaines. — Comment,
« elle n'est plus rien? — Non, monsieur. Mais,
« vous-même, qu'avez-vous? Vous me paraissez
« préoccupé. — Moi, j'ai perdu ma place. — Ah!
« mon dieu! madame sera affectée de cet évène-
« ment au point de ne pouvoir vous parler. —
« Va toujours m'annoncer... Ah! descendons cette
« cassette, et mettons-la en sûreté. »

La cassette placée dans un cabinet, dont Roberville met la clef dans sa poche, Zulime monte, et rend compte à madame de ce qui se passe en bas. Madame juge à propos de s'expliquer avec monsieur, de manière à ne lui laisser aucun doute sur ses intentions. Elle le fait entrer dans son boudoir. On avait dès lors des boudoirs, appelés ainsi je ne sais pourquoi, car c'est l'endroit de sa maison où une jolie femme boude le moins.

« Mon cher ami, dit madame de Roberville,
« quand je vous ai épousé, j'étais aussi étrangère
« au monde qu'au plaisir. J'ai connu depuis l'un
« et l'autre, et je me suis conduite d'après mon
« expérience. Je vous ai quitté, parce que vous
« étiez devenu moraliste, grondeur, et par con-
« séquent ennuyeux. Je vous ai repris par une
« de ces fantaisies qui, pour être inexplicables,
« n'en sont pas moins fréquentes. Cette fantaisie
« est satisfaite, éteinte, et très-certainement elle
« ne se reproduira plus. Je me suis arrangé hier,
« pour le plaisir, avec un petit abbé, et pour

« l'intérêt avec un maréchal de France. Indépen-
« damment de cet hôtel, et de ce qu'il renferme,
« j'ai cent mille écus à moi, et monsieur le ma-
« réchal m'aidera à grossir mon capital des inté-
« rêts accumulés et du superflu de ce qu'il me
« donnera. Vous êtes ruiné, paresseux, inca-
« pable : vous voyez qu'il ne peut plus y avoir rien
« de commun entre nous. Je n'entends pas même
« que vous transformiez ma maison en magasin.
« Tout ce que je peux, c'est de garder le dépôt
« que vous venez de mettre ici, et de vous le
« rendre à votre première réquisition. N'attendez
« rien de plus, et retirez-vous, parce que mon
« petit abbé va venir déjeuner avec moi. Adieu,
« mon cher ami. »

« Suis-je assez humilié, disait Roberville en
« remontant dans son carrosse ? Maltraité par une
« femme, dont je partage l'avilissement; trop vil
« moi-même pour avoir conservé le droit de me
« plaindre, me voilà donc placé entre la misère
« et l'opprobre! » Et comme celui qui paraît redouter le plus l'opprobre craint réellement la
misère, Roberville envoie chercher un carrossier,
un maquignon, un tapissier, une lingère, dans
des quartiers opposés à ceux qu'habitent les marchands qui lui ont fourni. Il consent à vendre à
tout prix, pourvu qu'on paie comptant, et qu'on
enlève de suite. Dix marchés sont conclus; les
acquéreurs sont allés chercher des charrettes, et
le maquignon un palefrenier pour conduire les

chevaux. Les uns et les autres doivent payer au moment où ils enlèveront.

Le diable, qui, dit-on, se mêle de tout, fourra son nez crochu dans cette affaire. Sans doute il ne voulait pas servir les marchands qui avaient livré de bonne foi ; il ne voulait pas non plus empêcher les fripons, que Roberville avait mandés, de s'enfoncer de quelques pieds de plus en enfer. Que voulait-il donc ? c'est ce que je n'ai jamais pu savoir précisément, parce que je ne suis pas aussi heureux que certaines personnes, très-dignes de foi, qui l'ont vu et qui lui ont parlé.

Quoi qu'il en soit, c'est incontestablement lui qui souffla à Durocher l'idée infernale qu'il mit à exécution avec autant de promptitude que de succès.

« Combien donneriez-vous à un homme qui
« vous empêcherait de perdre dix, vingt, qua-
« rante, soixante, cent mille francs, fut-il dire
« à la lingère, au tapissier, au marchand de che-
« vaux ? Quinze louis, dit l'un ; cent pistoles, dit
« l'autre ; douze cents francs, répondit le troi-
« sième. — Mes sûretés ? — Je dépose chez un
« notaire. — Déposez et dépêchez-vous : il n'y
« a pas un moment à perdre.

« Roberville a contracté des dettes, qui mon-
« tent à quatre fois la valeur de son bien. — Est-il
« possible ! — Il est sans emploi. — Quoi ! cette
« grande place... — Il l'a perdue. — Ah ! mon

« Dieu ! — Il est impossible qu'il vous paie — « Courons, agissons, sauvons ce que nous avons « fourni. Prévenons une banqueroute... — Il est « capable de la faire. — Et de prouver qu'il n'y « a pas de sa faute. — Les banqueroutiers sont « si adroits ! — Ce sont tous des fripons, » et celui qui parlait ainsi avait manqué trois fois.

Au moment où on chargeait les premières charrettes, où on y entassait, pêle-mêle, les velours, les damas, les glaces, les dorures, on est arrêté, pétrifié par un *halte là*, que prononce un commissaire qu'avaient amené avec eux les marchands qu'on allait spolier. L'un reste un bras en l'air ; l'autre, la bouche ouverte, ne peut achever la phrase commencée. Celui-ci demeure immobile comme la statue de marbre qu'il porte sur son épaule ; celui-là laisse tomber un lustre de cristal et le met en pièces. Roberville, qui a reconnu le commissaire à sa grande robe et à sa volumineuse perruque, se sauve au grenier, et se fût réfugié sur les toits, s'il n'eût craint de se casser le cou. Désolé maintenant d'avoir fait les dispositions d'une banqueroute, qui ne lui rapportera pas un sou, et qui le rendra la fable du public, il s'occupe cependant du soin de mettre sa personne en sûreté. Il se blottit dans un grand coffre, où on mettait du bois à brûler, qui appartenait au propriétaire de la maison, et qu'on avait monté sous les tuiles, parce que, selon Roberville, ce bahut déshonorait son escalier.

Le commissaire, aidé de son clerc, grand et maigre bas-normand, au teint hâve, au dos arqué, à l'œil actif, aux doigts crochus, le commissaire commença son procès-verbal, à la suite duquel devait venir un inventaire, qui ne pouvait être terminé qu'à la douzième ou quinzième vacation. Il ne manquait, pour qu'il ne restât rien aux créanciers, qu'un procureur qui intervînt dans cette affaire : il en viendra peut-être deux.

Or, comme un procès-verbal est un acte qui rapporte peu au rédacteur, le commissaire eut soin de faire le sien aussi clair et aussi court que le lui permit sa logique, qui n'était pas celle d'Helvétius, et pour ne pas perdre son temps, il écrivit *inventaire*, en grosses lettres, en tête d'un cahier de vingt feuilles de papier marqué. A la vue de ce cahier, les créanciers pâlirent à leur tour.

Sous le titre, le clerc bas-normand grossoya, à neuf lettres par ligne, un extrait, aussi long que l'original, des titres de chacun sur les biens-fonds de Roberville, et de leurs droits, motivés sur des fournitures considérables. Vint ensuite copie des mémoires, bien et dûment arrêtés par ledit Roberville, et comme on n'*instrumentait* pas alors après le soleil couché, qu'il ne se couche au mois de juin qu'à neuf heures, et qu'il en était quatre de relevée, monsieur le commissaire jugea à propos de clore sa vacation.

Il se retira, en déclarant qu'il amènerait le lendemain des ouvriers, pour remettre les meubles en place, afin qu'on pût reconnaître la propriété de chacun. Les créanciers déclarèrent qu'ils se chargeraient volontiers de ce travail. Le commissaire leur fit observer que les parties intéressées ne pouvaient, selon je ne sais quel article de je ne sais quelle ordonnance, mettre la main à rien, à peine d'être poursuivies pour fait de *dol*. L'esprit de cette ordonnance était probablement de donner aux officiers de justice l'innocente facilité d'employer des ouvriers à trente sous, et de porter leurs journées à trois livres.

Et comme une ordonnance, plus connue, prescrit de mettre un gardien près des effets séquestrés, monsieur le commissaire jugea convenable d'en nommer un, dans cette circonstance délicate, qui eût un caractère public. En conséquence, il nomma son clerc, avec émolumens de six francs par jour, dont moitié reversible... vous vous doutez à qui.

Lorsqu'un suisse est couché et endormi, il a sa responsabilité sous son oreiller; mais le gardien d'un mobilier considérable, distribué dans vingt pièces, ne saurait être trop vigilant. Notre grand clerc avait allumé des bougies partout, parce que les gens mal-intentionnés, ne sachant où il serait, n'oseraient se présenter nulle part, et il est constant qu'on sait toujours où est un homme qui parcourt une vaste maison, la nuit, une lanterne à la main. Il n'était pas démontré du tout qu'il y eût des gens mal-intentionnés ; mais il est toujours bon de pouvoir couvrir ses marches et ses contre-marches d'un prétexte spécieux. Or, les prétendus mal-intentionnés étaient d'honnêtes voisins, que la curiosité avait tenus à leurs croisées pendant la journée précédente, et qui pourraient-être assez badauds pour vouloir connaître à quoi le grand clerc allait employer le temps.

Notre Bas-Normand, invisible derrière ses bougies, était partout, examinait tout; revenait sur ses pas, examinait encore, et, comme il avait beaucoup de facilité, il eût pu, à une heure du matin, faire l'inventaire de mémoire.

« Il est bien extraordinaire, disait-il en trem-
« pant sa croûte dans un doigt de vin, que Dieu
« ait tout donné aux uns, et rien aux autres. Ne
« serait-ce pas plutôt les hommes, qui, interver-
« tissant tout, altérant tout, ont effacé jusqu'à
« la trace de sa bienfaisance paternelle, et n'est-
« ce pas entrer dans les vues de la Providence,
« que de tâcher de ramener l'égalité primitive?
« Ma femme, par exemple, court les rues avec
« un mauvais casaquin d'indienne ; elle dîne mal,
« et ne soupe pas mieux. C'est pourtant une femme
« de mérite que ma femme, et qui serait encore
« fort bien, si, à l'aide de quelque parure, elle
« rendait une sorte de fraîcheur à des attraits,
« que quarante ans ont un peu altérés. Il y a là-
« haut des rideaux de mousseline brodée des
« Indes, qui lui feraient des robes et des mante-

« lets magnifiques. N'est-il pas affreux de pousser
« le luxe jusqu'à faire des rideaux avec de la
« mousseline des Indes, et n'est-il pas louable
« de contribuer à la répression de pareils excès?
« Ma foi, je vais rappeler un peu l'égalité de
« mon côté, en confisquant les rideaux au profit
« de ma femme.

« Faire le bien d'une compagne estimable, est
« un devoir sacré pour un mari. Mais lorsqu'il a
« rempli ses obligations, lui est-il défendu de
« s'occuper de lui? J'ai un mauvais habit noir,
« râpé partout, et recousu aux coudes, et il y a
« ici à côté une tenture de velours cramoisi, dont
« je tirerais un habit, veste, culotte, bien longs
« et bien larges, une redingote et une robe de
« chambre. Mettons la tenture avec les rideaux.

« Comme il est indispensable de régler toutes
« nos actions d'après l'exacte probité, il ne faut
« pas exposer un honnête tailleur, qui ne donne
« pas dans le luxe, mais qui vit de son aiguille,
« à perdre ses façons. Il y a au salon une tapis-
« serie de haute-lice, bordée d'un large galon et
« d'une crépine en or: je vais dégalonner la ta-
« pisserie de haute-lice... Voilà qui est fort bien.
« Mais demain, quand le tapissier cherchera et
« ne trouvera point ses rideaux, son velours et
« sa crépine... Eh bien, ces objets étaient déja
« disparus quand M. le commissaire est arrivé,
« et ce qui prouve combien les commissaires, et
« leurs clercs surtout, sont utiles, c'est qu'on n'a

« rien enlevé depuis que je suis ici. C'est cela,
« c'est cela. Cette réponse ferme nécessairement
« la bouche au tapissier.

« Le joli paquet que j'ai fait là ! Il y a là-dedans
« une petite fortune. Gloire, gloire éternelle à
« l'inventeur des inventaires !

« Voyons maintenant où je mettrai cela, car il
« n'est pas possible de hasarder d'emporter un
« paquet aussi volumineux sous le bras. Il faut
« le cacher quelque part, et ma femme, en ve-
« nant voir son mari, sortira tantôt une pièce,
« tantôt l'autre, attachée sur sa chemise, ou aux
« cordons de son jupon piqué. Où cacherai-je
« mon paquet? Eh parbleu, dans ce grand coffre
« au bois qu'on a monté au grenier, et auquel
« personne ne pensera. »

Voilà notre Bas-Normand qui prend son paquet, qui monte l'escalier sur la pointe du pied,
et qui cherche son coffre à tâtons. Il s'est bien
gardé de prendre de la lumière, car qu'eût-on
imaginé, en le voyant se promener sous les com-
bles? On n'avait pas meublé le grenier, et les
mal-intentionnés eussent pu juger défavorable-
ment le restaurateur de l'égalité.

C'est dans ce coffre que s'était caché Roberville, et il ne pouvait y rester toujours. La nécessité de sortir de cette maison se faisait plus
vivement sentir de minute en minute, et le calme
de la nuit, le silence qui régnait partout, avaient
rendu quelque courage au malheureux prisonnier.

Déja il avait levé le couvercle avec toutes les précautions d'un homme condamné à craindre désormais jusqu'à son ombre. Il sort une jambe ; il écoute, en retenant son haleine ; il passe la seconde ; il est debout. Il va chercher l'escalier, tâcher de gagner le jardin ; à la faveur des espaliers, il espère monter au haut du mur, et au risque de se casser le cou, il sautera dans la rue. Il est arrêté dans ce nouveau projet par un soufflet qu'il reçoit, il ne sait de qui, ni comment. Il jette un cri : un cri répond au sien.

Le Bas-Normand, en cherchant le coffre, alongeait un bras, et le portait circulairement de droite à gauche. La main avait rencontré la figure malencontreuse de Roberville, et la terreur était égale des deux côtés. Le paquet, échappé de dessous l'autre bras, était tombé sur le plancher avec un certain bruit. Cette circonstance éclaira Roberville. « Monsieur le voleur, dit-il en se jetant
« à genoux, vous volez en petit, et moi en grand ;
« voilà toute la différence, et entre confrères, on
« ne s'égorge pas. »

Si le Bas-Normand avait eu le temps de se remettre, il eût peut-être profité de cet aveu pour prendre le haut ton, afficher les grands principes, et se faire honneur de l'arrestation du confrère. Il répondit, encore agité par la crainte : « Hélas !
« mon cher ami, chacun vole comme il peut. »

Une petite société, qui fait la guerre à la grande, se rapproche, se serre, se soutient réciproquement, et quelquefois devient forte par le sentiment même de sa faiblesse. Les deux voleurs, après s'être fait humblement leur confession, convinrent d'agir de concert. Il était égal à Roberville que son mobilier passât dans les mains d'un Bas-Normand, ou de quelque Parisien. Le Bas-Normand était bien aise de se défaire d'un homme qui ne pouvait l'aider dans ses spéculations, et qui, par cette raison, était embarrassant. D'après cela, on arrêta que Roberville sortirait, non par-dessus le mur, parce qu'ainsi qu'il l'avait prévu, il pourrait se casser les jambes, mais par la porte ; qu'en reconnaissance de ce service, il irait éveiller la femme du confrère, la conduirait sous le mur du jardin, où elle recevrait le paquet déja fait, ce qui est bien plus court que de l'enlever par parties. D'ailleurs, le mari, débarrassé de celui-là, s'occuperait d'en faire un autre.

En conséquence, le Bas-Normand va frapper à la loge du suisse. Il lui crie que le recors qu'on a laissé avec lui est attaqué d'une colique épouvantable, et qu'il faut qu'il ouvre la porte. Le suisse, encore endormi, n'entend que la moitié de ce qu'on lui conte, et articule à demi : « La « clé est sur cette table. »

Roberville, échappé, oublie et le Bas-Normand, et sa femme, et le paquet, ce qui n'est pas loyal. Mais si le besoin rapproche certains hommes, le même sentiment les éloigne, et le besoin le plus pressant de Roberville était de mettre sa personne en sûreté, et non de rendre à la femme de *mérite une apparence de fraîcheur*, à l'aide de sa mousseline des Indes. Il se hâta de sortir de Paris.

Le Bas-Normand réfléchissait, en attendant sa femme, à ce qui venait de se passer. Si j'avais arrêté cet homme, pensait-il, j'aurais reçu des créanciers une récompense honnête, qui ne m'aurait pas empêché de garder mon paquet. J'aurais au moins joui légitimement de ce qu'on m'aurait donné, ce qui eût un peu allégé certain poids que je sens là... Bah! qu'importe, après tout, de quel genre est la jouissance, pourvu qu'on jouisse?. et puis, n'est-il pas possible que tout ce qu'il y a ici soit mangé par la justice, et alors les créanciers m'auraient-ils donné quelque chose? Ma foi, j'ai fort bien fait de laisser évader ce pauvre diable; il me rendra peut-être la pareille dans une circonstance semblable. Il est bon de tout prévoir, et si ma conscience crie, je la laisserai dire : elle finira par s'apaiser, comme celle de tant d'autres.

A la fin de ce monologue, le Bas-Normand s'aperçut que le jour commençait à poindre. Il sentit que le moment de jeter le paquet par-dessus le mur était perdu, et il fut le mettre dans le bahut. Il avait à peine baissé le couvercle, qu'il secoua les oreilles au bruit de sept à huit grands coups du marteau de la porte. Il descendit l'escalier en quatre sauts, ouvrit une fenêtre, et

demanda du ton le plus calme qu'il put prendre :
« Qui est là ? — Ouvrez, c'est l'huissier Buisson. »

« Que diable, disait le Bas-Normand, en allant
« ouvrir, M. le commissaire avait bien besoin
« d'envoyer cet huissier ! Pourquoi partager avec
« lui des produits que nous pouvions nous ré-
« server, et comment ferai-je des paquets à présent ? » Ce n'était pas le commissaire qui envoyait
Buisson.

Durocher avait touché les fonds déposés par
les créanciers. De ce moment, il n'avait plus rien
de commun avec eux, et il lui importait peu
quelle tournure prendrait leur affaire. Dans cette
circonstance, il n'y a que de l'insouciance à lui
reprocher, et ce n'est pas un crime capital. Mais
les empêcher de retirer leurs marchandises, après
s'être fait payer pour les leur faire recouvrer, est
une idée archi-diabolique, qui ne pouvait sortir
que du cerveau de Durocher. Il avait trouvé
tout simple de tirer encore vingt-cinq louis du
propriétaire de l'hôtel, et il avait été le prévenir
de se mettre en garde contre le coup qu'on lui
préparait.

Le propriétaire avait passé la soirée précédente
à conférer avec son procureur, à peu près aussi
honnête homme que ceux qui figurent dans cette
scène, et le résultat de la conférence avait été
d'expédier à Buisson l'ordre d'aller saisir, au
point du jour, tout ce qu'il y avait à l'hôtel.
Vous jugez bien qu'on se proposait encore d'*in-*

strumenter promptement, vivement et efficacement.

« Qu'y a-t-il pour votre service, monsieur l'huis-
« sier? — Monsieur, je viens saisir. — De quelle
« part? — De celle de M. Turc, procureur au Châ-
« telet, fondé de pouvoir du propriétaire de cet
« hôtel. — Vous venez trop tard, monsieur. Tout
« est saisi, et il y a inventaire commencé par
« monsieur le commissaire Mutel. — Je ne viens
« pas trop tard, monsieur, et je vous apprends
« qu'un commissaire ne peut *instrumenter* que
« chez les personnes mortes de mort violente ou
« subite. — Êtes-vous bien sûr de cela, monsieur?
« — Très-sûr, monsieur. — Nous avons cependant
« été appelés par les créanciers... — Qui n'enten-
« dent pas plus les affaires que vous. — Qu'est-ce
« à dire, monsieur? — Qu'il y a lieu ici à une
« action civile; que le Châtelet est le tribunal
« compétent, et que le commissaire Mutel n'a
« rien à voir dans tout cela; en conséquence,
« vous allez avoir la bonté de vous retirer. —
« Et nos frais, monsieur? — Ils sont faits contre
« l'esprit et la lettre de toutes les ordonnances.
« — Est-ce une raison pour que nous les per-
« dions? — Non. Je dis seulement que vous ne
« préleverez rien sur le produit de la vente des
« effets que je saisis. Mais vous pouvez tenter la
« voie d'action contre ceux qui vous ont mis en
« œuvre. Vous n'y êtes pas fondés. Cependant,
« je crois qu'ils aimeront mieux vous donner deux

« cent francs, que de manger cent écus en plai-
« doiries.

« Allons, messieurs mes recors, dispersez-vous
« dans ces différentes pièces, et ayez soin que rien
« ne soit distrait. Moi, je vais donner un coup
« d'œil par toute la maison.

« Ah, mon dieu! disait tout bas le clerc de
« Mutel, je suis ruiné, s'il trouve mon paquet!
« J'avais bien affaire de laisser échapper ce M. de
« Roberville, dont la peau m'eût valu de l'argent!
« C'est quelque chose de beau, qu'une bonne ac-
« tion qui ne rapporte rien! Une bonne action
« n'est que duperie. »

L'huissier Buisson, qui aimait mieux agir que
pérorer, courait de chambre en chambre, le nez
au vent. Il arrive sous les toits, il trouve le coffre,
il lève le couvercle, il voit le paquet, il l'entr'ouvre. « Oh, oh! dit-il, c'est sans doute ce co-
« quin de Bas-Normand qui a fourré cela ici. Vo-
« ler un voleur est pain béni, » et le paquet passe
aussitôt du coffre sous un tas de foin, qui était à
dix pas de là.

Pendant que ces deux messieurs s'occupent de
leurs affaires personnelles, le procureur Turc se
présente, très-empressé d'agir. Le commissaire
Mutel arrive presque en même temps. Il est suivi
de douze à quinze crocheteurs, et des créanciers,
qui gémissent de voir échapper de la masse douze
à quinze écus, qu'ils pouvaient et qu'ils devaient
gagner eux-mêmes.

Le commissaire et le procureur entrent en explication. Turc parle dans le sens de l'huissier Buisson. Mutel soutient qu'un commissaire doit se porter et opérer partout où il est requis. Un des créanciers, qui prévoit que son commissaire sera évincé, profite de la vivacité et de la longueur de la contestation, pour aller chercher maître Boisang, autre procureur, digne à tous égards de figurer avec son confrère Turc.

« Monsieur, dit maître Boisang à maître Turc,
« un propriétaire a droit de saisir, sans doute;
« mais jusqu'à concurrence des loyers, et je sai-
« sis, moi, afin d'assurer le surplus aux créan-
« ciers. — Maître Boisang, il existe un bail de
« trois, six, neuf, et pour assurer les loyers de
« trois ans, je saisis la totalité, parce que je ne
« sais combien ces guenilles seront vendues. —
« — Des guenilles, maître Turc, des guenilles!
« Ce mobilier paierait l'hôtel et au-delà. Je saisis le
« tout de mon côté, sauf à prélever, sur la vente,
« ce qui sera alloué au propriétaire, et je soutiens
« qu'il ne peut, lorsque le locataire est insolva-
« ble, prétendre en indemnité que la valeur d'un
« an de loyer. — Moi, je soutiens le contraire,
« maître Boisang, et je prouverai mon dire à l'au-
« dience. — A l'audience! Ah! vous voulez plai-
« der! Je fais assigner dès ce jour; demain je pré-
« sente requête, et, en attendant, je commence
« mon inventaire, entendez-vous, maître Turc? —
« Je commence aussi le mien, maître Boisang.

« Vos menaces ne me font pas peur. Ah, ah! j'en
« ai vu bien d'autres.

« Permettez, dit le commissaire Mutel, que je
« saisisse, et que j'inventorie aussi, pour sûreté
« des émolumens de ma vacation d'hier et des
« écritures faites. — Qu'est-ce que c'est, monsieur
« le commissaire, qu'est-ce que c'est? Pour une
« misérable bagatelle, vous allez multiplier les
« frais, frustrer des créanciers légitimes... — Et
« ne deviens-je pas créancier légitime aussi, moi
« qui ai été mandé? Je veux multiplier les frais,
« dites-vous? Eh! messieurs, fait-on quelque chose
« sans frais, et les procureurs ont-ils le droit exclu-
« sif d'en faire? Je saisis et j'inventorie à mes ris-
« ques et périls.

« Arrêtez, messieurs, arrêtez! s'écrie en en-
« trant maître Grugeons. C'est moi qui saisis et
« inventorie pour M. Bernard, qui a fourni trois
« services d'argent, un de vermeil, cinq bagues
« et trois boîtes d'or. Vous n'êtes pas fondé,
« réplique vivement maître Turc. Et pourquoi?
« reprend maître Grugeons. — Mon huissier n'a
« trouvé ici aucun des articles dont vous parlez.
« — Ils ont été distraits sans doute. Mais j'ai mon
« mémoire arrêté, et j'entends être admis à par-
« tager au marc la livre. — Attaquez le débiteur
« dans ses biens-fonds. Vous avez contre lui la
« voie de l'expropriation forcée. — Croyez-vous
« me l'apprendre? Mais vous l'avez aussi, et vous
« en userez, n'est-il pas vrai? — Je n'y manquerai

« point, parbleu! — Eh bien, je fais comme vous,
« je saisis partout, j'inventorie partout, j'écris, je
« plaide partout, et je prends partout... où il y a
« de quoi prendre »

Voilà donc trois procureurs et un commissaire travaillant à l'envi à la ruine du débiteur et des créanciers. Oh! c'est un joli métier que celui de procureur... pour ceux qui l'exercent.

Mais par quel hasard maître Grugeons est-il venu *occuper* pour l'orfèvre-bijoutier? Un homme adroit et intelligent n'oublie rien, et Durocher, enchanté des succès de la veille, n'avait pas dormi de la nuit. Il pensa qu'on ne monte pas aussi magnifiquement une maison, sans y mettre de la vaisselle. Occupé lui-même de l'ameublement de l'hôtel, il ignorait à quel orfèvre Roberville avait donné la préférence de l'opération d'où il voulait le tirer. Mais comme Durocher avait toujours un expédient à sa disposition, il se leva de très-bonne heure, et fut trouver les syndics de la communauté. Les syndics, alarmés sur la fortune d'un de leurs confrères, coururent chez le receveur de la marque d'or et d'argent, qui ne put leur donner aucun renseignement sur cette affaire. Ils se remirent en course, et arrivèrent chez un petit homme, qui marquait secrètement et honnêtement, avec un poinçon que lui avait fait un graveur de la monnaie, et à un tiers seulement du droit établi, la vaisselle que lui apportaient des orfèvres connus et discrets.

Le petit homme leur avoua, après s'être fait un peu prier, qu'il avait marqué, la semaine précédente, pour deux mille écus en droits, de grosse vaisselle à M. Bernard. Les syndics se remirent en route, portèrent l'alarme dans l'ame de leur confrère, et firent valoir le zèle et la probité de Durocher. Durocher ajouta qu'il était dans la misère, et que tout bon office vaut un salaire. Bernard lâcha cent pistoles à Durocher, et mit Grugeons aux trousses de Roberville.

On commençait à chanter sur le Pont-Neuf les trente-six infortunes de Roberville, parodie en vingt-trois couplets des trente-six infortunes d'Arlequin. Dans ce temps-là, bien ou mal, on parodiait tout, et il y avait autant d'esprit dans cette parodie-là que dans bien d'autres que je pourrais citer. Trois particuliers, qui avaient l'habitude de faire leurs affaires aux dépens d'autrui, entendirent la fameuse complainte, qui déja avait passé du Pont-Neuf au carrefour de Bussy : un sujet heureux fait une fortune rapide dans la capitale. Déja les auteurs de la foire taillaient leurs plumes, et se disposaient à mettre en action les couplets du poète de la rue Mouffetard. Dans ce temps-là encore, on aimait à traiter des sujets tout faits. Cette manière dispensait d'inventer, et pour peu que le créateur eût mis de dialogue dans son ouvrage, il ne restait plus qu'à copier, ce qui ne laisse pas d'être commode.

Les trois personnages, qui écoutaient la romance au carrefour de Bussy, étaient précisément ceux qui avaient prêté soixante mille livres à Roberville, et qui avaient, en raison des intérêts, réduit son revenu à neuf mille francs. Chacun d'eux, et par un mouvement spontané, courut chez son procureur, fit saisir les fermages, et donna ordre de poursuivre le remboursement du capital, en vertu de son droit d'hypothèque. Madame de Roberville, ivre d'une opulence passagère, incapable de s'occuper de l'avenir, ne pensait point à faire valoir ses droits.

Voilà maintenant sept enragés, se disputant, s'arrachant les morceaux, et qui finiront peut-être par se battre avec les os, lorsqu'il ne restera plus que cela.

Terminons, le plus succinctement que nous le pourrons, l'histoire de cette procédure, qui n'était pas sans exemple, et qui fera peut-être encore quelque heureux imitateur.

On écrivait de tous les côtés. Les procureurs, le commissaire, l'huissier, le clerc broyaient du noir, à qui mieux mieux, à l'hôtel. Les domestiques étaient renvoyés, comme bouches inutiles, et on n'avait conservé le Suisse que parce qu'il fallait empêcher les voleurs de dehors de se réunir à ceux de dedans. Or, ce Suisse était un homme d'un grand sens. Il jugea qu'on vendrait mal les chevaux, si on les laissait mourir de faim, et comme il y avait au grenier du fourrage et de l'avoine, il se chargea, peut-être par un de ces mouvemens sympathiques, qui attire tel être vers tel autre, de fournir sans frais à la subsistance de ces pauvres animaux.

En disposant les bottes dont il allait charger les cordes de la poulie, le bon Suisse trouva le paquet, qui avait d'abord appartenu au tapissier, puis à Roberville, puis au Bas-Normand, puis à l'huissier Buisson. « Ce qu'on trouve, dit le Suisse, « et qui n'est réclamé par personne, appartient à » celui qui a trouvé. » En conséquence, il délie une botte de foin, met le paquet dans le milieu, relie sa botte, la descend avec les autres à l'écurie, et comme pendant la journée personne ne réclama le paquet, et pour cause, le bon Suisse décida qu'il y avait prescription. Il chargea, à la nuit tombante, sa femme de porter le paquet chez sa commère, où il crut qu'il serait plus en sûreté que dans sa loge.

A l'entrée de la rue Montmartre, un autre honnête homme, qui passait auprès de la *Suissesse*, vit, à la lueur d'un réverbère, briller un bout de crépine, qui sortait de la serpillère, et pan, il arrache le paquet et s'enfuit. La *Suissesse* crie au voleur, et le voleur court plus vite. A quatre pas de l'égoût, il aperçoit une patrouille du guet qui venait droit à lui. Que va-t-il faire? point de rue à droite ni à gauche; la cour Mandar n'était point bâtie; aucune allée ouverte, et il faut prendre son parti. Il jette son paquet dans l'égout, et se propose de venir le reprendre plus tard. Il n'est pas au bout de la rue, qu'un orage violent éclate; la pluie tombe à flots; le paquet roule, il est entraîné par le torrent, et va se perdre dans la rivière. Tel est le sort de la plupart des choses que les hommes se disputent. On s'agite, on se tourmente, on bataille pour arriver à zéro.

Si une saisie et un inventaire suffisent pour provoquer une vente judiciaire, à plus forte raison est-elle prononcée quand les formalités sont remplies quatre fois. Un huissier-priseur-vendeur et son clerc vinrent aussi prendre leur petite part des dépouilles des créanciers. A la suite de la vente, vinrent quatre procès sur le partage. Pendant que les procès se suivaient, vinrent sept actions en expropriation forcée. Le jugement prononcé, un créancier, qui ne venait pas en *ordre utile*, provoqua une surenchère. Personne n'ayant enchéri, le créancier interjeta appel au parlement, du premier jugement. Le parlement cassa tout, recommença tout, et comme la fortune mobilière et immobilière de Roberville n'était pas inépuisable, il s'en fallut de dix mille francs qu'il y eût de quoi payer entièrement les frais. Partant, pas un sou pour les créanciers; dix mille francs au contraire à payer, par eux, au nom de qui avaient été faites les *poursuites et diligences*, et c'est depuis cette époque que lorsqu'un débiteur dépose son bilan, on se garde bien de le poursuivre, et qu'on s'arrange avec lui comme on peut, c'est-à-dire comme il veut.

CHAPITRE V.

Punition du coupable qui a conservé quelque sentiment d'honneur.

Roberville a quitté Paris, théâtre immense où brillent tour à tour les talens et l'ineptie, l'élévation et la bassesse, l'intrigant et l'honnête homme; écueil contre lequel viennent se briser l'orgueil, l'ambition, la rapacité; gouffre qui engloutit les fortunes et les hommes; où tout disparaît, après avoir ébloui un moment; où on oublie tout, hors la mode et le plaisir; où la frivolité est l'idole qu'on encense constamment; où les femmes ne paraissent dominer que pour être asservies aux usages, aux convenances, et surtout à l'amour.

Roberville marchait, en faisant de profondes et d'inutiles réflexions sur le passé. Où portera-t-il ses pas? Où cherchera-t-il un asile? Un nom qu'il ose à peine prononcer, et qui toujours se présente le premier lorsqu'il est battu par l'infortune, un nom qui rappelle la vertu aimable, l'amour du devoir, la considération qui accompagne l'homme de bien, de l'Oseraie enfin est le dieu tutélaire que Roberville invoquerait encore, s'il se croyait digne de l'approcher.

Désespérant de l'intéresser autrement que par le mensonge, il conçut le projet de le tromper, de cacher ses fautes, et de ne présenter qu'une victime du malheur, titre toujours sacré auprès de son ami. Une copie de son mémoire au roi rendrait ses intentions respectables; l'original de la lettre de M. de la Galissonière attesterait leur sincérité, et l'estime d'un tel officier était le garant de la continuation de celle de de l'Oseraie.

Il retourne sur ses pas. Fatigué d'une longue marche, il est forcé de s'arrêter... Celui qui, vingt-quatre heures avant, avait un hôtel magnifique, des meubles somptueux, un équipage élégant, des flatteurs et des valets, est trop heureux de rencontrer au point du jour un misérable cabaret où il puisse se reposer. Ainsi le roi de Syracuse, soumis à son humble fortune, était maître d'école à Corinthe.

Roberville aura-t-il cette force d'esprit qui fait tout supporter, ce courage tranquille et froid qui élève l'homme au-dessus des circonstances? L'homme vicieux ne s'occupe que des jouissances qu'il a perdues; il ne vit que pour les regretter; il n'agit que pour s'en procurer de nouvelles. Son repos, sa réputation, son honneur, tout disparaît devant l'illusion qui l'entraîne.

Roberville, dégradé, étudiait un discours bas, flatteur, mensonger, qui pût surprendre de l'Oseraie, lorsqu'un homme se présenta gaiment à la porte du cabaret. Des souliers ferrés, des guêtres de cuir, une veste d'indienne, un habit percé au coude, un chapeau d'où pendaient quelques lambeaux, tristes restes d'un bord d'argent, un mauvais violon sous le bras, et par-devant une trousse, faite d'un morceau de vieille tapisserie, et remplie de chansons, tel était l'extérieur du nouveau compagnon que la fortune offrait à Roberville.

Il entre. Il dépose son violon sur une table, et sa personne sur une escabelle. Il tire du milieu de ses chansons le grignon de pain, le morceau de fromage; il demande *chopine*. Son front serein annonce la paix du cœur, et un sourire habituel marque son contentement.

Roberville, sombre, rêveur, mangeait, en corrigeant, en polissant sa harangue, une côtelette qu'il trouvait dure, une omelette dont le beurre lui paraissait rance. Il buvait d'un vin qui lui faisait faire la grimace. La cabaretière s'était pourtant empressée de lui servir ce qu'elle avait de mieux. Le compagnon, au contraire, trouvait son pain et son fromage excellens; il savourait sa piquette, et s'il interrompait un moment son repas, c'était pour dire de ces gaillardises, un peu grivoises peut-être, mais qui prouvent l'absence du souci. Il a déjeuné, il va payer et partir. « Combien ma « chopine notre hôtesse? — Six blancs, camarade. « — C'est donné, ma foi, car il est excellent. Je « veux vous régaler aussi. Ecoutez une chanson « nouvelle, qu'on chante par tout Paris, et qui « va faire ma fortune à Etampes. — Volontiers,

« camarade; j'aime les chansons; je ne chante
« même pas mal, à ce que dit not' bourgeois, et
« si l'air n'est pas difficile... — Je vous l'appren-
« drai, notre hôtesse. J'ai là mon violon, vous
« le suivrez. Je ne regarde pas à un quart d'heure,
« quand il s'agit d'obliger une brave femme comme
« vous. — Voyons, chantons, et je paie chopine
« à mon tour. — Tope. »

Cette chanson, comme vous l'avez probablement prévu, était celle qui avait fini de donner l'éveil aux créanciers de Roberville. Il interrompit le chanteur au quatrième couplet, il paya son écot, et il sortit en se disant : « Ma honte
« est publique; je ne peux plus tromper per-
« sonne. »

Il renonce au projet de surprendre de l'Oseraie; non qu'il se repente de l'avoir formé; mais il juge l'exécution impossible. Il s'éloigne encore de Paris; il marche au hasard; il s'assied enfin sur le revers d'un fossé, plus accablé encore de regrets que de fatigue.

Une vinaigrette passe. Celui qui, naguère s'étendait dans une voiture dorée, ne dédaigne pas d'y prendre place entre une nourice et un capucin. Peu lui importait où le mènerait la brouette : le mouvement, la conversation, pouvaient l'arracher à lui-même, et c'est ce qu'il voulait.

Le capucin finissait de dire son bréviaire, et la nourrice de faire téter son enfant. Ces importantes opérations terminées, on commença à jaser. Le

capucin apprit à son compagnon de voyage qu'il allait prêcher la Saint-Vincent de Paule dans un couvent de Sœurs de la charité, où le prédicateur, lorsqu'il avait du talent, était fort bien traité, quoique la maison fût pauvre. La nourrice conta que son nourrisson appartenait à un procureur qui venait de saisir les meubles d'un coquin. « Ma bonne, dit le capucin en nazillant, les ap-
« parences sont souvent trompeuses, et la charité
« chretienne défend d'y croire; elle ordonne même
« de pardonner au coupable. — Oh! révérend
« père! il n'est pas question ici d'apparences, et
« ce Roberville est un fripon, comme vous êtes
« un saint homme. » Elle commence l'histoire dès son origine ; elle n'oublie aucune circonstance; elle en ajoute, selon l'usage. Lorsqu'elle s'arrête pour cracher, le capucin prend la parole, et dit bénignement : « Dieu amolisse l'ame du pécheur,
« et lui fasse la grace de s'amender! » La nourrice reprenait, après la pieuse exclamation, et elle n'était pas à la moitié de son récit, que Roberville se plaignit d'une colique qu'il n'avait pas, et se fit descendre sur le grand chemin.

Comment, pensait-il, le criminel peut-il échapper un instant à lui-même? Je n'ai à me reprocher que des fautes, et je ne trouve pas un moment de repos. Il marche, il avance; le marchand de chansons lui a appris qu'il est sur le chemin d'Etampes, et il aime autant aller à Etampes qu'ailleurs.

Une maison simple, mais agréable, se présente à lui. Une cour, plantée de tilleuls, tapissée d'espaliers, dont le vert gazon est coupé par de petites allées sablées, s'étend jusqu'à la grande route. Une grille, dont une couleur légère couvre le fer, toujours triste et menaçant, fait la sûreté du propriétaire, et permet à l'œil de s'égarer dans la plaine.

Roberville s'arrête devant cette grille. Une jeune femme est assise sur le gazon. Elle encourage, elle guide les premiers pas d'un enfant, qui voudrait et qui n'ose s'échapper de ses bras. Roberville ne voit pas son visage; mais il est frappé des graces de son maintien, et de ses moindres mouvemens. La douce anxiété, la tendresse attentive, portent en avant; en arrière, deux bras arrondis, sur lesquels l'enfant chéri retrouve l'équilibre, ou cherche un appui. « Ah! disait
« tout bas Roberville, qu'il est heureux, le père
« de cet enfant! il jouit de ses caresses; il trouve
« en lui un lien nouveau, qui l'unit doublement
« à sa femme. La jeune épouse trouve, dans le
« plus saint des devoirs, le plus doux des plaisirs:
« aime-t-on ainsi son enfant sans en chérir le
« père? Oh! cette jeune femme ne connaît, j'en
« suis sûr, ni mousquetaire, ni duc, ni directeur-
« général des vivres, ni roi, ni maréchal de
« France, ni petit abbé. Elle compte pour rien
« les jouissances du luxe; et que sont-elles en
« effet! L'ostentation est-elle un sentiment? Ne

« cesse-t-on pas au contraire de sentir, à mesure
« qu'on s'éloigne de la nature? Si je m'étais ma-
« rié, comme l'époux de cette jeune femme, con-
« tent dans mon intérieur, versant le bonheur
« autour de moi, je serais heureux de la félicité
« des miens; j'aurais conservé ma fortune; je ne
« serais pas fugitif, errant, déshonoré. »

Pendant qu'il fait ces réflexions, et bien d'autres peut-être, l'enfant, dans la vivacité de ses
jeux, porte les yeux sur lui et s'arrête. La jeune
mère se tourne, Roberville croit la reconnaître;
il est déjà reconnu. Un cri léger s'échappe de la
bouche la plus fraîche et la plus pure; elle prend
son enfant sur l'un de ses bras; elle court à la
grille, elle l'ouvre; elle passe au cou du malheureux le bras qu'elle a réservé à l'amitié. « C'est
« vous, mon frère, qui m'avez si long-temps ou-
« bliée! — C'est vous, Félicité, que je retrouve
« heureuse, qui êtes si digne de l'être! Ah! j'ou-
« blie auprès de vous toutes mes infortunes. —
« Vous êtes infortuné! Entrez, venez, reposez-
« vous ici. On nous avait dit cependant que vous
« étiez riche; que ma sœur vivait dans l'opulence,
« et, à Paris, c'est là ce qu'on appelle le bonheur.
« Asseyez-vous, mon cher Roberville. — Plus de
« Roberville, oubliez ce nom-là. Je l'ai pris pour
« me dérober aux railleries qu'accumulaient sur
« moi mes prétentions au fauteuil académique,
« et à leurs résultats piquans. Je reprends mon pre-
« mier nom, pour cacher la victime de malheurs

« que je me suis attirés, et de l'humiliation qui
« en est la suite. »

Une petite table est déja placée devant lui. Elle est couverte d'un linge blanc comme la neige. Le vin est versé, les morceaux sont coupés par la main hospitalière. La douce voix invite, presse Roberville. Il est préoccupé, il entend mal, il mange peu. On confie, pour un moment, l'enfant chéri à une servante intelligente et douce. On se met à table avec Robert; des mots caressans le ramènent à lui, et l'exemple provoque l'appétit.

La bonne, l'aimante Félicité était un peu curieuse. On l'est plus au village qu'ailleurs, et sa curiosité était aiguillonnée par l'interêt qu'elle portait à son beau-frère. Robert eût voulu lui cacher ce que son amour-propre craignait tant d'avouer. Mais la maudite chanson, arriverait là comme ailleurs. Il faudrait la discuter couplet par couplet, justifier certaine circonstance, et pallier telle autre : ce serait à ne pas finir. Un récit franc et court prévenait toute explication postérieure. Robert céda aux instances de sa belle-sœur.

Il comptait avec adresse. Il glissait sur un fait; il se bornait à en indiquer un autre; il cherchait enfin à concilier ce malheureux amour-propre avec la vérité. Rien n'échappait à la jeune femme. Elle pénétrait, elle entendait tout. Elle ne se permit pas une observation, elle ne proféra pas une parole; mais souvent, profondément affectée, elle levait les yeux au ciel, et semblait lui dire avec reconnaissance : Je vous remercie de m'avoir préservée de tant d'écueils.

Il était naturel que Robert désirât entendre l'histoire du mariage de Félicité. Elle fut courte, parce que les gens sages et heureux n'ont presque rien à dire. La journée qui va commencer, ressemblera à celle qui vient de s'écouler. Leur vie est un long calme.

« Vous vous rappelez, mon frère, l'instant où
« j'ai quitté Paris. Rentrée avec mon père et ma
« mère dans nos foyers de Rancy, je partageais
« mon temps entre les travaux domestiques et les
« arts, dont j'avais acquis quelque habitude, en sui-
« vant les leçons de ma sœur. Ma mère ne parais-
« sait disposée à faire, en ma faveur, aucun sacrifice,
« et, au village comme à Paris, les hommes sont
« calculateurs. Je prévis que j'étais destinée à vi-
« vre seule, et je songeai à m'assurer des ressour-
« ces. Je me perfectionnai dans les talens que je
« n'avais pour ainsi dire qu'effleurés, et je voulus
« former par la lecture mon esprit et mon cœur.
« Les premiers livres qui me tombèrent sous la
« main, m'amusèrent beaucoup; mais quand je
« voulus me rendre compte de mes lectures, je
« trouvai que j'avais employé mon temps, à peu
« près comme mon père, qui lit tous les jours
« un journal. Je consultai notre curé sur le choix
« de mes livres. Il m'en donna dont il faisait un

« cas particulier, et je m'aperçus qu'il n'y avait
« de différence de ces volumes aux autres, que
« par l'ennui que m'inspiraient les derniers. J'é-
« tais fort embarrassée, lorsque M. Moreau nous
« rendit sa première visite.

« M. Moreau est un homme de vingt-cinq ans,
« d'une figure ouverte, d'une taille bien prise,
« d'un sens droit, et d'une gaîté inaltérable. Il
« héritait, d'une tante, deux cents arpens de
« terre, dont il venait prendre possession à Rancy,
« et un ami commun l'avait recommandé à mon
« père. Chasseur déterminé, il avait pris son fusil
« pour charmer l'ennui du chemin. Un lièvre et
« quelques perdreaux, qui garnissaient sa car-
« nassière, déterminèrent ma mère à l'engager à
« dîner. Mon père ajouta à cette offre celle d'un
« lit. M. Moreau accepta franchement, et me
« regarda faire les apprêts du repas avec quelque
« intérêt. Ma mère est grondeuse, et je suis do-
« cile. Elle trouvait mal ce que je faisais; je tâchais
« de mieux faire, et je ne répondais pas. Voilà,
« dit M. Moreau, la meilleure façon de répondre.
« C'est le premier mot qu'il m'ait adressé.

« Ma mère me chargea de faire les honneurs
« du dîner, et M. Moreau me dit : La grace et
« la cordialité font le charme d'un repas, et ce-
« lui-ci me paraît excellent. Je ne répondis rien
« à M. Moreau, et je crois que je rougis.

« Après le dîner, je m'occupai des soins du

« ménage, et je perdis souvent de vue M. Moreau;
« mais il me sembla que ses yeux me cherchaient,
« et qu'il me revoyait avec plaisir.

« Lorsque j'eus rétabli l'ordre partout, je ren-
« trai, et je trouvai au milieu de la salle un pupi-
« tre dressé et ma harpe. Ma mère m'ordonna
« de commencer, et j'obéis. Lorsque j'eus fini le
« morceau, M. Moreau me dit : Vous avez deux
« talens, celui de bien exécuter et celui de ne pas
« fatiguer d'avance vos convives en instances mul-
« tipliées, et par ces réponses évasives, qu'on
« prendrait pour de la modestie, si on ne démê-
« lait le sot orgueil qui les dicte. Je fus bien aise
« que M. Moreau eût du discernement.

« Je rangeai mon pupitre et ma harpe. Je pris
« mon ouvrage et je ne parlai plus. Quand on
« ne dit rien, on observe, et je m'aperçus que
« M. Moreau était rêveur. Je ne savais trop à quoi
« attribuer sa rêverie; mais je rêvai aussi.

« Ma mère s'en aperçut, toussa, et je repris
« mon aiguille.

« Je sortis, un panier au bras, et j'allai cueillir
« des fruits pour le souper. Je chantai, en les
« cueillant, la romance que j'avais accompagnée
« de ma harpe, non qu'elle me plût davantage
« qu'une autre, mais parce qu'elle avait fait plai-
« sir à M. Moreau.

« M. Moreau était derrière moi. A la fin du
« dernier couplet, il me dit : Vous chantez mieux

« ici que dans la salle; pourquoi cela? — C'est
« parce que je me croyais seule. — On n'est jamais seule quand on a un cœur.

« Voilà le premier et le seul mot de M. Moreau
« auquel je n'ai pas répondu.

« Il engagea la conversation, et me parla d'abord d'économie rurale. Je répondis en personne
« instruite. Il me parla ensuite de moi, et je ne
« répondis plus que oui, ou non.

« Ce genre de conversation me parut pénible,
« et je le priai de m'indiquer quelques bons ouvrages. Toute lecture oiseuse, me dit-il, offre
« plus ou moins de danger. Les autres vous sont
« inutiles, parce que vous savez ce qu'une femme
« honnête doit savoir. Ne lisez plus. Je ne lirai
« plus, répondis-je.

« Voyez, reprit-il, ce jeune arbre. Il est plein
« de sève et de vigueur. Ses rameaux souples et
« verdoyans s'étendent de tous côtés. Qu'on le
« taille, qu'on le régularise, on lui ôtera son
« énergie et sa grace. J'avais promis de ne plus
« lire, cédant à l'espèce d'empire que M. Moreau
« prenait sur moi. La comparaison du jeune arbre me persuada qu'il avait raison.

« Il cueillit une pêche, l'ouvrit et m'en présenta la moitié. Elle me parut meilleure, peut-
« être parce que je la partageais avec lui.

« Nous soupâmes. Chacun se retira dans sa
« chambre, et je m'aperçus, pour la première
« fois, que j'étais seule dans la mienne.

« Je ne dormis pas, et je me levai, plus fraîche
« que la veille. Je descendis au jardin. J'y trou-
« vai M. Moreau. Il me demanda si j'avais bien
« reposé. Pour la première fois, je mentis à M. Mo-
« reau, et ce fut la dernière.

« La politesse voulait que je lui demandasse à
« mon tour comment il avait passé la nuit. Il me
« répondit qu'il n'avait pas dormi. Je n'osai lui
« en demander la cause.

« M. Moreau me dit qu'il était garçon. Je rou-
« gis, et ce fut, je crois, de plaisir. Il ajouta qu'il
« avait à Chatenai une jolie habitation, et un
« domaine assez considérable qu'il faisait valoir,
« et cela ne me fit plaisir, ni peine. Il m'avoua
« qu'il s'ennuyait d'être seul, et son ennui me
« parut naturel. Il m'assura qu'une femme telle
« que moi ferait le bonheur de sa vie. Je pensai
« qu'il ferait aussi le mien. Il sollicita mon aveu
« pour me demander à mes parens. Je ne répon-
« dis rien. Mais ma main était dans la sienne, et
« probablement je la lui serrai, je ne sais com-
« ment, car je vis la joie briller sur son visage,
« et il me quitta aussitôt.

« Une fille qui sait qu'on la demande, est tou-
« jours embarrassée. Je fus cacher mon embarras
« sous une treille. Personne ne me voyait, et je
« me sentais rouge comme une cerise.

« Je rentrai en tremblant, et ma mère me dit:
« Mademoiselle, embrassez votre époux. Je ne la
« fis pas répéter.

« De ce jour, M. Moreau ne nous quitta pres-
« que plus, et je sentis bientôt que ce n'était pas
« le désir de l'indépendance qui me déterminait
« à me marier.

« Pendant les quinze jours qui s'écoulèrent,
« M. Moreau m'inspira autant de respect que
« d'amour, et je ne conseillerai jamais à une
« jeune personne d'épouser un homme qu'elle
« ne respecte pas.

« Le notaire du village vint nous lire le contrat.
« On ne me donnait que deux mille écus. J'eus
« la faiblesse d'en paraître humiliée. M. Moreau
« me dit à l'oreille : Qu'importe qu'un diamant
« soit monté sur un peu plus ou moins d'or ? Je
« souris à M. Moreau.

« On nous maria le lendemain. Le célébrant
« me demanda si je prenais M. Moreau pour
« mon époux. — Pour mon époux, pour mon
« ami, pour mon protecteur. — Promettez-vous
« obéissance ? — Aimer, n'est-ce pas tout pro-
« mettre ? M. Moreau me sourit à son tour.

« On fit une noce; il y eut une fête : je ne vis
« que M. Moreau.

« Il me conduisit ici. Voilà votre demeure, me
« dit-il. Vous y serez libre, parfaitement libre :
« l'épouse sage n'obéit qu'à elle-même en remplis-
« sant ses devoirs.

« Depuis que je le connaissais, son maintien, ses
« manières, son ton, avaient toujours eu quel-
« que chose d'auguste et d'imposant. Il avait

« voulu, me dit-il, me connaître et me juger. Sûr
« de moi, il allait revenir à son caractère. Il y
« revint, et n'en fut que plus aimable.

« La paix, la gaîté, l'abondance et l'amour ha-
« bitent cette maison. Tous nos jours se ressem-
« blent, parce que tous nos jours sont heureux.

« Je ne croyais pas que notre commun bon-
« heur pût s'accroître encore. M. Moreau me
« dit, en recevant sa petite Cécile, que je lui
« devenais plus chère. Moi, je sens que la tenir
« de son amour, c'est être deux fois mère.

« Vous savez tout, mon frère. L'histoire de
« cette première année est aussi celle de la se-
« conde, et je crois pouvoir me flatter que ce
« sera celle de toute notre vie. »

TROISIÈME PARTIE.

CHAPITRE PREMIER.

Robert devient le confrère de l'Empereur de la Chine.

« Mon frère, voyez-vous ces peupliers, là-bas,
« au fond de cette vallée ? — Je distingue même
« ce tertre vert qu'ils semblent couronner. —
« C'est là que je vais attendre M. Moreau, quand
« il revient du marché voisin ; c'est là qu'il trouve
« son enfant, qu'il l'embrasse, qu'il le prend sur
« le devant de sa selle. Il est heureux quelques
« minutes plutôt, et moi aussi. — Vie pastorale,
« patriarchale, vraie source du bonheur, que mé-
« connaît l'homme opulent et fastueux, pour la
« seconde fois tu me séduis, tu fixes tous mes
« vœux, tu... — Voilà de grands mots, mon frère !
« ici, nous nous bornons à la chose. Allons, ve-
« nez. Nous verrons bientôt la grosse jument

« grise, et le manteau bleu, roulé sur sa croupe
« pommelée. »

Robert offrit son bras. « Je marche bien dit-
« elle, et j'aime à marcher en liberté. » Elle porte
sa petite Cécile; elle lui sourit, elle lui parle,
elle lui chante tout à la fois. Robert, étranger à
ces sensations, continue, pour faire quelque
chose, l'idylle en prose sur la vie patriarchale.
L'heureuse mère ne l'écoute pas, et il se tait,
parce que l'orateur, comme tous ceux qui cultivent les arts, veut des auditeurs, des témoins :
la nature se suffit.

Les voilà sous les peupliers; ils sont assis sur
le gazon. L'enfant recommence ses jeux, cueille
une fleur, la présente à sa mère, la reprend et
l'effeuille. La mère se prête à tout et ne voit rien.
Ses yeux sont fixés sur la route; elle cherche la
jument grise, à travers la vapeur qui semble terminer l'horizon. Robert, que tout enchante, sort
cependant de sa douce extase, pour s'occuper de
ses intérêts : on en revient toujours là. « Félicité,
« dit-il, je ne connais pas M. Moreau; mais je
« vous ai confié certaines particularités, qui pour-
« raient lui déplaire, et dont, par cette raison,
« il est inutile de lui parler. — Mon frère, taire
« quelque chose à son mari, est le premier pas
« vers la dissimulation, et une femme dissimulée
« doit aller plus loin qu'elle ne veut. Je me suis
« promis de découvrir à M. Moreau jusqu'à mes
« pensées les plus indifférentes. C'est me mettre

« dans l'heureuse nécessité de penser et d'agir en
« son absence comme s'il était présent. M. Mo-
« reau saura tout ; mais il m'aime, et il sait me
« deviner : soyez tranquille... Le voilà, le voyez-
« vous ? Il partage mon impatience ; il arrive au
« grand trot. »

Robert voit, à travers un nuage de poussière, un homme jeune et frais. Tous ses mouvemens indiquent la force, et le contentement se peint sur sa physionomie. Il sourit à sa femme, il la salue de la main ; il arrive, il saute à terre avec la légèreté de l'oiseau. Déja il tient son enfant sur un bras ; il presse de l'autre son heureuse compagne. Il s'aperçoit enfin que Robert est là. Il ne s'informe pas qui il est : sa femme ne le lui laissera pas ignorer, parce qu'elle ne voit que des gens estimables. Il accueille son hôte avec franchise et cordialité, et Robert est avec lui, comme s'il le connaissait depuis long-temps.

Il a l'habitude de remonter à cheval, et de promener sa Cécile au petit pas, en parlant à sa femme de leurs intérêts communs. Mais Robert est là, et si M. Moreau ne sait pas comment il faut faire la révérence en entrant dans un salon, il n'ignore rien en procédés, parce que le cœur les indique. Il passe la bride à son bras, et on prend à pied le chemin de la métairie.

Madame Moreau voulait parler, et elle éprouvait de l'embarras. « Tu as quelque chose à me
« confier, lui dit son mari. J'écoute. » Elle nomma

Robert, et Robert s'y attendait. Elle raconta son histoire tout entière ; il souffrit en l'écoutant. Mais quelle fut sa surprise, lorsqu'elle répéta la prière qu'il lui avait faite de taire certaines choses, et la réponse qu'il avait reçue d'elle ! Combien Robert se trouva petit, en se comparant à ces êtres sages ! Il se taisait ; il attendait avec anxiété ce qu'allait prononcer M. Moreau ; il cherchait ses pensées sur sa figure : elle était impénétrable.

« Monsieur, lui dit l'honnête homme, lorsque
« sa femme eut cessé de parler, je vous avoue
« que je ne serais pas flatté de vous voir chez
« moi. Je ne vous reproche pas des fautes et des
« imprudences ; vous en êtes puni, et ce qui ne
« blesse pas directement l'honneur est indiffé-
« rent à la société. Mais vous avez fait une bas-
« sesse, et je ne vivrai avec vous que quand vous
« l'aurez réparée. L'air qu'on respire ici est pur,
« et vous n'en êtes pas digne encore. Retirez
« cette vaisselle du lieu où vous l'avez mise ; ren-
« dez-la au légitime propriétaire. Il ne vous res-
« tera rien ; mais vous ne serez que malheureux,
« et ma femme alors s'empressera de vous avouer.

« Si vous êtes revenu de vos erreurs, si vous
« êtes décidé à vivre en paix avec vous et les
« autres, ma maison vous sera ouverte, et vous
« ne me serez pas à charge. J'ai des terres sur
« deux villages ; je ne puis suivre l'exploitation
« à Rancy et à Châtenay. Vous remplacerez un
« homme que j'ai été forcé de renvoyer ; vous

« me suppléerez ici, et je vous ferai un traite-
« ment convenable.

« Vous n'entendez pas l'agriculture ; ma femme
« guidera vos premiers essais, et vous verrez
« bientôt qu'avec du courage et de la persévé-
« rance, on fait à peu près ce qu'on veut.

« Nous voilà à ma porte. Allez, monsieur, et
« ne reparaissez ici que lorsque vos mains seront
« pures.

« Tu souffres, Félicité ! Je n'ai pas voulu t'affli-
« ger ; je ne condamne même pas ta conduite ;
« mais plus expérimenté et plus ferme que toi,
« je dois voir mieux, et marcher d'un pas plus
« égal dans la route que nous nous sommes tra-
« cée. »

Robert voit refermer la grille, et les époux
rentrent chez eux, sans tourner la tête, sans
paraître lui donner seulement une pensée. C'est
un bien honnête homme que M. Moreau, se dit-
il ; mais sa probité est un peu dure.

Que va-t-il faire ? Suivra-t-il le conseil qui lui
a été donné, ou s'exposera-t-il à de nouvelles
aventures pour conserver sa vaisselle ? « Ma foi,
« dit-il, j'ai essayé une fois d'être vertueux, et
« cela ne m'a pas réussi, parce que j'ai voulu
« porter la vertu à l'excès, et que rien d'extrême
« n'est durable. Ayons cette fois une vertu douce,
« accommodante ; bornons-nous à être aussi bon
« que notre nature le comporte, et jouissons
« enfin d'un repos constant. Quoi de cruel comme

« la guerre qu'il faut se faire à soi-même, quand
« les autres nous la font? Quoi de plus humiliant
« que de n'oser lever les yeux devant un honnête
« homme; que de se sentir accablé de l'ascendant
« de Moreau, par exemple? Allons, allons, ré-
« veille-toi, Robert; sors d'une longue léthargie;
« méprise sans retour ce que tu as estimé, re-
« cherché; sois laboureur. Il est véritablement
« grand, celui qui sait apprécier cet art utile

« .... Qui nourrit les mortels.
« Dans l'enfance du monde il obtint des autels.

« Oui, les laboureurs sont les hommes par ex-
« cellence.

« D'utiles citoyens respectable assemblage,
« Que dédaignent les cours, mais qu'estime le sage.

« Je veux me ranger parmi vous, et peut-être on
« me dira un jour:

« Le conquérant détruit, tu conserves le monde.
« Il ravage la terre et tu la rends féconde.

« Ma foi, je sais fort bon gré à Thomas d'avoir
« fait ces vers-là. Ils élèvent mon ame, et je me
« vois déja le confrère de l'empereur de la Chine,
« qui est, dit-on, le premier laboureur de ses
« états. »

Rien n'abrége la longueur du chemin, comme
un projet nouveau. On est tout entier à ses idées.
On les classe, on les mûrit, on s'en amuse, on

les caresse. On oublie le passé, le présent ; on vit dans l'avenir ; on y transporte tout son être. Sous ces rapports, il n'est personne qui n'ait été souvent homme à projets.

L'aspect des murs de Paris arracha Robert à son sillon. Il se souvint que certaines gens avaient des droits sur sa personne, et comme on ne laboure pas en prison, il jugea à propos de prendre quelques précautions, pour s'assurer les autels qu'on devait lui ériger un jour. La première fut d'attendre la nuit pour rentrer dans la capitale ; la seconde, d'envoyer un homme sûr retirer sa cassette, parce que des recors, ou autres gens de même espèce, pouvaient fort bien l'attendre devant l'hôtel d'Atys. Il ne restait qu'une difficulté à lever : c'est qu'il ne connaissait personne sur qui il pût compter. « Ah ! dit-il en soupi« rant, j'ai été entouré de flatteurs, et je n'ai pas « su me faire un ami. J'ai avalé leur encens comme « un sot. Que m'en reste-t-il aujourd'hui ? ce qui « restera un jour à ceux qui ne se doutent pas « qu'en eux on n'encense que la fortune. »

Tout cela était bien bon, bien beau, bien philosophique, mais ne remédiait à rien. Robert se frottait le front, en attendant, dans une auberge, que l'obscurité couvrît ses démarches. Il trouva enfin un moyen qui lui parut admirable, quoiqu'il fût connu de bien du monde ; mais il se croyait inventeur. Que de grands hommes qui ne seraient rien, si la bibliothèque d'Alexandrie existait encore !

Robert entre dans Paris. Il va s'établir dans un hôtel garni, à cent toises de l'hôtel d'Atys. Il écrit à madame ; il réclame son dépôt. Il demande au maître de la maison un homme sûr, et on lui amène un crocheteur, qui est le commissionnaire, le frotteur et l'homme de confiance de l'hôtel. C'est lui qui va recevoir pour les voyageurs.

Robert ne peut craindre qu'un homme à qui depuis long-temps on confie des lettres de change, disparaisse avec une cassette, dont d'ailleurs il ignore le prix, et qu'il doit présumer ne renfermer que les effets du nouveau commensal. Il n'y a donc pas d'inconvénient à l'expédier, et il l'expédie.

Durocher ressemblait à ces joueurs téméraires, qui poussent la *veine* aussi loin qu'elle peut aller. M. Bernard avait fourni de la vaisselle ; elle ne se trouvait pas à l'hôtel de Roberville ; l'acquéreur n'avait pas un ami ; il s'était rapproché un instant de sa femme ; il était vraisemblable que les services d'argent et de vermeil étaient chez madame d'Atys.

La première idée de Durocher fut de s'en assurer ; la seconde, de s'en emparer ; la troisième, de mettre les plats et les assiettes en lingots ; la quatrième, de convertir le tout en écus.

Durocher endosse l'habit noir râpé ; il se coiffe de la perruque de chiendent ; il fiche la plume derrière l'oreille ; il met quelques paperasses dans sa poche, et il va frapper à la porte de l'hôtel d'Atys. Il sait qu'il est facile d'intimider une femme qui n'entend pas les affaires, et que le mot *recéler* suffit pour lui faire ouvrir toutes les portes.

Il s'annonce *de par le Roi*. A ce nom respecté, quoiqu'alors peu respectable, le suisse tremble, Zulime sourit, et madame d'Atys est persuadée qu'un émissaire de M. Lebeau est à sa porte. Elle fait entrer Durocher.

Durocher se présente, et parle avec effronterie. Il tire de sa poche un procès-verbal des interrogations faites à M. de Roberville, et des réponses d'*icelui*. Il en résulte qu'il a soustrait sa vaisselle, et qu'elle est cachée chez sa femme. Le prétendu procès-verbal est le brouillon d'une satire contre le duc d'Aiguillon, que Durocher se propose de colporter, quand il aura mangé l'argent qu'il a escroqué.

Madame d'Atys avoue qu'elle a reçu une cassette de son mari, mais qu'elle ignore ce qu'elle renferme.

Durocher tire de sa poche une ordonnance de Louis XIII contre les recéleurs. Madame d'Atys frémit, lorsqu'elle entend qu'il ne s'agit de rien moins que du fouet, de la marque et de dix ans de réclusion. Elle ordonne à Zulime de livrer la cassette. Vous devinez que l'ordonnance de

Louis XIII était une pièce aussi authentique que le procès-verbal.

Voilà Durocher en possession de la chère cassette, et cela ne lui suffit pas : l'insatiable! il feint de prendre acte des déclarations de madame d'Atys. Il lui notifie qu'en sa qualité d'huissier exploitant, il ne peut se dispenser de la conduire au Fort-l'Evêque. Madame d'Atys pleure, et Zulime court faire son paquet, où, dans son désespoir, et par pure distraction, elle ne manquera pas de mettre les effets les plus précieux et les plus portatifs qui lui tomberont sous la main.

Durocher paraît s'attendrir. Il proteste qu'il n'a pas un cœur de pierre; qu'au contraire il aime beaucoup les femmes, qu'il a toujours saisi l'occasion de leur marquer son dévouement, et que pour peu que madame soit susceptible de reconnaissance... Madame entend ce que cela veut dire. Elle tire de son secrétaire un rouleau de cent louis. Durocher le prend avec une profonde révérence, et le coquin n'oublie pas de baiser la jolie main qui le lui présente.

Il appelle le crocheteur qu'il a amené avec lui; la cassette est chargée sur les crochets. Durocher se voit maître d'une valeur suffisante pour se dispenser de faire désormais le métier dangereux, sous plus d'un rapport, de misérable auteur satirique. Il va se retirer avec son trésor.

Avoir une jolie femme est plaisir; succéder à son maître est vanité, et cette dernière sensation n'est jouissance que par la publicité. En conséquence, monsieur le maréchal ne venait chez madame d'Atys qu'à quatre chevaux ; le bâton, peint sur tous les panneaux, indiquait son rang ; on lisait son nom sur les galons de soie dont le cocher, le postillon et quatre laquais étaient chamarrés, et les badauds, stupéfaits, le regardaient passer avec admiration, et n'auraient pas manqué de dire, s'ils n'eussent eu la bouche ouverte, qu'on est heureux d'avoir une maîtresse du roi ! Eh ! imbécille ! n'as-tu pas ta femme, qui n'a été la maîtresse de personne ? Et toi, ne vas-tu pas épouser une jeune fille, élevée par une mère sage et prudente, et qui ne connaîtra de l'amour que ce que tu pourras lui en apprendre ? Canaille, qu'on mène par les yeux, et qui se prosterne dans la boue, devant un peu de dorure !

Monsieur le maréchal paie assez cher pour être chez lui à l'hôtel d'Atys, et on ne se fait pas annoncer chez soi. Il entre, et ses quatre laquais s'arrêtent respectueusement à l'antichambre. Un laquais méprise une fille ; mais il lui marque des égards en proportion de la faiblesse du maître : Il faut vivre.

Monsieur le maréchal voit un crocheteur chargé, un homme qui change de visage à son aspect, et sa maîtresse, dont la dernière larme n'est pas encore essuyée. Il s'inquiète, il s'informe ; il apprend ce qui vient de se passer. Monsieur le maréchal n'est pas savant, mais il sait lire. Il ordonne à l'huissier prétendu de lui communiquer les papiers en vertu desquels il s'arroge des droits sur les meubles et les personnes.

Rien de plus sot qu'un coquin pris sur le fait. Celui-ci avait parlé du fouet et de la marque, et il venait de faire précisément ce qu'il fallait pour recevoir l'un et l'autre. Il tomba à genoux devant monsieur le maréchal, et lui demanda grace. Monsieur le maréchal, lui répondit qu'il était le maître de le faire pendre, ce qui n'était pas vrai ; mais les grands seigneurs ne doutent de rien.

Monsieur le maréchal ajouta qu'un général d'armée ne descend pas jusqu'aux formes judiciaires. Monsieur le maréchal oubliait qu'il avait été constamment battu, et il ne savait pas qu'il n'y a plus de gouvernement où un homme quelconque se met impunément au-dessus de la loi. En vertu de cette ignorance, Durocher reçut des quatre laquais deux cents coups de bâton, et il disait en se retirant clopin-clopant : « C'est à « douze francs par coup, et bien des gens, qui « passent pour valoir mieux que moi, en rece- « vraient volontiers à pareil prix. »

Vous comprenez que monsieur le maréchal avait dédaigné de retirer les cent louis extorqués à madame d'Atys. Mais madame d'Atys qui ne dédaignait rien, eut grand soin de se les faire rendre par monseigneur.

Durocher fut bassiner ses contusions avec de

l'eau de vie camphrée. Il alla dîner ensuite avec une fille, qui n'était inférieure à madame d'Atys que par le costume et l'ameublement. L'extérieur est tout, et vous remarquerez que tel homme, qui rougirait d'aborder une fille qui court les rues, ne balance pas à faire des courbettes devant une autre fille qui a un salon et des gens, surtout si elle est aux gages de l'homme qui nomme à l'emploi qu'il sollicite.

Comme on ne tient aux filles qu'en proportion de ce qu'on dépense pour elles, Durocher, qui n'avait dépensé que six francs, quitta sa donzelle au dessert, et entra au café du Caveau. Il y vit Jean-Jacques et Philidor; mais il n'entendait aucun des écrits du citoyen de Genève, pas même sa Nouvelle Héloïse. Il n'était pas musicien, et il ne savait pas jouer aux échecs. En conséquence, il s'éloigna de la foule qui pressait ces deux grands personnages, qui pourtant n'étaient rien au Caveau, puisque l'un n'y écrivait pas, et que l'autre n'y faisait point de musique. Il savoura son moka dans un coin, et il lui passa par la tête que M. de l'Oseraie ne faisait pas donner de coups de bâton comme un maréchal de France, et qu'il paierait comme lui si on prenait le *diapason* de son cœur. Il ne fallait pour cela qu'emprunter l'accent de la vertu, et quoi de plus facile pour un fripon ? Ces gens-là parlent probité, morale, religion comme des anges. Ils se contredisent souvent, mais qu'importe ? personne n'y prend garde. Ils font des dupes, et c'est tout ce qu'ils veulent.

Durocher se présente chez de l'Oseraie, qui, toujours accessible, le reçoit et l'écoute. Durocher prend le ton convenable. Il plaint M. de l'Oseraie de s'être attaché à un homme qui n'est pas digne de lui, qui l'a même compromis par sa conduite. Cette dernière considération le déterminera sans doute à sauver l'honneur de celui qu'il a produit, protégé, dont il a en quelque sorte répondu, et que poursuivent les lois. Il parle ensuite de M. Bernard, de ce qu'il a fourni, de sa bonne foi, de son malheur, et de la manière dont Robert a soustrait des objets qui devaient être sacrés pour lui.

De l'Oseraie n'avait entendu parler que confusément des dernières aventures de Robert. Durocher l'instruit de tous les détails. De l'Oseraie frémit, et prend avec lui-même l'engagement formel de n'avoir plus rien de particulier avec cet homme-là. Cependant, comme l'a fort bien observé Durocher, son amitié constante, son active bienveillance, malheureusement trop connues, l'exposent à des reproches. La vertu a des ennemis, d'autant plus nombreux, qu'elle est la satire en action de leur conduite. De l'Oseraie croit déja entendre la voix publique s'élever contre lui, et il se décide à tout faire pour la prévenir.

Il remercie Durocher, qui croit déja voir ouvrir le secrétaire, et qui commence l'histoire

mensongère de malheurs mérités. Sur la réputation de M. de l'Oseraie, il s'est attaché à Robert; il l'a guidé dans des opérations dont il n'avait pas d'idée ; il l'a soutenu dans l'esprit de ses subalternes, que son élévation rapide avait indisposés; il a enfin partagé sa disgrace, et il est tombé dans une honorable pauvreté. De l'Oseraie croit tout, parce qu'il est sans défiance sur des manœuvres qu'il est incapable d'imaginer. Il est touché de l'état désastreux où Durocher est tombé, et, comme il est homme, il lui sait gré intérieurement des louanges adroites qu'il lui adresse, de la respectueuse considération qu'il lui marque. Il lui promet de le faire entrer aux affaires étrangères, et de l'aider de sa bourse jusqu'à ce qu'il lui ait procuré une existence. Cette bourse allait s'ouvrir ; Durocher tendait la main, lorsqu'un particulier se présente et s'écrie :
« Que fait ici ce coquin-là ? Tu as osé approcher
« monsieur, lui parler, respirer le même air que
« lui ! Éloigne-toi, misérable ! » De l'Oseraie, étonné, attend ; Durocher reste muet et confus.

Celui qui venait de l'apostropher, était le tapissier de qui il avait tiré de l'argent, qui avait de l'humeur, beaucoup d'humeur, et qui, ne pouvant recouvrer ses fonds, voulait au moins se venger. Il n'était pas non plus très-digne d'approcher de de l'Oseraie, car il venait recevoir le prix d'un meuble qu'il avait vendu le double de sa valeur; mais il trouvait qu'il était juste que quelqu'un payât pour Robert.

Les créanciers avaient vu qu'ils ne retireraient rien des mains des huissiers, ni des procureurs. Dans leur désespoir, ils s'étaient entretenus de leurs pertes : cela console, dit-on. Ils s'étaient montré leurs mémoires, les larmes aux yeux, et chacun avait ajouté à ce que s'appropriait la justice, l'argent donné à Durocher, qui les avait joués les uns après les autres. Le tapissier établit les faits, en présence de M. de l'Oseraie, avec une telle précision, que Durocher s'éloigna à reculons, la rougeur sur le visage, et la crainte dans le cœur. Il ploya le dos, en traversant l'antichambre, où se tenaient quelques valets. Il ne se remit que lorsqu'il eût gagné la rue.

L'audace alors succéda à la frayeur. Il courut à son galetas, et comme il voulait, n'importe comment, tirer parti de de l'Oseraie, il commença contre lui une plate satire, qu'il se promit de vendre par milliers, parce qu'une satire contre un honnête homme est une curée pour la meute des fripons.

Cependant de l'Oseraie sentait la nécessité de sauver la réputation de Robert, qu'il avait en quelque façon associée à la sienne. La cassette retirée et rendue, il n'était plus que malheureux. Mais comment traiter cette affaire avec une femme qu'il ne doit, qu'il ne veut pas voir, et à qui il ne peut écrire? Un intermédiaire le remplacerait sans doute; mais qui charger de cette mission? Ne serait-ce pas dire à quelqu'un : Je vous suppose moins de délicatesse que je n'en ai, et vous paierez mes bons offices par des rapports avec une femme que je méprise complètement? De l'Oseraie était fort embarrassé.

D'un autre côté, il craignait que Robert, poursuivi, réduit à se cacher, ne vînt lui demander un asile. Peut-il le garder chez lui? Le livrera-t-il à ses créanciers? L'un et l'autre parti lui répugnent également.

Un homme estimable trouve difficilement des moyens, parce qu'il en a plus rarement besoin qu'un autre. Mais, comme un autre aussi, il imagine, quand une circonstance impérieuse l'y contraint.

De l'Oseraie alla trouver monsieur le maréchal. Il lui parla avec politesse; mais avec fermeté. Il lui représenta que la conduite qu'allait tenir madame d'Atys deviendrait infailliblement publique, et paraîtrait concertée avec lui, si elle était blâmable. Il lui rappela que les petits jugent les grands; que c'est la multitude qui forme l'opinion, et qu'on ne lui échappe jamais. Le maréchal, dont on avait déja chansonné la valeur et la tactique, craignit qu'on ne chansonnât encore sa probité: il promit de faire ce que de l'Oseraie lui conseillerait.

En conséquence, il fut convenu que la cassette

serait renvoyée le jour même à Bernard; qu'on en tirerait un reçu, et qu'on le remettrait à Robert, quand il se présenterait, avec dix mille francs, et une lettre que monsieur le maréchal reçut de M. de l'Oseraie.

Robert attendait impatiemment à son auberge le retour de son crocheteur. Il était à sa croisée, et, semblable à l'Avare de Molière, il cherchait sa cassette *gris-rouge* sur le dos de tous ceux qui lui paraissaient condamnés à mouiller le pavé de leur sueur, pour ne pas mourir de faim.

Son commissionnaire arrivait, il n'était qu'à trente pas de l'hôtel, et il ne le reconnaissait point : il n'était pas chargé de la précieuse cassette. Cet homme passe sous la croisée, une lettre à la main, un sac sur le bras, et Robert a encore les yeux fixés à l'extrémité de la rue.

Le commissionnaire entre enfin dans la chambre. Robert se tourne; il le reconnaît, il est stupéfait, et ne peut articuler que ces mots : Malheureux, où est ma cassette? Jacques pose son sac et sa lettre sur la table, et attend le prix de sa course, sans répondre à une question à laquelle il ne comprend rien, et qu'il ne cherche pas à comprendre : Jacques était Limousin.

Robert brise le cachet, court à la signature, et le cœur lui bat lorsqu'il voit le nom de son ancien ami. Il prévoit qu'il a perdu sans retour l'amitié de de l'Oseraie et sa cassette, et il trouve que c'est beaucoup perdre à la fois. Il lit:

« J'ai voulu vous conserver le seul genre d'hon-
« neur auquel vous puissiez prétendre encore,
« celui qui consiste à ne pas voler.

« Je suis décidé à ne vous voir jamais, et je
« vous défends de vous présenter à ma porte, ni
« de vous réclamer de moi à l'avenir.

« Je ne veux pas cependant vous exposer aux
« horreurs de la misère. Je vous envoie dix mille
« francs, c'est le dernier sacrifice que je puisse et
« que je veuille faire pour vous.

« Vous pouvez, avec cette somme, vous
« mettre en état de faire quelque chose. Si vous
« ne trouvez pas à vous placer selon votre goût,
« apprenez un métier, et sachez qu'il n'est pas
« d'honnête artisan qui ne soit fort au-dessus de
« vous. »

« Que j'apprenne un métier, s'écria Robert! ces
« honnêtes gens, qui n'ont besoin de rien, con-
« seillent facilement. Je voudrais bien le voir,
« avec ses trente ans, débuter chez un cordon-
« nier ou un tourneur, aller chercher de l'eau à
« la bourgeoise, écumer son pot, et faire les com-
« missions de la boutique! Il a quelquefois des
« idées étranges, mon ami Rifflard. Voyons au
« reste son sac de dix mille francs. »

La somme est bien complète, et le reçu de
M. Bernard est en bonne forme. « Allons, dit Ro-
« bert, je prends mon parti, puisque je ne peux
« faire autrement. Je retourne chez Moreau ; je
« vais revoir son aimable et aimante Félicité. Je...

« un moment donc... diable! qu'allais-je faire?
« Jacques, approche moi cette table. » Jacques
obéit, et Robert écrit à M. Bernard.

« On vous a remis votre vaisselle par mes or-
« dres; mais vous avez dû vous apercevoir d'une
« petite erreur de mon fondé de pouvoir. Il a ou-
« blié de retirer de la cassette trois cents louis,
« sur lesquels vous n'avez aucun droit, et que
« je vous prie de remettre au porteur de la pré-
« sente. »

Jacques se remet en course avec le billet.
M. Bernard le lit avec beaucoup de gravité, et
répond :

« J'ai en effet trouvé trois cents louis dans
« la cassette, et je les garde en indemnité des
« façons que vous me faites perdre. Si cela ne
« vous convient pas, attaquez-moi, nous plaide-
« rons. »

« Oh! certainement oui, nous plaiderons, s'écria
« Robert. Réclamer des façons pour de la vais-
« selle, dont je ne me suis pas servi, et qu'il a peut-
« être déja remise en vente dans sa boutique! Je
« crois, le diable m'emporte, qu'il n'y a de probe
« au monde que de l'Oseraie... et Moreau pour-
« tant. Au reste, ils n'en sont ni plus aimables,
« ni plus indulgens. »

Robert va trouver un procureur et lui explique
les faits. « Votre affaire est excellente, monsieur.
« Donnez-moi cent écus pour les frais prélimi-
« naires. — Je m'en garderai bien, monsieur. Ce

« seraient peut-être cent écus de plus que je per-
« drais. — Au contraire, monsieur, l'orfèvre vous
« les rendra avec les intérêts. — A la bonne heure,
« monsieur. Mais puisque vous trouvez mon af-
« faire excellente, vous pouvez la suivre sans vous
« faire payer d'avance. — Monsieur, c'est mon
« usage, et je m'en trouve bien. — Je pourrais
« m'en trouver fort mal, et je vous tire ma ré-
« vérence. Oh! je commence à connaître les
« hommes. »

Il va chez un autre procureur, qui a la même opinion de la cause, et qui ne demande pas d'argent. Oh, oh! pensait Robert, il y a un honnête homme dans cette nuée de procureurs; je ne l'aurais pas cru, et j'ai le bonheur de le rencontrer.

Le procureur prend le titre qui constate que Bernard a reçu trois cents louis qui ne lui appartiennent pas. Il l'enferme dans son secrétaire en répétant à Robert que son affaire est sûre, et il ajoute : « Vous n'aurez rien des sept mille deux
« cents livres, parce qu'il s'en faut de cent vingt
« mille livres que vous ayez de quoi payer vos
« dettes. Bernard n'en profitera pas non plus,
« parce que cette somme doit être rapportée à
« la masse. — Et mangée par la justice. — Peut-
« être bien. — Mais de quel droit vous emparez-
« vous d'un titre que je vous confie? — Du droit
« qu'on a de prendre son bien partout où on le
« trouve. — Et il me paraît que partout vous

« trouvez votre bien.— Pas de mauvaise plaisan-
« terie, monsieur! *J'occupe* dans cette affaire
« pour le propriétaire de l'hôtel que vous avez
« habité trois jours.— Occupez pour le diable si
« vous voulez; moi, je ne prétends pas...— Mon-
« sieur, j'ai sentence, et par corps. Voulez-vous
« que je vous fasse arrêter?— Je n'en vaux pas
« la peine en vérité. — Et voilà pourquoi vous ne
« l'êtes pas. Mais, croyez-moi, retirez-vous sans
« bruit. »

« Si ce coquin-là, disait Robert en s'en allant,
« savait que je possède dix mille francs, il me
« mettrait à la Conciergerie, pour me les faire
« rendre, et les manger avec le reste. Sortons
« promptement de cette ville, dont je suis tout-
« à-fait dégouté, et où je ne vois que des fri-
« pons... sans me compter, ou même en me
« comptant, car il faut que j'avoue que je n'ai
« pas été exempt de la contagion. Retournons à
« Châtenay, Châtenay, séjour heureux de la paix,
« du repos, de la simplicité.

> La bêche, la charrue, utiles instrumens,
> Brillent plus à mes yeux que ces fiers ornemens,
> Ces clefs d'or, ces toisons, ces mortiers, ces couronnes,
> Monumens de grandeurs semés autour des trônes.

Robert se mit en route, et revint à Châtenay, plus gai qu'il n'en était parti. Sa conscience était allégée, et quoiqu'il ne fût pas l'auteur de l'acte de probité, il jouissait du plaisir qui suit toujours une bonne action. Il se présenta devant Moreau, avec le visage ouvert qui annonce un homme content de lui. Il tira le reçu de Bernard, et il allait le présenter : « Serrez ce papier, lui dit Moreau ; « le lire, serait nous humilier tous deux. Vous « êtes chez vous. Voilà votre chambre. Reposez-« vous-y. On vous appellera quand le souper « sera prêt. Ah!... n'oubliez pas qu'on dit ici « tout ce qu'on pense. Adoptez cet usage; vous « lui devrez l'habitude de ne rien penser que « d'honnête. Je n'ai plus qu'une recommandation « à vous faire. Ne parlez jamais de votre femme. « Un sentiment pénible pour sa sœur, pour vous, « et même pour moi, se joindrait nécessairement « à son nom. Il est des choses qu'il est bon de pa-« raître avoir oubliées. »

Robert avait son sac sur le bras. Il n'avait pas pensé à en parler, et il était impossible que Moreau ne l'eût pas vu. Il decendit, et chercha le maître de la maison. « Ici, on dit tout ce qu'on « pense ; mais sans doute on n'y exige pas qu'on « parle avant d'avoir pensé. Dans le premier « moment je n'ai éprouvé que la satisfaction « d'être fixé entre les deux plus dignes créatures « que je connaisse, et j'ai oublié de vous dire « comment je suis devenu possesseur de dix « mille francs qui sont là-haut. » Il raconta ce que vous avez lu ; mais il crut convenable de ne pas parler de certaine lettre qui accompagnait le cadeau, et dont les expressions n'avaient rien de flatteur. « Nous verrons, lui répondit Moreau, à « placer cet argent d'une manière aussi sûre « qu'avantageuse. Je vais joindre mes moisson- « neurs. Choisissez de me suivre ou de rester. »

Robert resta. Il aimait beaucoup la conversation de Félicité; elle était jolie, et une bouche pure donne au moindre mot le charme de la candeur. Robert trouvait en elle les graces de la nature, embellies par la décence, la raison aimable, et l'esprit sans apprêt. Il trouvait que son ame s'agrandissait auprès d'elle. Il admirait et sa personne et ce qu'elle disait. L'enchantement s'étendit bientôt sur tous les objets qui l'entouraient. Il trouvait charmantes les mines de la petite Cécile; il était touché des soins affectueux de Jeannette; il s'arrêtait devant un arbre, une fleur, un brin d'herbe. Une chanson rustique lui paraissait fort au-dessus d'un air d'Alceste, et la cornemuse préférable au cor de Rodolphe. Il contemplait le soleil couchant; il jouissait de la fraîcheur d'une belle soirée, et il s'écriait de temps en temps : « Non, on ne connaît rien de tout cela à Paris; on « ne vit pas à Paris; à Paris, on cherche à s'étour- « dir sur son existence. Ici, tout est vie, tout est « sensation, tout est bonheur. » Robert se lançait sans cesse au milieu des chimères. Du moins, celle qu'il caresse en ce moment ne lui laissera pas de regrets.

Que devint-il, lorsqu'il entendit le bêlement

des agneaux ; lorsque la vache docile sembla solliciter la main souple de Jeannette ; que les moissonneurs entassèrent les dernières gerbes dans la grange ; que Félicité leur servit l'éclanche, flanquée de pommes de terre, et la bouteille du vin du crû ; que la gaîté naïve anima le repas champêtre, et que Moreau vint clore et achever de vivifier le tableau ? « Il me semble, s'écria-t-il, « voir Jacob et sa chère Rachel féconder la terre, « la couvrir de leurs troupeaux, et s'entourer « d'une postérité aussi nombreuse que les étoiles « du firmament. » Jacob et Rachel partirent d'un éclat de rire, qui ramena Robert du pays de Haran à Châtenay. Sa belle-sœur lui prit la main, le conduisit à la salle à manger. On se mit à table, on parla raison, on n'en soupa pas moins bien, et on fut se coucher à neuf heures, parce qu'il fallait être levé à quatre.

Robert est debout le premier. Il brûle de partager les travaux champêtres de Moreau ; il est près de lui, il attend ses instructions. « J'aime « cette belle chaleur, lui dit son beau-frère, et « je désire qu'elle se soutienne. Venez avec moi. »

Il le conduit à travers les chaumes et les terres labourées. Bientôt Robert s'arrête, pour aller prendre un soulier qu'il a laissé derrière lui. Un instant après, il s'arrête encore, pour attacher avec un cordon une semelle qui se détache de son dessus. « Monsieur, lui dit Moreau, Jacob « ne suivait pas ses ouvriers en escarpins de peau

« de chèvre. — Jacob n'en avait même pas. —
« Moi je vous conseille d'en avoir, et de solides.
« — Je m'en ferai faire demain. »

Ils passent à côté d'une haie. La grosse veste de Moreau résiste, et un pan de l'habit de Robert reste accroché aux épines. « Monsieur, Jacob ne
« portait pas d'habit de taffetas. — Ni de culottes,
« monsieur, et je n'ai pas lu qu'il se soit jamais
« écorché les cuisses. — C'est que les ronces de
« ce temps-là n'étaient pas aussi dures que celles
« de celui-ci. — Mais je le crois. Elles n'ont com-
« mencé à croître qu'après le péché d'Adam, et
« elles étaient encore jeunes et faibles. — Mon
« cher ami, laissons les patriarches, et revenons
« au dix-huitième siècle. Ayez un chapeau que
« vous ne soyez pas obligé de porter sous le
« bras, ce qui vous prive de l'usage d'une main.
« Laissez chez moi ce parasol qui ne servira qu'à
« vous rendre ridicule. Ayez une veste comme la
« mienne, de bonnes guêtres de cuir qui montent
« au-dessus du genou, et vous ne chercherez plus
« comment s'habillait Jacob, parce que vous le
« serez commodément.

« Ce que c'est que l'expérience, disait Robert !
« Si vous m'eussiez dit tout cela hier, je n'en
« aurais pas cru un mot. — Monsieur, heureux
« du moins les hommes qui, dans les grandes
« comme dans les petites choses, profitent de
« l'expérience qu'ils ont acquise ! Mais combien
« en est-il pour qui elle est perdue ? — Oh ! par-

« bleu, elle ne le sera pas pour moi, et la
« preuve, c'est que je retourne à l'instant au
« village, pour n'être pas exposé à y rentrer nu
« plus tard. »

En effet, il prend congé du beau-frère, et va prier Jeannette d'aller lui chercher les ouvriers dont il a besoin.

On lui amène le cordonnier, le tailleur, le chapelier, qui ne savent pas donner de grace, de tournure à ce qu'ils font. Mais le cordonnier fait des souliers où le pied est à l'aise, et voilà pourquoi il n'y a pas de médecin *pédicure* à Châtenay. Le tailleur fait des culottes dans lesquelles on peut se baisser, des habits qui laissent aux bras leur liberté, et qui sont cousus, au lieu d'être *bâtis*. Le chapelier fabrique de gros feutres, durs à la main, mais impénétrables à la pluie, et qui en garantissent la poitrine, le dos et les épaules. Tout cela coûte moitié moins qu'à Paris, et dure quatre fois autant. Robert en conclut qu'avec les intérêts de ses dix mille francs, et ce que lui donnera Moreau, il sera riche, vraiment riche, parce qu'il aura au-delà de ses besoins. C'est, je crois, ce que ne s'est dit encore aucun grand seigneur, aucune coquette, aucun bourgeois vaniteux.

« Ventrebleu ! que je suis bien comme cela, » disait Robert, après avoir endossé son nouveau costume ! « Quel rôle jouais-je à Paris, avec mon
« habit brodé et mes *solitaires*, que le dernier

« faquin pouvait porter comme moi ? J'éclabous-
« sais l'humble piéton, à la bonne heure; mais
« il me donnait au diable, et voilà tout ce que
« j'en obtenais. L'homme titré, dont la voiture
« croisait la mienne, ne s'informait pas seulement
« de mon nom. Il passait, en me regardant d'un
« air fier et dédaigneux, et courait à Versailles,
« s'abreuver à son tour d'humiliations et de dé-
« goûts. Ici, je suis vêtu comme M. Moreau, le
« plus gros propriétaire du lieu; je suis son pre-
« mier ministre, le petit Choiseul de Chatenay.
« Je mange à la table du maître; je suis admis à
« sa familiarité. Tout cela se sait, se dit, se ré-
« pète. Je serai considéré, obéi du villageois qui
« s'arrêtera le chapeau à la main, à l'aspect de
« l'intervalle immense qui nous sépare. Je proté-
« gerai les bons sujets, je serai le canal des graces.
« Je recommanderai les pères de famille, ceux
« surtout qui ont des filles un peu gentillettes...
« O les filles ! ô les femmes !... Mais ne pensons
« pas à cela, puisqu'ici on dit tout ce qu'on pense.
« Je ne veux pas avoir à rendre compte de cette
« pensée-là. »

Il y avait trois jours que Robert était à Châtenay, et qu'il n'y faisait rien que des monologues,
ou des contes à madame Moreau, et quelquefois
à Jeannette, lorsque la maîtresse était absente.
Jeannette paraissait naïve. Elle écoutait et ne
répondait pas, parce qu'elle ne devait rien entendre aux contes de Robert; mais elle conta à

Félicité qu'il lui chantait, en faisant l'agréable :

> Son teint bruni par le soleil,
> Est plus piquant et plus vermeil.

Félicité le répéta à son mari, et Moreau dit à sa femme : « Il est temps que cet homme-là entre « en fonctions. Au village comme à la ville, l'oi- « siveté ne mène à rien de bon. » A la fin du dîner, il tire un papier de sa poche, et dit à Ro- bert : « Voilà mes obligations et les vôtres. Je « remplirai les miennes, et je compte sur votre « exactitude. Lisez, monsieur. » Et Robert lut :

« Je loge, je chauffe, j'éclaire M. Robert. Je « lui donne ma table et huit cents francs par an, « que je lui paierai par douzièmes, de mois en « mois. »

Robert fait un signe de satisfaction, et s'incline pour marquer sa reconnaissance. « Continuez, « monsieur, » dit Moreau.

« En échange de cela, M. Robert se conformera « à l'instruction suivante :

« 1° Il sera toujours levé avant le soleil. »

« Bien, fort bien, dit Robert, rien n'amollit « comme le sommeil. »

« 2° Il distribuera aux garçons de charrue et « aux charretiers, le fourrage et l'avoine pour le « déjeuner des chevaux. »

« — Oh! le cheval! animal noble et utile, aimé « et considéré dans tous les temps. Diomède vivait

« au milieu de ses chevaux, il leur parlait; je ne
« sais pas trop même s'ils ne lui répondaient pas.
« M'y voilà, monsieur Moreau. Je poursuis. »

« 3° Il rassemblera mes ouvriers, et les con-
« duira sur le terrain.

« 4° Selon l'ordre des saisons, il suivra le la-
« bourage; il prendra les blés de semaille propres
« aux différens terrains, et il surveillera les se-
« meurs, afin que leurs enfans n'emportent pas
« la semence que ma terre doit recevoir. Il fera
« herser et sarcler en temps convenable.

« 5° Pendant la moisson, il se fera suivre par
« les chariots; il comptera les gerbes qui auront
« été liées; il les fera charger et les enverra dans
« mes granges.

« 6° Il prendra le compte de mes moutons, et
« indiquera, jour par jour, au berger le canton
« où il doit les mener paître. Il s'assurera que
« ses ordres sont exécutés.

« 7° Il sera présent à la tonte, et pèsera le soir
« les toisons enlevées dans la journée.

« 8° Dans tous les temps, il inspectera la lai-
« terie; il suivra la fabrication du beurre et du
« fromage, et ne chantera rien à Jeannette d'An-
« nette et Lubin, ni d'aucun autre opéra... »

Ici, Robert rougit jusqu'au blanc des yeux.
« Continuez, monsieur, lui dit Moreau. » Et il
continua.

« ... Parce qu'en l'écoutant, elle pourrait laisser
« tomber une jarre de lait, ou un panier d'œufs
« frais, ce qui me causerait du dommage.

« 9° Il inscrira, jour par jour, les noms des
« journaliers et des femmes qui rouissent le chan-
« vre, le broient et le filent. Il ira sans cesse d'un
« lieu à un autre, pour animer les paresseux, et
« piquer ceux qui s'absenteraient hors les heures
« d'usage.

« 10° Il tiendra un compte ouvert avec le
« charron, le bourrelier, le maréchal, qui ne
« travailleront que d'après des *bons* signés de lui.

« 11° Le mardi et le vendredi soir, il fera char-
« ger la grosse charrette, de beurre, de fromage,
« d'œufs et de volaille. Il les donnera en compte
« au maître charretier, qui ira les vendre le len-
« demain à la ville, et qui sera tenu de lui rap-
« porter la *mercuriale* du marché.

« 12° Les jeudis, M. Robert fera conduire à la
« Halle deux voitures chargées de froment, de
« seigle et d'orge. Il recevra de mon courtier le
« prix des marchandises vendues pendant la se-
« maine, et il tirera un reçu de celles qu'il lui lais-
« sera.

« 13° Le dimanche, M. Robert se reposera, et
« ne sera pas probablement tenté de chanter à
« Jeannette :

« Blancheur de lys est sur son sein.
    « Mouchoir le couvre,
        « Et ne s'entr'ouvre
    « Que pour Lubin.

« —Monsieur Moreau, ceci est trop fort. Quoi!

« pour une simple plaisanterie... — Je plaisante
« aussi, monsieur Robert, et chacun a sa manière.
« Croyez-moi, ne chantez plus. Jeannette est une
« indiscrète, qui vous exposerait à de nouvelles
« plaisanteries... A propos, si dans la règle de
« conduite que vous venez de lire, vous trouvez
« quelque chose qui vous embarrasse, vous m'en
« demanderez l'explication, et je vous répète que
« lorsque je serai à Rancy, ma femme vous gui-
« dera comme moi. »

Le soir M. Moreau rassembla tout son monde, et présentant son *factotum*, il ordonna que chacun eût à lui obéir en ce qu'il ordonnerait pour son service. Chacun salua du mieux qu'il put monsieur le *factotum*, et Robert s'écria : « C'est
« charmant, c'est charmant ! Je suis fier de mes
« fonctions, et je les remplirai avec un zèle in-
« fatigable. »

Et comme il savait qu'un chef qu'on ne connaît que par son autorité, n'est ni aimable ni aimé, il donna généreusement à ses subordonnés douze francs pour boire, que Moreau leur permit d'accepter, sans tirer à conséquence, parce que, disait-il, quand on boit le soir, le maître en souffre le lendemain.

Ah ! mademoiselle Jeannette, pensait Robert en se couchant, vous avez cru sérieusement ce que je vous ai dit et chanté, et vous avez été le redire ! Petite sotte ! je ne vous adresserai plus la parole ; mais prenez garde à vous ! je ne quitterai pas la laiterie et le poulailler, et si quelque chose va mal... Elle est pourtant bien, cette petite Jeannette; et il serait cruel de lui nuire. Brune à la vérité, mais un teint comme le duvet de la pêche. Le bras un peu fort; mais parfaitement rond. Sous le bas de laine et le juste de bure, je devine une jambe et une taille assez fines, et sous le double fichu... Allons, allons, oublions tout cela. La drôle de maison, où il faut ne penser à rien!

CHAPITRE II.

Robert sera-t-il long-temps le confrère de l'empereur de la Chine?

De peur de n'être pas assez tôt éveillé, Robert se décida à ne point dormir. Il avait résolu de ne plus parler à Jeannette, et cependant il l'avait priée de l'appeler à l'aube du jour. Mais Jeannette, soumise aux usages de la maison, avait consulté sa maîtresse, qui lui avait ordonné de mettre le verrou, de ne descendre qu'après Robert, et de lui tourner le dos, soit qu'il parlât, soit qu'il chantât.

Robert, trompé par la clarté de la lune, se lève et s'habille. Il descend à tâtons, et débute par se frapper la tête contre celle de la clé qui fermait la porte en dedans. «Ce n'est rien que cela, dit-
« il. Si ma tête eût été entre l'enclume et le mar-

« teau de Polyphème, je ne l'en eusse pas re-
« tirée avec une bosse au front. »

Il sort, il s'avance dans la cour, et il tombe dans une mare sale et infecte. « Corbleu! dit-il,
« cette cour est aussi puante que les écuries
« d'Augias! Hercule ne viendra pas la nettoyer;
« mais je serai Hercule, moi. Je ne ferai pas pas-
« ser ici le fleuve Alphée; mais demain j'y con-
« duirai la source qui arrose le jardin, et j'entraî-
« nerai ces eaux croupies et le fumier qu'elles
« recèlent dans les prairies voisines. Elles en se-
« ront moins riantes, mais elles deviendront plus
« fécondes. Encore cinq à six accidens comme
« celui-ci, et, en moins d'un an, je double le re-
« venu de Moreau. » Comme nous prenons bien les choses, quand nous sommes favorablement disposés!

Cependant le nouvel Hercule, tourmenté de l'odeur qu'exalaient ses vêtemens, fut se laver dans cette source, qui devait féconder trente arpens de prés. Il n'avait de l'eau que jusqu'à la cheville du pied, et il fut obligé de se déshabiller et de faire sa lessive, semblable, disait-il, à la fille d'Alcinoüs, qui lavait ses robes, lorsqu'Ulysse la rencontra après un de ses mille et tant de nau-frages.

Ne vous étonnez pas que Robert possède si bien son Iliade et son Odyssée. Il avait été chargé par certaine petite société littéraire, dont vous vous souvenez peut-être, de faire un rapport sur Homère, quoiqu'il ne sût pas un mot de grec, ni ses confrères non plus. Il avait lu et relu la traduction de Dacier. Il avait déclaré Homère un bavard ; mais il avait retenu ce prétendu bavardage, ce qui prouvait quelque chose en faveur du poète de Chio, et il se consolait alors, en se comparant aux héros d'Homère, de ne pouvoir plus se comparer à personne.

On était au mois d'août, et, à cette époque, on ne craint ni les rhumatismes, ni les sciatiques. Robert, au lieu d'invoquer Esculape, exprimait l'eau de ses habits, assis au bord de la fontaine, qu'il nomma pompeusement le fleuve Scamandre : il voulait agrandir les choses, pour élever sa personne.

Il se r'habille ; il se retourne vers cette cour malencontreuse ; il suit les murs des bâtimens qui la composent ; il arrive enfin à l'écurie. Il examine les chevaux. « Ils ne sont pas Etoliens, » dit-il ; « ils n'auraient pas traîné, à travers les « mourans et les morts, le char du haut duquel « Diomède blessa Vénus et Mars. Mais ils tirent « la charrue et me mettent fort au-dessus de mon « confrère l'empereur de la chine, qui ne suit « qu'une paire de bœufs.

« Ah çà... mais... où est donc le garçon qui « devrait être couché ici ? Son lit est froid... il « n'est pas même défait. Le drôle est en bonne « fortune. Il est bien heureux, lui, de n'être pas « obligé de dire ce qu'il pense. Cependant ces

« chevaux auraient pu se battre, s'estropier; cette
« lanterne pouvait mettre le feu à l'écurie. L'ab-
« sence de Pierre est un délit grave, dont je ne
« peux m'empêcher de rendre compte, moi, que
« Moreau a investi de sa confiance, et qui suis son
« représentant. C'est déja un moyen de me faire
« valoir. »

D'après ce raisonnement, Robert retourne à la maison, et il allait appeler Moreau, très-occupé, en ce moment, à donner le bonjour à Félicité, qui savait aussi se faire donner le bonsoir. Robert entend quelques mots assez significatifs, et il retourne sur ses pas, en pensant qu'il est facile à un prédicateur de prêcher l'abstinence en sortant d'une bonne table. Il marche sur la pointe du pied, et il passe devant le cabinet de Jeannette, où il s'arrête involontairement. Petite rapporteuse, se disait-il, je te donnerais bien aussi le bonjour, et tu n'en serais peut-être pas fâchée...

Il entend assez distinctement une voix qui disait : Pierre!... mon ami Pierre!... Oh, oh! pensa-t-il, tout le monde, hors moi, est occupé ici, et il me paraît que si Jeannette dit ce qu'elle pense, elle ne dit pas ce qu'elle fait : on a toujours quelque moyen innocent de s'arranger avec les autres et avec soi. Parbleu! je veux surprendre cet heureux coquin-là... Si je les faisais surprendre l'un et l'autre... Non, ce serait une cruauté, et je ménage jusqu'aux femmes qui ne m'aiment pas.

Mais amusons-nous de l'aventure ; et voilà Robert planté comme un piquet devant la porte de Jeannette.

Ce que Pierre aimait le plus après sa petite servante, c'étaient ses chevaux. Robert l'entendit reprendre ses habits et dire à voix basse : « Il est
« temps de descendre. Le nouveau venu a l'air
« de faire le capable, et il ne faut pas qu'il entre
« à l'écurie avant moi. Jeannette, viens refermer
« après moi la porte d'entrée. Attends, attends,
« se disait Robert, le nouveau venu va te parler. »

Le cabinet s'ouvre, et Pierre paraît à moitié habillé et ses sabots à la main. Jeannette le suit, et tous deux frappés de la vue d'un homme qu'ils n'attendaient pas là, reculent jusqu'à la dernière cloison, qu'ils ébranlent par la force du choc. Robert entre et referme la porte, « Ah ! monsieur
« le drôle, dit-il à demi-voix aussi, c'est donc ici
« que vous faites votre service ! — Mon bon mon-
« sieur, ne me perdez pas ! J'avoue que je vois
« Jeannette, mais c'est pour le mariage. — Et tu
« l'épouses, coquin, en attendant la cérémonie !
« — Mon bon monsieur, c'est seulement pour
« savoir ce que c'est. — Si tu remets les pieds ici...
« — Jamais, mon bon monsieur, je vous le jure.
« Mais promettez-moi... — De me taire, n'est-il
« pas vrai ? Cela dépendra de ta conduite. Marche
« à l'écurie, et relève la litière. Je suis à toi dans
« un moment. » Pierre s'éloigna sans dire un

mot, et sans la moindre inquiétude : il était sûr de Jeannette !

Jeannette pleurait. « Ah ! mademoiselle, lui dit « Robert, vous trouvez mauvais qu'on vous re-« garde, qu'on vous chante un couplet; vous « allez le dire à votre maîtresse, et... — Monsieur « Robert, on dit une chose... — Pour en cacher « une autre, n'est-ce pas?—Faut-il qu'une pauvre « fille sèche à côté de ses maîtres, toujours heu-« reux, pour ainsi dire, devant elle? Croyez-vous « que cela ne donne pas des idées! — Je le crois, « parbleu! et j'en ai moi-même de très-heureuses « en ce moment... Jeannette? — Monsieur ?... » Jeannette était assise sur son lit; elle était en chemise; la pauvre petite pouvait elle se défendre? Et puis, il fallait reconnaître de quelque façon la discrétion de Robert, et le prix qu'il exigeait de la sienne n'avait rien de fort effrayant. Jeannette se laissa persuader de gagner cent pour cent.

En fille prudente, elle représenta à monsieur le factotum que M. Moreau pouvait le surprendre, comme lui avait surpris Gros-Pierre. Robert trouva la réflexion très-sensée, et il courut à l'écurie, où il adressa au valet de charrue un discours plein d'onction et de morale. Il peignit Jeannette repentante, et revenue des plaisirs illicites. Pierre jura de nouveau de ne l'approcher de sa vie, et il se promit bien de ne pas manquer la première occasion. Voilà les hommes; ils passent leur vie à se tromper mutuellement, et ils trouvent mauvais qu'on doute de leur loyauté et de leur franchise.

Robert revint promptement aux sentimens d'élévation qu'il croyait lui être propres, ou plutôt à ceux que lui soufflait sa vanité. Une servante, se disait-il, une laitière, dont je partage les faveurs avec un valet d'écurie! Quelle bassesse!... Que faire cependant? Madame Moreau est sage; elle le sera... tant qu'elle aimera son mari. Cette servante est jolie, elle est fraîche; Pierre ne l'approchera plus, et, ma foi, à la campagne, on prend ce qu'on trouve. Et puis, Agamemnon ne prit-il pas une esclave des bras d'Achille? et serai-je plus difficile que le roi des rois? Il est vrai que Pierre n'est pas Achille, et tant mieux : je ne me soucierais pas de disputer ma belle, le casque en tête et le sabre au poing. Allons, allons, tout est bien pour qui sait se prêter aux circonstances.

« Pierre?—Monsieur?—Le coup d'étrille aux che-
« vaux. —Oui, monsieur,—Tu t'arrêteras quand
« ils en auront assez.—Oui, monsieur.—Tu leur
« donneras à déjeuner.—Oui, monsieur.—Tu sais
« ce qu'il leur faut? — Oui, monsieur. —A la
« bonne heure, car pour moi je n'en sais rien.
« —Je vous l'apprendrai, et en deux jours vous
« en saurez autant que moi. Mais *motus*. — Sois
« tranquille ; mais plus de Jeannette. — C'est
« convenu. »

Moreau parut en ce moment. Tout était en ordre dans l'écurie, les chevaux mangeaient l'avoine, et déja Gros-Pierre leur mettait le harnois sur le dos. « Bien, monsieur Robert, bien, dit
« Moreau. Vous auriez pu être embarrassé en
« commençant. Mais vous justifiez ce que je vous
« disais, il y a quelques jours, qu'avec de la bonne
« volonté et de l'intelligence, on fait ce qu'on
« veut. »

Semblable à tant de chefs, qui recueillent le prix des travaux de leurs subordonnés, Robert se garda bien de parler des documens qu'il avait reçus de Gros-Pierre. Content de lui, de Moreau, de Jeannette, de tout le monde, il s'éleva de nouveau à la hauteur d'Homère. Il allait conduire Triptolème aux champs, et lui voir ouvrir son premier sillon. Il irait ensuite visiter Apollon gardant les troupeaux d'Admète, et il reviendrait mettre à l'ouvrage Arachné et les filles de Minée. Aux heures du déjeuner, du dîner, du goûter, il rassemblerait les ouvriers, qui, moyennant une faible rétribution, feraient passer le fleuve Scamandre par la cour, et le conduiraient majestueusement à travers la prairie. Il convenait qu'ils ne mangeraient pas de la journée; mais il est démontré qu'on peut vivre trois jours sans rien prendre.

« Un moment, dit Moreau. Triptolème que
« vous allez conduire à la charrue, est sans doute
« Gros-Pierre, à qui vous faites l'honneur de le

« comparer à l'inventeur de l'agriculture, bien
« qu'il n'ait jamais rien inventé ; mon berger est
« Apollon, et je suis le roi Admète ; c'est bien
« flatteur, en vérité. Arachné et les filles de Mi-
« née sont mes fileuses, c'est fort bien. Mais où
« trouvez-vous ici le fleuve Scamandre, en l'hon-
« neur duquel vous voulez mettre mes ouvriers
« à la diète ? »

Robert raconta son aventure de la mare, et
ses grands projets sur la petite source du jardin.
« Gardez-vous bien de faire cela, dit Moreau. Ce
« fumier, qui vous déplaît dans ma cour, nourrit
« ma volaille, et l'eau de la mare contribue à le
« confectionner. Mon cher ami, les projets nou-
« veaux me rappellent ce fou qui, pour rendre
« sa maison plus commode, la fit abattre, et
« manqua de fonds avant qu'elle fût à moitié re-
« bâtie. Je me trouve assez bien de ma méthode :
« ayez la bonté de vous y conformer.

« D'après vos dispositions aux améliorations
« et aux changemens, je crois devoir vous re-
« commander de ne lire aucun ouvrage qui traite
« de l'agriculture. Ces livres-là sont bons pour
« l'auteur qui les fait, pour le libraire qui les
« débite, et pour le riche oisif, qui use son loisir
« et son argent en essais, qui flattent d'abord
« son amour-propre, et dont l'unique résultat est
« de faire vivre quelques prétendus savans et
« quelques ouvriers. »

« Cet homme-là ne fera jamais rien, disait Ro-

« bert en suivant Triptolème. Pas d'industrie, pas
« d'ambition, et par conséquent point de grandes
« vues. Il ne laisse rien à faire à mon émulation.
« Il veut que je devienne machine, comme les
« automates qu'il me donne à gouverner. Ma foi,
« qu'il s'arrange. Après tout, si j'acquiers moins
« de gloire, j'aurai aussi moins à faire, et voilà
« déja un dédommagement. »

Robert tira sa note de sa poche, et se conforma à ce qu'elle lui prescrivait. Il fut surtout très-exact à la laiterie, et à s'assurer que Gros-Pierre ne quittât point le manche de sa charrue. Gros-Pierre enrageait d'avoir sans cesse Robert sur ses talons. Jeannette, toujours prude à sa manière, ne répondait rien à ses agaceries, et lui tournait le dos, ou lui donnait une tape sur la main, selon l'exigence du cas. Robert enrageait à son tour. Il ne concevait rien à cette conduite, après ce qui s'était passé entre eux. Il était vif, pétulant, et les tapes se multiplièrent tellement, qu'elles résonnèrent enfin à l'oreille de madame Moreau, qui allait et venait, et donnait son coup d'œil partout. « Jeannette, ma fille, je loue votre
« conduite, continuez à suivre le chemin de la
« sagesse, et quelque bon établissement sera un
« jour votre récompense. Mon frère, laissez cette
« jeune fille, je vous en prie. Son innocence est
« toute sa fortune, et vous devez savoir que
« c'est une fleur que le moindre souffle flétrit. »

« Elle est bonne, madame Moreau, disait Ro-

« bert, avec son innocence et sa fleur! Mon dieu,
« qu'il est facile de tromper d'honnêtes gens!
« Elle est adroite, cette petite Jeannette. Avec
« quelle hypocrisie elle joue son rôle! Il n'y a
« pas de dévote à Saint-Sulpice qui se masque
« mieux qu'elle. La ruse est donc innée dans le
« sexe avec le besoin d'aimer. Il faut que j'ap-
« prenne à ruser aussi, moi. Mes affaires avec
« Jeannette n'en iront pas plus mal. »

Il ne lui adressa plus la parole du reste de la journée; mais il s'attacha à Gros-Pierre. Il avait toujours quelque chose de nouveau à lui dire. Il était présent à tous ses repas, sous le prétexte, pour les ouvriers, de s'assurer qu'il ne leur manquât rien, et pour Moreau, qu'ils ne fussent pas trop long-temps à table. Gros-Pierre le donnait au diable, et Robert y envoyait madame Moreau, dont la vigilance le réduisait aux conversations de nuit.

Les ouvriers avaient soupé. Les maîtres allaient souper à leur tour, et Gros-Pierre comptait bien trouver un moment pour se dédommager de la contrainte de la journée. L'Amour, caché sous un sarrau de toile, ne parle pas comme l'Amour en habit brodé; mais il est aussi adroit, et au lieu de se glisser au boudoir, il s'introduit à la cuisine.

Robert, qui ne manquait pas non plus d'a-
dresse, prévit ce qui pouvait arriver. Il passa à l'écurie, et trouva Gros-Pierre à la porte. « Que

« fais-tu là ? — Je fume. — Va fumer au fond de
« l'écurie. — J'y mettrais le feu. — Ne fume pas
« du tout. — Je ne peux m'en passer. — Tu rai-
« sonnes, je crois ! — Quand ma journée est
« faite, j'ai mon franc-parler. — Fort bien ; mais
« pour être levé demain à l'heure convenable, il
« est temps que tu te couches, et tu te couche-
« ras. » Robert prend la pipe, la jette dans la
mare, pousse Gros-Pierre dans l'écurie, ferme
la porte et met le verrou. « Au moins, dit-il, me
« voilà débarrassé de celui-là. »

Il va se mettre à table. Il rend compte à Moreau des opérations de la journée, et lorsqu'il eut
cessé de parler, Moreau lui demanda s'il n'avait
rien à ajouter. Robert répondit que non. Moreau
prit la parole et prouva que l'homme qui dissimule
n'a pas la conscience pure ; que des plaisanteries,
en apparence innocentes, finissent par devenir
dangereuses ; qu'un être raisonnable, qui se laisse
subjuguer par ses passions, se dégrade aux yeux
des autres et aux siens propres ; que violer les
lois de l'hospitalité, est manquer à l'honneur, et
que séduire l'innocence est un crime. Robert
comprit fort bien qu'il était encore question de
Jeannette, et que madame Moreau parlerait tant
qu'elle aurait quelque chose à dire. Il ne répondit
rien ; mais il rit intérieurement de lieux communs
que tout le monde connaît, que tout le monde a
dans la bouche, et que personne ne pratique,
parce qu'ils n'accommodent personne. Moreau

lui-même, pensait-il, n'a-t-il pas été subjugué par le minois de Félicité, et si sa raison eût conservé quelque empire, n'eût-il pas épousé cent mille francs au lieu de deux mille écus? Je ne peux pas me marier, moi, je m'amuse : quoi de plus naturel?

On monte, chacun se retire. Jeannette fait résonner son verrou, gardien de cette précieuse innocence que ses maîtres défendent envers et contre tous. Attendons, disait Robert, que mes moralistes reposent : ils ne me pardonneraient pas de prendre le nécessaire, eux qui s'endorment au sein du superflu.

Il laisse sonner dix heures et demie, onze heures. Il entr'ouvre sa porte, il sort la tête, il prête une oreille attentive ; le plus profond silence règne autour de lui. Il avance un pied, il écoute encore; il passe dans le corridor, en retenant son haleine ; il craint de toucher le parquet.

Mademoiselle Jeannette, qui avait mis son verrou bien fort, l'avait retiré bien doucement. Elle se doutait que M. Robert n'avait pas envie de dormir, et elle ignorait que Gros-Pierre fût en prison. De toute manière, elle comptait sur une nuit agréable.

Robert trouve la porte entr'ouverte, il entre ; il remet ce verrou, maintenant protecteur des plaisirs. « Qui est là? » dit à voix basse Jeannette, qui savait bien qu'elle n'avait pas ouvert la porte d'en-bas à l'autre. « — C'est moi, ma petite. —

« Comment, c'est vous, monsieur ! et vous savez
« que je suis promise à Gros-Pierre ! — Tu l'as
« oublié ce matin. — Ce matin, il a fallu acheter
« votre silence. — Ce matin tu as cédé à ta re-
« connaissance; tu vas maintenant acquérir des
« droits à la mienne. — Mais, finissez donc,
« monsieur... Laissez-moi, vous dis-je... Com-
« ment voulez-vous maintenant que j'épouse cet
« homme-là ? — Comme tant d'autres, qui ne
« rendent pas compte du passé, et qui se tairont
« sur l'avenir. »

Jeannette ne tarda pas à oublier Gros-Pierre, et à jeter le masque qu'elle portait pendant la journée. Elle se livra à toute la vivacité de ses sensations ; elle était à tout, et cependant elle trouva un moment pour tracer à son nouvel amant un plan de conduite propre à cacher leurs amours et à tromper Gros-Pierre comme les autres. Robert ne concevait pas la différence de Jeannette à la cuisine, et de Jeannette au lit. Il ne put s'empêcher d'en marquer son étonnement. « Quelles femmes avez-vous donc connues, mon-
« sieur, si vous ne savez pas encore qu'il faut
« sacrifier quelque chose pour conserver l'essen-
« tiel ? D'ailleurs, la probité m'ordonne de me
« conduire ainsi. — Où diable fais-tu intervenir
« la probité ? — Oui, monsieur, la probité ; je
« vous le répète. Mes journées sont à mes maîtres,
« et je n'en dois pas perdre un moment ; mais
« mes nuits sont à moi, et qu'importe que je

« les passe à dormir ou à faire autre chose? — « Il n'est pas possible de raisonner plus juste. »

De raisonnemens en plaisirs, et de plaisirs en raisonnemens, les heures s'écoulaient avec rapidité, et déja la prévoyante Jeannette faisait observer à Robert qu'il était temps de penser à la retraite, lorsqu'ils entendirent frapper doucement à la croisée. Ils se levèrent sur leur séant, mus comme par un même ressort ; ils se regardaient, nez à nez, d'un air qui voulait dire : Qu'est-ce que cela signifie?

Le coup léger se répète, et la frayeur succède à l'étonnement. Jeannette prend Robert par la tête, la lui remet sur l'oreiller, lui couvre le nez du drap, se lève bravement et va ouvrir sa fenêtre : c'était Gros-Pierre, qui lançait des pois dans les vitres, pour avertir qu'il était là, et que sa belle eût à l'introduire. Il restait à Jeannette deux heures encore, dont elle pouvait disposer sans nuire aux intérêts de ses maîtres ; mais Robert n'était pas sourd, et il était défiant. Jeannette parla avec onction et de sa faiblesse, et de la promesse qu'elle avait faite de rentrer dans le sentier de la vertu. Ces belles choses-là ne persuadaient pas Gros-Pierre ; mais il n'avait pas d'échelle; Jeannette refusait de lui ouvrir la porte d'en-bas, et il fallut qu'il retournât à l'écurie, non sans jurer énergiquement, ce qui ne remédie à rien, mais qui soulage, dit-on.

Robert quitta sa tendre Jeannette, enchanté

de la conduite qu'elle venait de tenir, et se promettant bien de se dédommager la nuit de l'uniformité des jours, qui commençait à lui paraître sensible. Une seule chose l'embarrassait : c'était de trouver le moyen d'enfermer Gros-Pierre de façon à l'empêcher de venir désormais effrayer les amours, et, pour cela, il fallait savoir comment il était sorti de l'écurie. Le lui demander, c'était faire connaître qu'il avait tout entendu, et par conséquent qu'il était d'intelligence avec Jeannette. Il n'y avait qu'un parti à prendre : c'était d'examiner les localités, de tâcher de deviner, et c'est ce que fit Robert.

Il lui parut constant que M. Pierre était monté sur son lit, qu'il s'était glissé, de là, à travers les ouvertures d'un plancher à claires-voies, et qu'il était descendu dans la cour par la lucarne du grenier à foin.

Pendant le déjeuner, Robert fit observer à Moreau divers inconvéniens résultans de ce que le volet de cette lucarne ne fermait pas. Le fourrage mouillé en temps de pluie, et l'humidité, gagnant de proche en proche ; la poussière portée par le vent et s'attachant aux parties humides ; la facilité qu'avaient les valets de garnir les rateliers, sans discrétion ni mesure, lui paraissaient autant de choses auxquelles il était important de remédier. D'ailleurs, il était convenable qu'il eût la clé des objets dont il répondait.

Moreau regarda sa femme d'un air de satisfaction ; il serra la main de Robert d'une manière tout-à-fait expressive, et il l'autorisa à aller chercher le maréchal. Pendant que Gros-Pierre creusait des sillons, en composant pour Jeannette un billet doux, bien pressant, qu'il devait faire écrire par le maître d'école du lieu, un cadenas passé dans un bon moraillon répondit à Robert de la continence de son rival, et de la fidélité de sa belle.

Les yeux cherchent assez naturellement les objets qui occupent l'imagination. Ceux de Gros-Pierre, rentrant pour dîner, lui et ses chevaux, se portèrent vers cette lucarne, d'où il était si lestement et si inutilement descendu. « Oh, oh! « dit-il, c'chien d'homme-là pense à tout, pré- « voit tout. Il faut être plus fin que li. »

C'était la veille du jour où, pour la première fois, Robert devait aller à la Halle. Il n'avait pas manqué de désigner Gros-Pierre pour mener une des charrettes ; mais Gros-Pierre avait décidé qu'il n'irait pas à Paris, et qu'il profiterait de l'absence de son incommode surveillant. Il avait toujours ouï dire qu'une gousse d'ail fourrée en un certain endroit, donnait la fièvre à qui voulait l'avoir. Il en fourra deux, bien persuadé que le chirurgien du village n'irait pas chercher là son pouls, et que la feinte ne serait pas découverte.

O fortune, ô bonheur! déjà il sent les avant-coureurs du frisson. Le voilà certain de rester à

Châtenay. C'est beaucoup ; mais cela ne suffit pas. Il faut que Robert passe la nuit à Paris : comment l'y contraindre? « Eh parbleu ! » dit Gros-Pierre, « rian n'est pus facile. Mon grand'père « m'contait qu'on avait manqué de brûler un sor- « cier qui faisait boiter toutes les bêtes du village, « et qui se tira d'ça en déclarant son secret, où « i' n'entrait pas de sorcellerie du tout. J'vais user « du secret, moi. » Il arrache quelques crins de la queue du premier cheval ; il lui en noue un à chaque pied, entre le sabot et le paturon ; il répète son essai sur tous les chevaux qui doivent traîner le convoi de farine. Il va dire à un de ses camarades qu'il ne soupera point, parce qu'il a la fièvre, et il se met au lit.

En entendant parler de cette fièvre, venue si subitement à un gros garçon plein de santé, Robert soupçonna, non la gousse d'ail, mais une ruse quelconque, qu'il lui importait de déjouer. Il représenta à Moreau que Pierre était son meilleur ouvrier, et que son intérêt lui prescrivait, autant que l'humanité, d'administrer promptement des secours. Le bon, le sensible Moreau fut lui-même chercher le chirurgien, et, au grand étonnement de Robert, le docteur prononça qu'il y avait fièvre violente, causée par une répercussion d'humeurs. Il se décida pour une copieuse évacuation, et il ordonna en conséquence que le malade prendrait l'émétique à la fin de l'accès. Bien, pensait Robert. Le vomitif t'occupera pendant la journée, et moi, je serai de retour le soir. *Vanitas vanitatum!*

Comme il est possible que dans la chaleur de la fièvre un homme sorte de son lit, et s'expose aux effets dangereux de l'air, Robert dit à Moreau qu'il allait mettre le verrou à la porte de l'écurie, et il obtint de nouveaux éloges, en couvrant ses petites passions de l'intérêt apparent du propriétaire. Rentré dans sa chambre, il attendit, comme la veille, que l'horloge de la paroisse sonnât onze heures, et Jeannette les entendit frapper avec ce doux battement de cœur qui n'est pas la jouissance, mais qui est plus que le désir. Elle commençait à préférer Robert à son rustre; il en avait la force, et il y joignait l'avantage des formes et de l'urbanité. Cette nuit parut aussi courte que la précédente, et c'est tout dire.

A la pointe du jour, Robert rassembla ses charretiers, fit atteler, monta tant bien que mal la grosse jument grise, et partit avec son convoi. À un quart de lieue de la métairie, un cheval boita d'un pied de derrière, et on décida qu'on ferait visiter ce pied par le maréchal du prochain village. Bientôt le cheval boita d'un pied de devant, et on jugea à propos de ralentir le pas. Il boita enfin des quatre pieds. Il fallut l'attacher derrière la charrette, dont les sacs furent répartis sur les autres voitures. Voilà déja une heure perdue.

On arrive au village. On mande le maréchal. Il

examine les quatre pieds, et déclare de bonne foi qu'il n'y voit rien, et qu'il croit le cheval atteint d'une crampe que la marche dissipera. En conséquence, Robert poursuit sa route. A peine est-on sorti du village, qu'un second, un troisième, un quatrième cheval sont pris de la *crampe*, et selon l'avis du maréchal, on leur distribue force coups de fouet pour leur assouplir les nerfs. Plus on fouette, plus les crampes augmentent; moins les chevaux avancent. Robert prévoit qu'il sera six heures du soir quand il arrivera à Paris, et il sait que l'émétique n'agit que pendant trois ou quatre heures.

Il ne prend ici conseil que de lui-même. Il prononce qu'on gagnera Mont-Rouge clopin-clopant; qu'on y louera des chevaux frais, et qu'on y laissera ceux de Moreau, qu'on reprendra au retour. Après bien des peines, et, ce qu'il y a de pis, après une perte de temps considérable, on parvient jusqu'à Mont-Rouge.

Le maréchal du lieu, plus ignorant, ou peut-être plus fripon que l'autre, parce qu'il respirait plus souvent l'air de Paris, déclara les chevaux attaqués d'éparvins, et la saignée et les cataplasmes d'herbes émollientes d'une absolue nécessité. Voilà donc trois harnois hors de service, pour la possession d'une simple paysanne. Qu'on s'étonne après cela de la destruction de Troie!

Pendant que le maréchal opère, M. le factotum et ses charretiers vont de chaumière en chaumière, cherchant et demandant des chevaux. On répond ici que le cheval charrie le fumier; là qu'il herse; plus loin, qu'il va revenir du marché. Robert s'emporte, tempête ; le temps ne s'écoule pas moins, et il est midi, avant qu'on ait rassemblé les chevaux dont il a besoin.

Ses charrettes partent enfin, tirées par sept à huit rosses, qui mettent à peine un pied devant l'autre, et qui ne montent la pente la plus douce qu'autant que Robert et ses charretiers poussent à la roue. Plus on pousse, moins les rosses tirent. Robert voyait son rival rentré dans ses droits. Cette seule idée lui faisait faire des efforts incroyables, qui n'aboutissaient à rien, parce qu'il n'était pas secondé, et la raison en est simple : ses charretiers n'avaient pas de maîtresses.

Le chirurgien de Châtenay n'avait pas manqué d'envoyer la potion qui devait chasser les huméurs répercutées de Gros-Pierre. Madame Moreau n'était pas plus sensible que son mari ; mais sa sensibilité se développait d'une manière plus active. Le cœur d'une femme honnête est une source de prévenances, d'attentions, de soins. Il semble qu'elle se dédommage de ce qu'elle refuse à l'amour, par ce qu'elle donne à l'humanité. Félicité ne voulut pas que Pierre restât dans son écurie ; elle le fit transporter dans un cabinet attenant à la cuisine, et le coquin tressaillit de joie en y entrant : il était clair que Jeannette serait sa garde de jour, et qu'elle n'aurait, la nuit, que la porte de sa chambre à lui ouvrir.

C'est madame Moreau elle-même qui lui présente l'émétique. Gros-Pierre se plaint d'un reste de fièvre, et prétend qu'il est indispensable d'attendre encore. Madame Moreau va à ses affaires, et Gros-Pierre jette l'émétique par la fenêtre. Il n'en a jamais pris ; mais il se doute qu'une bouteille de vin vieux est plus favorable à l'amour qu'un vomitif. Madame Moreau rentre. Elle porte une énorme cafetière d'eau chaude, qui doit faciliter les évacuations. Elle met Jeannette auprès du malade, et lui enjoint de le faire boire sans miséricorde, et de lui tenir la tête dans certaine circonstance.

Gros-Pierre est seul avec sa belle. Il commence à parler tendresse, et Jeannette, fidèle à sa probité et à son plan de conduite, répond en lui présentant un verre d'eau. Gros-Pierre ne peut rien refuser de la main de sa maîtresse. Il boit ; il parle après avoir bu, et un autre verre d'eau lui ferme encore la bouche. Il boit tant, qu'il sent son cœur défaillir. Il ne sait plus dire qu'il aime ; il pourrait bien moins le prouver.

Cependant madame Moreau ne manquait pas, en allant et venant, de s'informer de l'état du malade. Elle s'étonne que l'émétique et l'eau chaude n'aient produit aucun effet. Elle envoie Jeannette chez le docteur. Le docteur accourt, les poches pleines de petits paquets. Il tâte le pouls de Gros-Pierre, et le trouve excellent « Cet « homme, dit-il, a un coffre de fer : trois grains « d'émétique n'ont pas produit la plus légère émo- « tion. » Vite, il en vide trois autres paquets, que Gros-Pierre est forcé de prendre, quoiqu'il ne cesse de protester qu'il se trouve à merveilles.

Le docteur n'entend rien, sinon qu'il faut que le malade évacue. Il s'assied auprès de son lit, et déclare qu'il ne désemparera pas que le remède n'ait opéré. Indigné, au bout d'un quart d'heure, de trouver un viscère rebelle à l'ordonnance, le docteur réitère la dose; Pierre l'avale en rechignant. Un quart d'heure s'écoule encore, et Pierre a neuf grains d'émétique dans l'estomac.

L'irascible empirique eût été jusqu'à douze, s'il n'eût craint d'emporter le malade avec les humeurs. Cette considération l'arrêtait d'une part; l'opiniâtreté de l'estomac de Pierre l'excitait de l'autre. Il calculait jusqu'à quel point un médecin doit respecter la vie d'un charretier, lorsque la première évacuation se fit avec un bruit et une abondance de tous les diables. A celle-ci, succède une seconde, une troisième. Pierre s'écrie qu'on l'assassine. Le docteur répond par des verres d'eau, qui se suivent sans interruption. Pierre se repent amèrement de s'être donné la fièvre, et le docteur entrevoit le commencement d'une maladie grave et lucrative. Pierre fatigué, excédé, exténué, demande grace au médecin et à l'émétique. L'émétique continue d'agir avec violence, et le médecin d'administrer l'eau sans pitié

Il fallait effectivement que Gros-Pierre fût un Samson, pour résister à une pareille épreuve. Après des alternatives alarmantes, ce fut l'émétique qui céda. Mais il laissa le malade dans un état d'affaissement, dont il était probable qu'il ne se releverait de long-temps.

Lorsque Robert arriva à la Halle, les facteurs étaient retirés, les portes fermées, et la seule ressource qui restât, était d'abriter les voitures sous les remises d'une auberge voisine. On détèle les chevaux; les charretiers enfourchent chacun le leur, et prennent les autres en main. Robert remonte la jument grise, et il presse la marche, pour remettre plus tôt, disait-il, ces chevaux aux propriétaires, et voir quel traitement on faisait à ceux de Moreau. Son véritable motif était de prévenir les excursions nocturnes de Gros-Pierre. Il était loin de penser que son concurrent fût victime de l'ail et de l'émétique.

En appliquant ses cataplasmes, le maréchal de Mont-Rouge s'était pris un doigt entre un crin et un paturon. Cette découverte l'avait engagé à visiter les autres pieds. Il s'était donné au diable, pour deviner comment ces crins étaient là; mais la cause du mal trouvée et supprimée, la cure devait être prompte, lui faire le plus grand honneur, et surtout lui rapporter de l'argent, à quoi un maréchal tient comme un médecin.

Les herbes émollientes avaient dissipé l'enflure causée par la compression et la fatigue, et lorsque Robert arriva, le maréchal leva ses cataplasmes, avec le charlatanisme d'un docteur consommé. Il sortit les chevaux, les fit marcher, et Robert et ses gens crièrent au miracle. Le maréchal protesta qu'il avait travaillé dix ans à la découverte du spécifique, et que ses essais lui coûtaient beaucoup, ce qui voulait dire qu'il espérait être bien payé, et, en effet, Robert ne marchanda point, parce qu'il était sept heures du soir.

Les habitans du village, émerveillés de la beauté et de la promptitude de la cure, prônèrent partout leur maréchal, et de tous côtés on lui amena des chevaux boiteux, qu'il ne guérit pas; mais dont les maîtres ne payèrent pas moins.

Il était sept heures; il restait deux lieues à faire, et l'ardent Robert poussait vivement la jument grise. Jeannette l'attendait avec impatience. D'avance elle jouissait des délices d'une nuit, que Gros-Pierre, cloué dans son lit, ne pouvait pas troubler. O infortune, ô douleur! un pavé détaché, tel qu'on en rencontre au milieu de toutes les routes, ce qui ne prouve rien en faveur de messieurs les inspecteurs, un pavé fait broncher la grosse, la vigoureuse Gogo. Robert ne se doute pas qu'on puisse soutenir son cheval. Il laisse tomber le sien sur le nez, puis sur le flanc. Son pied se trouve serré entre la selle et le malheureux pavé. Gogo se relève d'elle-même, et le pauvre cavalier reste étendu sur le chemin, en poussant des cris douloureux.

Bon, pensait un des charretiers, il ne me fera pas lever demain avant l'aurore! Bien, pensait l'autre, il ne viendra pas voir ce que je ferai de ma semence, et comme on est comédien partout, ces bonnes gens remirent Robert sur Gogo, avec les précautions, les consolations usitées, et ils virent avec un plaisir secret qu'il avait le pied aussi gros que la tête.

Il arriva enfin à Châtenay, ainsi qu'il se l'était promis le matin; mais dans quel état, grand dieu! il fallut le descendre de cheval comme on l'y avait mis, et le porter dans sa chambre. Le docteur, qui se trouvait heureusement près de Gros-Pierre, bénit cette journée, en coupant le pantalon de coutil. Il prononça qu'il y avait foulure, et même entorse. Il prépara l'emplâtre de graisse de pendu, qui, dans ce temps-là, n'était pas rare à Châtenay, et après l'avoir appliqué, il condamna le blessé à garder le lit pendant quinzaine.

Concevez-vous la situation de Jeannette? Elle est placée le soir entre deux hommes dont elle est aimée, qu'elle chérit, en établissant cependant entre eux quelque distinction, et qui tous deux sont impotens. « Si du moins, disait-elle dans son « lit solitaire, si du moins Gros-Pierre me fût « resté ! » La Providence, qui met toujours le bien à côté du mal, lui devait un dédommagement, et le lui accorda.

Le marquis de Châtenay, las de Paris et de ces folies brillantes qu'on appelle plaisirs, avait été à la campagne, rétablir sa santé dérangée par les veilles, et jouir de lui-même. Il avait visité plusieurs seigneurs de ses amis, et s'était arrêté à Salency, pour y voir la fête de la Rosière. Il avait remarqué que cette pompe champêtre ajoutait beaucoup à la considération qu'on accordait au seigneur, et lui coûtait très-peu. Comme il n'y a pas d'homme qui n'aime à être considéré, à bon marché surtout, M. de Châtenay forma le projet d'établir dans sa terre une fête imitée de celle de Salency.

Il arriva au château le lendemain du jour qui avait éclairé tant de désastres, et il manda aussitôt le maire et le curé. Il leur communiqua son dessein, et leur lut les statuts, qu'il avait fait copier sur ceux de Salency. Ces deux messieurs approuvèrent beaucoup les vues paternelles du seigneur, le curé, parce que la cérémonie serait précédée d'une grand'messe flanquée d'un pain béni, le maire, parce qu'il présenterait les trois vierges, parmi lesquelles le seigneur choisirait l'*élue*. Or, toutes les fillettes du village feraient leur cour au présentateur, qui était encore égrillard, quoiqu'il commençât à grisonner.

Le seigneur n'avait parlé qu'à des hommes, et cependant tous les habitans surent, une heure après, que le dimanche suivant, il y aurait une Rosière ; qu'elle recevrait une couronne de roses, une médaille d'argent du poids de cent sous, sur laquelle serait gravé : *Prix de la sagesse*, plus cinquante écus, dont elle ferait ce qu'elle voudrait.

A cette nouvelle, toutes les têtes fermentèrent. Les mères commencèrent à intriguer sourdement ; les fillettes firent à monsieur le maire des révérences jusqu'à terre ; les papas lui offraient *bouteille*, et même la lui payaient. Monsieur le maire était enchanté.

Madame Moreau crut ne devoir pas laisser échapper l'occasion de couronner la sagesse de Jeannette, et elle jugeait, à l'air affairé des uns et des autres, qu'il n'y avait pas de temps à perdre. Cependant son mari était allé terminer à Paris l'opération que son factotum n'avait qu'ébauchée ; elle connaissait les convenances, et le rôle de solliciteuse lui paraissait au-dessous d'elle. Sa petite vanité l'emporta sur toutes les considérations. Elle sourit à l'idée de voir la première Rosière prise dans sa maison ; elle s'habilla, et fut présenter au château la plus séduisante figure, embellie de l'incarnat de la pudeur et de la timidité.

Monsieur le marquis se leva, dès qu'il aperçut la jeune dame; il fut au-devant d'elle, lui offrit la main, et comme un amateur veut bien supposer qu'une jolie femme peut avoir quelque chose de particulier à lui dire, M. de Châtenay fit entrer Félicité dans son cabinet, et lui avança le plus volumineux de ses fauteuils.

Félicité rougit davantage en se trouvant seule avec un homme qui n'était pas son mari. Elle devint cramoisie lorsqu'elle vit le marquis presque aussi rouge qu'elle, et elle sentit la nécessité de parler promptement, pour éloigner de lui certaines idées, dont elle s'alarmait déja.

Elle commença l'éloge de Jeannette du jour de sa naissance, et elle se proposait de le pousser jusqu'au moment où elle parlait : son mari lui avait dit que rien n'est soporifique comme un éloge. M. de Châtenay l'interrompit dès les premiers mots; il déclara qu'une fille proposée par elle était nécessairement ce qu'il y avait de mieux dans le village. Il sonna; il donna ordre qu'on lui amenât le maire, et, en l'attendant, il causa avec madame Moreau. Ce fut d'elle qu'il lui parla, parce qu'une femme aimable est de tous les sujets de conversation le plus intéressant. Il apprit qu'elle était mariée depuis deux ans, et il protesta qu'elle conservait les graces et la fraîcheur d'Hébé. Il sut que son mari était, après le seigneur, le plus riche propriétaire du lieu, et qu'il faisait valoir son bien. M. de Châtenay marqua la plus haute estime pour les propriétaires qui vivent sur leurs terres et qui les cultivent. Il exprima le plus pressant désir de faire connaissance avec M. Moreau, et il pria madame de lui faire l'honneur de l'amener dîner au château, avec elle, le jour du couronnement. Refuser une grace n'est pas le moyen d'en obtenir une autre : Félicité accepta l'invitation, et le marquis crut devoir lui marquer sa reconnaissance en lui baisant la main. Les joues de Félicité se couvrirent de roses nouvelles. Le marquis tenait toujours cette main qu'il brûlait de baiser encore. Félicité était mal à son aise, et n'osait la retirer. Le maire entra fort à propos pour elle, et très à contre-temps pour monsieur le marquis.

Le seigneur lui notifia qu'il entendait que Jeannette Poitevin fût une des présentées. Le maire, qui sortait du cabaret, répondit avec fermeté que ce serait forcer les suffrages, qui devaient être libres d'après les réglemens. Le seigneur répliqua qu'il voulait être obéi, et qu'il prétendait qu'on se tût sur l'ordre qu'on venait de recevoir, à peine d'encourir sa disgrace. Le maire, qui était un des fermiers de monseigneur, ne lui adressa plus que des révérences.

Monsieur le marquis jeta sur une table une bourse destinée à gagner les récalcitrans, et dont le contenu excédait de beaucoup la somme promise à la Rosière. Les hommes sont faits ainsi : ils donnent tout aux passions, et peu à la vertu.

Le maire prit la bourse et se retira. Madame Moreau se hâta de le suivre, très-satisfaite du succès de sa démarche; mais se promettant bien de ne plus entrer seule dans le cabinet de monsieur le marquis.

Elle aperçut, en rentrant chez elle, Jeannette très-occupée de ses travaux domestiques, très-affectée de sa viduité, et très-discrète sur cet article. Elle s'avança vers elle; les bras ouverts, et l'embrassant affectueusement, elle lui dit : « Ma « fille, la sagesse ressemble à ces breuvages salu- « taires, dont l'amertume répugne quelquefois; « mais dont les fruits sont toujours doux. Tu vas « cueillir ceux que ta vertu a mûris. J'espère « que dimanche tu seras la plus glorieuse des « filles, après avoir été leur modèle. » Certainement le curé du lieu n'eût pas parlé avec plus d'onction.

A propos du curé, c'était un homme de quarante ans, frais, robuste, infatigable dans l'exercice de toutes ses fonctions. Il faisait des mariages; il raccommodait les ménages brouillés; il arrangeait les procès; il prêchait comme Massillon, et il faisait la médecine presque aussi bien que le docteur. Il avait plus de pratiques, parce qu'il ne faisait pas payer ses visites. Aussi le docteur disait à l'oreille de tout le monde, qu'il n'était pas autant selon Dieu qu'on voulait bien le croire ; qu'il avait pris mademoiselle Catherine à l'âge de dix ans, pour qu'elle grandît chez lui sans qu'on s'en aperçût ; qu'elle en avait maintenant dix-huit, et qu'il était aisé de juger, à son ton familier, des services qu'elle rendait à son maître. On croyait assez généralement à la vérité de ces propos. Mais comme l'intimité du curé et de Catherine ne nuisait à personne, on s'en souciait peu, et on les laissait faire. Il n'était pas de paysan qui n'aimât mieux lui savoir Catherine que sa ménagère, et qui ne sentît qu'il faut quelque chose à un homme bien conformé.

Le curé sentait, lui, la nécessité de faire taire le causeur, dont les propos pouvaient arriver enfin à l'oreille de son métropolitain, parvenu à cet âge où on ne pardonne pas des péchés qu'on ne peut plus commettre. Faire Catherine Rosière, était un coup de maître. C'était réintégrer sa vertu dans tout son lustre, et accabler la médisance.

Le curé n'avait pas, comme monsieur le marquis, la facilité d'acheter les suffrages. Mais l'éloquence est quelquefois aussi puissante que l'or ; du moins les régens de rhétorique le prétendent. Moi, j'en doute un peu. Quoi qu'il en soit, le curé s'adressa aux petites femmes qu'il avait mariées, à celles qui lui devaient le retour d'un inconstant, ou l'amendement d'un brutal. Il leur représenta que celui qui prêchait la sagesse devait espérer de la voir couronner dans celle qu'il dirigeait plus particulièrement; que d'ailleurs des paroissiens doivent quelque chose à un pasteur qui ne s'occupe que de leur félicité, et qu'il serait aussi reconnaissant que flatté de cette marque de déférence.

Les petites femmes riaient sous cape de la première partie du discours; la vérité de la seconde était incontestable, et aucune d'elles ne pouvant prétendre à la rose, elles parlèrent toutes à leurs maris; elles développèrent les petits moyens que la nature leur avait dispensés. Tout homme a son côté faible; il n'est pas de femme qui ne le connaisse, qui ne le saisisse, qui tôt ou tard n'amène son mari à son but. On se rassembla au cabaret, à la suite d'une messe adressée au Saint-Esprit, dont il était indispensable d'invoquer les lumières dans une affaire aussi importante que celle de la rose, et le Saint-Esprit inspira aux habitans de Châtenay de mettre mademoiselle Catherine sur les rangs.

Voilà déja deux prétendantes dont vous connaissez le mérite. Personne n'intriguant plus dans le village, toutes les voix se réunirent en faveur de Javotte Merlet, qui depuis six ans nourrissait une mère infirme, du produit de son travail : jamais, d'ailleurs, sa réputation n'avait reçu d'atteinte. Il est vrai que la petite vérole lui avait enlevé un œil et paralysé une jambe. Du reste, c'était une petite personne très-passable.

Madame Moreau n'avait pas manqué de rendre à son mari ce qui s'était passé entre elle et monsieur le marquis. Elle crut même nécessaire de parler de son embarras, de son trouble et de sa main baisée. Le marquis était bel homme, spirituel, aimable, et elle voulait placer son époux entre elle et lui. Quelle femme que celle qui porte la prévoyance jusqu'à prévenir la tentation, qui d'avance se ménage un appui, un protecteur contre elle-même ! Vous conviendrez que madame Moreau était véritablement vertueuse, et je suis bien aise que dans le nombre de celles qui ont passé sous vos yeux, il y en ait au moins une irréprochable.

On me répondra que femme qui s'arme contre l'amour n'est pas loin d'aimer. Je répliquerai qu'il y a des libertins qui tournent en ridicule ce qu'ils ne peuvent combattre, et que faire rire n'est pas avoir raison. M. Moreau, d'ailleurs, qui se connaissait à tout cela mieux qu'un autre, approuva beaucoup la sincérité de sa femme; la remercia de sa confiance; jugea qu'il fallait dîner au château, puisque l'invitation était acceptée; mais qu'il serait inutile d'y retourner, parce que toute liaison directe avec les grands, tourne toujours au désavantage des petits.

En effet, un grand seigneur les tient à une distance humiliante; il exige qu'ils soient toujours de son avis; il leur emprunte quelquefois de l'argent; il oublie souvent de le leur rendre, et il croit les honorer beaucoup en les faisant cocus. Hé, morbleu! vivons avec nos égaux. Rions, trinquons, chantons, disputons même, c'est la preuve que nous avons notre franc parler. Laissons les grands régler ou dérégler le monde, et *gaudissons-nous en paix avec notre Margoton.* Ainsi pensait Moreau, et vous savez que Moreau est un sage.

La veille du jour marqué pour le triomphe de la vertu, monsieur le marquis ne manqua point de venir apprendre à madame Moreau que les prétendantes étaient désignées, que Jeannette était nommée la première, ce qui annonçait le cas particulier qu'on faisait d'elle, et qu'en la couronnant il ne serait que juste. Il lui adressa ensuite une infinité de choses agréables et flatteuses, et il ne marquait à Moreau qu'une politesse froide, parce qu'il était reconnu, alors, que si un marquis pouvait déroger jusqu'à la simple bourgeoise, il devait bien se garder de se familiariser avec le mari.

Quelque plaisir qu'éprouvât madame Moreau à entendre ces jolis riens, elle fut piquée de l'oubli dans lequel le marquis laissait un homme qu'elle avait jugé digne de la rendre mère. Elle prétexta une affaire, et sortit pour forcer M. de Châtenay à lui parler, et à reconnaître le mérite de celui qu'il dédaignait. Le marquis, à qui ce mérite était fort indifférent, quitta Moreau avec une révérence assez leste, en lui rappelant qu'il

dînait le lendemain au château. « Ma foi, disait
« Moreau, je ne me soucie pas plus de son dîner,
« que lui de ma conversation, et je lui aurais dit
« ma façon de penser, si je n'avais craint de nuire
« à cette chaste et intéressante Jeannette. »

Le lendemain, sept à huit coups de fusil annoncèrent la solennité du jour. Le tambour battit, la cloche sonna, les *bouchons* s'ouvrirent. On ne parlait, en buvant le petit coup, que du choix que monseigneur allait faire. Les uns parièrent demi-setier pour Catherine; les autres pour Jeannette. Les plus honnêtes gens parièrent pour Javotte. Ceux-là perdirent, et cela devait être.

Madame Moreau, levée avec le soleil, ne s'occupait que de Jeannette. Elle préparait tout ce qu'elle croyait propre à donner un éclat nouveau à sa jeunesse et à sa fraîcheur. Il n'était pas dans ses principes qu'on sortît jamais de son état. En conséquence, le fond de la toilette de Jeannette se composa de son juste des dimanches et de la jupe de cotonnade rouge. Mais madame lui fit chausser les plus fins de ses bas de coton; elle lui couvrit la gorge du plus ample de ses fichus brodés; elle lui arrangea les cheveux avec cet art qui ressemble à la simplicité; elle lui attacha, sur le haut de la tête, un voile, emblème de la modestie. Elle la regarda enfin et la trouva charmante; mais elle se garda bien de le lui dire, de peur de lui inspirer de la vanité.

Le curé, tout à son affaire, était allé présenter

ses hommages à monseigneur. Il parla longuement des qualités de Catherine, et le marquis l'écouta, parce qu'il avait sacrifié cette journée à la représentation. Il lui répondit avec bonté, parce que cela ne coûte rien, et il lui donna des espérances, parce que personne ne sait comme un grand seigneur que *promettre et tenir sont deux*.

A dix heures, le tambour, les vieillards et les matrones vinrent prendre Jeannette, et la conduisirent au presbytère, où les mêmes honneurs furent rendus à mademoiselle Catherine, beaucoup plus parée que sa rivale, parce que chacun aime à décorer son idole. On se rendit enfin chez Javotte Merlet, qui ne brillait que de son honorable pauvreté et de sa vertu, choses assez peu considérées alors.

On se rendit processionnellement à l'église, au milieu des acclamations des habitans des deux sexes, entre lesquels on remarquait madame Moreau, couvant de ses yeux sa Jeannette, et flottant encore entre la crainte et l'espérance.

Le seigneur parut, enchâssé dans son plus magnifique habit, précédé de ses gardes-chasse, et suivi de ses laquais. Il fut conduit dans le chœur par l'écorcheur du lieu, qui faisait le suisse les dimanches et fêtes, et qui portait une épaulette, aussi ridiculement placée sur l'épaule d'un drôle de cette espèce, que le serait un bonnet carré sur la tête d'un capitaine de grenadiers.

La messe commença, une messe superbe, en vérité. Trois chantres au lutrin, deux vachers en enfans de chœur, les surplis et les aubes lavés de la veille, et la chasuble de damas vert, galonnée d'un ruban de fil jaune. Si l'usage de payer, pour avoir le droit de prier Dieu, eût été établi alors, le curé n'eût pas manqué de mettre les billets à six sous.

Une occasion, bien précieuse, qu'il ne laissa pas échapper, fut celle qui s'offrait si naturellement de déployer ses talens en présence de monseigneur. Il monta en chaire, après l'évangile, et parla longuement sur l'excellence de la virginité. Les petites vierges ne trouvaient pas que cela leur servît à grand'chose; les petites mamans étaient fort aises d'en être défaites. Jeannette et Catherine ne purent s'empêcher de sourire, et le marquis de bâiller.

Un repas somptueux était servi au château. Monseigneur admit à sa table les trois prétendantes, à peu près comme un évêque lave, le jeudi saint, les pieds à douze gueux, qui ne l'approchent que ce jour-là. Vous prévoyez que madame Moreau était placée à la droite du marquis. Il ne voyait qu'elle; il ne parlait qu'à elle. La femme du maire, celle du notaire étaient rouges de jalousie et de colère.

Bientôt madame Moreau sentit un pied agaçant qui l'obligea à retirer le sien. Bientôt un genou, très-actif, chercha une cuisse faite au tour, que fixait un pied de la table, et qui était livrée à des attaques répétées. Madame Moreau fut vingt fois prête à dire : finissez donc, monsieur le marquis, et vingt fois l'intérêt de Jeannette la retint. Elle se borna à repousser ce genou téméraire, et le marquis interpréta, d'après son amour-propre, les légers mouvemens de cette cuisse, qu'il ne cessa de caresser. Madame Moreau était sage; mais elle était femme. Cette pression répétée produisit enfin une émotion que décelèrent le coloris des chairs et l'agitation du sein. Le marquis l'observait; il jugea le moment favorable, et il glissa sur la serviette de la jeune femme, une déclaration assez mal tournée, mais très-positive. Que fera-t-elle? Rendre le billet au marquis devant vingt personnes, c'est se livrer elle-même aux traits acérés de la médisance. Le laisser tomber, n'est pas plus prudent. Il sera trouvé par quelqu'un, et il peut être tourné de façon à ne pas laisser d'incertitude sur la personne à qui il est adressé. Madame Moreau le mit dans sa poche, car on n'avait pas encore imaginé de se passer de poches, de jupons, et de ne porter que la moitié d'une chemise. On n'eût même pas cru possible qu'une femme parût en public, le cou, les épaules, les bras, la gorge et le dos nus. Personne n'y touche, sans doute, parce que personne n'est tenté d'y toucher. Nos grand'mamans, plus adroites, cachaient tout cela, s'en portaient mieux, et inspiraient plus de désirs.

La cloche appela les fidèles aux vêpres, et le marquis se leva avec la dignité qu'exigeait la circonstance. On passa au salon, on se rangea circulairement. Les trois prétendantes se présentèrent le plus modestement qu'elles purent, et chacun attendit, la bouche ouverte, le nom qui allait sortir de celle de monsieur le marquis. Il proclama Jeannete Poitevin, en regardant madame Moreau d'un air qui voulait dire : Vous venez de contracter une dette envers moi, et vous l'acquitterez. Jeannette fut décorée du cordon bleu, au bas duquel pendait la médaille ; la couronne de roses blanches couvrit son front *virginal*, et le marquis lui présenta une main, qu'il eût bien mieux aimé offrir à madame Moreau.

On attendait à la porte du château que la Rosière parût, et on applaudit unanimement au choix de monseigneur. On l'eût applaudi de même, s'il eût choisi Catherine ou Javotte : le peuple est si crédule, et les grands si infaillibles!

Le curé, piqué que sa gouvernante n'eût pas obtenu la préférence, chanta les vêpres de fort mauvaise grace. Il mâchonna les mots, ce qui gâta beaucoup les œuvres du prophète-roi ; mais il abrégea le service, ce qui ne déplut pas aux paysans, qui aiment bien autant danser et boire, que psalmodier.

Il y eut grand bal au château. Le marquis l'ouvrit avec madame Moreau, et à la fin de la contredanse, il lui proposa d'aller prendre le *frais* dans ses bosquets. Madame Moreau, qui n'avait plus rien à ménager, lui fit une grande révérence, et fut s'asseoir auprès de son mari. Le seigneur commença à penser que c'était une petite sotte, dont il serait difficile de faire quelque chose.

Comme on n'était pas encore assez avancé au village pour savoir que rien n'est aussi beau que les ténèbres, on dormait la nuit à Châtenay, pour y jouir des avantages et des agrémens du jour. En conséquence, chacun se retira à neuf heures, et un instant après le marquis reçut un paquet cacheté, qui renfermait son billet et une lettre très-sèche de Moreau. Il prononça que cette bourgeoise était une bégueule, et il retourna à Paris, pour ne pas rencontrer un mari qui ne lui paraissait pas plaisant.

Gros-Pierre était enchanté que Jeannette eût obtenu la rose; Robert ne concevait pas qu'elle eût osé l'accepter. Il en marqua son étonnement, lorsqu'il put se traîner de sa chambre à la sienne, et Jeannette lui répondit avec beaucoup de sagacité : « Les qualités ne sont rien ; les réputations « sont tout. J'ai senti qu'il m'en fallait une ; je « me la suis faite. Elle ferme tous les yeux, et « elle me vaut, comme à tant d'autres, du plaisir « la nuit, et de la considération le jour. — Et où « as-tu pris ces belles choses-là? — Dans un livre « que j'ai trouvé, il y a un an, sur la cheminée

« de M. Moreau. — Tu lis avec fruit. — N'est-il
« pas vrai ? »

Cependant le tempérament de Gros-Pierre
commençait à triompher des efforts de la médecine. Il mangeait, il parlait de se lever, et il pouvait avoir, sinon des soupçons, du moins quelque
velléité. Déja la circonspecte Jeannette refusait de
recevoir Robert dans sa cuisine. Robert enrageait.
Les difficultés avaient presque fait, d'un goût
passager, une affaire sérieuse. Il souffrait impatiemment Gros-Pierre auprès de cette cuisine,
voyant Jeannette, et pouvant lui parler à toutes
les heures du jour. Il tremblait que le drôle ne
profitât enfin de ses absences, et en effet, Gros-
Pierre, commençait à épier l'occasion. Robert
intrigua pour le renvoyer à l'écurie ; Jeannette
seconda l'amant favorisé par quelques mots, qui
semblaient être jetés sans intention. Madame
Moreau, pleine d'humanité, n'avait pas cependant
toutes les vertus d'une sœur d'hôpital. L'aspect
d'un malade devant lequel elle passait vingt fois
dans la journée, commençait à lui inspirer une
sorte de dégoût. Elle saisit les insinuations de
Jeannette ; Moreau saisit les insinuations de sa
femme, et il décida que Gros-Pierre reprendrait
son poste, pour diriger, jusqu'à ce qu'il pût travailler, un petit pâtre qui le remplaçait.

Cet ordre renversa tous les plans de Gros-Pierre.
Il jura ; mais il obéit. Robert retrouva sa Jeannette

plus tendre, plus voluptueuse, plus animée par la privation. Le couple amoureux trouvait *Éden* à quatre lieues de Paris. Tout s'embellissait, pour eux, du charme dont leurs cœurs étaient pour ainsi dire surchargés. Mais est-il un bonheur durable ? La Rosière sentit des maux de cœur ; elle entrevit l'instant où s'évanouirait cette réputation de vertu, acquise par tant de soins. Robert prévit une humiliante expulsion. Leur imagination était sans cesse tourmentée, et ils trouvaient l'enfer où ils avaient vu le Paradis terrestre. Il fallait un miracle pour les tirer de là, et il y a long-temps qu'il ne s'en fait plus : les hommes sont si pervers ! Qui eût imaginé que Gros-Pierre dût être leur génie tutélaire ?

Irrité des obstacles qui se renouvelaient sans cesse, et amoureux dans la proportion de l'accroissement de ses forces, il prit enfin un parti vigoureux. Il entra dans la salle à manger, pendant que les maîtres dînaient. Il s'était battu les flancs pour se donner du courage, et le front pour trouver des idées. Il parla en ces termes :

« Not' maître, stila qui craint d'avoir une femme
« à lui, compte un tantinet sur celle d'son voisin.
« J'ne sommes pas d'ces gens-là. J'aimons Jean-
« nette, et je vous la demandons en mariage.
« Alle n'a rian, ni nous non plus ; mais peut-êt'
« que ces deux rians-là mis ensemble produiront
« queuque petite chose.

« Bien, mon ami, répondit Moreau, j'aime

« qu'on se marie, et je me ferai un devoir d'aider
« des jeunes gens honnêtes qui m'ont bien servi.
« Il faut savoir d'abord si tu conviens à Jean-
« nette. — Si j'li conviens, not' maître, répliqua
« Pierre en tournant son chapeau dans ses mains,
« mais je l'crais. »

Robert, qui ne s'attendait pas à ce *ricochet*, fit une mine qui eût été infailliblement remarquée, si Gros-Pierre, son air niais et son chapeau tournant n'eussent fixé l'attention de M. et de madame Moreau. Jeannette interrogée, fut étourdie un moment, ce qu'on voulut bien attribuer à la pudeur. Ce n'était pas cela. Jeannette faisait ses petits calculs avant que de répondre. Elle pensait que le moyen le plus sûr de se débarrasser de Gros-Pierre était de l'épouser, et que pour peu que Robert fût adroit, il lui procurerait, dans la journée, les petites distractions à l'usage des grandes dames. Mariée, on ne la surveillerait plus; elle pourrait parler, plaisanter, disparaître sans conséquence, puisque le mariage autorise tout, couvre tout ; et quelle fille, sans cela, voudrait se marier ? Elle fit à Gros-Pierre une petite révérence, les yeux baissés, les mains jointes sur son ventre rondelet, et elle répondit d'un air et d'un ton timides : « Ce sera comme nos maîtres
« voudront, monsieur Gros-Pierre.

« J'y consens de tout mon cœur, mes enfans,
« dit Moreau. Ne te le disais-je pas, reprit sa
« femme, que tôt ou tard la sagesse reçoit sa ré-

« compense? Rosière il y a huit jours, mariée
« dans la quinzaine, que manquera-t-il à ton
« bonheur? N'oubliez jamais, Pierre, que nous
« vous faisons un véritable cadeau. — Je ne l'ou-
« blierons pas, not' bourgeoise. — Aimez votre
« femme. — Oh! j'avons une provision d'amour
« qui n'sera pas épuisée de vingt ans. — Renon-
« cez à vos mauvaises habitudes. — J'n'en avons
« pas, not' bourgeoise. — Hé, hé, le cabaret... —
« Je n'y allons que par désœuvrement. Not' femme
« et la pipe, la pipe et not' femme, voilà tout ce
« qu'il nous faut. »

Robert, blessé jusqu'au fond de l'ame, fit cette
nuit-là, et à voix basse, une scène épouvantable
à Jeannette. La jalousie, l'égarement, le désespoir, furent employés tour à tour. Ce n'est pas
que Robert fût désespéré ; mais il savait que
pour persuader les femmes, il faut toujours être
au-delà du vrai.

Jeannette, qui avait aussi une certaine expérience, n'ignorait pas qu'on ne raisonne point
avec un homme en colère. Elle laissa parler Robert, et quand il eut fini, elle le prit par le
menton... Est-ce bien le menton qu'elle lui prit?
n'importe. « Mon cher ami, lui dit-elle, à quoi
« mènent ces criailleries ? Nous devons nous esti-
« mer fort heureux que quelqu'un se charge de
« l'enfant que vous m'avez fait. — Qu'on s'en
« charge!... cela ne me paraît pas certain. — J'ac-
« coucherai à sept mois : j'ai ce privilége-là comme

« une autre. A la vérité, j'aurai deux hommes au
« lieu d'un. Je gagnerai, mais vous ne perdrez
« pas, car vous trouverez toujours Jeannette. —
« Mais le partage? — Tous les hommes s'y prê-
« tent — Mais un amant... — Ne doit pas être plus
« difficile qu'un mari. — As-tu encore trouvé cela
« dans ton livre de l'année dernière? — Précisé-
« ment. — On devrait le faire réimprimer pour
« l'instruction de la jeunesse. »

Quand les accords sont faits, un prétendu a quelques droits. Gros-Pierre avait acquis celui de parler à Jeannette, et d'exiger qu'elle lui répondît. Robert conservait celui de causer de plus près, pendant que le futur dormait, ou ne dormait pas dans son écurie, où il l'enfermait plus soigneusement que jamais, par respect pour les mœurs, disait-il. Jeannette et lui riaient de sa bonhomie, de sa sécurité. Ils prenaient leurs arrangemens, ils cherchaient, ils trouvaient des moyens, tantôt de faire coucher Gros-Pierre à Paris, tantôt de l'envoyer travailler à Rancy des semaines entières, pendant lesquelles ils continueraient ce train de vie si agréable, si commode. *Vanitas vanitatum!*

Le jour des fiançailles arriva. Après la cérémonie, le tabellion parut. Jeannette et Gros-Pierre n'avaient pas pensé à faire rédiger de contrat : où il n'y a rien, il n'y a pas de stipulation à faire. Moreau, toujours dupe de sa Rosière, mais toujours généreux, récompensait deux fidèles serviteurs, dont cependant il n'entendait pas élever les enfans. Il abandonnait à Jeannette, pour quatre ans, une maisonnette et un jardinet, qu'il avait au bout du village. Il donnait à Gros-Pierre une charrette et un bon cheval avec son harnais, afin qu'il pût travailler à son compte. Félicité se chargeait du trousseau de la mariée et elle promit de tenir son premier enfant. Moreau donnait au marié l'habit complet, bien long, bien large et doublé de même. Il s'engageait à faire le repas de noces et à payer le ménétrier.

Jeannette sentit combien ce changement de domicile allait être fatal aux amours. Elle sentit aussi que le plaisir d'être maîtresse de maison dédommage de bien des choses. Robert jugea qu'il ne serait pas possible d'aller souvent chez Jeannette sans être remarqué. Il faudrait employer la ruse, prendre mille précautions pour ne plus jouer qu'un rôle secondaire. Il se plaignait à Jeannette, la nuit; Jeannette le consolait par ses caresses; il recommençait à se plaindre, et de plaintes en consolations on arriva au jour du mariage.

Moreau fit grandement les choses. Il donna un dîner superbe, et toutes les portes furent ouvertes aux amateurs de la danse et du bon vin. Robert voulut profiter du tumulte, inséparable d'une fête villageoise, pour tirer la mariée de la foule et lui souhaiter le premier bonsoir. Gros-Pierre l'avait prévenu. Il avait entraîné sa femme dans la grange, et Robert, après avoir fureté

tous les coins, le trouva terminant une prise de possession. « Morbleu, monsieur, lui dit Gros-
« Pierre, inspectez not' travail, c'est juste ; mais
« n'venez pas fourrer vot' nez entre not' femme
« et nous. » Robert et Jeannette comprirent que ce mari-là ne serait pas aussi facile à mener qu'ils l'avaient cru.

La plus adroite, la plus circonspecte a cependant certaines distractions, qui ne tournent jamais à son avantage. Jeannette, dans un moment d'abandon, s'avisa de soupirer le nom de Robert. Gros-Pierre comprit, à son tour, les motifs qui faisaient si régulièrement fermer les portes de l'écurie, et qui avaient fait mettre un cadenas à la lucarne du grenier à foin. Il eut le bon esprit de se taire. Des mots ne pouvaient empêcher que ce qui était fait ne le fût ; mais il se promit bien, s'il avait été coiffé d'avance, de ne pas l'être après.

Le lendemain, Robert fut rendre une visite à la mariée : ce jour-là autorise encore certaines plaisanteries, qui pouvaient lui servir de prétexte. Gros-Pierre n'entendit pas raillerie, et il dit très-vertement à Robert : « Monsieur, un homme
« comme vous n'vient pas visiter un pauvre char-
« retier, et je nous doutons bian de ce qui vous
« amène. J'vous d'vons l'respect, ça s'peut ; mais,
« ventreguienne, je n'vous devons pas not' femme
« et vous n'l'aurez pas. J'vous déclarons qu'si
« j'vous retrouvons ici, j'vous passerons not' four-
« che au travers du corps. »

Robert n'était pas brave. Il frémit à l'idée de trois pointes lui perforant les entrailles, et il se retira sans répliquer. Les femmes n'aiment pas les poltrons; et de ce moment Robert perdit singulièrement dans l'esprit de Jeannette. Gros-Pierre, soutenant ses droits, en acquit à son estime. Il n'était pas beau parleur, bien tourné, blanc et potelé comme Robert; mais il possédait à un degré éminent certaine vertu conjugale, qui tient lieu de bien des choses, auprès de beaucoup de femmes. Jeannette tenait à l'essentiel; elle aimait surtout les plaisirs que n'empoisonne pas la crainte. Elle avait été citée comme le modèle des filles; elle avait la petite ambition d'être encore celui des femmes. Il fallait pour cela qu'elle choisît ses amans dans la classe de son mari, parmi ces gens qui pouvaient entrer chez elle, et en sortir sans conséquence. C'est ce qu'elle se proposa de faire, dès que Gros-Pierre aurait besoin de repos, et elle le menait d'un train à ce que cela ne tardât pas.

Robert, abandonné, dépouillé des illusions qui l'avaient soutenu dans ses travaux rustiques, ne vit plus les choses du même œil. Le fleuve Scamandre, la princesse Nausicaë, Diomède, Apollon, Augias, le roi Admète, disparurent sans retour. Le jardin ne fut plus qu'un potager, assez mal tenu, qu'arrosait un filet d'eau; le berger, qu'un gros paysan mal bâti, mal vêtu; le son de sa cornemuse, qu'un bruit insupportable; les écuries, qu'un lieu puant et ennuyeux; les charretiers, les moissonneurs, que des rustres, qui parlaient une langue grossière comme eux; la nouvelle servante qu'un objet repoussant, et cela était vrai; madame Moreau, qu'une prude; Cécile, qu'un enfant gâté, et Moreau, qu'un homme ployé par l'intérêt à l'excédante uniformité de la vie champêtre.

Dès ce moment, Robert négligea ses devoirs. Moreau s'en aperçut, et lui fit des remontrances pleines de douceur. Robert trouva étrange qu'on ne fût pas satisfait qu'un homme comme lui eût l'air de faire quelque chose. Les premiers reproches produisent quelquefois un noble retour, qui porte à en prévenir de nouveaux. Robert piqué devint plus négligent. Moreau se plaignit à sa femme. Félicité eut avec son beau-frère une conférence qui, loin de le ramener, lui donna beaucoup d'humeur. Il alla jusqu'à répondre que lorsqu'on cesse de se convenir, il n'y a rien de plus simple que de se quitter. Madame Moreau, piquée à son tour, lui répliqua qu'il était le maître, et Robert fut faire son paquet.

Dans le fort de sa ferveur il avait acheté les Œuvres de Thomas. Il jeta le livre dans la mare, en décidant que l'auteur était un sot, qui n'avait étudié la nature que sur les tableaux de Claude Lorrain et de Vateau.

CHAPITRE III.

Robert est journaliste.

De l'Oseraie n'avait pas voulu que les créanciers de Robert conservassent de droits sur sa personne. Un ami en prison ne nous fait jamais d'honneur, et nous déshonore quand il y entre pour des causes qui blessent la probité. De l'Oseraie avait obtenu un désistement fondé sur la cession générale du débiteur, et Robert, tranquille de ce côté, se détermina à aller voir la nature aux Tuileries. Ce n'est qu'à Paris qu'un homme de goût peut vivre, et on n'y manque de rien avec dix mille francs... tant qu'ils durent.

Il avait retiré ses fonds des mains de Moreau, qui les faisait valoir. Il avait envoyé chercher une petite voiture, et, sa malle derrière, lui dedans, et son sac à ses pieds, il partit gaîment pour aller chercher de nouvelles aventures. Il ne savait pas ce qu'il ferait; il n'y avait pas même pensé; mais un homme jeune encore a tant de ressources! Et puis que peut-on faire de pis que de passer sa vie avec des chevaux de charrue, des vaches et des moutons crottés? Il ne pouvait que gagner beaucoup à un changement de position, et il alla délibérer sur son avenir dans un cabinet garni, rue Jean-Saint-Denis. Il avait au moins contracté à Châtenay l'oubli du faste, et l'habitude de la médiocrité.

Quand on a vécu quelque temps loin de Paris, on s'empresse de revoir ces lieux consacrés au plaisir, où il est rarement, mais où l'oisiveté et le désœuvrement s'étourdissent pendant quelques heures. Robert, après avoir bâillé chez le traiteur, sur les boulevards, prit un billet d'Opéra, et il y eût bâillé encore, pour son argent, sans un de ces petits évènemens, assez fréquens à Paris, et toujours fort agréables pour quelqu'un qui arrive de Châtenay.

On lui ouvrit une loge, où s'était déja placée une jeune et jolie dame : on sait ce que c'est qu'une femme seule dans une loge. Robert adressa la parole à celle-ci, avec autant de liberté que s'il l'eût connue depuis deux jours, et il n'en faut pas plus à Paris pour se connaître beaucoup. La dame répondit avec la plus aimable aisance; elle avait de l'esprit; Robert n'était pas sot; il était libre, il avait envie de se *placer*, il voulut plaire; il réussit.

En province on veut se connaître avant que de se donner; à Paris, où on a beaucoup plus d'usage, il suffit de se connaître après. Ce fut vers la fin du souper que la dame dit : « A propos, je suis « une étourdie. Je vous reçois, j'ai des bontés « pour vous; vous les méritez sans doute; mais « qui êtes-vous? » Robert satisfit la curiosité de la dame, qui ajouta : « Je m'appelle Du Thé. J'ai « en ce moment le ministre de Paris, qui m'aime « beaucoup, que je n'aime pas, qui me paie fort

« cher, et que je trompe. Vous n'avez pour tout
« bien qu'une jolie figure, et cela ne suffit pas.
« Je veux vous mettre à votre aise. Un emploi ne
« vous convient pas, ni à moi non plus; à vous
« parce que vous êtes paresseux, à moi parce que
« je veux vous voir librement. J'ai envie de vous
« faire avoir un privilége. — Oui, un privilége.
« Rien n'est commode comme cela. — Mais le-
« quel?—Ma foi, je n'en sais rien.—Celui d'un
« journal. Vous le vendrez, ou vous le louerez,
« si vous ne le faites pas valoir vous-même.

« — Un journal, ma chère amie, un journal!
« voilà une idée admirable. On m'a contesté mon
« mérite littéraire. Quel moyen puissant de me
« venger de mes détracteurs!... Mais, non, je
« conçois un projet plus grand, plus généreux :
« *Ce n'est pas au roi de France à venger les que-*
« *relles du duc d'Orléans.* »

La tête de Robert se monte, s'allume. Il est
déja l'oracle du goût, l'arbitre des destinées, le
dispensateur de la gloire, et, ma foi, il pouvait
s'attribuer ces qualités comme bien d'autres, qui
ne valent pas beaucoup mieux que lui.

La matinée s'avançait; le ministre revenait de
Versailles à midi, et comme mademoiselle Du
Thé était plus intéressante que les affaires, c'est
chez elle qu'il descendait. Elle fait habiller Robert, elle va à son secrétaire, et en tire une lettre
cachetée. « Qu'est-ce que ce papier, lui demanda-
« t-il?—J'ai là quelques lettres toutes prêtes à

« l'usage de ceux que je veux présenter. L'un est
« mon cousin, l'autre mon oncle à la mode de
« Bretagne; celui-ci mon frère de lait, celui-là,
« un jeune homme de mon village. Je distribue
« ces lettres selon les qualités et la manière d'être
« de ceux pour qui j'ai une fantaisie. Je vous fais
« mon frère. Ce titre intéressera davantage, et
« vous autorisera à être ici à toute heure, sans
« qu'on puisse le trouver mauvais. Zoé, conduis
« ce petit homme-là dans ta chambre par l'escalier
« dérobé. Tu l'annonceras quand monseigneur
« sera arrivé. »

Zoé prit la main de Robert, l'emmena en folâtrant, lui apporta le restaurant, toujours prêt chez les femmes qui ont de l'expérience, l'enferma, et s'en fut, parce qu'elle jugea que Robert avait plus besoin de repos que d'une jolie femme de chambre.

Monseigneur arriva en effet. Du Thé courut à lui les bras ouverts, et avec les démonstrations de la plus vive tendresse : il faut gagner son argent d'une façon ou d'une autre. Cette réception, à laquelle monseigneur n'était pas fait, le mit de la plus belle humeur du monde, et ce fut ce moment que choisit l'adroite Zoé pour annoncer un inconnu, qui désirait parler à madame.

Robert paraît, assez embarrassé de sa personne : on le serait à moins. Il présente sa lettre d'une main incertaine. Du Thé brise le cachet... « C'est
« ma mère, ma bonne mère qui m'écrit... Ciel!

« juste ciel! c'est Charles, ce joli petit frère que
« j'aimais tant, et que j'ai laissé si jeune! » Elle
se lève précipitamment; ne manque pas de renverser son fauteuil; jette ses bras au cou de Robert; l'embrasse pendant cinq minutes, de manière à lui ôter la respiration; le fait asseoir près
d'elle; lui fait donner un couvert, et continue la
lecture de sa lettre. « *Il va chercher fortune à
« Paris.* Je le crois bien. Pauvre garçon! *Il est
« bien élevé.* Cela se voit. *Propre à tout,* Je n'en
« doute point. *Je te le recommande, ma fille.* Oh!
« cela n'était pas nécessaire.

« Charles, tu resteras ici jusqu'à ce que monseigneur t'ait placé. Zoé, tu lui donneras le petit
« appartement de l'entresol... Oh! que je suis
« heureuse, que je suis contente! Mon ami, il
« faut faire quelque chose pour mon frère. —
« Mais, ma chère amie, tu as une famille qui ne
« finit pas. Il y a tout au plus huit jours que j'ai
« placé un cousin. — Il est bien extraordinaire,
« monsieur, que vous teniez note des petits services que vous me rendez! — Eh, non, non,
« je n'en tiens pas note; mais j'ai, dans mes bureaux, d'excellens sujets, qui languissent dans
« les emplois subalternes... — Et qui sont faits
« pour cela, monsieur. Sont-ils parens d'une
« femme charmante, qui vous aime exclusivement, qui vous sacrifie sa première jeunesse,
« et qui ne compte pas ses complaisances, parce
« qu'elles ne lui coûtent rien? — Eh! mon dieu!

« ne fais-je pas aussi ce qui te plaît? Cessons de
« contester, je n'aime pas cela. Voyons, que veux-
« tu pour ton frère? — Mais je voudrais... je vou-
« drais le privilége d'un journal nouveau. — Le
« privilége d'un journal! c'est tout ce que je don-
« nerais à un abbé de qualité, pour l'aider à at-
« tendre un évêché. — Je veux un journal, vous
« dis-je. — Mon ange, je ne peux pas, moi... —
« Comment, monsieur, vous me refusez! — Je
« ne dis pas cela. — Vous accordez donc? —
« Mais... je... je verrai. — Vous verrez, vous ver-
« rez! Ah! vous ne m'aimez plus, puisque vous
« délibérez. Que je suis malheureuse! » Deux
ruisseaux de larmes s'ouvrent un passage; la poitrine se gonfle; le plus beau sein du monde s'é-
lève et s'agite avec rapidité. Monseigneur ne tient
pas contre tant de preuves d'amour, contre un
si touchant spectacle. « Il aura son privilége!
« s'écrie-t-il; je te l'apporterai ce soir. »

Monseigneur et Du Thé se remettent de leur
émotion. On finit de déjeuner. Robert se retire
discrètement, et quand monseigneur est parti, il
revient rire, avec Du Thé, de la bétise du personnage, et de sa folle condescendance. Il sort
ensuite, parce qu'on ne peut pas toujours faire
l'amour, et il va, dans une allée solitaire des
Champs-Élysées, rêver à son journal.

En cinq minutes il s'est fait un plan de conduite, digne des plus grands éloges. Il a résolu
d'abord de n'épouser aucun parti, d'être impar-

tial envers tout le monde, et de faire oublier son défaut de talent par son intégrité. Il se propose de se donner pour adjoints des gens éclairés, pleins de l'amour du beau et du vrai, incapables, comme lui, de tourner un auteur en ridicule, et de le blesser, surtout, par des expressions injurieuses. Toujours noble et décent, il se gardera bien d'imiter ces faquins, qui outragent un mort illustre, qu'ils n'auraient osé attaquer pendant sa vie. Il s'interdira rigoureusement toute espèce de personnalité; telle, par exemple, que de parler de la femme d'un auteur quelconque, qui n'a rien de commun avec les ouvrages de son mari, et qui se couvre du voile, sacré pour un journaliste, d'une honnête obscurité. Il encouragera les jeunes gens qui donnent des espérances, et ne flagornera point un radoteur, parce qu'autrefois il tournait bien un vers. Il se promet de ne pas louer à l'excès une jolie débutante, qui n'annonce que des dispositions, dans le seul dessein de tourmenter des chefs d'emploi, qui ont droit à des ménagemens, par des talens réels, et par de longs services. Il déclare infame un journaliste qui s'attache à prouver, dans quinze ou vingt numéros consécutifs, que tel acteur, avoué du public, est détestable, parce que nul homme n'a le droit d'en priver un autre de son état. Il est décidé à respecter tout ce qui est respectable; mais à marquer d'un fer rouge le fanatisme religieux, politique et littéraire. Il va faire enfin un journal tel qu'on n'en a pas vu encore.

Pendant qu'il est occupé de ces grandes idées, il aperçoit un individu qui paraît le reconnaître, et qui se jette dans une allée latérale. A son tour, il reconnaît Durocher et l'appelle. Le drôle ne manque pas d'esprit; il est actif, intelligent, et pourra lui être utile dans sa nouvelle entreprise. Le ton amical de Robert persuade à Durocher qu'il ignore les tours, sans nombre, qu'il lui a joués, et qu'il n'aura qu'à lui demander pardon de l'avoir brusqué, lorsque Merlicourt venait de le déposséder, écart bien pardonnable à un homme qui avait lui-même perdu sa place.

Il aborde Robert avec assurance, lui adresse des excuses propres à lui faire oublier son incartade, et cherche dans ses yeux, dans son moindre mot, quelque indice, qui le conduise à le surprendre, et à lui attraper de l'argent.

Robert, aussi incapable de dissimuler que de se conduire prudemment, plein d'ailleurs des vues sublimes qui l'honorent à ses propres yeux, s'empresse d'épancher son cœur. A peine a-t-il parlé d'un privilége, que Durocher s'écrie : « Un jour-
« nal nouveau !... Que m'apprenez-vous, mon
« cher ami ?... C'est une mine que vous avez
« trouvée là. Mais il faut des fonds pour l'exploi-
« ter. Êtes-vous en argent ! — J'ai dix mille francs.
« — J'en mettrai dix autres, mon cher ami. —
« Bon. — Je vous en donnerai douze pour moitié
« de votre privilége, et je ne demanderai rien

« pour mon travail, qui suffirait seul pour mettre
« votre feuille en crédit. — Voilà qui est à mer-
« veilles. — Il vous faut des sûretés : nous passe-
« rons chez le notaire quand il vous plaira. —
« Mais... au retour de la promenade.

« — Voyons, dans quel esprit comptez-vous
« écrire votre journal? ». Le bon Robert lui développe ses projets, s'étend complaisamment sur ses conceptions, et attend les éloges que lui semble mériter un écrivain public qui respecte les bienséances. Durocher lui répond avec un rire sardonique, par un air de commisération qui le déconcertent tout-à-fait.

« Pauvre homme que vous êtes, lui dit-il,
« croyez-vous faire fortune en suivant des idées
« aussi extraordinaires? Où trouverez-vous des
« lecteurs avec votre délicatesse et votre probité?
« C'est bien là ce qui fait réussir un journal, ma
« foi! Ecoutez (1).

« Vous voulez n'épouser aucun parti : c'est le
« moyen de vous mettre mal avec tous. Adoptons
« le plus puissant; sacrifions-lui le faible, le mal-
« heureux, tout, jusqu'à notre conscience. Ecra-
« sons sans pitié l'auteur, dont les opinions ne
« seront pas celles que nous affecterons. Taisons-
« nous sur ce qu'il fera de bien. Ne cessons de

---

(1) Ce qui suit est une critique assez vraie du critique Geoffroi.

« relever ses fautes; aggravons-les, par la mali-
« gnité, par de fausses citations.

« Attaquons les noms les plus célèbres. Cette
« méthode persuade aux sots que l'audace est du
« talent, et les sots doivent composer les dix-
« neuf vingtièmes de nos abonnés.

« Manions avec vigueur l'arme du ridicule; em-
« poisonnons l'épigramme. Les palais usés veu-
« lent de l'eau-forte, et pour émouvoir les gens
« indifférens, il faut toujours être au delà du
« vrai. Faisons rire par toutes sortes de moyens :
« le Français qui rit est persuadé.

« Ayons de l'esprit quand nous pourrons; mais
« soyons toujours impudens. Disons hautement
« que notre journal est fait pour la postérité, et
« qu'elle y trouvera les fastes de la littérature du
« dix-huitième siècle, quoique nous sachions fort
« bien que ces sortes de feuilles passent du salon
« au *cabinet*. Justifions cette impertinence, en nous
« mettant au rang de ceux que nous jugeons in-
« capables de rien imaginer, de rien produire.
« Pillons, comme eux, la Harpe et Luneau de Bois-
« Germain (1). Nos stupides abonnés acheteront
« les exemplaires sur parole, et nous nous serons
« ouvert une route de plus à la considération, et
« à la fortune.

« Lorsqu'un jeune homme débutera dans la
« carrière des lettres, qu'il soit d'avance con-

---

(1) Commentaire sur Racine, par Geoffroi.

« vaincu qu'il ne sera rien que par nous ; qu'il
« n'obtiendra notre suffrage qu'en écrivant dans
« notre sens, et que s'il s'avise de faire le philo-
« sophe, nous l'anéantirons à l'instant. La Sor-
« bonne nous soutiendra ; ses adhérens nous
« prôneront ; la canaille criera *bravo*, et insen-
« siblement notre journal deviendra un livre
« classique où, ceux qui n'ont pas le temps de
« lire, ou qui ne veulent pas s'en donner la peine,
« croiront se former l'esprit et le jugement.

« Mais en nous arrogeant tous les droits, ne
« négligeons pas celui de revenir sur nos juge-
« mens, ce qui, à la vérité, implique contradic-
« tion ; mais ce qui est inévitable quand on souffle
« le froid et le chaud. Ces petites disparates se-
« ront peut-être relevées avec acrimonie ; mais
« ces réclamations-là tombent dans l'oubli, et il
« suffit d'un article plaisant pour tuer le froid
« réclamateur.

« Une très-belle débutante, par exemple, nous
« envoie une pièce de vaisselle. Aussitôt celle qui
« tient l'emploi est sans intelligence, sans no-
« blesse, sans moyens, laide surtout. Ce dernier
« reproche n'est pas galant ; mais nous devons
« au public la vérité, toute la vérité, rien que la
« vérité. Nous louons la belle actrice jusqu'à sa-
« tiété, si elle vient quelquefois faire sa cour à
« la grosse et bête madame Durocher. Nous la
« louons jusqu'à ce que ses créanciers la mettent
« en fuite, et alors la soif des cadeaux nous porte

« à ramener insensiblement nos lecteurs sur le
« compte de sa rivale, qui bientôt n'aura plus
« que des agrémens et des qualités.

« Un petit acteur, sans talent, est admis au dé-
« but par ses intrigues ? Nous en disons ce que
« tout le monde en pense; parce que nous ne
« mentons qu'autant qu'il nous en revient quelque
« chose. Le petit acteur envoie la dinde aux
« truffes, ou le panier de Champagne. C'est une
« bagatelle, c'est le denier de la veuve ; mais nous
« le recevons parce que rien n'est à dédaigner.
« Dès lors, le petit acteur promet, et ses bévues
« sont imputées à sa timidité.

« Un auteur a fait une mauvaise pièce, bien
« compassée, bien ennuyeuse, bien prônée par
« ses coteries. Il ne doute pas du succès. Mais il
« connaît notre influence, et il nous prie d'ac-
« cepter cent louis. Sa pièce est bien écrite, elle
« est du meilleur ton, les caractères sont bien
« tracés, et elle sera jouée tant qu'il achetera des
« billets, et qu'il renoncera à ses droits d'auteur.

« Quand il sera bien connu que nous aimons
« l'argent, que nous recevons de l'argent, que
« nous ne faisons rien qu'à prix d'argent, l'ar-
« gent nous viendra de toutes parts : tant de gens
« veulent avoir une réputation, n'importe à quel
« prix ! Hé bien, nous en vendrons. — Mais,
« M. Durocher, nous passerons pour des coquins.
« — Sans doute. Mais avez-vous jamais vu un
« honnête homme faire fortune ? — Ceux qui

« nous paieront, nous décèleront. — Ils n'auront
« garde. Il y a des chevaliers de Saint-Louis qui
« ont acheté leur croix : vont-ils le dire ? — Ceux
« que nous maltraiterons se vengeront. — Hé,
« comment ? auront-ils, comme nous, dix presses
« à leurs ordres ? — Ils nous donneront des coups
« de bâton. — Je les recevrai, moi, je ne tiens
« pas à cela. — Ah! vous y êtes accoutumé ? —
« Et pour que vous viviez tranquille, je signerai
« les articles virulens. — Vous aurez le courage
« d'y mettre votre nom ? — Vous n'y êtes pas.
« On ne se nomme pas précisément ; on se laisse
« deviner. On prend une lettre, prétendue initiale,
« qui déroute les profanes, et que connaissent
« les initiés. Vous, qui êtes un honnête homme,
« à ce que vous dites, prenez l'H; moi, je signe-
« rai A.

« Je connais trois ou quatre drôles qui crient
« vive le roi, et qui demain crieraient vive la
« ligue. Je les enrôlerai, car enfin nous ne pou-
« vons pas faire un journal à nous deux. — Mau-
« vaise société que celle de telles gens. — A la
« bonne heure ; mais on n'est pas obligé de vivre
« avec eux. On les paie, à tant par mois, pour
« diffamer, et si en effet ils diffament, ils ga-
« gnent leur argent, et quittes les uns envers les
« autres, chacun godaille de son côté. — Mais si
« les tribunaux s'immiscent dans ces diffamations-
« là ? — Hé bien, monsieur F, ou tel autre, va aux
« galères, et on le remplace à l'instant : on trouve

« de ces marauds-là tant qu'on en veut. Nous
« avons, nous, la sagesse de tourner nos phrases
« de manière à ne craindre que les petits acci-
« dens, dont vous parliez tout à l'heure.

« — Monsieur Durocher? — Monsieur? — Pas de
« société entre nous. — Et la raison? — Vous êtes
« un homme détestable. — Des mots, toujours
« des mots, et pas la moindre connaissance du
« monde. — Allez-vous à Chaillot, ou retournez-
« vous à Paris? — J'entends. Si je vais à droite,
« vous prendrez à gauche. Arrangez-vous comme
« vous voudrez; mais je vous prédis qu'en six
« semaines vous aurez mangé vos dix mille francs.
« Vous vous entendez à faire un journal, comme
« le père Bourdaloue à tirer des armes. Adieu,
« mon petit monsieur.

« Qu'allais-je faire, dit-il, quand Durocher se
« fut éloigné? Si je l'avais conduit chez le notaire,
« je me serais imposé la loi d'être injuste, arro-
« gant, hypocrite comme lui; de ressembler à
« ces écrivains mercenaires qui vivent d'extraits
« infidèles, de mensonges, de calomnies, et que
« leur venin étoufferait, s'ils ne pouvaient l'ex-
« haler autour d'eux. Marqué du sceau de la ré-
« probation, je n'aurais osé me montrer, me
« nommer dans un endroit public. J'aurais attiré
« sur moi la haine des gens de lettres, et le mé-
« pris de ceux mêmes que j'aurais fait rire. Oh!
« que la profession de journaliste, telle que je
« l'ai conçue, est noble et satisfaisante, pour

« l'homme vraiment digne de l'exercer! C'est
« d'après les principes que j'ai adoptés, et dont
« je ne m'écarterai jamais, que je vais rédiger
« mon *Prospectus*. »

Il s'enferme chez lui. Il écrit, il rature, il déchire, il recommence; il porte enfin, chez un imprimeur, un écrit qui annonce les vues les plus sages et les plus honnêtes. Il le distribue par cent, par mille; il en expédie pour toutes les provinces.

Ses projets font rire ses confrères : un tel journal ne doit pas leur ôter un abonné. Cependant, comme on a vu le public quitter d'Alembert pour le singe savant, et Lekain pour les marionnettes, ces messieurs pensent qu'il est prudent d'étouffer le journal nouveau dès sa naissance. Ils rendent compte du Prospectus; il louent avec perfidie l'honnêteté de l'auteur; mais ils prouvent qu'il ne sait pas le français, qu'il est sans instruction et sans goût.

Robert répond à cette attaque par un pamphlet bien raisonnable, bien raisonné, et où il n'y a pas le mot pour rire. Il le met en vente; on le lui laisse. Il le donne; à peine daigne-t-on le lire. Il ne se décourage pas ; il sait qu'une querelle littéraire n'a rien de piquant pour le public.

Il fait paraître son premier numéro, que, selon l'usage, il adresse gratuitement à tous les gens en place. On juge que le journal ne vaudra rien, non parce qu'il est mal écrit, mais parce qu'il n'offre pas cette variété, ce mordant que les gens du monde veulent trouver partout. Cependant dix, vingt, trente abonnés se présentent.

Un sot trouve toujours un plus sot qui l'admire.

Beaucoup de journalistes devraient prendre ce vers pour épigraphe. A la fin du mois, Robert a dépensé mille écus ; mais son journal se tire à cent. Il est donc démontré qu'il a cent partisans, qui, infailliblement, lui en amèneront des milliers.

Un jeune poète, qui ne trouvait pas sa feuille bonne, mais qui croyait devoir encourager un journaliste honnête, par la seule raison que la chose est rare, un jeune poète, déja avantageusement connu, lui apporta une pièce de vers, comme on en faisait peu, et comme les amateurs désiraient qu'on en fît beaucoup. Robert n'était pas connaisseur ; mais la fraîcheur, la grace du petit poème le frappèrent, et il jugea, avec raison, que dix ou douze morceaux tels que celui-ci, insérés chaque mois dans sa feuille, lui donneraient la vogue. Or, pourquoi n'en aurait-il pas dix, puisqu'il en avait un ? Cette manière de conclure était digne de lui.

Ces vers furent lus avec avidité, applaudis avec transport. Ils donnèrent un moment de vie au journal nouveau. L'Almanach des Muses, le Parnasse Français, l'Abeille du Parnasse les reproduisirent sous tous les formats, sous tous les caractères, et je ne peux me refuser au plaisir de les reproduire à mon tour.

Confession de Zulmé.

Qu'exigez-vous, belle Zulmé?
Moi, qu'en ministre saint tout à coup transformé,
Dans les replis de votre conscience
Je porte, avec sévérité,
Le flambeau de la pénitence!
Moi, confesseur de la beauté!
D'un sage directeur ai-je donc l'apparence?
Ai-je cet air de gravité,
Cette modeste et bénigne arrogance,
Qui s'établit, en toute humilité,
Juge suprême d'une offense
Qui blesse la divinité?

Non; mais cependant, quand j'y pense,
Avec ces messieurs-là, par un certain côté,
Je pourrais bien avoir un peu de ressemblance.
Lorsque, les yeux sur la terre attachés,
Une pénitente jolie
Leur conte ces heureux péchés,
Qui font le charme de la vie,
Souvent au récit des plaisirs,
Qu'en rougissant on leur confie,
Leur ame agitée, attendrie,
S'ouvre aux feux brûlans des désirs,
Et, pleins d'une flamme profane,
Qu'allume dans leurs sens un démon tentateur,
Ils partagent, au fond du cœur,
Tous ces jolis forfaits que leur bouche condamne.
Hélas! Zulmé, je le sens bien,
Malgré cette grace efficace,

Qui des élus est, dit-on, le soutien,
J'en ferais autant à leur place.

Enfin, vous le voulez, il faut vous obéir.
Que ne ferait-on pas dans l'espoir de vous plaire?
Quoique novice en cette affaire,
Me voilà revêtu du sacré ministère.
Recueillez-vous, ma sœur, le guichet va s'ouvrir.

Commençons. A l'*orgueil* vous êtes-vous livrée?
Moi, je le crois. Quand on a vos attraits,
De tous les cœurs quand on est adorée;
De cet encens, qui brûle, et ne s'éteint jamais
Sur les autels, dont on est entourée;
Pourrait-on quelquefois n'être pas enivrée?
Tout vous conduit vers ce piége trompeur,
Et le miroir qui répète vos charmes,
Et les tendres égards, et l'hommage flatteur
De mille amans, qui vous rendent les armes,
Et vos talens, et cet air séducteur,
Et cette taille de déesse,
Et ces beaux yeux, où la noblesse
Succède à la tendre langueur,
Et la langueur à la finesse.
Aussi, j'excuse en vous cette faiblesse:
L'humilité ne sied qu'à la laideur.

Poursuivons. Êtes-vous encline à l'*avarice?*
Vous rougissez, vous avez bien raison.
C'est, ma sœur, un fort vilain vice,
Un vice pour lequel il n'est point de pardon.
Inutile dépositaire
De tous les trésors de l'amour,
N'en doutez point, vous répondrez un jour
Du bien que vous auriez pu faire.
Rassurez-vous pourtant. Non, il n'est point d'erreurs

Qu'un bon repentir ne répare.
Renoncez donc à vos rigueurs;
Soyez, pour gagner tous les cœurs,
Économe de vos faveurs;
Mais n'en soyez jamais avare.

Le péché des *gourmands*, parlez-moi sans détour,
Est-il aussi le vôtre? Ah! ce serait dommage.
Ce dieu, dont votre bouche est le charmant séjour,
Qui d'un corail si pur en orna le contour,
Se plut à la former pour un plus digne usage.
Elle est faite, Zulmé, pour le tendre langage,
Les soupirs, les aveux, les baisers de l'amour.

Si quelquefois de la *colère*
Vous avez senti les accès,
Sans doute les efforts d'un amant téméraire
De votre cœur avaient troublé la paix.
Zulmé, votre courroux n'était pas légitime.
Épris de vos attraits, piqué de vos refus,
Son audace était-elle un crime?
Croyez-moi ne vous fâchez plus
Contre une erreur si naturelle:
Les désirs qu'on éprouve, en vous voyant si belle,
Nuisent trop au respect qu'on doit à vos vertus.

Votre ame, j'en suis sûr, des tourmens de l'*envie*
A toujours su se garantir.
Qui pourrait vous faire sentir
Un mouvement de jalousie?
Que reste-t-il aux dieux à vous donner?
En appas, en talens vous n'avez point d'égales.
D'un sentiment si bas peut-on vous soupçonner?
Il n'est fait que pour vos rivales.

Il est un péché moins affreux,
Auquel, je l'avoûrai, vous êtes fort sujette,

Péché que plus d'une fillette,
Entre deux draps, commet souvent seulette...
Ne baissez point vos deux grands yeux;
Que rien n'alarme ici votre délicatesse :
Ce péché-là, Zulmé, ce n'est que la *paresse*.
Ne cherchez point à vous en corriger,
Et de l'amour, si le souffle léger,
Au point du jour, vous berce d'heureux songes,
Pour le bien de l'humanité,
Puissent de si rians mensonges
Vous inspirer du goût pour la réalité!

Enfin ma tâche est bientôt achevée.
De six péchés, objets du céleste courroux,
Votre conscience est lavée.
Il en reste encore un... le plus charmant de tous.
De celui-là, s'il est sur la liste des vôtres,
Non seulement je vous absous ;
Mais, en faveur de ce péché si doux,
Je vous pardonne tous les autres.

On accourait de toutes parts chez l'imprimeur de Robert. On demandait le n° 31, on voulait l'avoir à tout prix. La confession de Zulmé fut réimprimée dans vingt numéros suivans. Robert, rentré dans ses fonds, ivre de ce succès du moment, chercha des collaborateurs aussi équitables, mais plus habiles que lui. Il en demanda dans sa feuille ; il fut frapper à toutes les portes des colléges de la montagne Sainte-Geneviève. La foule arrive chez lui ; il n'a plus que l'embarras du choix.

Il traite avec deux hommes qui lui paraissent

instruits et doux, et il se fait des ennemis de tous les autres. Ses confrères recueillent et insèrent leurs réclamations, leurs sarcasmes. On commence à rire du journaliste et de son intégrité, et l'arme du ridicule blesse mortellement à Paris.

On y savait par cœur la confession de Zulmé, et M. Ginguené n'apportait plus rien. Les jeunes auteurs voulaient être lus, et ils donnaient leurs poésies fugitives aux folliculaires renommés. Robert abandonné à ses seules forces, retomba dans l'oubli, chargé de l'existence de deux hommes qui ne lui étaient d'aucune utilité.

Un malheur ne va pas sans un autre, dit un vieux proverbe. Le numéro 31 passa, de mains en mains, jusqu'en celles d'un docteur de Sorbonne. La confession de Zulmé l'indigna. Il y vit un sacrement régénérateur tourné en ridicule, et ses ministres présentés comme accessibles aux viles passions qu'ils condamnent et répriment. En conséquence, il jugea l'œuvre sacrilège, attentatoire à la dignité du clergé, digne enfin d'être lacéré, et brûlé au pied du grand escalier.

Il convoqua une assemblée extraordinaire de messieurs les docteurs, et leur lut les vers diaboliques. Quelques jeunes gens, qui n'avaient de doctoral que la fourrure, sourirent à certains passages; mais les vieux, qui ne tenaient plus qu'à leur robe, firent un tapage épouvantable. Selon eux, il ne suffisait pas de condamner la confession de Zulmé ; il fallait saisir, incarcérer, déporter l'auteur, et l'envoyer faire des vers chez les Iroquois.

L'ouvrage fut déclaré hérésiarque, la décision de la Sorbonne envoyée à monsieur le procureur-général, et les gouvernantes des jeunes docteurs chez le distributeur du numéro 31.

C'est à cette époque que la France était divisée en deux partis, au sujet de la bulle *Unigenitus*, que personne n'entendait, et qui ne signifie rien. C'est alors qu'on exigeait que les mourans se confessassent à des prêtres adhérans à la bulle, et qu'ils en obtinssent des billets de confession. Sans cela, point de viatique, point d'extrême-onction, ce qui était très-malheureux pour les pauvres malades, qui ne savaient plus comment ils mouraient.

Le parlement, souvent opiniâtre dans d'injustes prétentions, mais toujours ferme quand il avait les intérêts du peuple à soutenir, le parlement entreprit de faire cesser ce ridicule scandale. Il manda des prêtres à sa barre; il en décréta quelques-uns; il en fit emprisonner d'autres. Le roi, obsédé par l'archevêque, cassa ses arrêts. Vous observerez que ce fut au dix-huitième siècle qu'on fit tant de bruit pour de pareilles sottises.

On comprime le faible, on ne peut rien sur l'opinion. Elle est toujours reine, au sein même de l'esclavage. Elle entraîne à la fin jusqu'au despotisme. Le parlement, suspendu, cassé, rappelé à ses fonctions, ne pouvait se défendre que par des protestations. Le procureur-général était attaché à sa compagnie; il en avait l'esprit; mais il sentait la nécessité d'employer la souplesse au défaut de la force. La confession de Zulmé lui parut plus propre à ramener les esprits que des écrits polémiques, que personne ne lit, qu'on adopte ou qu'on rejette sur le titre, et qui ne servent qu'à alimenter les haines et à animer les partis. C'est ainsi, à peu près, qu'on juge aujourd'hui Voltaire, d'après le journal de l'Empire.

Le procureur-général dénonça la décision de la Sorbonne aux chambres assemblées. C'était ajouter à la réputation du joli poème; c'était vouloir faire succéder une aimable gaîté aux cabales et aux injures. Le parlement, dont on cassait les arrêts, cassa celui des docteurs, leur défendit de s'immiscer dans les affaires du Parnasse, et les relégua sur les monts Sinaï et Thabor.

L'archevêque cria partout que le parlement touchait à l'encensoir. Il cria dans les appartemens de Versailles, il cria aux oreilles du roi, qui ne sachant plus qui écouter, qui croire, et fatigué d'ailleurs de tant de criailleries, accorda au clergé un empire absolu sur toutes les montagnes du monde, sous la condition cependant qu'il n'entendrait plus parler de tout cela.

Il ne suffisait pas à l'archevêque que le roi eût prononcé. Il fallait que Paris, que toute la France sussent que la Sorbonne l'emportait sur le parlement. Il obtint, du roi, l'ordre au ministre de supprimer le journal, et au parlement, celui de faire brûler la confession de Zulmé. Qui eût pu s'imaginer que Ginguené et Robert seraient de nouvelles victimes de la bulle *Unigenitus*? Qui eût prévu que mademoiselle Du Thé l'emporterait sur le roi, l'archevêque, et la Sorbonne? C'est pourtant ce qui arriva.

Du Thé, toujours éprise de Robert, persuada à son ministre de faire au roi de très-humbles, mais de très-fortes représentations. Elle fut, elle-même, représenter au procureur-général, aux présidens et aux meneurs des différentes chambres, car il y a des meneurs partout, que si le parlement faiblissait, les priviléges nationaux étaient anéantis, ce qui n'était pas vrai; mais sa manière de représenter était si séduisante, et elle multiplia tellement les représentations, que toutes considérations disparurent aux yeux de messieurs, et qu'ils refusèrent d'obtempérer.

Une députation se rendit à Versailles, exposa les motifs qui dirigeaient le parlement, et le roi convint que son parlement avait raison. Le ministre s'éleva contre les prétentions de l'archevêque; il prouva que le clergé visait à l'autorité souveraine, et qu'il finirait par l'usurper, si on ne l'arrêtait pas, et le roi convint que son ministre avait raison. Cependant, comme il avait promis une réparation au prélat, il voulut que le titre du journal fût changé.

L'archevêque, qui ne voyait pas brûler la confession de Zulmé, retourna criailler à Versailles. Le roi, qui avait de l'humeur, parce que sa chasse n'avait pas été heureuse, exila l'archevêque à son château de Conflans. L'archevêque répliqua avec aigreur ; le roi le fit mettre dans son carrosse par quatre mousquetaires, et lui envoya une escouade du guet, pour l'empêcher de sortir de son château.

Sa majesté fut curieuse de voir ce monsieur Ginguené, qui faisait autant de bruit que la bulle *Unigenitus*. On vit paraître à la cour un jeune homme d'une figure douce et aimable, qui mettait, à lire ses vers, autant d'esprit qu'à les composer. La confession de Zulmé plut au roi, comme elle avait plu au public. Il promit au jeune poète sa protection immédiate, et une pension... qu'il n'a jamais eue.

Pendant ces allées, ces venues, et ces discussions, le journal restait suspendu. Déjà le public ne se souvenait plus qu'il eût existé. Robert l'eût oublié lui-même, si ses deux collaborateurs et ses ouvriers ne le lui eussent rappelé à la fin de chaque semaine. Il ne lui restait plus que mille écus, et bientôt il ne devait plus rien lui rester. Cette position n'était pas agréable. A la vérité, Du Thé lui donnait le logement et la table ; mais il sentait que cela ne pouvait durer. Il se souvenait des conseils de Durocher ; il commençait à convenir de leur justesse, et bientôt il s'avoua, à lui-même, qu'il n'y avait alors qu'une manière lucrative de faire un journal. Les temps sont bien changés. Aujourd'hui, le public intègre déteste les applications, la malignité, et nos journalistes peuvent être, et sont, en effet, les plus honnêtes gens du monde, sans nuire à leurs intérêts.

Pendant que Robert, irrésolu, passait d'un projet à un autre, pour ramener à lui la fortune fugitive, et qu'il cherchait à concilier ses faveurs avec les grands principes qu'il avait professés, Durocher fut le trouver, plus fort en raisons que jamais. Il lui rappela ses revers; il lui parla avec force de la facilité de relever ses affaires; il cita cent personnes très-riches, et par conséquent très-considérées, qui ne devaient leur fortune qu'à l'intrigue. Il assura que le titre nouveau sous lequel le journal allait reparaître, était un moyen certain de réparer toutes les pertes; qu'il suffisait pour cela de débuter avantageusement, et que du premier numéro dépendrait le succès de tous les autres. Robert, déja ébranlé par ses propres réflexions, se laissa entraîner. Il suivit Durocher chez un notaire.

Durocher s'entendait à la rédaction d'un acte, comme à celle d'un journal. Il ne manqua point de mettre son associé dans sa dépendance absolue, et de s'approprier les trois quarts des bénéfices, à la faveur de quelques phrases, entortillées et équivoques. L'imprévoyant Robert signa aveuglément, et tous deux se disposèrent à faire gémir des presses et des victimes.

Les deux collaborateurs furent renvoyés, et remplacés par deux escogriffes du choix de Durocher. On mit aussitôt la main à l'œuvre. Robert s'attendait à lire quelque chose de très-fort, et cependant ce premier numéro l'effraya. Durocher l'avait écrit d'après son cœur ; il avait laissé courir sa plume, et ne s'était donné d'autre peine, que de couvrir des atrocités d'un peu de gaîté et d'esprit. Les amateurs de ce genre, et il y en a beaucoup, crièrent au prodige ; les gens indifférens se laissèrent persuader : ils ne risquaient qu'un abonnement. Bientôt le journal devint à la mode. Elle exerce son empire, en France, sur les honnêtes gens comme sur les autres. Partout on disait : Durocher est un coquin, et partout on voulait avoir Durocher.

Rédacteurs et lecteurs étaient également satisfaits. Les victimes immolées à la méchanceté se plaignaient, et on ne les écoutait pas. Qu'importe à un financier, à un propriétaire, à un marchand, qu'on diffame un ouvrage, et même son auteur ? Nous ne sommes sensibles qu'au mal qui est près de nous, qui peut nous atteindre, et il y a si loin d'un gros bourgeois à un homme de génie!

Cependant les gens de lettres, étourdis d'abord, revinrent au sentiment de leur force et de leur dignité. Ils répondirent ; et on ne les lut pas. Durocher répliqua, et on rit. Quelques jeunes auteurs, plus énergiques que ne le sont ordinairement les nourrissons des Muses, se rallièrent autour de Saint-Foix, et résolurent de se venger des outrages, dont le public insouciant leur refusait justice. Ils cherchèrent, ils trouvèrent le domicile de Durocher. Ils s'y présentèrent, résolus à lui infliger un genre de correction, plus infame encore que ses écrits.

Durocher, résigné, ainsi que nous l'avons vu plus haut, s'était cependant bien promis de ne recevoir des coups de bâton, qu'autant qu'il ne pourrait les éviter. Il ne lui était pas difficile de prévoir l'orage, qui grossissait chaque jour, et qui était prêt à fondre sur son dos. Semblable, par la crainte, à ce tyran qui avait cent chambres, et qui laissait ignorer celle dans laquelle il couchait, mais différent de lui par l'étendue du local, Durocher, comme Denis, avait sa garde, composée de trois ou quatre garçons imprimeurs, qui se relevaient, et qui interdisaient rigoureusement l'entrée de l'appartement à ceux qui n'étaient pas du parti. Les autres avaient le mot de passe, comme Caïn avait un signe au front.

Saint-Foix et sa troupe furent arrêtés à l'antichambre. Brave et bouillant, Saint-Foix allait tomber sur les satellites du tyran moderne, et passer sur leurs corps pour arriver jusqu'à lui. Mais il réfléchit qu'un coquin est toujours lâche, et que Durocher sauterait par la fenêtre, pendant qu'on rosserait ses gens. Il se retira sans faire d'éclat, se proposant d'employer la ruse pour approcher l'ennemi.

Les succès à la guerre sont quelquefois l'ouvrage du hasard : c'est ce qui arriva ici. On venait de donner, pour la première fois, la jolie comédie de l'*Oracle*. La salle était pleine, la chaleur excessive, et lorsque le rideau tomba, l'auteur satisfait, nos journalistes enragés, les spectateurs altérés, coururent se rafraîchir au café Procope. Durocher commit là sans doute une grande imprudence; mais les gens de cette trempe s'oublient aussi quelquefois, et Cartouche s'est laissé prendre.

Il est difficile de juger à la mine un polisson perdu dans la foule, et Saint-Foix était loin de se flatter de rencontrer son drôle dans un café. Cependant, comme la bassesse a aussi sa célébrité, les curieux, sur un mot échappé à un affidé indiscret, entourèrent le personnage. Saint-Foix vole, perce les rangs, arrive, et Durocher pâlit : il avait entrevu l'aimable auteur de l'Oracle et des Grâces, à travers le trou de sa serrure.

« C'est donc vous, faquin, qui vous jouez de
« tout, qui confondez tout, qui dénaturez tout,
« qui outragez les personnes, quand vous êtes
« las de déchirer leurs écrits ! — Je ne vous en-
« tends pas, monsieur. Que voulez-vous dire ? —
« Ah! tu ne m'entends pas ! Je vais m'expliquer
« plus clairement. Messieurs, cet homme est Du-
« rocher. — Je vous proteste, monsieur... Je vous
« jure... que vous, vous trompez. — Tu te trouves
« donc bien vil, puisque tu n'oses avouer ton

« nom ! Rangez-vous, s'il vous plaît, messieurs.
« Je vais châtier exemplairement ce fripon-là.

« — Un moment donc, monsieur. Que diable !
« on s'explique avec un homme, avant que de frap-
« per. Tenez, voilà le propriétaire du journal,
« M. Robert, un garçon d'esprit, qui polit et
« termine tous les articles de littérature. Arran-
« gez-vous avec lui : moi, je ne suis chargé que
« de la politique. »

Le pauvre Robert prenait tranquillement sa limonade dans un coin, et ne se mêlait en rien de ce qui se passait, parce que, d'après les conventions arrêtées, les coups de bâton regardaient Durocher. Mais aux derniers mots de son confrère, il se leva, et fit un saut à percer le plafond avec son crâne. Saint-Foix n'avait jamais vu d'homme sauter de cette manière, et il prit la cabriole de Robert pour un aveu tacite de ses méfaits. En conséquence, il lui cassa sur les épaules un très-gros et très-beau jonc, dont il se servait avec ceux qu'il ne jugeait pas dignes de son épée.

Il était fâcheux pour l'ordre social, qu'un homme dit *comme il faut* s'arrogeât impunément le droit de bâtonner qui bon lui semblait; mais il serait très-bien pour l'ordre moral, qu'on traitât de même aujourd'hui les successeurs de Durocher.

Pendant que Saint-Foix agissait en chevalier du Parnasse, et fixait l'attention des spectateurs, le vrai coupable gagnait la porte. Il sortit, prit sa course, et fut se renfermer chez lui. Robert le suivit de près dans un fiacre, où sa tête était soutenue par un chaud partisan du journal, qui n'avait osé dire un mot dans le café, de peur que la correction ne s'étendît de l'écrivassier au zélateur.

Robert, étourdi, meurtri, contusionné, trouva cependant la force de faire une scène infernale à Durocher. Il lui reprocha amèrement d'avoir violé le traité, en lui montrant ses épaules, dont le triste état l'eût attendri, s'il eût pu être sensible à quelque chose. Il laissa dire le plaignant, et lui répondit gravement : « Mon cher Robert, je « voyais avec peine qu'on me fît exclusivement « honneur de ce qu'il y a de bon dans notre « feuille, et j'ai saisi une occasion favorable de « vous créer une réputation. Je vous ai sacrifié « la mienne, car enfin vous allez passer dans « Paris pour avoir plus d'esprit que moi; mais « que ne sacrifie-t-on pas à son ami? — Belle ré- « putation vraiment, qui me coûte deux cents « coups de canne! — Eh! mon dieu, je les rece- « vrai à la première occasion. Quel bruit vous « faites pour une misère! — Une misère! encore « une scène comme celle-là, et je renonce à ja- « mais au métier de journaliste. »

Oui, dit en lui-même Durocher, il ne te faut plus qu'une algarade pour te faire renoncer à tes droits? Je te la procurerai, et très-incessamment.

La chose arriva tout naturellement, et sans que Durocher fût coupable d'intention.

Après avoir épuisé son venin sur les littérateurs de Paris, il s'avisa, pour jeter de la variété dans sa feuille, de traduire les provinciaux devant les oisifs de la capitale. Déja il avait tourné en ridicule certaines sociétés littéraires, qui ne valaient pas sans doute l'académie Française; mais qui étaient fort estimables, et qui ne devaient pas être en butte aux traits d'un Durocher. Ces sociétés avaient cru au-dessous d'elles de répondre à des platitudes. Mais il se trouva à Brive-la-Gaillarde, petite ville dont les paisibles habitans ne s'attendaient pas à être attaqués, et que Durocher attaqua sans savoir pourquoi, il s'y trouva, dis-je, un homme du caractère de Saint-Foix, qui s'érigea en vengeur de sa patrie outragée.

Il part; il arrive; il prend des renseignemens. Il sait que le logement de Durocher est une place forte, où on ne pénètre pas : il se décide à attirer l'ennemi en campagne. Il écrit aux associés qu'il vient de Marseille, et qu'il est chargé, par les abonnés de cette ville, d'offrir une marque d'estime aux soutiens de la religion, de la morale, des mœurs et du goût. « Fort bien, dit Du-
« rocher, c'est sans doute du thon, de l'huile
« d'Aix, du vin de liqueur, des étoffes du Levant,
« et de tout cela en quantité : les habitans de Mar-
« seille sont magnifiques et généreux. Ami Ro-
« bert, prenez un haquet, et allez recevoir tout

« cela, pendant que je termine cet article contre
« l'académie de Montauban. »

Robert se rend dans le haut de la rue de
Notre-Dame-des-Champs, où il ne passe personne, même à midi. L'adresse à la main, il
cherche le numéro indiqué ; il entre, il monte,
il trouve le prétendu Marseillais, qui le reçoit
avec une politesse, une douceur propres à éloigner
tout soupçon. On lui dit que les marchandises
sont dans une maison de roulage, à trente pas
de là ; on l'invite à descendre, et on s'appuie en
boitant sur un bâton solide, parce qu'on relève,
dit-on, d'une attaque de goutte.

On est à peine dans la rue, que le Marseillais
se relève, droit comme un pin, fronçant le
sourcil, agitant son bâton, et déployant, devant
Robert inquiet, des épaules carrées, un jarret
tendu, des bras nerveux : c'est Hercule armé de
sa massue. Robert, en entrant chez le Marseillais, a décliné ses qualités ; ainsi toute explication
est inutile. Les coups pleuvent sur lui comme la
grêle. Il crie, il demande quartier ; le conducteur
du haquet s'avance, armé du fouet protecteur ;
le gourdin joue des deux bouts ; le charretier et
le journaliste sont traités de la même manière,
à cette différence près qu'il y eut fracture au
bras dont Robert se couvrait la tête, et dont il
tâchait de parer les coups.

Après cette expédition, le vengeur de Brive-la-

Gaillarde s'éloigna à grands pas, gagna la barrière du Mont-Parnasse, et sortit de Paris sans inquiétude sur les suites, parce qu'il avait donné un faux nom à son hôtel garni.

Robert, souffrant horriblement, fut trop heureux de se faire ramener sur ce haquet, qu'il se représentait, quelques minutes auparavant, chargé des plus précieuses productions de la Provence et de l'Inde. « Hélas ! disait-il tristement, Saint-« Foix m'a meurtri les omoplates, celui-ci m'a « cassé un bras, le troisième me cassera la tête : « je ne veux plus être journaliste. Je mettrai ma « vie en sûreté, en rentrant dans la classe des « honnêtes gens. »

A merveille, pensait Durocher. Je ne comptais que sur du thon mariné, et je vais être unique propriétaire du journal : il y a plus que compensation. A la vérité, je serai seul exposé aux coups ; mais l'argent pleuvra chez moi, et ce baume-là ferme toutes les blessures.

L'acte d'abandon des droits de Robert fut rédigé dans le même esprit que l'acte de société. Durocher achetait, quinze mille francs, un journal qui déja en produisait huit par mois. Mais Robert ne connaissait qu'un tiers des abonnnés. Il était d'ailleurs si dégoûté du métier, qu'il eût traité à la seule condition d'être désormais à l'abri de certains évènemens.

Ce livre perdrait singulièrement dans l'esprit

de ses lecteurs, si Durocher n'était enfin puni de toutes ses friponneries. Passons à la catastrophe qui en fut la suite nécessaire.

Méprisé, honni, menacé de tout le monde, il crut devoir se procurer des protecteurs puissans; mais il se trompa dans son choix. Il adopta ouvertement les opinions de la Sorbonne, de l'archevêque et du légat du pape. Dès lors, il compta parmi ses abonnés ce qu'il y avait de plus distingué dans le haut clergé, et son audace s'accrut avec sa fortune. Il la porta au point que le parlement, indigné, le décréta et l'envoya à Bicêtre. Il écrivit au légat. L'ambassadeur apostolique courut à Versailles, et demanda la liberté du prisonnier, avec une hauteur qui blessa le monarque. Le roi avait cassé plusieurs arrêts; mais il commençait à sentir que le parlement était la seule digue qu'il pût opposer aux prétentions de la cour de Rome. Il lui abandonna le journaliste, comme on livre la vermine aux animaux utiles qui en purgent une maison, et il enjoignit au légat d'être à l'avenir plus modéré et plus décent dans ses expressions. Le légat, humilié, se plaignit à son maître, qui, dans l'impuissance d'abaisser un roi de France, l'attaqua dans la personne du duc de Parme, son parent. Il déclara le duché de Parme et de Plaisance partie intégrante du patrimoine de Saint-Pierre, et il excommunia le duc Ferdinand. Le roi ordonna au comte de Rochechouart de se saisir du comtat d'Avignon, et le roi de Naples vengea sa maison en s'emparant des villes de Bénévent et de Ponte-Corvo.

Durocher s'imagina réellement qu'il remuait l'Europe du fond de son cabanon. Le faquin! quelques mois de détention et d'oubli le convainquirent de sa nullité absolue, et lui firent sentir que le bruit qu'il avait fait un moment dans le monde, n'était que le bourdonnement du frelon. Ne pouvant rien au dehors, il intrigua au dedans. Il se mit à la tête d'une troupe de bandits, à qui il communiqua l'idée de recouvrer leur liberté par la violence. Il se proposait de se retirer en Hollande, d'où il écrirait des libelles contre les souverains qui n'étaient pas aveuglément soumis au pape, et contre ceux qui avaient douté de l'excellence de son journal. Le complot fut découvert, et Durocher pendu dans la grande cour de Bicêtre, pour l'exemple de l'abbé Desfontaines, et autres coquins qui seraient tentés de l'imiter.

CHAPITRE IV.

Robert joue.

Mademoiselle Du Thé conseilla un jour à Robert de quitter son entresol, et cela par deux raisons. La première, c'est qu'une femme ne sait trop que faire d'un homme qui a un bras cassé; la seconde, c'est qu'elle avait un oncle à la mode de Bretagne qu'elle voulait loger, parce qu'il lui inspirait un intérêt naissant, auquel, selon l'usage, elle était disposée à tout sacrifier.

Quand on quitte un certain monde, et qu'on n'a pour toute ressource que quinze mille francs, il faut rentrer dans le cercle étroit, dont mademoiselle Du Thé avait tiré Robert, et dont il ne pouvait espérer de sortir, tant qu'il aurait le bras en écharpe. Il retourna à son modeste hôtel de la rue Jean-Saint-Denis, où on l'aimait assez, quand il ne faisait pas de projets, parce qu'alors seulement il était possible de causer avec lui, et que l'hôte était un infatigable bavard.

Après avoir parlé long-temps du bras cassé, de la manière dont il l'avait été, de celle dont on l'avait traité, l'hôte lui proposa son chirurgien, le meilleur de Paris, à ce qu'il disait, comme tout père a les enfans les mieux élevés, tout amant la maîtresse la plus belle, tout mari la femme la plus sage, toute dévote le plus digne directeur. Ce que c'est que le sentiment de la propriété ! il embellit tout ; il pare l'erreur des couleurs de la vérité.

Robert était assez content du chirurgien qui avait commencé le traitement ; mais celui de son hôte devait coûter moitié moins, ce qui est à considérer, quand on n'a que des moyens bornés, et il obtint la préférence. Le nouveau docteur jugea à propos de recasser le bras, qu'il déclara mal remis, parce qu'il est encore de notre vicieuse nature de ne trouver bien que ce que nous faisons; de sorte que Robert, reporté au jour de l'accident, paya quarante visites à trente sous, au lieu de vingt qui restaient à payer à trois livres, et il eut de plus la douleur occasionée par la seconde fracture. Il y a des économies bien entendues.

On a le temps de dire et de raisonner bien des choses pendant six semaines de retraite, et il est à présumer que Robert ne prendra un parti qu'après de longues et de mûres réflexions. C'est ce que nous allons voir.

Son hôte lui représentait que quinze mille francs, bien placés, ne rapportent que sept cent cinquante livres de rente, et qu'on ne peut vivre avec cela. Robert convenait qu'il avait raison. Son chirurgien observait qu'un homme comme monsieur n'était pas fait pour travailler, et Robert était encore de cet avis. L'hôte répliquait que monsieur était encore assez jeune pour apprendre quelque chose, et qu'il est des professions qui n'ont rien de fatigant. Robert ne répondait rien à cela. « Je connais, reprenait l'hôte, un banquier « opulent, qui a commencé avec cent louis. — « Bah ! disait le chirurgien, je ne connais de ban- « quier solide que celui qui taille au pharaon. « Pas de billets, pas de retards avec celui-là. Il ne « fait rien qu'au comptant. Sans doute, sans « doute, s'écria Robert. Je n'ai jamais joué; mais « je conçois que rien n'est comparable au sort

« d'un joueur heureux. Parbleu, je le crois, reprit le docteur. »

> Ses jours sont enchaînés par des plaisirs nouveaux.
> Comédie, opéra, bonne chère, cadeaux,
> Il traîne en tous les lieux la joie et l'abondance.
> On voit régner sur lui l'air de magnificence,
> Tabatières, bijoux, sa poche est un trésor.
> Sous ses heureuses mains le cuivre devient or.

Au ton d'enthousiasme avec lequel le chirurgien débitait les vers de Regnard, il était facile de deviner un joueur. En effet il jouait, et le jeu lui faisait négliger son état, et ses malades. On ne lui accordait aucune confiance, et il était quelquefois trop heureux de trouver une ou deux visites, à trente sous, pour dîner.

Si l'hôte eût connu son théâtre, il eût pu répliquer par ces autres vers :

> Non, l'enfer en courroux, et toutes ses furies
> N'ont jamais exercé de telles barbaries.
> Je te loue, ô destin, de tes coups redoublés ;
> Je n'ai plus rien à perdre, et tes vœux sont comblés.
> Pour assouvir encor la fureur qui t'anime,
> Tu ne peux rien sur moi, cherche une autre victime.

Mais il eût débité ces vers vingt fois, qu'ils n'eussent produit aucun effet. Robert, devenu sourd à tout ce qui ne flattait pas sa passion naissante, ne cessait de répéter avec l'air d'un inspiré :

> Sous ses heureuses mains le cuivre devient or.

Il était enchanté quand son docteur lui peignait les avantages d'un joueur sur l'homme laborieux; qu'il lui montrait autour d'un tapis vert cette égalité, si désirée, et qui n'existe vraiment que là. C'est là, que tous les états se confondent, ou plutôt s'anéantissent. C'est là, que la duchesse ne rougit pas d'emprunter, à un petit commis, dix louis qu'elle oublie de lui rendre. C'est là, où il n'y a jamais diversité d'opinion ni de culte; que l'or est universellement estimé, et qu'il est l'objet de tous les vœux, et de tous les hommages.

Robert jugeait que rien n'est comparable à une société de joueurs. Déja il se voyait l'égal d'un duc et pair, déja il prêtait de l'argent à madame la marquise, à madame la présidente, et il mettait son orgueil à ne pas le redemander... pourvu cependant que la dame fût jolie, et qu'elle sût comment une femme paie ses dettes. Oh! Robert avait une grande facilité de perception dans les choses qui lui plaisaient.

Il était fâcheux que le bras cassé ne permît pas de réaliser de suite ces heureux projets. Mais une grande et féconde imagination offre toujours quelque dédommagement. Robert trompait son impatience, en jouant dans sa chambre avec son docteur. Il payait quand il perdait; quand il gagnait, le docteur lui disait : Je vous dois tant, et Robert trouvait cela fort bien, parce qu'il est juste de payer ses maîtres.

C'est avec les écus du disciple que le maître avait troqué, à la friperie, son vieux habit contre un neuf. C'est à la considération que donne partout un habit neuf, que le docteur dut l'honneur d'être admis chez la femme d'un banquier, qui jouait un jeu d'enfer, et qui allait dans le cabinet de son mari prendre un sac, qui remplaçait celui qu'elle venait de perdre. Madame prenait des sacs pour le jeu; monsieur en prenait pour sa maîtresse; il en donnait à son architecte, à son maquignon, à son maître d'hôtel, parce qu'il est reconnu qu'un banquier doit représenter comme un prince. Mais comme les bénéfices ne sont pas en proportion de la dépense, le banquier fait banqueroute au prince, le prince à ses créanciers, la banquière à la vertu. Le monde ne s'aperçoit de rien, et chacun reste à sa place. En dernier résultat, il y a bien quelqu'un de ruiné; mais c'est un petit marchand, un particulier obscur, qui ont déposé leurs économies, et qui comptent là-dessus pour vivre tranquilles un jour. Il se sont trompés, voilà tout.

Il était minuit. Robert était couché, et au lieu de dormir, il se livrait aux illusions de l'espérance. Il jouait, il gagnait, il était dans l'opulence, il s'enivrait de plaisirs, et il n'y avait pas grand mal à cela : ses jouissances n'épuisaient ni sa bourse ni sa santé. Un carrosse s'arrête à sa porte. On frappe à grands coups; on monte précipitamment l'escalier; on entre dans sa chambre... C'est le docteur. Il est radieux, triomphant. La joie se peint dans chacun de ses traits ; son chapeau, dont il décharge ses bras fatigués, est plein d'or ; il a de l'or dans les poches de sa culotte, de sa veste, dans celles de son habit. Il vide cet or sur le parquet, en présence de Robert stupéfait, enchanté. Il le compte, il le recompte, il en fait des rouleaux. Il dispose de vingt mille francs qu'il a devant lui. Il achètera une maison, une ferme, un moulin ; il achètera toute la France. Mais il lui faut cinq cents louis pour sa dépense courante, et il ira les gagner le lendemain, pour ne pas toucher à son capital.

Robert ne résiste pas à ce spectacle enchanteur. Il se lève, il veut aussi palper cet or gagné si aisément, et en si peu de temps. Il ne conçoit pas qu'on puisse faire autre chose que jouer. Il déclare qu'il ira le soir chez madame Courgel, et qu'il est indifférent, pour sa santé, qu'il joue chez elle ou dans sa chambre. Le docteur est dans une situation d'esprit à ne rien refuser à personne. Il promet à son malade de le présenter ; mais à condition qu'il ne soupera pas chez madame Courgel, qu'il rentrera de bonne heure, et qu'il prendra des calmans, pour tempérer l'effervescence d'un sang allumé par le jeu. Robert souscrit à tout, décidé à tenir... comme un joueur tient ce qu'il promet aux autres et à lui-même.

Le docteur a été présenté la veille, il n'est

pas connu encore, et il présente le lendemain. C'est que dans ces maisons-là, la présentation n'est que de forme. L'avidité s'y couvre du masque de la décence; elle le jette quelquefois.

C'est là, que Robert vit autour de la même table le grand seigneur et le bourgeois, l'homme d'épée, de robe, de finance, la mère et la fille, la dupe et l'escroc. C'est là, qu'on est insensible au malheur d'autrui, parce qu'on n'y connaît que soi; qu'on n'y voit que sa carte; qu'on n'y a que deux idées qui se rendent en deux mots : *perte et gain.* C'est là, que la ponte dévore des yeux la masse du banquier, et que le banquier attire à lui l'or qui est devant le ponte. C'est là, que les fortunes se fondent, que les passions s'allument, que les crimes se préparent. La fureur du jeu se communique des maîtres aux valets. La femme de chambre, en allant et venant, glisse son écu à un homme qui lui en rend deux, qu'elle ait perdu ou gagné, et qui vient le lendemain matin se payer de ce qu'il a donné. Les laquais font leur brelan à l'antichambre. L'un a volé son maître, l'autre le volera.

Les tableaux de la vie sociale produisent différens effets, dépendans de la différence des opinions, des goûts, des habitudes des spectateurs. Je vous ai présenté celui-ci sous le point de vue philosophique. Robert le vit à travers le prisme qui lui fascinait les yeux. Le grand seigneur, qui se dégradait, élevait d'honnêtes gens jusqu'à lui;

cette confusion de toutes les classes offrait l'image de la plus douce fraternité; cette jeune mère, qui perdait un argent, nécessaire aux besoins de sa maison, se faisait un devoir de faire rentrer son superflu dans la circulation; sa fille, à peine adolescente, apprenait à mépriser des préjugés, que les bonnes gens érigent en vertus; la femme de chambre cherchait à franchir les distances que l'orgueil établit, et que la nature désavoue. Sous un certain rapport, Robert avait malheureusement raison. Les vertus ne sont plus que des préjugés; beaucoup de femmes ne sont que des filles; les jeunes messieurs n'ont que des sens; les jeunes demoiselles s'en trouvent bien, et la fortune est le grand régulateur de l'estime, du respect, de la vénération. Je conviens que si elle retire sa main protectrice, l'idole, aux pieds d'argile, tombe et se brise. Mais l'idole a eu son temps, et elle fait place à une autre, qui passera comme elle.

Par quel bonheur, où plutôt par quelle fatalité l'homme qui joue pour la première fois gagne-t-il presque toujours? Robert n'avait qu'à tenter pour réussir. Il enlevait les coups les plus extrordinaires, les plus mal conçus. L'or qui circulait sur le tapis, arrivait insensiblement à son tas. Madame Courgel, piquée, désolée, n'osait pas jurer; mais la colère altérait, changeait des traits charmants. Elle était à son aurore, et elle ressemblait à une furie. Courgel ne s'en apercevait pas : c'était le mari. Sa maîtresse, d'ailleurs, gagnait ce que perdait sa femme; ainsi il y avait compensation.

La jeune mère faisait de fort mauvaises affaires : rien ne lui réussissait. Elle doublait, elle triplait son jeu, et à chaque coup perdu, elle regardait Robert d'un air suppliant et significatif.

Robert, occupé de pousser sa chance, ne s'apercevait de rien. La jeune mère, en remplaçant ceux qui se levaient, parce qu'il ne leur restait pas un sou, s'était glissée auprès de Robert, à qui elle avait escamoté quelques louis, pendant qu'il regardait d'un autre côté, et avant qu'il l'eût aperçue. Un léger coup de coude le ramena à la dame. « Prêtez-moi mille écus, lui dit-elle à voix « basse. » Robert la regarde : elle a trente ans au moins. Il est des femmes très-séduisantes encore à cet âge; mais celle-ci était chère à mille écus, et c'est ce que signifiait la façon dont la regardait Robert. « Prêtez-moi mille écus, vous dis-je, et « passez demain chez moi. Je n'y serai point; « ma fille vous les rendra. » La dame avait de la pénétration.

Robert regarde Angélique. C'est un beau fruit, qui n'est pas mûr encore, et qui déja est gâté au cœur. Mais en laissant à part le cœur, la délicatesse, la sensibilité, il restait une très-jolie fille, et Robert donna les mille écus.

Le docteur, qui ne voulait pas toucher au capital acquis de la veille, et qui s'était proposé d'y ajouter cinq cent louis, pour les besoins journaliers et les menus plaisirs, perdit un quart de ce qu'il avait gagné, et il eut autant d'humeur que s'il n'eût pas dû s'attendre à ce revers. Or, quand on a de l'humeur, on se soucie peu de ce qui se passe autour de soi, et le docteur ne s'occupait ni de Robert, ni du régime qu'il lui avait prescrit. Robert, en conséquence, passa avec les autres dans la salle à manger, et se disposa à souper, avec la gaîté et l'appétit d'un homme à qui tout a réussi.

Il est naturel de se regarder, quand on se voit pour la première fois, et jusqu'alors les convives n'avaient pas eu le temps de rien voir autour d'eux. C'est une bonne fortune, quand on ne se connaît pas, de pouvoir parler d'autre chose que de la pluie et du beau temps. Le bras en écharpe de Robert promettait une anecdote qui ne coûterait qu'une question, et qui amènerait des réflexions, des observations, insignifiantes sans doute; mais il est reçu que dire des niaiseries c'est causer. Il n'était pas impossible d'ailleurs que le champagne amenât quelques saillies, et il ne s'agissait que d'arriver, tant bien que mal, au moment de faire sauter le bouchon.

D'après cela, madame Courgel demanda à Robert pourquoi il portait le bras en écharpe. La question l'étourdit un moment. Mais comme il avait beaucoup de cet usage du monde, que les rigoristes nomment effronterie, il se remit promptement, et saisit l'occasion de se faire une réputation de valeur.

Il était fort bien, disait-il, avec une dame, aussi distinguée par son rang, que remarquable par ses charmes. Un mari jaloux traversait tous ses projets, et il avait formé celui d'être heureux, à quelque prix que ce fût. Il avait gagné le suisse, trois laquais, deux femmes de chambre, et on l'avait introduit le soir dans l'appartement de madame. Au moment le plus doux, le lit *crie et se rompt*: Robert s'accroche aux rideaux; le baldaquin se détache, tombe sur une table de nuit, et la renverse. La table de nuit tombe sur une chiffonnière, la chiffonnière sur un fauteuil, le fauteuil sur le parquet. Le petit chien de madame, qui dormait sur ce fauteuil, a la patte foulée, et pousse des cris affreux. Monsieur le comte, éveillé en sursaut, accourt sa bougie à la main. Il trouve la chambre de madame en combustion, les meubles brisés, un rideau par-ci, un oreiller par-là, et au milieu de ce désordre, il voit un homme en chemise, qui cherche à s'échapper; ce n'est pas que Robert ait peur, il a prouvé le contraire un instant après; mais il sait ce qu'un amant délicat doit à la réputation d'une femme sensible.

Le premier mouvement de monsieur le comte fut de crier au voleur. Mais il réfléchit qu'un voleur ne s'introduit pas sans culotte, et qu'il était vraisemblable que madame le faisait... Par égard pour celles qui l'écoutaient, Robert s'arrêta au sens suspendu. Madame Courgel articula le mot qui manquait, en riant comme une petite folle, et on trouva la saillie charmante, délicieuse.

« Monsieur le comte, reprit Robert, n'était pas
« homme à se laisser impunément faire cocu,
« puisque cocu il y a. Il m'invite à m'habiller, et
« fut en faire autant. Il rentra avec deux paires
« de pistolets, et me proposa de le suivre au jar-
« din. Je lui devais satisfaction, et je me mis en
« devoir de la lui donner. En sa qualité d'offensé,
« il tira le premier, me cassa le bras, vint m'em-
« brasser, me mit dans sa voiture, et me renvoya
« à mon hôtel. »

Cette histoire était assez mal arrangée; mais il
avait fallu en faire une sans y être préparé, car
enfin, on n'avoue pas volontiers qu'on a reçu
des coups de bâton. D'ailleurs, il n'y avait dans
celle-ci aucun incident qui ne fût possible, et
puis Robert avait un habit brodé, une plume
dans son chapeau, des talons rouges, une belle
figure; il paraissait assez simple qu'il eût plu à
une femme de qualité, et que cette intrigue ait
été découverte, n'importe comment. On trouvait
seulement extraordinaire que le mari se fût battu
pour une semblable misère. On en cita cent, qui,
en pareille circonstance, n'avaient pas marqué la
moindre humeur, et un bel esprit allait commencer une dissertation sur le ridicule de la jalousie, lorsqu'un petit homme, à la mine refro-
gnée, se leva, et demanda un moment de silence
et d'attention.

« Il me semble, monsieur le chevalier, dit-il

« à Robert ». (Robert s'était fait présenter sous le nom du chevalier des Ormeaux. En ce temps-là, on était chevalier ou abbé, sans tenir à la noblesse ni au clergé); « il me semble, monsieur
« le chevalier, qu'un amant *délicat* ne met pas
« un suisse, trois laquais, et deux femmes de
« chambre dans sa confidence. C'est le moyen le
« plus certain de compromettre la réputation
« d'une femme *sensible*. Il suffit, en pareil cas,
« d'une suivante affidée. Il me semble que tous
« ces meubles, tombant les uns sur les autres,
« ressemblent trop à ce jeu, que vous jouiez dans
« votre enfance, avec des cartes que vous appe-
« liez des capucins. Il me semble encore qu'on
« ne tire pas, la nuit, un coup de pistolet dans un
« jardin, sans que les voisins alarmés se mettent
« à leurs croisées, ou qu'une patrouille s'arrête
« pour savoir de quoi il est question. — Com-
« ment, monsieur, douteriez-vous de ma véracité?
« — Oui, monsieur, j'en doute, et par de bonnes
« raisons. — C'est-à-dire que j'en ai menti? — Tout
« comme il vous plaira. — Quand mon bras sera
« guéri, nous nous verrons de près.

« Eh! messieurs, dit madame Courgel, qu'im-
« porte que tel fait soit un peu exagéré? il suffit
« que le fond soit vrai, et je trouve très-mauvais
« que monsieur le chevalier, joueur loyal, et qui
« joue gros jeu, soit provoqué chez moi par quel-
« qu'un qui ne paraît ici qu'avec trois ou quatre
« petits écus, et qui ne manque pas un souper.

« — Madame, reprit le petit homme rabougri, « votre maison est très-respectable, sans doute; « mais chacun y est reçu pour son argent, et « personne, en entrant, n'est obligé de montrer « à votre portier ce qu'il a dans sa poche. — Com- « ment, monsieur, chacun y est reçu pour son « argent! Je me fais un amusement du jeu, et je « n'admets chez moi que les personnes présentées « par quelqu'un très-connu. — Eh bien, madame, « remerciez celui qui vous a presenté monsieur « le chevalier. C'est l'associé de Durocher, qui ne « s'est pas battu avec monsieur le comte; mais qui « a été battu au café Procope, par M. de Saint- « Foix. J'en sais quelque chose : j'étais présent à « la scène. Vous conviendrez, madame, que si je « ne manque pas un souper, je ne manque pas « l'occasion de vous être utile, et les renseigne- « mens que je vous donne sur certains individus « devraient, ce me semble, être reçus avec quel- « que reconnaissance. — Vous me fatiguez, mon- « sieur, vous m'excédez. Que me fait à moi qu'on « se batte, qu'on soit battu? Monsieur le cheva- « lier met vingt-cinq louis, cinquante louis sur « une carte; voilà ce qui m'intéresse. Il m'a beau- « coup gagné aujourd'hui, et je compte, pour de- « main, sur ma revanche.

« Madame, reprit le docteur, je me trouve « inculpé par les propos de monsieur, puisque « c'est moi qui vous ai présenté le chevalier. Je « dois me justifier, et je vais le faire le plus briè-

« vement que je le pourrai. Je suis chirurgien ac-
« coucheur; j'ai fait mon cours à l'Hôtel-Dieu,
« où j'ai gagné *maîtrise*. Ce fait, qui prouve in-
« contestablement du mérite, est connu de tout
« Paris : j'ai donc des droits à la confiance de
« cette honorable assemblée.

« L'accusateur du chevalier était infirmier, ma-
« dame, infirmier à l'Hotel-Dieu, d'où je l'ai fait
« chasser, parce qu'il rognait les portions des
« malades, et qu'il vendait ce qu'il dérobait à la
« gargotière du coin. Il s'est fait depuis colporteur,
« et il a été jeté dans un cul-de-basse-fosse,
« pour avoir distribué la vie privée de madame de
« Pompadour, qui était vraie dans tous les points;
« mais toutes vérités ne sont pas bonnes à vendre.
« C'est moi, madame, qui l'ai guéri dans son ca-
« chot de la fièvre, de la gale et d'une autre mala-
« die, que je ne vous nommerai pas, parce que
« vous la devinez. C'est encore moi, madame, qui
« ai pansé son épaule, publiquemnt macérée d'un
« fer rouge, pour fait d'escroquerie. L'ingrat ne
« me reconnaît plus. J'étais mis assez mesquine-
« ment, j'en conviens; mais alors je commençais
« mon état, j'établissais ma réputation. Jugez,
« madame, quelle foi vous devez donner aux rap-
« ports d'un tel homme, et pour lui opposer ses
« propres expressions, remerciez celui qui vous
« l'a présenté. Le voilà confondu, il coule, il file,
« il s'esquive. Il m'emporte un chapeau neuf, et
« me laisse le sien, que je donnerai demain à mon

« valet. » Le valet du docteur était une femme de ménage qu'il payait à six francs par mois.

Tous les initiés s'écrièrent que monsieur le chevalier était un très-galant homme, et que la chose était prouvée par la retraite précipitée de son infame accusateur; mais qu'il était extraordinaire qu'on ne sût pas avec qui on se trouvait chez madame Courgel. Madame Courgel, compromise à son tour, appela la Jonquille, et lui demanda si ce n'était pas lui qui avait présenté l'homme qui sortait, comme ayant été autrefois son maître. La Jonquille, qui avait tout entendu, parce que les valets entendent tout ce qui mérite d'être remarqué, la Jonquille, effrayé, fit quinze ou vingt révérences, en balbutiant des excuses insignifiantes, et il avoua enfin qu'il avait menti pour dix-huit francs, et que ces petits mensonges-là étaient les profits innocens de l'antichambre. Il fallait une victime : la Jonquille fut chassé avec éclat, et le calme se rétablit chez madame Courgel. Dans cette maison-là, comme dans toutes celles qui lui ressemblent, et il y en a beaucoup, on se contente des apparences. Si on examinait scrupuleusement les hommes, avec qui vivrait-on à Paris?

« Mon cher docteur, dit Robert en sortant,
« vous m'avez tiré du plus grand embarras où
« je me sois trouvé de ma vie. — Mon cher ami,
« j'ai fait mon devoir, et vous ferez le vôtre. J'ai
« perdu cinq mille francs; vous allez me les ren-

« dre, et nous serons quittes. — Mais, docteur,
« cinq mille francs... — Sont une faible partie de
« ce que vous avez gagné. Vous êtes en veine;
« vous les rattraperez demain avec les intérêts.
« — Mais c'est que cinq mille francs... — Eh!
« mon ami, tout n'est-il pas commun entre nous?
« Si la fortune vous persécutait, ma bourse ne
« vous serait-elle pas ouverte? C'est pour vous,
« autant que pour moi, que je veux acheter une
« maison, une ferme, un moulin. — Je me rends,
« mon cher ami; mais au moins, vous me ferez
« un billet. — Qu'appelez-vous un billet? je vous
« en ferai dix. »

« Mon cher hôte, dit Robert en rentrant chez
« lui, vous prêchez comme le père Massillon; mais
« quels raisonnemens opposerez-vous à l'évidence?
« Voilà mille louis gagnés dans une soirée; et si
« Polycrate fut heureux pendant quinze ans,
« pourquoi ne le serais-je pas pendant quinze
« jours? je crois que je suis modéré dans mes
« prétentions. Vingt-quatre mille francs que voilà;
« huit mille francs, donnés ou prêtés au docteur
« et à la mère d'Angélique, font trente-deux mille
« livres. Or, trente-deux mille livres multipliées
« par quinze, font bien quatre cent quatre-vingt
« mille francs, dont je suis possesseur en deux se-
« maines. Je me retire alors. J'observe le régime
« prescrit par le docteur; je finis de me guérir,
« et pendant que nous faisons ensemble le cent
« de piquet, ou une triomphe, mon notaire court,

« s'informe, et me trouve une terre seigneuriale
« qui ne me rapportera que vingt mille livres de
« rente; mais qui me donnera un banc dans le
« chœur, le coup d'encensoir, et le chanteau de
« pain béni. Je ne sais pas même si mon nom ne
« sera pas prononcé dans les prières publiques,
« à la suite du *Domine salvum fac regem*. Vous
« sentez quel relief ces belles choses-là ajoutent
« au mérite d'un joli homme. Je suis recherché,
« fêté, caressé par les femmes aimables de mon
« village et des environs; je fais trois ou quatre
« heureuses, et je désole toutes les autres. Les
« maris se doutent à peu près de ce qui se passe;
« mais ils me font la cour, parce que j'ai une
« bonne table, un équipage de chasse, et que je
« fais parfaitement les honneurs de chez moi. J'ai
« de plus... — Vous n'avez rien, mon cher mon-
« sieur. Vos trente deux mille livres se fondront,
« et adieu la terre, l'encensoir, le pain béni et
« les femmes aimables que vous aimez tant. —
« Mais je vous répète qu'il ne me faut que quinze
« jours... — Et moi, je vous dis que trente deux
« mille livres, et quinze que vous aviez, font qua-
« rante-sept mille francs, et qu'avec cela, un
« homme qui sait se borner, et qui a de la con-
« duite, peut entreprendre, faire beaucoup, et
« doubler en quelques années son capital par son
« industrie. — Vous avez de petites vues, mon
« cher hôte, et vous ne sortirez jamais de la rue
« Jean-Saint-Denis. — Ma foi, monsieur, je m'y

« trouve fort bien. J'y vis dans l'aisance ; je ne
« dois pas un sou; j'ai une bonne femme, de jolis
« enfans, que puis-je désirer de plus?—L'homme,
« susceptible d'émulation, cherche toujours à s'é-
« lever au-dessus de son état.—Alors, monsieur,
« on a tort d'avoir de l'émulation. Je donne à
« manger à *tout prix*, et si je vous croyais,
« je voudrais être restaurateur. Quand je le se-
« rais, je prétendrais à l'emploi de maître d'hôtel
« d'un prince du sang, de la reine, du roi lui-
« même. Quand je serais maître d'hôtel, je me
« croirais fait pour mener un empire, comme
« une cuisine et un office. J'aspirerais à tout, et
« je n'obtiendrais rien, parce que mes préten-
« tions seraient ridicules, et qu'il faut qu'il y ait
« des petits et des grands, puisque la nature, iné-
« gale dans ses productions, a fait des Pygmées
« et des Patagons, des collines et des montagnes.
« Les choses n'en sont peut-être pas mieux ainsi ;
« mais elles sont comme cela. Mes Pygmées, à
« moi, car chacun a les siens, sont mon porteur
« d'eau, mon décrotteur, mon marmiton, et ils
« sont à leur tour les Patagons du chiffonnier,
« du vidangeur et du mendiant.—Et qui sont les
« Pygmées de ces derniers?—Votre associé Du-
« rocher.—Il n'en croit rien.—Cela se peut;
« mais je ne connais personne au-dessous de lui.

« —Mon cher hôte, nous ne serons jamais du
« même avis.—Le temps prouvera qui de nous
« deux a raison.—Bonsoir, mon hôte.—Bonsoir,
« monsieur. »

En attendant le moment de placer à côté de lui, à la grand'messe, les élues de son cœur, Robert trouva bon d'aller rendre visite à mademoiselle Angélique, qui devait être seule, et lui payer ses mille écus, n'importe comment. Il ne regrettait pas la somme prêtée, ou donnée, parce que le prêt, ou le don avait été fait en présence de cinquante personnes, et qu'on considère beaucoup un homme qui prête, ou qui donne facilement mille écus. Il n'était pas fou d'Angélique. La facilité de la mère ne rendait pas cette conquête bien précieuse; il était même à présumer que bientôt elle ne trouverait plus à emprunter sur ce gage-là. Mais Robert était dans la force de l'âge; mademoiselle Angélique était fort bien, et si ses bontés ne valaient pas trois mille livres, elles valaient au moins quelque chose.

Robert arrive, se fait annoncer, se présente. La petite demoiselle était seule en effet. Elle le reçoit bien, très-bien, trop bien, si bien que la tentation expira à l'instant, et que Robert se fût retiré, s'il n'eût su que cette impertinence-là est la seule qu'une femme ne pardonne jamais, et il ne voulait pas être impertinent avec Angélique, qui, après tout, n'avait d'autre tort que celui d'avoir une mère corrompue. Ce sont les insinuations et l'exemple qui tuent l'innocence, comme un ver pique et flétrit un bouton de rose.

Robert prit congé d'Angélique, assez mécontent d'elle et de lui; mais paraissant, selon l'usage, attacher le plus haut prix à des faveurs dont il ne se souciait plus. Il conclut de ce qui venait de se passer, que les femmes qui jouent sont des femmes sans moralité, et que leur prêter est duperie, parce qu'on trouve, à bien meilleur marché, des filles aussi honnêtes qu'elles, et souvent plus jolies.

Il retourna chez madame Courgel. Il y vit Angélique et sa mère. Il crut convenable de leur adresser de ces choses flatteuses, qui disent à la mère qui sait entendre : je vous dois mon bonheur, et à la fille : j'en suis pénétré. Quelle fut sa surprise, lorsque la maman lui répondit par une froide révérence, et que la petite se serra contre sa mère avec l'air timoré de la pudeur ! Bien joué, bien joué ! pensa-t-il. La révérence veut dire : Monsieur, vous en avez pour vos mille écus, et la rougeur de la petite en sollicite mille autres, que bien certainement je ne lui donnerai pas ; mais qu'elle pourra trouver ici.

Il joua. La fortune lui fut fidèle encore, et son ivresse fut au comble. Petit sultan de Vaugirard ou de Surêne, il crut n'avoir plus qu'à jeter le mouchoir. Malheureux ! tu ignores ce que l'amour ajoute à la jouissance. Tu ne sais pas même ce qu'est la jouissance sans désir.

« Mon cher hôte, dit-il au bonhomme qui l'at-
« tendait tous les soirs, et qui lisait, en l'atten-
« dant, ce chapitre de Sénèque, si vanté par

« *Hector*, du Joueur ; mon cher hôte, vous
« voulez rester rue Jean-Saint-Denis, et moi j'en
« sors. — Tout comme il vous plaira, monsieur.
« — Vous sentez qu'un homme qui a quatre-
« vingt mille francs, ne peut vivre à vingt sous
« par repas, ni se loger à douze francs par quin-
« zaine.. — Monsieur, l'homme qui dédaigne au-
« jourd'hui son petit ordinaire et sa modeste
« chambre, pourra les regretter demain. — Im-
« possible, mon cher ami. De quelque façon que
« le sort me traite, je conserverai toujours une
« aisance que je n'avais pas en entrant chez vous.
« — Cela n'est pas sûr du tout, monsieur. —
« — Vous êtes un brave homme. — Mais je le
« crois. — Je vous protégerai. — Je vous remercie.
« — Je vous enverrai de pauvres diables, si j'en
« trouve. — Oh! vous en trouverez. — Mais le
« chevalier des Ormeaux doit prendre un certain
« essor. — Ah! vous vous êtes fait chevalier. —
« Tout comme un autre. — Il valait peut-être
« autant rester monsieur Robert. — J'étais si près
« de mes aïeux! — Et tant de gens aiment à s'en
« éloigner! »

Robert déménagea en effet le lendemain, et le déménagement ne fut pas long : un crocheteur le suivit, portant, sans ployer les reins, son mobilier sur son dos. Robert fut s'établir rue Grange-Batelière, à un hôtel fameux, où on trouve tout, depuis un caleçon jusqu'à un carrosse de remise.

Il ne manqua pas d'en louer un, et de commander une garde robe complète, lorsqu'il sut que le duc de Choiseul demeurait dans son voisinage. « Il est probable, disait-il, que je le rencontrerai
« en sortant, en rentrant. Je fais arrêter mon car-
« rosse, car enfin à tout seigneur, tout honneur.
« Le duc de Choiseul me remercie par une incli-
« nation, à laquelle je réponds par une profonde
« révérence. Il me sourit d'un air plein d'amé-
« nité. Je descends, et je vais lui demander la per-
« mission de lui faire ma cour. Il me l'accorde
« de la meilleur grace du monde. Je dîne chez
« lui; je m'insinue dans l'esprit de madame; ma
« conversation lui devient nécessaire. Elle repré-
« sente à son illustre époux qu'il est inconvenant
« de laisser sans emploi un homme qui a figuré
« au siége de Carthagène, et qui s'est battu pour
« et contre les Espagnols. Le duc m'offre une
« compagnie de cavalerie. C'est peu de chose;
« mais j'accepte. Un de ses premiers commis
« me vend une croix de Saint-Louis; un généa-
« logiste me fait des ancêtres à juste prix, et pour
« soutenir toutce la, je prends un maître d'armes,
« qui montre la botte secrète, au moyen de la-
« quelle un poltron tue un brave homme. Ma
« femme meurt; j'achète un régiment, et j'épouse
« la fille d'un fermier général. Je... Mais occupons-
« nous d'abord des mesures qui doivent amener
« ces grands résultats. Commençons par charger

« un notaire d'acheter le fief que je dois payer
« dans quinze jours.

« Monsieur, je voudrais placer une somme
« considérable. — Monsieur, rien n'est plus facile.
« La terre de Vaux est à vendre. — Qu'est-ce que
« c'est que cette terre-là. — C'est celle qui a ap-
« partenu au fameux surintendant Fouquet. Le
« palais et les jardins lui ont coûté dix-huit mil-
« lions, qui en valaient près de trente-six d'aujour-
« d'hui. C'est là que Fouquet donna à Louis XIV
« cette fête célèbre, où on joua pour la première
« fois *les Fâcheux* de Molière. — Diable, cela
« doit être beau. — C'était ce qu'il y avait de
« mieux avant que Versailles fût bâti. — En vé-
« rité? Et on veut de cela... — Deux millions.
« C'est pour rien. — Une terre où on a donné à
« Louis XIV des fêtes... — Qui ont effacé celles
« que lui donnait Mazarin. — Cette terre me tente
« beaucoup. — Oh! elle en tente bien d'autres. —
« Un moment, monsieur le notaire. »

Robert se retire à l'écart, prend une plume, et fait un calcul tout simple. Je dois être heureux pendant quinze jours, et gagner quatre cent quatre-vingt-quinze mille francs. Eh bien, au lieu de jouer cinquante louis, je n'ai qu'à en jouer deux cents, et je me trouve subrogé aux droits de monsieur le surintendant Fouquet, ou de ses ayant-cause. Il a donné des fêtes à Louis XIV, moi j'en donnerai à Louis XV : on dit qu'il les aime beaucoup. En reconnaissance de l'argent que j'aurai dépensé pour lui, il me nommera maréchal des camps, lieutenant général, maréchal de France. Il ne m'emploiera pas, et je n'en serai pas fâché.

Monsieur le notaire, j'achète la terre de Vaux. Je vais vous envoyer dix mille francs, pour les frais de contrat, de contrôle, et vous relaterez, dans l'acte, que je m'oblige à payer... quand ? Nous sommes au 6 mai... je paierai le 21 du mois courant. *Vanitas vanitatum, et omnia vanitas.*

Robert se garda bien de manquer l'envoi de ses fonds. Après les avoir fait remettre au notaire, il alla promener aux Tuileries son habit de lustrine, et sa longue et inutile épée. Il se balançait dans la grande allée : elle était fréquentée alors. Il fixait toutes les femmes, et ne les lorgnait pas : la mode d'avoir la vue basse n'était pas encore imaginée. On eût trouvé étrange de voir les jeunes gens en lunettes, les vieillards en perruques brunes, et de vieilles édentées en rubans *hortencia*, contentes d'elles-mêmes, et s'imaginant cacher leur caducité, sous des ornemens qui la rendent plus remarquable.

Robert remonte dans son remise, se fait promener sur les boulevards ; s'arrête au Cadran-Bleu ; fait servir un dîner de dix personnes, parce qu'il est sûr qu'où il y a pour dix, il y a pour un. Il fait monter Fanchon la vielleuse, maintenant aussi célèbre que Sapho (1); il s'amuse de son instrument et d'elle; il baille enfin : qui maintenant est digne d'amuser monsieur ? Il repart, il descend chez madame Courgel. Il entre avec fracas; il coudoie tout le monde, et tout le monde lui fait place. Il s'assied; il joue à écraser la banquière; il la débanque en effet. Courgel est affecté et ne se démonte pas. Il va chercher, et il met devant sa femme les fonds destinés à acquitter le lendemain trente lettres de change. Les effets seront protestés. Tout appartient à Robert, qui sort la tête haute, le regard altier, et chacun se range devant lui. Il jette de l'or aux laquais de Courgel, aux laquais leurs amis, et à tous ceux qui se trouvent sur son passage. En descendant chez lui, il déclare que rien n'est si modeste, et plus insupportable, par conséquent, qu'un remise. Il paie son cocher au double de ce qu'il lui doit. Il ordonne à son hôte de lui avoir, le lendemain, dans la matinée, un carrosse à train doré, et à paneaux vernis par *Martin*. Il veut des chevaux barbes; un cocher à moustaches, et deux laquais de six pieds.

Le lendemain, Courgel, qui avait des passions, mais qui conservait des sentimens d'honneur, se brûla la cervelle, et c'est ce qu'il pouvait faire de mieux. Sa femme, à qui il ne restait que de la jeunesse et des charmes, résolut d'en tirer parti : cela vaut mieux que de voler. Le lendemain en-

---

(1) Grace au vaudeville de M. Bouilly.

core, Robert reçut un billet par lequel le vicomte de Congy se plaignait qu'un aussi beau joueur se bornât à faire la partie d'une bourgeoise. Il n'en était aucune où on ne se fît un vrai plaisir d'admettre monsieur le chevalier, et, s'il le trouvait bon, on l'irait prendre à six heures, et on le conduirait au Palais-Royal, où on taillera un magnifique trente et quarante.

« Bien certainement, dit Robert, je ne laisserai
« pas échapper l'occasion de faire la partie d'un
« prince du sang. Il est flatteur, pour moi, d'être
« son égal... tant que j'aurai les cartes à la main.
« Mais soyons prudent et sage, et commençons
« par mettre chez mon notaire un demi-million
« en sûreté. »

A six heures très-précises, monsieur le vicomte se fait annoncer. Le chevalier des Ormeaux va au-devant de lui, jusqu'à son antichambre, le comble d'honnêtetés, proteste qu'il n'oubliera jamais que c'est à lui qu'il doit l'honneur d'approcher son altesse, fait porter trois mille louis dans son carrosse, et part gaîment, sans réfléchir que si Courgel a perdu douze cent mille francs en huit jours, ce qu'il lui a gagné peut se fondre aussi promptement. L'expérience n'est qu'un grand mot, et les assignats ont succédé aux actions de la rue Quincampoix, comme la Vendée à la Fronde, la Fronde au siége de la Rochelle, le siége de la Rochelle à la ligue, et c'est ainsi qu'en remontant de siècle en siècle, vous trouverez toujours les mêmes fautes, les mêmes crimes, les mêmes malheurs, perdus pour la génération suivante.

On descend au Palais-Royal, et M. le vicomte apprend à Robert qu'il est d'usage de remettre son argent à un caissier de banque, qui, en échange, donne des jetons, qu'on reçoit au jeu pour vingt-cinq louis, et qui sont payés au porteur en sortant. Ce mode évite l'embarras d'avoir devant soi une somme énorme, disait M. le vicomte. Les vrais motifs de ce troc étaient qu'il faut du temps pour compter cent louis, et que quatre jetons se trouvent sous la main; qu'ainsi la banque taille trois coups de plus sur six; que les pontes calculent moins, quand ils ne tirent pas d'or de leur poche, et qu'enfin ils sont forcés de jouer au moins vingt cinq louis par coup, ce qui fait un petit jeu très-passable.

L'assemblée était superbe. Le plus riche salon était paré des plus belles femmes de la cour. Des cordons bleus leur adressaient les choses les plus aimables, en attendant le moment d'offrir leurs vœux à l'aveugle déité, aux pieds de laquelle nous sommes tous. Robert ne doutait pas que M. le vicomte le présentât à M. le duc; mais M. le vicomte n'était qu'un croupier de banque, et le banquier lui-même n'était qu'un homme aux gages de M. le duc.

C'est le vicomte qui était chargé de trouver, et d'introduire des gens qui eussent de l'argent, et un extérieur de mise. C'est à ces gens-là qu'on donnait des jetons pour leur or. Les autres en prenaient, sur un simple reçu, qu'il fallait retirer, dans les vingt-quatre heures, à peine d'être déshonoré; mais on ne l'était pas, quand on écrasait, sous des roues qu'on devait au carrossier, une famille qui demandait, à genoux, du pain à celui auquel elle avait confié sa fortune.

Le vicomte dit à Robert qu'on ne présentait jamais les jours de jeu; mais qu'il était le maître de saluer son altesse, s'il en trouvait l'occasion. Robert poussa, jusque dans un coin, monseigneur, qui l'évitait, et lui adressa un compliment auquel monseigneur répondit en levant les épaules. Le chancelier du prince tira Robert à l'écart, et lui dit qu'on ne parlait à monseigneur que lorsqu'il jugeait à propos d'adresser le premier la parole à quelqu'un. Robert, piqué, répliqua qu'il croyait valoir au moins l'argent qu'il avait déposé à la porte, et que puisque monseigneur visait à l'un, il ne devait pas repousser l'autre. « Au reste, « ajouta-t-il, il paraît que monseigneur spécule « sur le jeu. Je suis aussi spéculateur, moi. J'ai « acheté la terre de Vaux; monseigneur la paiera. « Je lui gagnerai même son apanage, s'il veut le « jouer; et quand il n'aura plus rien, et moi tout, « je vaudrai mieux que lui. Le monde a déjà dé- « cidé la question. »

Le chancelier, outré de tant d'impertinence,

fut demander au caissier de banque combien cet individu avait compté à la caisse. S'il n'y eût mis que deux cents louis, on les lui rendait à l'instant; et il sautait par la fenêtre. Mais M. le chancelier crut devoir calmer, par des attentions, par quelques égards, un homme qui avait soixante douze mille livres... à perdre.

Messieurs, faites votre jeu, dit le représentant de monseigneur, c'est-à-dire, celui qui taillait pour son altesse. A ce mot académique, parabolique, cabalistique, électrique, diabolique, les conversations particulières s'arrêtent comme par enchantement. Le plus profond silence règne dans le salon. On s'empresse, on se place. Le grand œuvre va commencer.

A la manière dont débute Robert, il semble qu'il ait enchaîné la fortune. Il hazarde les plus grands coups, il les gagne; il double, il triple ses mises; il gagne encore. Le banquier tremble; Robert rit. Son altesse quitte le salon; son chancelier s'approche du favori de Plutus, lui parle à voix basse, et le prie de modérer son jeu. « Point de considération, s'écrie Robert, pour « ceux qui répondent à un homme comme moi « avec les épaules; point de pourparlers avec « leurs gens. Tout ou rien est ma devise. Je joue « cent mille francs à la noire. »

Le banquier, interdit, ne sait s'il doit tenir. Le chancelier lui fait un signe, qui veut dire que l'honneur de son altesse ne lui permet pas de reculer. L'honneur de soutenir une folie! Monseigneur n'en a jamais eu d'autre.

Le banquier va tirer : tous les spectateurs ont les yeux fixés sur ses mains. Ils cherchent à deviner la carte qui va sortir; ils attendent la seconde, la troisième. Ceux qui perdent font des vœux pour le ponte; les gagnans en font pour le banquier. Si on le ruine, ils sont arrêtés au milieu de leurs succès.

Toute l'assemblée se partage en deux partis, que la force du coup intéresse également... Le hasard a prononcé... C'en est fait... Robert a perdu.

Il pouvait faire une retraite honorable, et s'éloigner chargé d'or. Mais renoncera-t-il aux plus brillantes espérances, parce qu'il a perdu un coup? S'exposera-t-il aux plaisanteries amères de M. le chancelier? Un homme raisonnable n'eût pas balancé. Robert n'hésita pas un instant; mais le parti qu'il crut devoir indispensablement prendre, fut de se conduire en forcené.

Il joue deux cent mille francs et les perd. Réduit aux jetons, qu'il a reçus à la porte, il les jette sur le tapis, et les voit disparaître. Les mots piquans se font entendre; un rire moqueur éclate de tous côtés. Robert, exaspéré, dit qu'il a encore cinq cent mille francs, et qu'il va les chercher. A ces mots, le rire s'éteint, les railleries cessent. Un homme qui a cinq cent mille francs, qu'il est possible de tripler dans un quart d'heure, peut redevenir un homme très-respectable : l'évènement décide de ce qu'il vaut.

Par une suite de la fatalité, qui commençait à le poursuivre, Robert trouva son notaire chez lui. Il retire ses fonds. Il remonte en carrosse; il revient au Palais-Royal, au galop de ses barbes; il semble qu'il veuille dérober le temps, qui bientôt va lui paraître si long!

Il entre; il s'avance entre deux laquais chargés de sacs. Huit à dix cartes vont décider de cent mille écus... Le banquier les tire avec une apparente modération, sous laquelle il cache le désir de dépouiller le perdant des deux cents mille francs qui lui restent. Robert a perdu la tête, et les joue... Il n'a plus que d'inutiles regrets... Il est en proie au désespoir.

Son profond accablement annonce qu'il est ruiné sans ressources, et on est sans pitié pour un homme ruiné. On lui reproche les torts de la fortune; on en fait les siens. On le blâme d'avoir couru des chances, qu'on suit soi-même tous les jours. L'amour-propre cherche sans cesse des victimes; il s'applaudit d'en trouver, il les immole sans remords.

Une huée générale annonça à Robert que sa considération s'était évanouie avec son argent. Le chancelier se comporta avec décence; il fit taire les mauvais plaisans. Il ne fallait pas que d'autres malheureux eussent à redouter plus que la perte de leur or. Le banquier continue de *tailler*, et déja Robert, perdu dans la foule, fait place à d'autres téméraires. Il s'éloigne peu à peu du fatal tapis; il gagne l'anti-chambre; il descend; il se jette dans son carrosse; il rentre chez lui, et ce lit, autour duquel voltigeaient, la nuit précédente, les songes légers et séducteurs, n'est plus environné que des soucis dévorans qui en chassent le sommeil.

Robert ne dormit point; mais il n'était pas homme à s'affliger long-temps. Pourquoi en effet s'affecterait-il d'un mal qu'il n'a pu empêcher? N'est-il pas plus simple d'en chercher le remède? Est-ce sa faute, si la fortune est inconstante? N'a-t-elle pas trompé de plus grands hommes que lui, et Charles XII s'est-il brûlé la cervelle après la bataille de Pultawa? Ainsi raisonnent ceux qui ne veulent pas s'avouer qu'ils sont les auteurs de leurs propres malheurs.

Au lieu de s'occuper du passé, sur lequel il n'y avait pas à revenir, Robert examine quelles sont ses ressources. « J'ai dix mille francs chez le no-
« taire. Le contrat est rédigé; mais il n'est pas
« signé; par conséquent, il n'est pas contrôlé. Je
« ne dois donc que le papier marqué et l'écriture.
« Je laisse cent écus pour cet objet, c'est payer
« en grand seigneur. Reste neuf mille trois
« cents livres, ci.................. 9,300 liv.

« Mon carrosse et mes chevaux
« m'ont coûté douze mille livres. Je
« les vends six, ci................. 6,000

Report d'autre part...... 15,300 liv.

« Ma livrée, or et argent, m'a
« couté trois mille six cents livres.
« Je déshabille mon cocher et mes
« deux laquais. Je les renvoie, et je
« vends les galons cinq cents francs,
« ci........................... 500

Total.............. 15,800 liv.

« Il me reste donc quinze mille huit cents livres.
« C'est huit cents francs de plus que je n'avais
« en commençant à jouer. J'ai, avec cela, une su-
« perbe garde-robe, et je me plaignais! ingrat
« que je suis! Je conserverai ma garde-robe,
« parce qu'on repousse un homme vêtu comme
« un gueux, tandis qu'avec un habit de cent pis-
« toles sur le corps, on est reçu partout, et que
« pour relever mes affaires, il faut que je con-
« tinue de voir le grand monde.

« Ça, voyons. Que ferai-je de mes quinze mille
« huit cents livres? D'abord, je ne jouerai plus,
« c'est une chose décidée. Le jeu est attrayant;
« mais, comme me l'avait fort bien dit le bon-
« homme de la rue Jean-Saint-Denis, rien n'est
« plus incertain que ses produits. Je ne peux
« espérer de succès plus marqués que ceux que
« j'ai obtenus, et si je les avais encore, je ne me
« bornerais pas davantage : je me connais. Non,
« je ne jouerai plus. » Ne trouvez-vous pas que
Robert devient raisonnable? Son retour à la rai-

son lui coûte un peu cher ; n'importe. Il est tant de gens que le malheur ne corrige jamais! Voyons où le conduiront ses sages réflexions.

Il commence par exécuter ses projets de réforme. Il déclare bonnement à son notaire qu'il s'est cru millionnaire et qu'il s'est trompé. Il paie l'écriture, et reprend son argent. Il vend équipages, chevaux, galons ; il eût vendu ses laquais, s'il eût trouvé un acheteur. Il paie son hôte, et va se cacher, non dans la rue Jean-Saint-Denis. On n'aime pas à se montrer à ceux qui ne compatiraient pas à des malheurs qu'ils ont prévus, et qu'ils regarderaient comme bien mérités. Robert va loger rue de la Calandre, petite rue ignorée, où on peut se donner pour ce qu'on veut, ce qui est assez agréable, quand on n'est rien.

Robert installé à son nouveau domicile, son sang calmé, après une fermentation soutenue de cinq à six jours, il pensa à son bras, ou plutôt la douleur le fit souvenir que depuis quatre jours ce bras n'avait été pansé.

« Par exemple, dit-il, il n'y a pas là de ma
« faute ; c'est celle du docteur. Son métier est de
« soigner ses malades, et s'il se fût présenté, je
« l'aurais reçu. Ah! je vois ce que c'est. Il me
« doit cinq mille francs, et il ne se soucie pas de
« me les rendre. Et moi, qui fier de mon opu-
« lence, ai dédaigné un billet, quand il voulait
« m'en faire dix! Cinq mille francs sont bons à

« ajouter à ce qui me reste : je vais écrire au doc-
« teur... Eh! mon dieu, mon dieu, que sens-je
« donc là !... Cela n'est pas possible, n'est pas
« croyable... Quoi ! mademoiselle Angélique....
« Hélas ! il est trop vrai, et j'ai payé cela mille
« écus ! Quand on paie ainsi, si on n'est point à
« l'abri du repentir, on doit l'être au moins des
« accidens. Qui diable aussi eût pu prévoir pa-
« reille chose ? La fraîcheur d'Hébé, la timidité de
« l'innocence... Il n'y a pas encore là de ma faute ;
« mais, vite, vite, écrivons au docteur. »

Le docteur arrive, avec son habit neuf, mais avec du linge sale, et des bas crottés. « Mon cher
« docteur, lui dit Robert, je vois que le sort ne
« vous a pas mieux traité que moi. — Mon cher
« ami, il me fallait un revers pour me rendre à
« moi-même, à mon état, à mes malades. Je l'ai
« éprouvé, et tout est pour le mieux. Adieu
« ferme, maison et moulin. — Adieu la terre de
« Vaux. — Voyons votre bras. — Ah ! voyez autre
« chose. — Voilà qui est superbe. Cette maladie
« me fera le plus grand honneur. Il y a réunion,
« complication ; vous avez, mon cher ami, tout
« ce qu'on peut avoir. — Vous m'effrayez, doc-
« teur. — Oh ! ne craignez rien. Je vous tirerai
« de là, sans avoir recours à l'amputation. Mais,
« dites-moi, vous reste-t-il de l'argent ? — Quinze
« mille francs environ. — Prêtez-moi cinquante
« louis. — Hé, docteur, vous me devez déjà cinq
« mille francs... — Ho! ne parlons pas de cela,

« je vous en prie. — Mais j'en parle, corbleu! —
« Je n'ai pas le sou, et pour vous guérir, il faut
« que je vive. Je ne vous demande que douze
« cents francs, je ne peux vous traiter à moins,
« et qu'importe que vous payiez avant ou après?
« — Mais mes cinq mille francs. — Ils sont per-
« dus. — C'est consolant. — Donnez-moi cin-
« quante louis, vous dis-je, et remettez-vous au
« lit. — Mais, docteur... — Point de *mais*. Dépê-
« chez-vous, ou je vais chercher de l'argent ail-
« leurs. — Au moins, docteur, vous ne me de-
« manderez plus rien. — Ah! j'en suis incapable. »

En santé, on brave le médecin et le confesseur.
Est-on vivement attaqué, on revient au confesseur
et au médecin. On les écoute comme des oracles,
on tremble devant eux, on cherche sa destinée
dans leurs regards. Guérit-on? on se moque de
l'un et de l'autre, et on en est bien puni : on
meurt abandonné de la faculté, et dans l'impé-
nitence finale, ce qui est très-malheureux.

Robert, timoré comme un malade, qui ne connaît pas son mal, lâche les cinquante louis au
docteur. Le docteur fait son ordonnance pour la
maladie nouvelle, et examine le bras. « Il est
« bleu, mais ce n'est rien que cela. — C'est sans
« doute l'effet de la pression des bandes et de
« votre négligence. — De la vôtre, monsieur.
« Au reste, je vais imbiber la compresse de cam-
« phre, et nous verrons ce soir. »

Le docteur part, très-décidé à revenir en effet

dans la soirée. Mais un joueur, qui a cinquante louis, dans sa poche, sait-il ce qu'il deviendra ? Le docteur s'était glissé chez Courgel, sans trop savoir comment. Son air commun, sa mise bizarre le réduisent désormais aux tripots. Il va de l'un à l'autre. Il perd ici, il gagne là. Dans ces alternatives, de perte et de gain, il a oublié la double maladie de Robert. Tant qu'il a dix louis dans sa poche, peut-il s'occuper d'autre chose que du jeu ?

Le docteur fait grande chère, par un raisonnement tout simple : c'est que ce qu'il mange n'est pas tout-à-fait perdu. Il achète, par la même raison, deux chemises, et deux paires de bas de soie, qu'il pouvait se trouver dans l'impossibilité de se donner le lendemain, et il n'en faut pas plus pour être toujours propre à Paris, où on trouve des blanchisseuses à la minute, comme des cafés à la seconde, des tailleurs à l'instant, des filles sans cesse.

Il faut finir par perdre, quand on joue toujours. A la fin de la seconde journée, il ne resta au docteur que ses deux chemises et ses deux paires de bas. « Ma foi, dit-il, il y a toujours un « beau côté dans les choses les plus désastreuses. « Je perds cinquante louis à la vérité ; mais je « les paierai avec des ordonnances, et au moins « je suis en linge. C'est fort agréable. »

Il arrive chez Robert, sa chemise dans une poche, et des cartes dans l'autre. « Je n'ai plus le

« sou, mon cher ami. Nous allons vivre en phi-
« losophes. Nous raisonnerons sur l'instabilité
« des choses humaines : cela fait passer le temps
« et ne coûte rien. Je vous ai mis à la diète ; il
« ne vous faut que du bouillon. Moi, je man-
« gerai le bœuf ; vous guérirez, et je me main-
« tiendrai en santé.

« Vous ne me répondez pas ? Qu'avez-vous
« donc ? — Je souffre horriblement du bras, et
« d'ailleurs. — Mon cher ami, l'homme est né
« pour souffrir. Il pleure en naissant ; en gran-
« dissant, il est sans cesse contrarié, et c'est un
« pauvre hère, s'il n'a pas le bon esprit de rire
« de tout cela. — Job riait-il, accablé de souf-
« frances ? — Bah ! Job était un mauvais joueur.

« Voyons quels progrès a faits le cadeau de
« mademoiselle Angélique... C'est plus beau qu'a-
« vant hier. Quelle cure, mon ami ! Vous me
« parliez de cinq mille francs que je vous dois !
« c'est une misère. Je vous devrai une réputation
« immortelle. Et ce bras ? — Je ne le sens plus,
« docteur. — Bah ! ceci est fort. Voyons le bras...
« Il est gangréné. Il faut le couper sans balancer.
« C'est l'affaire d'un instant. — Me laisser couper
« le bras, monsieur ! — Ou mourir dans les qua-
« rante-huit heures ; choisissez. — Malheureux
« que je suis, à trente-six ans perdre un bras ! —
« Ce n'est que le bras gauche. — Je n'y consen-
« tirai jamais. — Faites donc votre testament.
« Dépêchez-vous et ne m'oubliez pas. Il vaut au-

« tant que j'hérite qu'un autre. — Mais, docteur,
« avant de couper, ne pourrait on pas faire une
« consultation? Je la paierai ce qu'on voudra. —
« Oh! une consultation ne tourne guère qu'au
« profit des médecins. Au reste, si cela vous fait
« plaisir, je vous aurai des consultans. Combien
« en voulez-vous? — Trois. — Je ferais le qua-
« trième, et, dans ces cas-là, il faut être en nombre
« impair. — Et pourquoi? — Parce que les opi-
« nions étant nécessairement divisées, il n'y a
« que le nombre impair qui assure une majorité.
« — Amenez-en donc quatre. Mais je vous déclare
« que j'adopterai l'opinion de ceux qui ne seront
« pas de votre avis. »

Le docteur ne brillait pas par ses relations avec les membres de la faculté. Au reste, les confrères qu'il amena, étaient gens à tuer leur homme tout aussi bien que MM. Tissot et Petit. C'était un tireur de dents de la place de Grève; l'inventeur d'un spécifique, propre à trente-deux maladies; un apothicaire, et l'éditeur des ouvrages de médecine, très-savant, à ce qu'il prétendait, à force d'avoir lu des manuscrits *médicinaux*.

Il est des choses tellement claires, qu'elles préviennent toute espèce de discussion. Ainsi que les hommes, bien organisés, conviennent qu'il fait jour à midi; que ce qui est vrai aujourd'hui ne l'était pas hier; que l'intrigue est le levier qui soulève le monde, de même les cinq docteurs décidèrent le bras bien et dûment gangrené. Pour le bien de l'humanité, ils attachèrent Robert aux quatre colonnes de son lit, et, d'autorité, ils le séparèrent d'une partie qui allait emporter le tout.

« Mon pauvre bras, disait Robert, en le voyant
« tomber dans le baquet, il m'allait si bien ! C'est
« vous, docteur, qui avez développé ma passion
« pour le jeu ; c'est vous qui êtes cause que j'ai
« connu mademoiselle Angélique ; c'est vous... —
« Reprochez-moi toutes les folies que vous avez
« faites, et vous n'avez fait que cela. Est-ce moi
« qui vous ai conseillé d'être journaliste et d'é-
« crire de manière à vous faire briser les mem-
« bres ? Est-ce moi qui vous ai brouillé avec M. Mo-
« reau, qui vous donnait une existence douce et
« sûre ? Est-ce moi qui vous ai fait monter vôtre
« maison sur le ton le plus brillant, quand vous
« n'aviez que la promesse d'une place, que vous
« étiez incapable d'exercer ? Est-ce moi qui vous
« ai fait accueillir un prétendu cousin, qui vous a
« coiffé le premier ? Est-ce moi qui vous ai marié ?
« Est-ce moi... — Assez, docteur, assez. J'avais
« oublié tout cela. — Oubliez de même le mau-
« vais bras que je vous ai ôté. Vous vous accou-
« tumerez à n'en avoir qu'un, comme tant de
« gens s'accoutument à n'avoir qu'une jambe,
« qu'un œil ; à n'en avoir pas du tout ; à être
« bossu, cul-de-jatte ; comme je m'accoutume à
« n'avoir pas le sou, et à porter mon mobilier dans

« ma poche. Une chemise sur moi, celle-ci, et
« deux jeux de cartes, voilà tout ce que je pos-
« sède au monde. M'entendez-vous me plaindre? Me
« voyez-vous faire l'enfant? — Vous avez vos deux
« bras. — Hé, que de bruit pour un bras de plus
« ou de moins! Faisons une partie, cela vous dis-
« sipera. — Êtes-vous fou? Joue-t-on aux cartes
« avec une main? — Je mêlerai pour vous, je
« donnerai pour vous, et ça ira. — Vous n'avez
« pas d'argent, dites-vous? — Ma chemise contre
« un petit écu. — Tope. A quel jeu? — A la triom-
« phe. »

Le docteur n'osait plus essayer d'emprunter. Il savait que les gens les plus faciles se fatiguent de donner, et il devait être démontré, pour Robert, que ce qu'il prêtait était perdu. Il était plus simple de jouer petit jeu, de se donner ainsi un air de complaisance, d'égards, d'attentions, et le docteur ne risquait qu'une chemise contre quinze mille francs, qui pouvaient, peu à peu, passer de la bourse du malade dans la sienne. Robert ne savait pas jouer. Il perdait un louis, il en perdait deux, trois, que le docteur se hâtait d'aller perdre ailleurs, sous le prétexte de visiter ses malades.

A la fin des six semaines, il restait peu de chose à Robert, et le docteur ne possédait que ses deux chemises et ses deux paires de bas. Le docteur était toujours de bonne humeur, et Robert s'égayait à mesure que sa santé se rétablissait. Il devenait fort adroit, du bras qui lui restait, et il observait, avec beaucoup de sagacité, que si la nature ne nous en eût donné qu'un, il eût bien fallu se passer de l'autre.

Il dînait fort bien tous les jours. Il avait encore de quoi dîner pendant un mois, et un homme du caractère de Robert ne prévoit pas les évènemens de loin. D'ailleurs, on est toujours riche avec six francs dans la poche, et des projets dans la tête.

QUATRIÈME PARTIE.

CHAPITRE PREMIER.

Robert invente un genre de commerce nouveau.

« Voyons, qu'allons-nous devenir, dit un jour
« Robert au docteur ? Vous m'avez gagné douze
« mille francs en détail, et vous n'en êtes pas
« plus riche. Je me porte bien, et je veux penser
« à faire quelque chose. — Ma foi, mon cher
« ami, je vous conseille de vous faire médecin.
« — Médecin, moi ! Je ne sais rien. — A la bonne
« heure ; mais vous possédez assez de latin pour
« soutenir vos thèses, et c'est là l'essentiel. Quand
« vous aurez vos lettres de licence en poche,
« vous pourrez, impunément, médicamenter, faire
« saigner, charpenter, tuer qui il appartiendra, et
« cette ressource-là ne vous manquera jamais :
« elle est fondée sur la crédulité humaine. —
« Ma foi, docteur, ce métier-là ne me tente pas.
« Cette ressource, que vous faites tant valoir, né

« vous est pas très-profitable, et je n'ai pas la
« présomption de croire que je serais meilleur
« médecin que vous. — Que vous êtes simple !
« il ne s'agit pas de savoir si vous serez un bon
« ou un mauvais médecin ; mais si vous aurez la
« vogue. Il y a des modes en médecine, comme en
« bonnets, et mon confrère Papillon a un équi-
« page, parce qu'il a inventé les bouillons de
« poulets, la pâte de jujube, qu'il dit de jolies
« choses aux dames, et qu'il essaie leur santé. —
« Hé, que n'inventez-vous quelque chose, vous
« qui parlez ? — Moi, j'ai inventé le *croup*; j'ai
« retrouvé la *pituite vitrée*, et personne ne veut
« avoir ces maladies-là. — Tenez, docteur, votre
« exemple est bien fait pour me dégoûter de la
« médecine, et puis on dirait que j'ai étudié mon
« art dans *Gil Blas*, et que vous êtes mon *San-*
« *grado*. On se moquerait de vous et de moi.
« Allons nous promener. Dînons encore une fois
« ensemble. Vous irez ensuite chercher des *croups*
« et des *pituites vitrées*, et moi, de mon côté, j'a-
« viserai à ce que je dois faire. »

A la fin d'un repas, assez frugal, Robert prit la
main de son docteur, lui dit un dernir adieu,
qu'il aurait dû lui dire plutôt, et mis comme
dans les beaux jours de sa gloire; il fut rôder
au Palais-Royal, dont le jardin, plus vaste, et
plus agréable qu'aujourd'hui, était fréquenté par
les honnêtes gens. On ne prévoyait pas qu'il se-

rait trente, ans après, le repaire de l'agiotage, de l'escroquerie et de l'impudicité.

Un joli homme, très-bien mis, fixe nécessairement l'attention, et quand ce joli homme a un bras de moins, il intéresse. Les petites demoiselles faisaient chacune leur roman, en regardant passer et repasser Robert. L'une décidait que ce bras était resté à Rosbach, l'autre à Pondichéry. Celle-ci faisait Robert capitaine; celle-là colonel. Une autre lui donnait le cordon rouge; toutes désiraient qu'il vînt occuper une des chaises vacantes, qui étaient autour d'elles. Plus d'un mariage a commencé comme cela, et beaucoup de jeunes demoiselles sont bien aises de se marier. Robert, qui aimait beaucoup les petites demoiselles, cherchait de son côté à se fixer pour une heure. Il allait s'asseoir auprès d'une belle blonde, dont l'œil languissant s'exprimait, sans doute, avec plus de clarté que celui de ses rivales, lorsqu'il s'entendit appeler par son nom, c'est-à-dire, par le nom qu'il avait pris. Vous vous rappelez qu'il était indécent, alors, de se nommer comme ses pères. A la vérité, on ne pouvait avoir de notions certaines sur l'origine d'une famille, que dans l'étude d'un notaire, où il fallait bien, pour maintenir l'hérédité, continuer de s'appeler *Jacquot*, ou *Villain*; mais dans le monde, on se donnait du *de*, et *de* donnait beaucoup de valeur à un homme.

La dame, qui venait d'appeler le chevalier Désormeaux, n'était pas de la première jeunesse. Elle avait cinquante-cinq ans, un gros embonpoint, l'œil hardi, du rouge, des mouches, un grand panier, une belle fortune, elle était veuve, elle avait enfin tout ce qui rend une femme respectable. Aussi le chevalier s'approcha-t-il avec le feint empressement que prescrit la politesse. Il avait connu madame de Vertenfort chez Courgel. Elle y jouait petit jeu, seulement pour avoir l'air de faire quelque chose, et elle cherchait les réunions nombreuses, parce qu'une femme de mérite y trouve toujours quelqu'un qui lui convient. Elle avait oublié Courgel : il était mort. Elle ne pensait pas davantage au chevalier ; mais le bras de moins venait de la frapper, et elle espérait se distraire de certaines peines, pendant que Robert lui conterait ce que ce bras était devenu.

Robert qui, depuis long-temps, mentait avec une aisance toute particulière, commençait un supplément à l'histoire qu'il avait contée au souper de madame de Courgel, lorsque madame de Vertenfort l'interrompit par une exclamation, accompagnée d'un roulement d'yeux, qui devait, d'après son intention, exprimer un voluptueux désespoir, et qui n'était qu'une grimace. Robert, interdit, regarde, et voit passer un beau monsieur, qui daigne à peine accorder un regard, et une légère inclination à la dame. « L'ingrat, dit-

« elle à demi-voix, le cruel, le monstre ! » Robert comprend que la dame aime le monsieur, et qu'elle a à s'en plaindre, ce qui est assez ordinaire. Mais les détails peuvent être piquans, et Robert est curieux. « Hélas, lui dit madame de
« Vertenfort, c'est soulager un cœur malheureux,
« que de le forcer à s'épancher : vous saurez
« tout. »

« Tranquille depuis la mort de feu monsieur
« de Vertenfort, à l'abri des passions violentes,
« je coulais mes jours au sein des plaisirs inno-
« cens. Je n'aimais pas M. de Vertenfort. Il est
« vrai qu'il n'était pas beau, qu'il n'était pas bon,
« qu'il n'était pas même sociable, et jugeant tous
« les hommes d'après lui, je me flattais inconsi-
« dérément de n'aimer jamais personne ; consé-
« quence fausse, ainsi que me l'a trop prouvé le
« vicomte de Chamferlin. Il me vit, il m'aima,
« et se garda bien de me le dire. Couverte encore
« de voiles, et de crêpes noirs, pouvais-je prêter
« l'oreille au langage de l'amour ? Ses yeux, ses
« traîtres yeux m'apprirent ce que sa langue crai-
« gnait de m'exprimer. Je les entendis trop, et
« le moyen de ne pas les entendre ! Ils sont d'une
« beauté, d'une expression... vous venez de les
« voir. Le vicomte, certain de ses progrès, me
« dit de ces demi-choses, me fit de ces demi-aveux,
« dont une femme chaste ne peut raisonnable-
« ment s'offenser ; mais qu'elle entend toujours,
« pour peu qu'elle ait des oreilles. Le perfide

« alluma, dans mon cœur, une flamme d'autant
« plus vive, que ce cœur était neuf encore. Il me
« demanda la permission de me venir voir, de
« me consoler dans mon veuvage. On ne refuse
« pas la visite d'un homme de qualité, qui s'an-
« nonce respectueusement. Je le reçus... Vous
« l'avouerai-je, chevalier? il me consola si com-
« plètement, que je ne pensais plus au défunt,
« lorsque le régiment de Picardie reçut l'ordre de
« joindre l'armée en Allemagne... Le monstre y
« avait acheté une compagnie, qui n'était pas
« payée; il n'avait pas le sou pour faire ses équi-
« pages, et je lui dis : trop aimable consolateur,
« on ne saurait trop faire pour qui console comme
« vous. Voilà ma bourse, puisez-y comme dans
« la vôtre. Vous balancez, mon cher vicomte! Hé
« tout n'est-il pas commun entre des gens qui
« s'aiment?

« Il y puisa, le parjure. Il paya sa compagnie,
« ses effets de campement. Il prit ce qu'il lui fallait
« pour faire figure pendant la campagne, et au
« moment de me quitter, il redoubla de tendresse,
« d'efforts... Jamais, je le crois, femme ne fut con-
« solée comme moi.

« Hélas! pendant que je tremblais pour sa vie,
« que j'adressais pour lui des vœux au ciel, que
« je relisais ses lettres, que je les commentais, et
« que je concluais de ces commentaires que nul
« homme n'est comparable au vicomte de Cham-
« ferlin, le barbare, insultant à mes alarmes, à

« ma douleur ; entretenait une correspondance
« suivie... avec qui?... avec sa blanchisseuse, qui
« est aussi la mienne. Une morveuse de dix-huit
« ans, qui n'a pour elle que d'assez jolis traits, la
« fraîcheur de son âge, un bavolet bien blanc,
« un juste qui laisse entrevoir des formes, fort
« agréables, je l'avoue, et un bas de coton, sur une
« jambe fine, qui paraît tenir à quelque chose de
« très-séduisant. Mais qu'est-ce que tout cela com-
« paré à madame de Vertenfort, fille de l'intendant
« du Limousin, et veuve d'un lieutenant criminel
« du Châtelet ? — Rien du tout, madame, rien du
« tout. La qualité est fort au-dessus de la beauté.
« Qu'est-ce en effet que cette fraîcheur, dont se
« targuent tant de jeunes personnes? une pauvre
« petite fleur que fane un rayon du soleil, dont la
« chaleur mûrit ces fruits délicieux que recherche
« la raison, et qu'elle se plaît à savourer. — Je ne
« vous croyais pas tant de jugement, chevalier.
« — Mais comment avez vous découvert la cor-
» respondance du vicomte et de votre blanchis-
« seuse? — Elle avait une liasse de ses lettres
« qu'elle a présentée à ma femme de chambre,
« comptant lui donner son livre de blanchissage.
« Un secret pressentiment me fit prendre ces
« lettres, et vous sentez quel effet a fait sur moi
« cette lecture. — Oh, madame, je le prévois. —
« J'ai souffleté Jeanneton... — Qui n'a rien dit
« pour sa défense ? — Et qui par son silence a
« reconnu son indignité, et la supériorité du rang.

« — Madame, vous venez de me conter une his-
« toire fort intéressante. Permettez-moi de vous
« demander ce que vous comptez faire de votre
« amour pour le vicomte de Chamferlin. — Mais,
« chevalier... c'est moi qui vous le demande. —
« Eh bien, madame, parlons raison. Son langage
« ne messied pas aux Grâces. — Ah, chevalier,
« que vous êtes galant ! — Combien avez-vous
« donné au vicomte ? — Quatre-vingt mille
« francs. — Et vous avez de rente ? Cinquante
« mille écus. — Hé bien, madame, c'est vous qui
« avez tort. — Ah, voilà qui est violent. — Le
« vicomte ne peut pas vous rendre quatre-vingt
« mille francs, et vous sentez combien il serait
« humiliant, pour lui, de paraître devant celle à
« qui il les doit. — Mais je les ai donnés, cheva-
« lier. — Quelle horreur ! comment, madame,
« vous confondez le vicomte avec ces hommes,
« sans délicatesse, qui dégradent l'amour en rece-
« vant de l'argent des mains de la beauté ! —
« Mais que puis-je faire mieux que de donner ? —
« Si mon amante n'avait qu'une chaumière, je la
« partagerais avec elle. Elle a cinquante mille
« écus de rente, et elle balance à m'offrir sa main !
« elle me refuse le plus honorable moyen de
« m'acquitter envers elle ? — Oh, ciel, admettre
« un volage dans le lit de M. de Vertenfort ! —
« Vous l'avez bien reçu dans le vôtre. Et puis
« cette correspondance, avec Jeanneton, cache
« quelque mystère, que le vicomte expliquerait

« sans doute à son avantage. — Dieu! grand dieu!
« s'il était possible!... Cependant une femme titrée
« épouser en secondes noces un capitaine d'in-
« fanterie! — Mais cet homme est de qualité,
« il est aimable. — Charmant, M. le chevalier. —
« Vous êtes majeure. — Depuis six mois. — D'ail-
« leurs le mariage émancipe. — Oh! je suis très-
« émancipée. — Qu'importe alors ce que dira le
« monde. — Oh, le monde ne m'intéresse plus.
« — Il est reconnu que rien ne rend un homme
« fidèle comme le mariage. — Vous croyez cela,
« chevalier? — J'en appelle à la mémoire de
« M. de Vertenfort. — Oh, il était d'une fidélité
« exemplaire. — C'est l'effet certain du sacrement.
« — Vous me persuadez, chevalier. Mais com-
« ment ramener M. de Chamferlin? Je ne peux
« courir sur ses pas, lui faire les premières pro-
« positions. — Je les ferai pour vous, madame.
« — Vraiment? — Et avec un sensible plaisir. —
« Que vous êtes aimable, M. le chevalier! si j'o-
« sais vous prier... — De quoi, madame? — D'ac-
« cepter ce solitaire. Il est assez joli. — Il est
« superbe, madame, et un pareil service... — Ne
« saurait se payer, chevalier; aussi n'est-ce qu'un
« gage d'amitié que je vous offre. — A ce titre
« là, madame, il ne m'est pas permis de refuser.
« — Mais allez donc, monsieur, partez. Vous ne
« voyez pas que Chamferlin quitte la grande allée,
« et va je ne sais où. — Je l'aurai joint en trois
« minutes : J'ai gagné en jambes ce que j'ai perdu
« en bras. »

En effet, le chevalier court, comme lorsqu'il avait tous les huissiers de Paris à ses trousses, et il fait tant de bruit en courant, que le vicomte de Chamferlin se hâte de se ranger, croyant qu'un carosse à six chevaux va lui passer sur la tête. Étrange vertu d'une petite pierre polie, qui pourtant ne vaut pas un pain d'une livre.

« Où allez-vous donc, monsieur le vicomte ? —
« Que vous importe, monsieur ? — Oh, quel
« ton ! — C'est le mien, monsieur. — Il n'est
« pas aimable. — Peu m'importe. — Vous a-t-il
« quelquefois mené à quelque résultat satisfai-
« sant ? — Oui, à me défaire d'un interrogateur
« importun, que je ne connais pas. Adieu, mon-
« sieur. — Un moment donc. Quel homme vous
« êtes ! Au lieu de pointiller, tâchons de nous
« entendre. J'ai formé un projet en courant... —
« Oh, des projets ! qui n'en fait pas, et à quoi
« conduisent-ils ? — Celui-ci fera votre fortune.
« — Occupez-vous de la vôtre. — Mais vous
« n'êtes pas traitable... Que donneriez-vous à quel-
« qu'un qui vous ferait épouser trois millions ? —
« Six mois du revenu. — En vérité ? — D'honneur.
« — J'ai votre affaire ; mais je ne peux vous dissi-
« muler... — Quoi ? — Qu'avec la dot, il faut vous
« charger d'une femme... — Parbleu, je m'en
« doute. — Qui n'est pas jeune. — Cela m'est
« égal. — Qui n'est pas belle. — Eût-elle la tête
« de Méduse, je l'épouse. Mais je veux des sûre-
« tés. — Et moi aussi. — Je vous fais un billet

« conditionnel. — Soit. Quand ? — Tout de suite.
« — Où ? — Sur la forme de mon chapeau. »

Ces deux messieurs étaient aussi pressés l'un que l'autre. Cependant on n'écrit pas sur la forme d'un chapeau, quand on n'a ni plume, ni encre dans sa poche. Il fallut entrer au café voisin. Le billet fait et serré, Robert nomme madame de Vertenfort. — « Parbleu, s'écria le vicomte, je
« ne la croyais pas folle à ce point là. Mais puis-
« qu'il en est ainsi, je n'avais pas besoin d'inter-
« médiaire pour faire ce mariage là. — Croyez-
« vous, monsieur ? — Il suffisait de me présenter.
« — Et votre intrigue avec Jeanneton, et la co-
« lère de la dame ? Pensez-vous que vous l'eussiez
« apaisée ; qu'elle eût donné dans toutes les
« billevesées qui vous eussent passé par la tête ?
« Il fallait qu'un conciliateur, en apparence
« étranger à tous deux, entreprît de vous justifier,
« et c'est ce que j'ai fait. — Et qu'avez-vous dit ?
« — Je m'y suis pris assez adroitement, pour vous
« laisser le maître de donner à l'aventure la tour-
« nure qu'il vous plaira. — C'est quelque chose,
« j'en conviens ; mais vous vendez vos services
« un peu cher. — Ma foi, monsieur, il faut que
« tout le monde vive. Vous pouvez, d'ailleurs,
« présenter, la veille du mariage, un mémoire de
« dettes égal au montant du billet. La future l'ac-
« quittera, et de cette manière vous m'aurez payé
« sans débourser un sou. — C'est fort bien l'en-
« tendre. — Et puis, imaginez-vous qu'il ne me

« reste rien à faire? Qui décidera la dame à vous
« passer son bien par contrat de mariage? Sera-
« ce vous? Braverez-vous les bienséances jusqu'à
« établir des prétentions exagérées? Entamerez-
« vous des discussions d'intérêt? Hem? commen-
« cez-vous à sentir l'utilité d'un tiers?... Enfin, si
« vous avez des regrets à la somme promise, je
« vais vous rendre votre billet, et tout défaire
« en un instant. Je dirai à madame de Verten-
« fort que je vous ai mal jugé ; que vous êtes
« aussi coupable qu'elle l'imagine; que vous per-
« sistez dans votre attachement pour Jeanneton,
« et que... — Non, non, cela n'est pas nécessaire,
« et je tiendrai le marché conclu. Il n'y a qu'une
« chose qui m'embarrasse. — Je lève toutes les
« difficultés. — J'ai un mémoire de dettes réelles
« à ajouter au mémoire fictif que je ferai pour
« vous. — Madame de Vertenfort les paiera tous
« les deux. Je l'y déterminerai. — Mais la somme
« est très-forte. — Hé bien, elle vendra une terre.
« Ne sera-t-elle pas trop heureuse d'acheter, à si
« bas prix, un beau garçon comme vous? — Je
« ne sais pas trop ce qu'elle en pensera au bout
« de six mois de mariage. — Ma foi, ni moi non
« plus. Mais qu'importe? Allons trouver madame
« de Vertenfort. »

Toute autre qu'elle se serait ennuiée d'attendre
la fin d'une conférence assez longue. Mais ferme
sur sa chaise, elle eût passé, au Palais-Royal, le
reste du jour, et une partie de la nuit, avant de

renoncer à l'espoir de revoir son chevalier, et d'avoir des nouvelles de son perfide. Dès que le vicomte fut à portée d'être vu, il se composa une figure; il se gonfla la poitrine; il roidit ses bras; serra ses poings; se donna aux yeux de madame de Vertenfort, l'air d'un furieux, d'un désespéré. Les autres le prirent pour un extravagant, et on fait peu d'attention à ces gens-là : il y en a tant, et de tant de genres !

« Non, madame, je ne voulais plus vous voir,
« je ne le devais pas, et c'est malgré moi que je
« cède au chevalier, qui m'entraîne; mais résis-
« te-t-on à l'amitié ? — Plus bas, vicomte, plus
« bas. — Plus haut, au contraire, madame. Je
« voudrais apprendre à tout l'Univers que le
« vicomte de Chamferlin, trahi dans son amour,
« outragé presqu'en public... — Oh! de grace,
« gagnons ma voiture. Vous ne voyez pas que
« vous me donnez en spectacle ici. — Hé, croyez-
« vous, madame, que les grandes douleurs soient
« muettes ? Vous le voulez, montons dans votre
« carosse... Cocher, à l'hôtel de Vertenfort.

« Voilà le salon où je vous déclarai ma ten-
« dresse ; voilà l'ottomane sur laquelle vous étiez
« voluptueusement penchée ; voilà le coussin sur
« lequel je vous jurai, à genoux, une fidélité à
« toute épreuve ; voilà dans quelle position nous
« étions tous deux, lorsque retenue par la dé-
« cence, vous ne me répondîtes que par la plus
« séduisante rougeur. Suivez le tableau, chevalier.

« Madame cachait, dans mon sein, son embarras et
« sa figure charmante ; une jambe, faite au tour,
« était en haut, l'autre en bas; deux mules de
« satin roulaient sur le parquet. Ivre de désirs,
« je croyais toucher au moment du triomphe,
« lorsqu'un petit chien, caché je ne sais où, s'é-
« lance et me mord... On ne supporte pas de
« sang-froid un pareil accident. Je me lève, je
« tempête, je m'emporte; madame cherche un
« asile sur cette bergère ; je la poursuis sans re-
« lâche ; elle veut se réfugier dans ce boudoir ;
« cette clé l'arrête par la fente de sa poche; et
« déchire sa robe et son panier. Voilà l'endroit
« où son pied s'embarrassa dans le tapis; voilà
« celui où elle tomba... Voilà de quelle façon je
« tombai... — Finissez donc, finissez donc, mon-
« sieur le vicomte. Il n'est pas nécessaire de ré-
« péter, devant un tiers, certaines scènes du ta-
« bleau, pour me prouver votre mémoire. —
« Avouez du moins, madame, que l'amour seul
« retient mille particularités, en apparence indif-
« férentes, parce que lui seul sait les apprécier.
« Avouez que ce qu'il vous plaît appeler mémoire
« est chez moi l'effet d'une passion sans bornes ;
« que quiconque aime comme moi, ne peut voir
« au monde qu'une femme ; qu'elle doit être l'u-
« nique objet de ses vœux, de ses désirs, la source
« de toutes ses jouissances... Je reviens, chevalier.
« Madame se rend ; je me crois le plus heureux
« des hommes ; je me flatte de couler près d'elle

« des jours tissus *d'or et de soie* ; le croirez-vous ?
« Ses sermens, ses transports, tout était duplicité,
« mensonge. — Vous m'accusez, grand dieu !
« Vous m'accusez, vous, l'auteur de toutes mes
« peines ! — Tandis que je me reposais sur ses
« faveurs, le plus fort, le plus indissoluble des
« engagemens, elle me trahissait, elle me sacri-
« fiait... — Et à qui, juste ciel ! — A qui, ma-
« dame ? Vous me le demandez ! Vous voulez donc
« que le chevalier connaisse l'étendue de vos
« torts ? Je parlerai. Un bourgeois, un misérable
« financier était mon rival heureux. — Nommez-
« le donc, je vous en supplie, je vous en conjure.
« — Courgel m'a tout avoué. — Courgel, dites
« vous, Courgel ! il a eu la bassesse de me ca-
« lomnier ! ah, si la mort n'avait mis, entre nous,
« une insurmontable barrière, je courrais chez
« lui, je le forcerais à une rétractation... Mais je
« consens qu'abusé par un lâche, vous m'ayez
« crue infidelle : comment accordez-vous cette
« jalousie, ce désespoir qui vous oppresse avec
« cette basse intrigue, avec les lettres écrites à
« Jeanneton ? — Jeanneton ! de qui me parlez-
« vous ?... Jeanneton... Oui, je me la rappelle ;
« oui, je l'ai possédée, et je la hais maintenant en
« proportion de ma faiblesse. Mais que voulez-
« vous ? Ma tête était perdue ; je ne roulais que
« des projets de vengeance, et j'ai cru que la
« plus insultante de toutes était de vous humilier
« dans la femme qui vous succèderait, de vous

« donner à croire qu'il n'en était aucune que je
« ne misse au-dessus de vous.

« Mon but était manqué, si cette femme n'était
« indiscrète; mais je pensais que son orgueil,
« flatté de la conquête d'un homme de mon rang,
« ne vous laisserait rien ignorer. Voilà ce qui
« m'a déterminé à écrire ces lettres, qu'on a paru
« vous remettre par erreur, et qu'on ne vous
« voyait lire qu'en triomphant en secret.

« Réfléchissez, madame, et convenez que si
« un gentilhomme descend jusqu'à une petite
« fille, il ne lui écrit pas, sans motifs, dans une
« langue qu'elle ne saurait entendre; que quel-
« que naïve que soit cette petite fille, elle est
« toujours discrète sur certaines choses, et que
« des lettres d'amour et un livre de blanchissage
« se ressemblent si peu, que Jeanneton n'a pu s'y
« méprendre que très-volontairement.

« — Ah, cher vicomte, si vous êtes sincère en
« ce moment; si le dépit seul a produit une in-
« fidélité passagère... — En douteriez vous, chère
« Hortense? — Non, mon cœur me dit que vous
« êtes innocent, et, fussiez-vous coupable, il me
« forcerait à vous absoudre. Mais ce qui est cruel,
« barbare, impardonnable, c'est d'avoir cru que
« je pusse cesser de vous aimer, que je pusse
« vous trahir. — Oui, je l'ai cru, madame, et cette
« erreur funeste a fait le malheur de tous deux.
« Vous le savez, grand Dieu, si je me la reproche!
« pour vous prouver mon repentir, combien vous

« m'êtes chère, à quel point je suis décidé à vous
« consacrer mon être, je ne sors plus d'ici... —
« Comment, mon cher enfant... — J'unis mon sort
« au vôtre; je vais prononcer au pied des autels
« l'heureux serment de vous aimer toute ma vie.
« — Vous me ravissez, mon doux ami; mais
« écoutez... — Je n'écoute rien. Vous serez ma
« femme, et la femme la plus chérie et la plus
« heureuse. Pour Jeanneton, cette petite vani-
« teuse, qui a eu l'impertinence de croire qu'elle
« vous balançait un moment dans mon cœur, je
« veux l'en punir par le spectacle de notre mu-
« tuelle félicité; je veux vous donner la preuve
« convaincante qu'elle n'est nullement redoutable
« pour vous, en l'ayant sans cesse sous mes yeux,
« en l'insultant à chaque instant du jour : Vous
« la prendrez pour votre femme de chambre. —
« Oh, par exemple, non. — Vous la prendrez, vous
« dis-je, ou vous me ferez la plus cruelle injure.
« Hé quel sera le prix du plus parfait amour, si
« vous me refusez votre confiance? — Je ne le
« mettrai point à une épreuve, si non dangereuse,
« au moins déplacée. — Je vous entends, madame.
« Vous me croyez faible, vous me méprisez, vous
« me jugez indigne de vous; ou plutôt étrangère
« à l'amour, et à la jalousie, qui toujours l'accom-
« pagne, vous dédaignez de vous venger de Jean-
« neton, dont l'outrage ne vous affecte pas. Hé
« bien, sachez, madame, que je n'épouserai ja-
« mais celle dont la tendresse, réservée, défiante,

« ne répondra pas à la mienne. Je renonce à
« vôtre main; j'y renonce sans retour. Je m'arra-
« che de ces lieux; je passe en Amérique; je mets
« entre vous et moi l'immensité des mers... —
« Vous me faites trembler... Vous froissez le plus
« tendre cœur..... Vous voulez donc emporter
« avec vous mon repos et ma vie... — Que vois-je!
« vos beaux yeux se mouillent de larmes! vous
« me pressez dans vos bras... Ah, je viens de re-
« conquérir mon amie. L'Orange, Jasmin, La Brie,
« vite, vite, à l'instant, le notaire et Jeanneton.

« ... Je ne peux suffire à la force des sensations
« qui m'ont successivement agité. Permets, divine
« Hortense, que je passe dans ce cabinet. J'y
« rappellerai ma raison, et mes sens que tes re-
« gards ne cessent de troubler... Le chevalier
« t'entretiendra pendant cette courte absence. »

Le vicomte n'avait pas trop mal joué son rôle
pour un homme qui n'était pas préparé. Il jugeait qu'il était temps que le chevalier se mît en
scène. Roberville débuta par l'éloge le plus complet
de M. de Chamferlin. C'était le moyen de fixer
l'attention, et de faire vibrer cette corde, qui
n'existe pas, et qui par cette raison a paru neuve
dans *Misantropie et repentir*. Le chevalier insinua
qu'un jeune homme qui s'attache à une femme
sur le retour, est essentiellement raisonnable,
et qu'on peut compter sur lui pour le reste de
sa vie. Il observa, en même temps, qu'il convenait
de tirer le vicomte de l'anxiété affreuse qui le

tourmentait ; que les opinions différentes que madame de Vertenfort avait manifestées en cinq minutes, devaient le faire douter de son bonheur, et qu'une femme, délicate et sensible, va au devant de l'être chéri, qui la ménage, et qui veut lui éviter une explication. Le mot dédit fut prononcé à demi-voix et adopté avec transport. Les bonnes créatures que les vieilles! elles ne marchandent jamais un repentir.

Ensuite Robert donna adroitement à entendre que la mort nous surprend à toute heure; que le vicomte pouvait perdre une épouse accomplie, et qu'il était de la dignité de sa compagne de lui assurer de quoi soutenir le train qu'il aurait mené pendant ces beaux jours, où elle aurait épuisé avec lui ce que la volupté a de charmes. « Je lui « passe tout mon bien, s'écria madame de Ver- « tenfort, et je ne fais tort à personne. Je n'ai « qu'un neveu, qui passe son temps à étudier « l'astronomie; que des imbécilles disent être un « excellent sujet; mais qui n'apprend pas dans « les astres comment on doit se conduire ici bas. « Sans soins, sans égards pour moi, il a osé me « tourner en ridicule chez certaine comtesse... — « Madame, une faute aussi grave ne peut se pu- « nir que par l'exhérédation. — Je le déshérite. »

Il fallait en venir à l'article difficile à traiter, le billet du vicomte à Robert, et ses dettes à payer. Quelle tournure donner à cela? L'amour fait quelquefois dissiper des sommes énormes, et si elles ne profitent pas à la beauté vénale, elle les a du moins palpées. Comment prouver à madame de Vertenfort qu'on a dépensé cent mille écus pour elle, sans lui avoir seulement envoyé une loge à l'Opéra? Robert se frottait le front, comme si les idées naissaient dans la paume de la main. Il le frottait, le refrottait... « Hé bien, « chevalier, qu'avez-vous? Puis-je faire quelque « chose encore pour prouver au charmant vi- « comte l'excès de mon amour? — Ah! madame, « ne croyez pas que le vôtre égale jamais le sien. « A quoi pensez-vous qu'il passait le temps, lors- « que, se croyant trahi, il était en proie à des « tourmens intolérables? Vous imaginez, peut-être, « qu'il s'est jeté dans un monde, qui l'accueille « avec transport, et qui regrette de ne pas le voir « assez; qu'il a porté son désespoir, et le besoin « d'aimer dans les bras des femmes de la cour, « qui toutes eussent volé au-devant de son cœur? « Non, madame. Pénétré de son prétendu mal- « heur, ne s'occupant qu'à y trouver un remède, « c'est dans les bras d'un chimiste qu'il s'est pré- « cipité. Il a passé un mois, dans un grenier, à « chercher un filtre, qui pût lui ramener un cœur « qu'il croyait perdu. — Un filtre, chevalier, un « filtre, dites-vous! Ah! vicomte, que je vous sais « gré d'avoir cherché un filtre! Mais on dit, che- « valier, qu'on n'en trouve pas.—Aussi, madame, « n'en a-t-il pas trouvé. Mais comme les mar- « chands de filtre sont très-chers, qu'on a le

« temps, pendant un mois, de multiplier les es-
« sais, et que ces essais-là sont dispendieux, le
« vicomte a été forcé d'emprunter des sommes
« considérables. — Je les rembourserai, chevalier.
« Comment donc? Un amant au désespoir, qui
« ne pense qu'à moi, qui ne voit que moi, qui
« veut employer, pour me ramener à lui, jus-
« qu'aux ressources les plus cachées de la nature...
« Et à combien se montent ses dettes? — Vous
« jugerez de son amour par l'importance de la
« somme... Je n'ose vous la déclarer. Le vicomte
« peut-être... — Fi donc, mon cher ami, fi donc!
« Je sauverai cet aveu à sa délicatesse. Finissons.
« Il doit... — Cent mille écus. — Ah, mon dieu,
« cent mille écus pour des filtres... qu'on n'a pas
« trouvés. — Oh, son argent n'est pas absolument
« perdu. Comme on trouve toujours en chimie
« ce qu'on ne cherche pas, le vicomte et son
« adepte ont trouvé, au lieu de filtres, l'art de
« *transmuter* la potasse en métal. — Et à quoi
« cela est-il bon, chevalier? — Ma foi, madame,
« je n'en sais trop rien, ni le public non plus.
« Dans ce cas-là, les faiseurs de découvertes sont
« les seuls qui soient instruits, et qui ne doutent
« de rien. Mais le vicomte m'a dit, en général, que
« la transmutation de la potasse en métal, avait
« la vertu d'effacer les rides naissantes, de ren-
« dre à la bouche sa première fraîcheur, de rétablir
« la rondeur et l'élasticité des formes... — Ah! que
« me dites-vous là! Voilà la plus précieuse des

« découvertes. Je paierais volontiers le double de
« ce qu'elle a coûté, et je veux avoir chez moi
« une fabrique de métal de potasse... Mais je vous
« avoue que je suis embarrassée... — et de quoi
« donc, madame? — Je n'ai pas cent mille écus.
« — Hé, qu'importe? Serez-vous retenue par la
« crainte d'un sacrifice, à qui vous devrez une jeu-
« nesse inaltérable, des charmes toujours nou-
« veaux, et la garantie de la constance du vi-
« comte ? Très-riche encore, pour quelqu'un qui
« sait se borner, regretterez-vous une terre, qui
« n'est d'aucun prix, comparée à la santé et au
« plaisir? — Vous avez raison : je vends une terre. »

Le vicomte ne perdait pas un mot. Il se tenait les côtés, pour ne pas éclater, et il éclata enfin, au moment, où fort heureusement pour lui, l'apparition du notaire fit aboyer le petit chien, dont la voix aigre couvrit le rire le plus immodéré. Madame de Vertenfort se félicita beaucoup de ce que le vicomte ne serait pas présent aux ordres qu'elle allait donner au garde-note. Tout entier à sa flamme, il eût peut-être rejetté des dons, que le véritable amour n'accepte qu'avec répugnance. Elle parla au notaire à voix basse : elle tremblait qu'on entendît un mot du cabinet. Le notaire promit de repasser dans deux heures, et madame de Vertenfort fut voir comment se trouvait celui qui avait voulu la fixer par des filtres, et qui avait trouvé le métal de potasse, qui, selon elle, valait bien mieux; et dont elle faisait, pour le moins, autant de cas que du vicomte. Les hommes ne savent pas aimer comme les femmes; ils ne font pas, comme elles, leur affaire principale de l'amour; ils ne connaissent pas ce dévouement absolu, ce renoncement à soi-même, cette impulsion secrette qui les identifie avec l'objet aimé. Toutes les femmes disent cela, et pas une ne convient que, de la coquetterie et du soin de leur petite personne, se compose leur passion dominante, celle à qui toutes les autres sont subordonnées. Il faut donc que je le dise pour elles.

« Mon doux ami, allez donc promptement me
« chercher du métal de potasse, et ne manquez
« pas de vous trouver ici à l'heure où le notaire
« reviendra. — Je vole, madame, pour être plutôt
« de retour à vos pieds.

« Ah, ça, chevalier, comment me tirerez-vous
« du métal de potasse? où aviez vous la tête,
« quand vous avez imaginé cette extravagance?—
« Où était la vôtre, quand vous avez exigé que
« votre Hortense prît Jeanneton chez elle? —
« Quelle différence! une vieille folle croit tout,
« accorde tout; s'estime heureuse, quand on dai-
« gne prendre la peine de la tromper. C'est bien
« avec de pareilles espèces, vraiment, qu'on a be-
« soin d'esprit, de réflexions, de motifs raisonnés.
« —Tout cela est fort bien; mais il était plus simple
« et plus sûr de meubler Jeanneton, et de faire
« payer les frais à la vieille. — Pas du tout. J'ai
« une fantaisie pour cette petite fille; mais je ne

« prétends pas faire de cela une affaire sérieuse.
« J'aime mes aises. Je veux, quand je serai dés-
« œuvré, en allant, en venant, la trouver sous
« ma main. La vieille a consenti; elle brûle, elle
« grille, et elle n'obtiendra mes faveurs que lors-
« que les clauses du traité seront exécutées. Mais
« revenons. Que diable voulez-vous que je lui
« apporte qui efface ses rides, qui lui rende des
« dents, et qui arrondisse des formes allongées?
« —Ma foi, je n'en sais rien.—Peste soit de votre
« imaginative. —Hé, monsieur, j'ai pensé que si
« madame de Vertenfort concevait quelque soup-
« çon, sur votre intimité avec la petite, elle cesse-
« rait de craindre une rivale, à qui le métal de
« potasse l'égalera en jeunesse et en fraîcheur, et
« sur qui elle a déja l'avantage de la fortune, de
« l'éducation et de l'esprit. — L'intention était
« bonne, et vous auriez joué là un coup de maî-
« tre, si vous aviez le don des métamorphoses.
« Finissons. Qu'est-ce que c'est que ce métal de
« potasse?—Ce n'est rien du tout; mais pourquoi
« ne serais-je pas plus habile que les inventeurs,
« et ne lui découvrirai-je pas des propriétés, dont
« dont ils ne se doutent point. —Cessons de plai-
« santer. Qu'apporterons-nous à la vieille?—Du
« lait virginal. —Elle le reconnaîtra. — Nous y
« mêlerons un peu d'encre. —L'effet ne répondra
« pas à vos promesses. —Je n'ai pas dit que le
« métal de potasse fît, d'une Sybille, une Hébé en
« un jour. Et puis le contrat se signe dans deux

« heures, et vous serez sûr au moins du dédit.
« — Je me rends. Montons dans mon remise; al-
« lons trouver Jeanneton, et instruisons-la de la
« manière dont elle doit se conduire. »

Jeanneton, souffletée, chassée par madame de Vertenfort, n'avait pas reparu chez elle. Jolie comme une ange; lavant parfaitement son linon; développant, en le repassant, une main potelée, des doigts effilés, un bras arrondi, elle ne devait pas manquer de pratiques, ni d'amans. Elle aimait beaucoup son vicomte, et elle était fière de le recevoir à son quatrième étage, et de partager, avec lui, sa couchette de noyer.

Quand elle sut qu'elle allait jouer un rôle secondaire, qu'elle serait exposée aux caprices d'une maîtresse, que le vicomte ne serait son amant qu'en secret, et qu'il la menerait durement devant le dernier valet de la maison, elle fit la plus drôle de petite mine; elle bouda d'une manière si agaçante; sa cornette retroussée, et son fichu dérangé, et son jupon court, et sa gorge charmante, et sa jambe moulée, et tout son ensemble la mettait si fort au-dessus de celle à qui il fallait du métal de potasse, que le vicomte, enchanté, la saisit dans ses bras et la pressa contre son cœur.

Jeanneton se dégage, fuit aussi loin que le lui permettent les murs très-rapprochés de sa chambrette. Elle rajuste sa cornette, son fichu, et prenant le ton de hauteur, naturel à une femme trompée, et qui sait qu'elle n'est pas faite pour

l'être : « Finissez, monsieur, dit-elle. J'ai tout
« accordé à mon amant. Je ne dois plus rien à
« celui qui me quitte pour de l'or, et qui m'aime
« et m'estime assez peu pour vouloir me rendre
« le jouet d'une femme ridicule. »—« Je t'aime de
« toute mon ame ; mais j'ai un nom à soutenir ;
« je suis sans fortune, et... — On m'a offert un
« carrosse, monsieur, un hôtel, des diamans, et
« je vous ai préféré, avec vos dettes, au sort le
« plus brillant. — Quelle différence, ma petite
« dans notre position ! — Elle est grande, en effet,
« monsieur. Vous acceptez, d'une femme que vous
« n'aimez pas, ce que j'ai refusé d'un homme qui
« me déplaît; vous êtes titré et je ne suis qu'une
« ouvrière ; j'ai des principes et vous en manquez.
« — Mais, Jeanneton, tu n'exigeras pas que je te
« sacrifie une fortune considérable, une occasion
« unique de relever ma maison. — Je n'exige rien,
« monsieur. J'observe que si j'étais née dans une
« condition distinguée, j'aurais élevé mon amant
« jusqu'à moi. Pauvre et abandonnée, je me ré-
« signe ; mais je conserverai mon indépendance,
« et une sorte d'honnêteté étrangère aux préju-
« gés. — Mais savez-vous, monsieur le vicomte,
« que vous n'avez rien dû écrire à Jeanneton qui
« fût au-dessus de sa portée, et qu'elle parle
« comme un ange. — Parbleu, je le crois ; son
« père était bouquiniste au charnier des Innocens,
« et pendant qu'elle tenait le fer à repasser d'une

« main, elle avait un livre dans l'autre... On
« frappe, Jeanneton... Chevalier, nous sommes
« pris : c'est sans doute un domestique de la
« vieille. — Je ne veux pas vous faire manquer
« *l'occasion unique* de relever votre maison. Met-
« tez-vous tous deux sous cette table. Je vais vous
« cacher avec ma couverture à repasser. »

Il n'y avait pas d'autre parti à prendre. Chamferlin et Robert se blotissent sous la table. Jeanneton la charge d'une brassée de linge; elle prend un fer, il est froid; mais elle a l'air de travailler. C'est l'Orange qui se présente. Il fait l'élégant et n'est que gauche; il veut dire des douceurs, et ne trouve que des balourdises. Jeanneton ne l'écoute pas, et chantonne un vaudeville, en approchant son fer de sa joue. L'Orange s'aperçoit qu'il perd ses révérences, et ses grandes phrases, et il a le bon esprit de revenir à sa commission. Il annonce à la petite que madame lui fait l'honneur de la demander, et qu'elle la destine à celui de lui présenter la chemise. « A
« propos, ajouta-t-il, savez-vous qu'elle se marie?
« — A qui donc? — A un des plus mauvais sujets
« de Paris, une espèce de gentillâtre, sans le sou,
« sans conduite, et même sans honneur; qui la
« trompe, qui la berne, et en faveur de qui elle
« déshérite un neveu, sage, laborieux, plein de
« talens... Mais je m'amuse à jaser, et on m'at-
« tend à l'hôtel. Que répondrais-je à madame? —

« Que je repasse des chemises, et que je n'en pré-
« sente à personne. — C'est votre dernier mot ?
« — Absolument. — Je vous salue. »

L'Orange est parti. Chamferlin et Robert lèvent un coin de la couverture, l'un riant aux éclats, l'autre très-confus du portrait qu'on vient de faire de lui. « Monsieur, lui dit Jeanneton, j'ignore à
« quel point les propos de ce domestique sont
« fondés; mais vos procédés, à mon égard, me
« prouvent qu'un amant tel que vous n'est pas à
« regretter. J'espère que vous ne vous présenterez
« plus ici. Je souffrirai sans doute de ne plus vous
« voir; mais je souffrirais plus encore de vivre
« avec un homme que j'ai cessé d'estimer.

« Voilà sans doute de très-belles choses, dit
« Chamferlin, en descendant. Si je fais un enfant
« à ma vieille, je lui donnerai Jeanneton pour
« précepteur. — Vicomte, cette fille est à regret-
« ter, et sans le billet que vous m'avez fait, je
« vous conseillerais... — Bah! il en est mille aussi
« jolies, et qui ne sont pas si difficiles... Hé, mais...
« — Quoi? — Il faut tirer parti de son refus; je
« veux m'en faire honneur. — Et comment ? —
« Hatons-nous de prévenir ce faquin de l'Orange,
« et mettons-le dans l'impossibilité de rendre la
« réponse de Jeanneton. — Expliquez-vous donc.
« — J'ai bien ce temps-là. Cocher, au quai de la
« Féraille. Ventre à terre, écrase les passans,
« crève tes chevaux. »

Un louis persuade le cocher. Le carrosse va

comme si le diable l'emportait. On arrive, la portière s'ouvre, le vicomte saute à terre, prend par le collet un grand coquin de recruteur de son régiment, le jette dans la voiture, y remonte, la fait repartir et arrive du même train à l'hôtel de Vertenfort, où l'Orange, malgré son exactitude, ne pensait pas à se rendre encore.

Le recruteur a sa leçon toute faite. Chamferlin et Robert montent chez madame. Le notaire venait d'entrer. Madame prend le contrat, et présente une plume au futur, avec cet air de satisfaction commun à une dupe, et à celui qui sait placer un bienfait. Le vicomte embrasse son Hortensé, et lui dit : Je signe aveuglément : l'amour n'est pas calculateur. La vieille est enchantée de ce trait de désintéressement : il est clair qu'elle est aimée pour elle-même. Cependant elle prie le notaire de lire le contrat. Quand on donne cinquante mille écus de rente à un homme, on est bien aise de jouir de sa surprise; on désire, surtout, que la chose se répande, et le notaire lut, la couturière, la coiffeuse et la marchande de modes présentes; espèce de gens, dont le mérite principal est d'amuser leurs pratiques avec des contes bons ou mauvais, bien ou mal dits, et que madame de Ventenfort avait mandées, sous des prétextes, assez naturels, pour masquer sa véritable intention.

Pendant la lecture du contrat, le vicomte paraissait hors de lui. Il pressait, il baisait les mains sèches de son Hortense. Il la regardait d'un air pénétré, attendri. Il eût bien voulu trouver quelques larmes; mais le don de pleurer, à volonté, n'a été accordé qu'aux femmes.

« Madame, s'écria le vicomte, lorsque le no-
« taire eut cessé de lire, vous avez surpris ma
« signature, pour me combler de biens. Je ne
« m'offense pas d'un tel procédé. L'amour enno-
« blit tout, quand l'amour est sincère. Mais si je
« ne peux vous égaler en libéralité, sachez au
« moins que ma délicatesse ne cède en rien à la
« vôtre. Apprenez qu'avant d'accepter cette main,
« l'objet de tous mes vœux, j'ai voulu m'assurer
« qu'il ne restait, dans votre mémoire, aucune
« trace d'un écart, auquel m'ont porté le délire et
« le désespoir. J'ai voulu me convaincre d'avoir
« toute votre estime, sans laquelle il n'est pas de
« bonheur entre époux. Je vous ai déjà déve-
« loppé ces motifs; mais vous ignorez que mes
« instances, au sujet de Jeanneton, n'étaient
« qu'une épreuve dont le succès nous honore
« également tous deux. Vous avez cru pouvoir
« recevoir chez vous, sans danger, une femme
« avec qui j'ai été bien, et je respecte trop mon
« épouse, je tiens trop aux bienséances, pour
« avoir voulu, sérieusement, placer, près d'elle, un
« objet qui doit lui être désagréable, et que je
« jure de ne plus voir. Hortense, mon Hortense,
« toujours Hortense. Passer ma vie entre l'amour
« et la raison aimable, voilà mon désir, mon

« vœu, mon unique ambition. — Vous me char-
« mez, vous m'enivrez, trop séduisant enfant.
« Que n'ai-je un trône à partager avec vous !...
« Je conviens que ce n'était pas sans quelque
« crainte que je consentais à prendre Jeanneton
« chez moi. Vos projets de vengeance me parais-
« saient même bizarres, extraordinaires; mais
« pouvais-je refuser quelque chose à ce que j'aime?
« Je vous sacrifierais jusqu'à mon bonheur... Ne
« parlons plus de cela; ne nous occupons que de
« notre avenir. Si Hortense est tout pour son vi-
« comte, elle trouve également en lui son amant,
« son ami, son époux, et plus heureuse, elle a pu
« le venger des outrages de la fortune. »

Pendant qu'on exprimait, ou qu'on jouait le pathétique en haut, une scène d'un autre genre se passait dans la rue. L'Orange avait rencontré, en revenant, un laquais de sa connaissance, qui avait offert bouteille : cela ne se refuse pas. C'est, d'ailleurs, une occasion toute naturelle de médire de ses maîtres, plaisir toujours très-doux pour des valets, et qui fait trouver le vin meilleur. L'Orange se pressait si peu de retourner à l'hôtel, que le racoleur pensa enfin qu'on avait eu le temps d'arriver avant lui ; mais que l'Orange était rentré. M. le sergent allait se retirer, lorsqu'il entendit estropier l'ariette du jour, par un homme qui filait le long des maisons. Il va au-devant de lui, reconnaît la livrée, saute au cou de l'Orange, et l'appelle vingt fois sont cher *pays*. L'Orange ouvre de grands yeux, et cherche à reconnaître ce *pays-là*. Le recruteur ne lui permet pas de réfléchir, et propose le boll de punch. L'Orange est altéré : c'est l'effet ordinaire du vin de cabaret. Le punch ne désaltère pas ; mais un laquais ne trouve pas tous les jours l'occasion d'en boire. L'Orange objecte faiblement qu'il doit rendre compte d'une commission importante. Le *pays* observe que les maîtres sont faits pour attendre. L'Orange rit de la saillie, se laisse conduire au premier carrefour, et monte dans un fiacre avec le *pays*. Il lui demande son nom, des nouvelles de son père, de son oncle le sabotier, de son cousin le manœuvre, etc... Et ces drôles-là font les faquins quand ils ont la livrée sur le corps !

Le *pays* répondait à chaque question : « Hem ?... « plaît-il ?... Le bruit des roues m'empêche d'en- « tendre... Nous causerons tranquillement le verre « à la main. »

On descend à la porte d'une caverne, au-dessus de laquelle est écrit *café*. L'Orange entre avec le *pays*, et se trouve au milieu de vingt coupe-jarrets, portant tous les uniformes de France, et qui, au premier signal de leur camarade, comprennent de quoi il est question. Le punch est servi, et tous les recruteurs environnent l'Orange ; tous veulent avoir le plaisir de trinquer avec un aussi joli garçon. L'Orange est très-flatté du compliment ; mais il renouvelle ses questions, sur ses parens, et sur ses amis. Le *pays* remarque, au lieu de lui répondre, qu'il serait beau comme un bijou sous le bonnet de grenadier. L'Orange répond qu'il n'a nulle envie de servir, et continue à parler de son village. Le *pays* déclare qu'il est humilié de voir un jeune homme, de son endroit, porter la livrée, et qu'il ne souffrira pas un tel affront. L'Orange réplique qu'il commence à voir clair; mais qu'il ne craint rien, et que si on lui joue un tour, sa maîtresse en aura raison. A peine a-t-il dit ces mots, que tous ces messieurs s'empressent à lui servir de valets de chambre. On le déshabille en un tour de main; on lui coupe les cheveux à la manière des paysans; on lui met des sabots aux pieds, une souguenille sur le corps, et un racoleur appelle la garde. L'Orange veut s'enfuir; on lui ferme le passage. Il donne un coup de poing, et il en reçoit trente. La garde paraît.

Le recruteur de Picardie conte au sergent du guet, que cet homme est venu volontairement s'enrôler, qu'il a bu à la santé du roi, et que voulant revenir sur ce qu'il a fait, il a déchiré et avalé son engagement. L'Orange jure que le recruteur en a menti. Le recruteur invoque le témoignage de ses camarades. Les camarades attestent qu'il a dit vérité, et comme le témoignage de vingt hommes doit l'emporter sur celui d'un seul, le sergent, à la réquisition du recruteur de Picardie, conduit l'Orange au Fort-l'Évêque.

Va-de-bon-Cœur court instruire son capitaine

de ce qu'il a fait. Le vicomte lui donne un mot pour le prévôt de la maréchaussée ; le prévôt en donne un autre pour l'officier de service ; l'officier envoie prendre l'Orange par un brigadier et deux cavaliers. On lui met les menottes ; on l'attache à la queue d'un cheval, et, de brigade en brigade, on le conduit à Strasbourg, où était le régiment. A chaque auberge, où on s'arrête, il demande du papier pour écrire à madame de Vertenfort. On lui en donne, et il n'écrit point, parce qu'on lui laisse à peine le temps de manger et de boire : la maréchaussée ne prenait, au cabaret, que l'exact nécessaire, quand elle y était à ses frais. Le soir, l'Orange entrait en prison, et comme il n'avait que ce qu'il fallait pour vivre très-frugalement en route, il couchait à la paille, où on ne donne pas de lumière aux prisonniers, parce qu'il ne faut pas qu'ils se grillent en masse.

Ainsi l'Orange alla jusqu'à Strasbourg, où son premier soin fut de s'aller plaindre au colonel du tour abominable qu'on lui avait joué. Le colonel avait, comme le père du grand Frédéric, la manie des beaux hommes : l'Orange avait près de six pieds. Le colonel lui notifia qu'il trouverait le moyen de le faire pendre, si madame de Vertenfort faisait la moindre démarche ; mais qu'il lui ferait une haute paie, s'il voulait être bon soldat, et se laisser croître la barbe. L'Orange trouva qu'il valait mieux être sapeur que pendu, et il se résigna.

Laissons l'Orange apprendre à faire l'exercice, et revenons à son capitaine. Toujours plus tendre, plus empressé, plus prévenant auprès de sa vieille, il ajoutait à chaque instant au désir qu'elle éprouvait de voir son sort irrévocablement fixé. Chaque jour elle employait deux bouteilles de lait virginal *ardoisé*, et Chamferlin s'extasiait devant des charmes, qui, selon lui, se restauraient à vue d'œil, quoiqu'ils restassent toujours dans le même état. Madame de Vertenfort avait trop de plaisir à le croire, pour douter de ce qu'il lui disait. Aussi dupe, sur cet article, que sur tant d'autres, elle arriva, dans la plus douce sécurité, au jour où Chamferlin n'aurait plus de ménagemens à garder avec elle.

Il serait, parbleu, plaisant que ce livre tombât dans les mains de quelque douairière, abusée par son amour-propre; prenant des ruines pour des appas; des fadeurs pour des vérités; la cupidité pour du sentiment, et que l'exemple de madame de Vertenfort la garantit des piéges de quelque Chamferlin. Ce ne serait pas la première fois, au reste, que la folie aurait fait plus que le raisonnement. On ne gagne rien en heurtant un malade en délire; on le guérit quelquefois en déraisonnant avec lui.

L'homme le moins susceptible de procédés, envers les femmes, en manque rarement avec les autres hommes. La raison en est simple : la femme, blessée dans son amour-propre, dans ses plus chères affections, n'a pour défense que des pleurs : un cœur dur brave cette arme-là. L'homme offensé à son bras et son épée; on ignore s'il sait s'en servir, et, dans cette incertitude, on le ménage. En descendant de l'autel, Chamferlin acquitta le billet qu'il avait fait à Robert, et fatigué de la contrainte, qu'il s'était imposée auprès de sa femme, il changea bientôt de ton avec elle. Il répondit à ses caresses par de la froideur, et un dégoût, qu'il ne se donna pas la peine de dissimuler. Elle se plaignit; il lui tourna le dos. Elle pleura; il en rit.

Madame de Vertenfort sentit bientôt qu'elle avait sacrifié sa fortune et sa liberté à des espérances, que chaque instant dissipait sans retour. Elle parla avec la fierté d'une femme outragée, et la confiance que donnent les bienfaits. Chamferlin lui prit la main et la conduisit devant une glace. « Convenez, ma chère maman, qu'il faut
« que vous soyez folle pour avoir cru un mot de
« tout ce que je vous disais. Vous avez soixante
« ans, l'œil éraillé, la bouche dégarnie, et vous
« êtes ridée comme un rhinocéros. J'ai fait la cour
« à votre cassette, je la tiens, et voici ma réponse
« à vos criailleries : si vous voulez m'acheter un
« régiment, et respecter mes fantaisies, vous pou-
« vez rester à l'hôtel. Si ce parti ne vous convient

« pas, prenez celui du couvent, où je vous don-
« nerai douze mille francs de pension, parce qu'il
« faut que vous viviez décemment, et, qu'avec
« cette somme, vous ferez une figure d'abbesse.
« Moi, je m'arrangerai du reste, parce que je
« suis le plus fort, et que je le veux ainsi. »

Ce discours insultant, ces propositions révoltantes mirent la divine Hortense en fureur. Elle saisit un flambeau et le lança à la tête de son mari. Il n'y aurait pas eu grand mal qu'elle lui fît sauter le crâne; mais sa main mal assurée le manqua, et brisa une glace, dont les débris tombèrent avec un fracas, qui fut entendu de l'antichambre. Les domestiques entrèrent. Chamferlin les prit à témoin de la violence de sa femme, et des dangers qu'il courait auprès d'elle. Le désordre, les imprécations de la vieille, complétèrent la conviction. L'adroit mari ne laissa point échapper une circonstance aussi favorable pour se défaire de sa femme. Il fut faire sa déclaration, et usant du droit que la loi lui donnait, il fit porter madame dans un carrosse, et la conduisit dans une communauté, où il ne s'engagea qu'à lui payer six mille francs, somme trop forte encore pour une femme qui a attenté aux jours de son mari.

Madame de Chamferlin, désolée, désespérée, ne tarda pas à succomber à ses douleurs. « Mal-
« heur, disait-elle, en expirant, à celle qui ne
« s'est point préparée à vieillir; qui veut donner,

« aux passions, des années que la nature destine
« au calme, au repos, et la raison à des plaisirs di-
« gnes d'elle. »

CHAPITRE II.

Nouvelles opérations de commerce.

Robert se retrouvait encore dans une situation riante. Une somme considérable, gagnée au milieu des fêtes, et sans autre peine que celle de mentir à une femme crédule, encourage nécessairement à tenter de nouveaux essais. Notre héros connaissait assez l'avidité des hommes, et certain penchant des femmes, pour croire, avec quelque fondement, qu'il pourrait, à la fin de l'année, se retirer avec une fortune brillante. Une seule chose l'embarrassait : c'était de savoir comment il ferait connaître, dans le public, son talent pour faire des mariages disproportionnés.

Aujourd'hui rien ne serait aussi facile, parce que tout s'est perfectionné. Une affiche, placée au coin des rues, vous apprend qu'un homme veuf, avec cinq enfans, et sans fortune, voudrait trouver une demoiselle jeune, jolie, bien élevée, et qui ait cinq à six mille livres de rente. Une autre affiche vous annonce une jeune personne *honnête*, d'un *physique agréable*, qui voudrait entrer chez un homme, *non marié*, de quarante à cinquante ans. Ces précieuses ressources n'existaient pas alors, et il faut apprendre à se passer de ce qu'on n'a pas. Robert imagina de faire distribuer des annonces à la main, et de doubler ses honoraires, en tirant un droit de commission de chacune des parties.

Il fallait maintenant trouver un homme intelligent, adroit, et d'un assez bon ton pour pouvoir entrer partout. En ce temps-là, il y avait à Paris cinq à six mille hommes qui portaient de la broderie, des dentelles, et qui ne dînaient pas tous les jours. C'est de là qu'est venu le proverbe : *habit de velours, ventre de son.*

La difficulté était de distinguer, dans le nombre, le *Bias de l'homme opulent*. Certains messieurs eussent trouvé fort mauvais qu'on leur proposât de colporter des *prospectus* de mariages. Ensuite, il était possible que celui qui consentirait à se charger de la commission, dérobât à Robert le mérite de l'invention, et travaillât pour son propre compte. D'après ces considérations, il jugea à propos d'imiter ces charlatans, qui, le soir, distribuent eux-mêmes leurs adresses, et qui, le lendemain matin, attendent les malades, qui paient, et qui ne guérissent point.

Robert prit à ses gages des femmes de chambre de bonnes maisons, des facteurs de la poste aux lettres, des ouvreuses de loges, des loueuses de chaises des églises à la mode, et des jardins publics. On ne lui avait pas plutôt désigné une riche douairière, qu'un prospectus lui était envoyé, par la petite poste, ou même remis en main propre, pour abréger, lorsque l'œil de la dame était encourageant. Avec les messieurs, la marche était plus simple. Il suffisait de dire un mot à un officier, qui portait un habit rapé, à un maître clerc de notaire, à un cadet de Bretagne, qui avaient les qualités requises, c'est-à-dire de la jeunesse, de la figure, et de la santé. Tous répondaient, comme s'ils se fussent concertés : parbleu, mariez-moi.

Le mariage et la mort de madame de Vertenfort avaient fait un bruit effrayant dans Paris. On blâmait, on plaignait la vicomtesse. Cependant les femmes qui avaient son âge, ses goûts, et son fol amour-propre, rejetaient tous les torts sur Chamferlin, et disaient, tout haut, qu'un homme aussi pervers est une erreur de la nature ; que la nature ne les produit qu'à de longs intervalles ; ce qui signifie en langue vulgaire : je suis plus jeune que madame de Vertenfort ; je suis moins passée qu'elle ; j'ai infiniment plus d'esprit, et de ce qu'elle n'a pas su plaire, de ce qu'on l'a trompée, il ne résulte pas que je ne puisse inspirer de passion, ou qu'on ait l'adresse de m'abuser sur les sentimens que l'on feindrait pour moi.

D'après cette manière de voir, les prospectus de Robert devaient être reçus avec faveur. Il avait fait plusieurs mariages, qui tous avaient fort mal tourné ; mais sa caisse était considérablement gonflée, et il lui importait peu qu'une vieille femme mourût de plaisir ou de chagrin.

Bientôt Robert eut plus d'ennemis que lui en avait fait son journal. C'est que le public rit de cinq à six individus, que frappe lâchement la malignité, et dans ce cas-là, il n'y a que les battus qui aient de l'humeur. Dans celui-ci, un fils, un collatéral, qui avaient une mère, une tante, une cousine imbécille, tremblaient de voir échapper une succession, qu'ils se ménageaient par les moyens qui avaient procuré à Chamferlin la main de sa lieutenante-criminelle. Or, il y a beaucoup de gens, à Paris, qui ont le goût des successions, et, de tous côtés, s'élevait, contre Robert, un cri général de haine et de proscription.

Une présidente du parlement de Bordeaux venait de se jeter dans ses bras. C'était une femme qui avait été galante, aussi long-temps que les hommes le lui avaient permis; qui ensuite s'était fait dévote, c'est assez l'usage; mais qui trouvant la dévotion insuffisante, et voulant accorder le ciel et son cœur, avait résolu de se marier, n'importe avec qui, pourvu, toute fois, que le prétendant fût un homme tel que la nature en fait peu. Madame la présidente avait un fils unique, qui ne s'amusait pas, comme le neveu de madame de Vertenfort, à lire dans les astres; qui s'occupait beaucoup, au contraire, des affaires de ce bas monde; qui était plein d'égards pour sa mère; mais qui n'entendait pas qu'un aigrefin héritât de

M. le président, qui, cocu ou non, pouvait très-bien être le père du fils de sa femme. Ce fils, légitime ou adultérin, avait nécessairement plus de droits qu'un étranger, et il portait, pour le soutenir, une épée, qui souvent avait paru redoutable aux Anglais. Il servait dans la marine royale.

Madame la présidente connaissait le caractère du jeune homme, et dissimula quelque temps. Mais, pendant qu'il escortait un convoi, destiné pour le Port-au-Prince, elle partit de Bordeaux, sans prendre congé de personne, et vint descendre, à Paris, chez une amie aussi folle qu'elle, disposée, comme elle, à se laisser attraper, et qui, en attendant son mariage, voyait tout en beau, et ne parlait qu'avec vénération des talens du chevalier des Ormeaux.

Elles l'engagèrent un jour à dîner, et lui parlèrent ainsi, ou à peu près : « Monsieur, nous
« avons de l'expérience; cela se voit de reste, et
« nous ne sommes pas assez ridicules pour jouer
« l'ingénuité. Nous allons donc nous expliquer
« franchement. Vous saurez que nous ne prête-
« rons l'oreille à aucun de ces propos douce-
« reux, à la faveur desquels les agréables du jour
« réussissent ordinairement, auprès des femmes
« sans perspicacité. Ce ne sont pas des mots que
« nous voulons. Nous nous marions pour être
« sages, et il nous faut des maris qui nous en
« donnent les moyens; de ces hommes qui voient
« une femme dans chaque femme, sans acception

« d'âge, ni de formes. Nous exigeons encore qu'ils
« soient sots. Il n'y a que ces maris-là qu'on mène,
« et nous entendons conserver l'autorité.

« Cependant comme les apparences sont sou-
« vent trompeuses, nous n'épouserons que ceux
« qui auront rempli les conditions imposées. Ar-
« rangez-vous en conséquence. Nous savons bien
« que cette conduite n'est pas très-édifiante. Mais
« Sara, l'immortelle Sara, dont est sortie la race
« privilégiée, a fait plusieurs essais de ce genre,
« et quoi qu'on en dise, nous trouvons qu'il est
« beau d'imiter Sara. »

Elles dirent, et Robert sortit, pour découvrir les êtres privilégiés, qui pourraient convenir à ces dames. L'espèce n'en est pas commune à Paris, et Robert, après plusieurs tentatives, désespérait de réussir. Il voyait sa réputation compromise, et il redoutait un malheur plus grand encore, celui de perdre des honoraires, que les émules de Sara avaient promis de quintupler, en raison des recherches, et des démarches qu'elles exigeaient continuellement de leur pourvoyeur.

« Ma foi, dit Robert, je leur ai présenté des
« gens de robe, d'épée, de finance, de jeunes
« abbés qui ne sont dans le monde que depuis
« six mois, et rien de tout cela ne les satisfait.
« Essayons d'une paire d'orang-outangs habillés. »
Il se remet en quête, et s'arrête au quai de l'É-
cole, devant deux jeunes drôles, aux sourcils
noirs, épais et joints; carrés, musculeux, ner-

veux ; qui, assis sur leur derrière, la chanson à la bouche, et l'alêne à la main, reparaient la chaussure d'un marchand de vin, de sa femme, d'un maître garçon, son substitut, et d'une petite fille de quinze ans, qui commençait à aimer le bouchon.

Robert les regarde, il leur parle, et n'obtient pour réponse qu'un rire niais, et des mouvemens d'épaule. Bien, pensa-t-il. Si ceux-là mènent leurs femmes, ils me tromperont fort. « Mes amis, vou-
« lez-vous faire fortune ? — Oui dà, mon beau
« monsieur. — Aimez-vous les femmes ? — Ha...
« ha... ha... — Il ne s'agit pas de rire ; il faut répon-
« dre. Aimez-vous les femmes ? — Est-ce que tous
« l's hommes ne l's aimont pas ? — Et les vieilles ?
« — Morguenne, a sont toutes jeunes pour d's
« hommes d'not' âge. — Bravo, mes enfans,
« bravo. Suivez-moi, et je vous ferai faire à cha-
« cun un excellent mariage. — Laissez donc, mon-
« sieur le gouailleux, laissez-nous *carreller* nos
« souliers. — Vous doutez de ce que je vous dis ?
« — Aga, poûr vous crére, faudrait être ben
« bêtes. — Voilà dix louis, levez-vous, et mar-
« chez. »

Avec dix louis, on ferait entreprendre le tour du monde à deux Auvergnats. Ceux-ci se lèvent ; laissent là cuir, outils, et savattes, et marchent sur les pas de Robert, en dansant une bourrée d'Auvergne, et en accompagnant leurs voix rauques du bruit de quatre mains carrées, qui battaient la mesure, tantôt au-dessus de leurs têtes, tantôt au niveau de leurs genoux.

Robert les conduit chez un traiteur, et à l'aide d'un succulent déjeuner, il fait circuler, dans leurs veines, cette noble assurance si nécessaire au succès de ses projets. Il les mène, de là, chez un baigneur, barbier, perruquier, étuviste, conseiller du roi, qui les décrasse, de la tête aux pieds, leur fait les ongles et les cheveux. De chez le baigneur, ils passent à la friperie, où on les transforme en jeunes seigneurs, un peu gênés dans leur costume; mais alors il y en avait comme cela. En allant et venant, Robert leur apprit ce qu'il fallait faire et dire, et enfin il leur demanda leurs noms. « Je m'appelle Jérôme, dit l'un. J'ai
« nom Antoine, dit l'autre. — Vous vous appel-
« lerez, toi le comte de Jéronico, et toi le baron
« Antonini. Votre baragouin vous fera facilement
« passer pour des Italiens, et on ne vous deman-
« dera pas de preuve de noblesse, ou on vous
« donnera cent ans pour les faire, comme cela
« se pratique à Malte en faveur de quelques bour-
« geois opulens, qui sont bien aise d'avoir un
« bout de ruban noir à leur boutonnière, afin
« d'avoir l'air de quelque chose. »

Robert présente messieurs Jéronico et Antonini. Ces dames témoignent par un signe d'approbation que l'extérieur promet. Elles adressent quelques mots aux aspirans, qui leur lâchent de l'auvergnat, qu'elles veulent bien prendre pour du Toscan. Nos demoiselles d'aujourd'hui n'y seraient pas attrapées. Elles chantent toutes l'Italien, d'une manière inintelligible à la vérité, mais qui, pourtant, ne ressemble pas aux croassemens des bons habitans de Saint-Flour.

Quand deux individus ne parlent pas la même langue, et veulent cependant s'entendre, ils ont recours aux gestes, et la causerie devient une véritable action. Lorsque Robert vit la pantomime s'engager, avec une certaine chaleur, il s'esquiva adroitement, et ne reparut qu'à l'heure où le cuisinier de ces dames devait ajouter à ses forces, et en rendre aux combattans.

Il est à peine entré que toutes deux se lèvent, s'élancent, le serrent dans leurs bras, protestent de leur reconnaissance, de leur dévouement, et jurent que MM. Jéronico et Antonini sont de la race des géans, de ces géans dont parle la Bible, et qui ressemblent un peu à ceux qui entreprirent de déposséder Jupiter.

Le dîner commence; il est joyeux, parce que chacun est content de soi et des autres. On parle peu, parce qu'on s'est dit beaucoup de choses, et on s'empresse de se mettre en état de reprendre la conversation où elle en est restée. Robert, qui n'oublie jamais ses intérêts, est bien aise de terminer une affaire, qui l'empêche d'en ébaucher d'autres. Il parle conditions, stipulations, donations, honoraires surtout. Les dames annoncent leurs intentions bienfaisantes, en tapotant les joues rebondies de leurs épais gentilshommes, qui ne savent que rire, et montrer des dents blanches comme l'ivoire. Elles soldent monsieur le chevalier, dont les services deviennent inutiles, et elles l'engagent à prendre un dernier verre de la liqueur de madame Anfoux.

On trinquait, on allait boire, et les dociles Auvergnats se disposaient à faire après dîner ce qu'ils avaient fait avant, lorsqu'un insolent ouvre la porte d'un coup de pied ; s'avance, le chapeau sur l'oreille, les poings sur les hanches, et s'arrête à quatre pas, en regardant d'un air menaçant les convives étonnés. Cet insolent était le fils de madame la présidente.

Il avait été forcé de relacher aux Açores, où il avait trouvé une escadre française, qui se radoubait, et qui devait, au premier jour, faire voile pour l'Amérique. Le chef d'escadre se chargea de convoyer les transports que protégeait notre officier, et le renvoya, lui et sa frégate, en France, où on ne l'attendait pas sitôt.

Soit pressentiment, soit respect pour les bienséances, l'officier se hâta de se rendre à Bordeaux. Le départ précipité de madame sa mère, le mystère, qu'elle y avait mis, lui semblèrent de mauvais augure. Il prit des informations, et n'en obtint que d'inquiétantes. Il entendit enfin parler d'un marieur, qui faisait grand bruit dans la capitale. Il s'y rendit en poste, courut de tous côtés, et fatigué de recherches inutiles, il entra à Notre-Dame, attiré par Balbâtre (1) et par le besoin de se reposer.

La loueuse de chaises, matrone experte, et qui, quelquefois aussi, mariait de jeunes demoiselles contre le gré de leurs parens, s'arrêta devant l'officier, le toisa d'un coup d'œil, et ne lui trouvant ni l'air de componction qui convient au lieu, ni l'extérieur agréable qui séduit une Agnès, elle le jugea coureur de vieilles, et, en recevant ses deux sous d'une main, elle lui glissa un prospectus de l'autre. L'officier y lut l'adresse de Robert, et se remit en course, pour savoir si sa mère était, ou non, dupe de l'escroc qui en avait fait tant d'autres.

Robert, dans la crainte de perdre une aubaine nouvelle, ne manquait jamais, en sortant de chez lui, de dire où on pourrait le rencontrer. C'est ainsi que monsieur l'officier connut le domicile de madame la présidente, et qu'il arriva chez elle, lorsqu'elle le croyait à quinze cents lieues de son cœur maternel.

Vous sentez qu'une femme de soixante ans, qui épouse un jeune seigneur Italien, aux mains calleuses, au maintien gauche, qui ne sait pas porter son chapeau, qui marche les pieds en dedans, et qui n'est connu que de l'intrigant qui le présente, est très-embarrassée en présence d'un fils, plus raisonnable qu'elle, qui n'est pas d'humeur à se laisser dépouiller, et qui tue un homme

---

(1) Organiste célèbre.

comme une mouche. Madame la présidente se tenait debout, sur ses jambes grêles et chancelantes ; elle avait la bouche ouverte, l'œil fixe, et elle étendait, vers son fils, des bras et des mains desséchés et supplians...

« Qu'est-ce donc, ma chère maman ? vous pa-
« raissez mal à votre aise. Je vais tout arranger
« en cinq minutes. Qui de ces trois faquins se
« nomme le chevalier des Ormeaux ? — Il n'y a
« pas de faquins ici, monsieur. — Fort bien, mon
« ami. Vous êtes sans doute l'homme que je cher-
« che. Vous faites un sot métier; mais vous ne le
« continuerez pas long-temps. Ces messieurs sont
« probablement des épouseurs de dot, des abu-
« seurs de vieilles... — Mon fils, ce sont de res-
« pectables seigneurs... — Dont l'un se charge de
« vous, tandis que madame s'arrange de l'autre.
« — Et quand cela serait, mon fils ? — Cela ne
« sera pas, ma mère. — Et la raison, s'il vous
« plaît ? — La raison ? c'est que je ne suis pas
« homme à souffrir que vous fassiez une sottise,
« et que vous vous couvriez de ridicule. Mais
« dites-moi, vos seigneurs Italiens ne parlent-ils
« pas français ? — Ils le parlent assez mal. — Ils
« l'entendent donc, et au lieu de me répondre
« en braves gens, ils me regardent d'un air hé-
« bété... Misérables, qui êtes vous ? » Ici M. l'officier met l'épée à la main, et se place de manière à ce que personne ne puisse sortir que par la fenêtre.

Le comte Jéronico, et le baron Antonini tombent à genoux, l'épée au côté, et demandent en grace qu'on leur permette de retourner à l'alène et au tire-pied. L'officier s'écrie que le des Ormeaux joint, à l'infamie de ruiner des enfans de famille, celle de dégrader des femmes de qualité, en les mettant dans les bras de goujats travestis. Madame la présidente pensait que des goujats, de cette espèce, étaient fort au-dessus de ce qu'elle avait connu de mieux. Cependant elle ne pouvait décemment insister, et faire succéder, avec connaissance de cause, un savetier à un président. Robert, en reculant toujours, s'était laissé prendre dans une encoignure. L'officier le suivait, la pointe au corps; Robert, arrêté enfin par la muraille, voulut parlementer; l'officier refusa de rien entendre, et Robert, persuadé qu'il ne pouvait éviter la redoutable épée qu'en se défendant, se hâta de mettre flamberge au vent.

Rien de plus à craindre qu'un poltron poussé à bout. Robert se battit comme un diable; mais comme il est dans l'ordre que le diable ait le dessous, Robert en relevant une botte qui menaçait le téton, la reçut dans l'œil droit, et tomba baigné dans son sang. Un officier français ménage son ennemi à terre. Celui-ci d'ailleurs croyait avoir tué Robert, et la justice ne laisse pas d'inspirer quelque crainte, même à celui qui n'est pas l'agresseur. Tout le monde sait qu'elle a son tueur privilégié, sur les brisées duquel personne ne doit aller, et qui, quoi qu'on en dise, est quelquefois un personnage très-recommandable, témoin le compère du bon roi Louis XI.

Pendant que l'officier et Robert féraillaient, Jéronico et Antonini avaient pris la fuite, et disaient : si nous manquons la dot, au moins le costume et les dix louis nous restent. M. le chevalier, dit l'officier en se retirant, ne fera plus de mariages. Mesdames, dit Robert en se relevant, ce malheur m'est arrivé à votre service, ainsi ce que j'ai reçu de vous est bien à moi. Chers savetiers, puisque savetiers il y a, murmuraient ces dames en soupirant, ne vous retrouverons-nous jamais ?

Il m'en a coûté un bras, pensait Robert, pour avoir fait un journal ; je viens de perdre un œil pour avoir fait des mariages. Il y a des êtres qui sont vraiment nés malheureux, car les projets les plus louables tournent contre moi. Quoi de plus noble que la prétention d'instruire le public, de régler son jugement, de lui former le goût ? Quoi de plus humain que d'enrichir de jolis hommes, et de procurer à des vieilles des plaisirs, qu'elles paient à la vérité un peu cher ; mais tout ne se paie-t-il pas dans ce monde, depuis le général jusqu'au dernier soldat ; depuis le contrôleur des finances jusqu'au dernier commis ; depuis l'archevêque jusqu'au plus petit enfant de chœur ? Ma foi, je ne ferai plus rien ; c'est le seul moyen de me soustraire à la fatalité qui me poursuit. J'ai de l'or, je le placerai sûrement, et je vivrai tranquille, et ignoré des hommes, souvent envieux, toujours méchans. Me voilà retiré dans mon appartement simple, mais propre. Quelques livres choisis m'intéressent, m'amusent, développent, ornent mon entendement, que j'ai trop négligé. J'étudie les sciences exactes; il n'y a là ni systèmes, ni sectes. Je suis sûr que deux et deux font quatre, et il est très-satisfaisant de savoir quelque chose, dont personne ne conteste la vérité. Mes connaissances s'étendent, se multiplient; je trouve la quadrature du cercle. Ma réputation se fait, pénètre partout; je suis recherché, et je me refuse aux empressemens du public. Enveloppé dans ma robe de chambre de damas, la tête couverte d'un ample bonnet de velours, retranché dans mon cabinet, je ne communique qu'avec mes livres, mes sphères, et mon secrétaire. Ceux qui se présentent à ma porte me croient du mérite, en proportion de mon orgueilleuse modestie, et comme rien n'est si grand, si beau que ce qu'on ne connaît pas, le monde me place à côté d'Archimède, qu'il admire sur parole, parce qu'il est mort depuis deux ou trois mille ans... Ah ça, mais... Est-ce bien un secrétaire que j'aurai ? ma foi, non. Je préfère une gouvernante, attentive, soigneuse. La conversation est plus agréable, plus attachante. Je la prendrai jeune, elle vieillira à mon service; jolie, sa figure flattera l'œil qui me reste; douce, elle fera mes volontés; mais je ne voudrai rien qui soit

indigne d'un homme lancé dans les hautes sciences... A propos, et mon œil... il me fait un mal de tous les diables. Le projet le plus pressant, celui dont l'exécution ne souffre pas de délai, c'est de me faire guérir. « Cocher, descends-moi
« chez le premier oculiste. — Je n'en connais pas,
« monsieur. Quand on mène un fiacre, il faut
« avoir les yeux sûrs, et les bras bons. — Vous
« verrez que ce drôle-là ne me juge pas digne
« d'être cocher de fiacre. Allons, informe-toi. —
« Et à qui ? — Aux passans, au crocheteur, et à
« l'épicier du coin. — Monsieur? — Qu'est-ce? —
« Je vois venir un homme un peu plus avancé
« que vous. — Comment cela? — Il a déja un
« emplâtre sur un œil, et vous n'avez encore que
« votre mouchoir sur le vôtre. — Bon. C'est à ce-
« lui-là qu'il faut t'adresser. »

L'homme à l'emplâtre était un vieux lieutenant de grenadiers, qu'un éclat d'obus avait glorieusement éborgné à la bataille de Minden, et qui marchait péniblement, accablé sous le poids des années et des lauriers. « Monsieur, indiquez moi
« votre oculiste. — C'est le chirurgien major du
« régiment. — Sa demeure ? — A Besançon, au pa-
« villon des officiers. — A qui donc m'adresserai-
« je pour faire panser mon œil? — Vous y avez
« mal? — Il est crevé. — Et par quelle aventure?...
« — Je viens de recevoir un coup d'épée... — Celui
« qui vous l'a donné est un maladroit : vous de-
« viez le recevoir au travers du corps. — Ce serait

« bien pis vraiment.— Ecoutez, il n'y a pas d'o-
« culiste qui raccommode un œil crevé. Mettez-
« moi là dessus une compresse d'eau et de bran-
« devin ; vous la leverez dans huit jours, et si
« vous êtes défiguré, vous ferez comme moi,
« vous porterez un emplâtre. J'aime les braves
« et je vous offre mes services. Si vous voulez, je
« vous mettrai le premier appareil. — Monsieur...
« vous êtes bien bon. — Fouette, cocher. »

On arrive chez Robert. Le lieutenant émerveillé regarde autour de lui. « Corbleu, je n'ai
« jamais vu de chambre de caserne meublée
« comme cela... Laquais, de l'eau de vie... On
« peut se consoler de la perte d'un œil, et d'un
« bras, lorsqu'on a le nécessaire et même le su-
« perflu. Laquais, une chemise et des ciseaux...
« Je suis brave comme Bélisaire, célèbre et gueux
« comme lui... Diable, vous êtes fort heureux
« que le coup ait pris de biais. Vous étiez mort,
« s'il fut entré droit... soldat en 1710, caporal en
« 1720, sergent en 1730, sous-lieutenant en
« 1737, lieutenant en 1750, chargé de dix-sept
« blessures, je viens solliciter une compagnie
« qu'on me refuse, parce qu'on prétend que je
« ne peux plus marcher, et qu'il est indispen-
« sable qu'un fantassin ait des jambes.—On vous
« la refuse ! c'est une indignité, une infamie ! je
« vous la ferai avoir. —Bah ! — Et vous la com-
« manderez à cheval. — Ce n'est pas l'usage. —
« *L'usage est fait pour le mépris du sage.* — Ma foi,

« vous avez raison. Vous avez donc des protec-
« teurs, ou vous protégez vous-même?— J'ai
« dans ma manche un premier commis des bu-
« reaux de la guerre, dont j'ai richement marié
« le frère. En attendant le succès de mes démar-
« ches, vous resterez ici. — Je le veux bien. —
« Je vais mener une vie retirée, vous partagerez
« ma solitude. Hé, quel plus noble emploi peut-
« on faire de son opulence et de son crédit, que
« de les consacrer au mérite indigent? Il est bien
« plus satisfaisant de secourir un brave homme,
« qu'on a sans cesse auprès de soi, de jouir du
« bien qu'on lui fait et de sa reconnaissance, que
« de s'occuper des propositions d'Euclide, auquel
« pourtant je ne renonce pas. Je vais donc goû-
« ter un plaisir nouveau, et acquérir la véritable
« gloire, celle dont rien n'altère les charmes,
« parce qu'elle a sa source dans le cœur. Dites-
« moi, monsieur, êtes-vous mathématicien? —
« Non, monsieur, je suis Artésien. — Monsieur,
« les mathématiques sont l'art de juger les choses
« d'après de sûres démonstrations. Elles ont pour
« objet l'étendue, les nombres... — Et à quoi tout
« cela est-il bon? — Comment vous ne sentez
« pas l'avantage de savoir à quelle distance nous
« sommes du soleil?... — Il me suffit qu'il m'é-
« chauffe et m'éclaire. — De savoir combien de
« temps mettrait, à y arriver, un boulet de canon,
« qui ne perdrait rien de sa vitesse? — Hé, mon-
« sieur, que vous importe cela? Jouissez du peu

« de momens qui vous restent. Les plaisirs qui
« vous appartiennent, sont sur la terre, sous
« votre main, et non dans le soleil. Cherchez le
« bonheur où la nature l'a mis pour vous. —
« Vous ne concevez pas encore la sublimité des
« choses que nous apprendrons ensemble; mais
« quand nous aurons vaincu les premières diffi-
« cultés... — Je n'ai pas même envie de les com-
« battre. — Vous voulez donc rester ignorant?
« — Et heureux. Jeune, j'ai fait l'amour, et il
« m'était beaucoup plus utile de savoir à quelle
« hauteur était la croisée de ma maîtresse, que
« de connaître celle des astres, avec qui je n'ai
« aucun rapport. Vieux, j'ai quitté les femmes
« pour un ami toujours sûr. C'est lui qui fait dis-
« paraître les distances; qui me présente les per-
« sonnes dont j'ai besoin. Je leur parle, elles me
« répondent, et ce qu'il y a de commode, elles
« répondent ce que je veux, elles font ce qui me
« plaît. Cet ami me console de l'indifférence des
« belles, que j'aime toujours. Il me fait oublier les
« douleurs cuisantes qui me tourmentent quel-
« quefois. Il me fait rire de l'injustice, de la du-
« reté des hommes. Il m'élève au-dessus de moi-
« même. Il me change en un homme nouveau. Il
« me rend l'audace, qui fait entreprendre. Il m'in-
« spire la confiance, présage des succès. Je lui dois,
« pendant quelques heures, les faveurs de la
« beauté, le bâton de maréchal, le trône de
« France, celui de l'univers. Je me réveille, j'en

« conviens; mais mon ami est toujours là, et je
« lui dois bientôt de nouveaux rêves, et une nou-
« velle félicité. Vive le vin; buvons, et s'il faut
« nous casser la tête, que ce soit avec du bour-
« gogne, et non avec des chiffres. Les buveurs
« d'eau nous dédaignent, nous dénigrent, en fai-
« sant tristement l'éloge de la sobriété. Fermes
« sur leurs jambes, ils se croient très-supérieurs
« à celui qui chancelle; mais leur tête est con-
« stamment vide, et celle de l'ami du vin tou-
« jours riche en idées, plus ou moins riantes. —
« Ma foi, monsieur le lieutenant, je crois que
« vous avez raison.—Laquais, apportez bouteille,
« et du meilleur.—Oh! quels projets je vais faire,
« quand je serai en pointe de gaîté! — Des pro-
« jets, monsieur! des réalités. A vous. — A nous.
« — Il est bon. Vous en reste-t-il beaucoup de
« cette qualité-là?— Environ cinq cents bouteil-
« les. — Nous en avons pour un mois. Buvons. »

Ces messieurs boivent, tête à tête, et parlent
peu d'abord. Le lieutenant n'était pas riche en
idées, et il ne s'échauffait que lorsqu'il parlait
de son ami, ou qu'il éprouvait sa puissance. Bientôt une douce chaleur circula dans ses veines.
Robert était plus jeune; mais il avait besoin
d'habitude; ainsi le thermomètre des deux cer-
veaux était toujours au même degré. A la seconde, à la troisième bouteille, les têtes commencèrent à s'exhalter. Le lieutenant, en fumant
sa pipe, et en crachant sur les tisons, dit : « ils

« me refusent une compagnie, les ingrats! — Une
« compagnie, qu'est-ce cela! Il faut arriver, en
« vingt-quatre heures, aux premiers grades de
« l'armée. — Et comment monsieur le manchot?
« — Les Anglais nous battent dans les quatre
« parties du monde. Ils ruinent notre commerce,
« et je fais disparaître en un clin d'œil les An-
« glais et l'Angleterre. — Oh, oh! — Oui, mon-
« sieur, et je ne demande pour cela que dix com-
« pagnies de mineurs. — Et qu'en faites-vous? —
« J'enterre mes mineurs à Calais; je conduis le
« boyau sous la mer; je le pousse jusqu'à Lon-
« dres, où j'établis ma chambre de mine. —
« Diable! à votre santé. — J'y fais rouler cinq
« cents milliards de poudre, et pan... — Pan,
« c'est cela. — Il ne reste de cette fière Angle-
« terre, que ce que nous conservons de Tyr et
« de Carthage : le souvenir. — Le grand, le beau,
« le sublime projet! je voudrais l'avoir trouvé.
« — Soyez tranquille, je travaille pour votre
« compte. C'est vous qui faites sauter l'Angle-
« terre. — Il me semble pourtant entrevoir un
« obstacle!... — Un obstacle! il n'y en a pas. —
« Que ferez-vous de la terre qu'on tirera de votre
« boyau? — Je la fais porter sur la falaise du
« Blané(1); j'y élève une montagne, autour de la-
« quelle j'établis vingt batteries, en échelons, de
« mille pièces de canon chacune. Chaque canon
« a trois cents pieds de long, et porte un boulet

---

(1) Près de Calais.

« de douze cents pesant.—O cher manchot, des
« canons de trois cents pieds de long! comment
« les coulerez-vous?—Je ne les coulerai pas; je
« les ferai tailler dans la mine.—Ah! c'est différent.
« Buvons. Voyons maintenant ce que vous ferez de
« votre montagne et de vos canons.—Je protége
« toutes les côtes de France?—Ah, ah, ah! hé,
« peut-il y avoir une montagne, d'où l'on voie
« toutes les côtes de France?—Il y en a bien une,
« d'où l'esprit malin fit voir, à notre divin maître,
« tous les royaumes de la terre. Pourquoi ne
« ferais-je pas la mienne aussi haute que celle-là?—
« Hé, oui, oui, je me rappelle cette montagne : on
« m'en a parlé, quand j'étais petit garçon. Après?
« —Comme il faut joindre l'agréable à l'utile, je
« bâtis sur la cîme de ma montagne...—De notre
« montagne, puisque vous travaillez pour moi.—
« Vous avez raison. Je bâtis, sur la cîme de notre
« montagne, un palais que nous habiterons tous
« deux.—A merveilles.—Nous y respirons un air
« pur.—Et nous y buvons, sans craindre d'être dé-
« rangés par personne.—Il ne faut pas qu'on nous
« dérange; mais il faut au moins voir quelqu'un.—
« A la bonne heure. Nous recevrons ceux qui vien-
« dront nous rendre leurs hommages.—Et nous re-
« tiendrons celles qui nous conviendront. Buvons,
« lientenant.—Tope, manchot. Mais comment les
« nourrirons-nous?—Je peuple le haut de ma
« montagne...—De notre montagne.—Hé, oui,
« c'est convenu.—De quoi la peuplez-vous?—Hé,
« parbleu, de chèvres. On mange les chevreaux;

« on boit le lait des mères... — Je n'aime pas le
« lait. J'en fais du fromage. — Je n'aime pas le fro-
« mage. — Il fait trouver le vin bon. — Je ne veux
« pas de fromage ; je ne veux pas de lait. Bu-
« vons, monsieur le manchot, et ne disputons pas.
« — Soit. Renonçons aux chèvres, et peuplons
« de lapins la base de la montagne. — Et nos
« caves? où les mettrez-vous? D'ailleurs je n'aime
« pas le civet. — Moi, je l'aime beaucoup. — Pas
« de lapins. — Pas de fromage. — Je veux du fro-
« mage. — Je veux des lapins. — Vous n'en aurez
« pas. — J'en aurai. — Non, par la sambleu, cor-
« bleu, ventrebleu, vous n'en aurez pas. — Vous
« êtes un impertinent. — Vous êtes un sot. —
« Un faquin. — Si vous ajoutez un mot, je vous
« fais sauter de la montagne dans la mer. » En disant cela, le lieutenant, qui a deux bras, saisit
Robert, à qui il n'en reste qu'un. Il ne le jette pas
dans la mer; mais il l'envoie donner de la tête
dans une glace, qui tombe avec autant de fracas
que celle de madame de Chamferlin. Le domestique
de Robert arrive et veut séparer les combattans.
« Ah, tu as des auxiliaires, s'écrie le lieutenant.
« Me voilà dans la position du maréchal de Saxe,
« combattant Cumberland et Waldeck, et les ros-
« sant tous les deux. Pan, pan, et pan. »

Au premier pan, il renverse une commode sur
les jambes du domestique. Le domestique saute,
et retombe sur les débris du marbre et du meuble. Au second pan, il culbute un secrétaire, qu'il

met en pièces. Au troisième, il réduit en poudre un cabaret de porcelaine. Robert et son domestique ne s'occupent qu'à sauter, et nullement à se défendre. Le lieutenant se retranche derrière les débris des meubles, et, de là, il lance, en manière de bombes, bouteilles vides, bouteilles pleines, grands et petits verres. Il casse une seconde glace; il coupe le cordon d'un lustre de cristal; les éclats volent de toutes parts. Le domestique a perdu le bout du nez. Le maître a celui d'une oreille fendu. Ivre, et bientôt excédé de cet exercice violent, il va tomber dans un coin, où il s'endort profondément en répétant : des lapins, et point de fromage.

Le domestique ne pense qu'à faire retraite; mais il a affaire à un tacticien, qui a déja coupé le chemin de la porte. Forcé de se défendre, le malheureux valet fait un dernier effort. Il jette à la tête du lieutenant matelas, couvertures, chaises, fauteuils, pendule, pelles, pincettes, et nouvel Encelade, celui qui croyait élever des montagnes est enseveli sous celle-ci. Un calme profond succède à ce terrible orage. Le valet s'esquive, va se coucher, et revient le lendemain sur le champ de bataille, pour dépouiller et enlever les morts, ou pour panser les blessés.

« Où suis-je, disait Robert, en étendant les « bras? Qui parle là-bas, dit le lieutenant, d'une « voix rauque?—J'ai un mal de tête affreux. — « J'ai fait une nuit excellente. Allons, reprit le

« valet, il n'y a personne de mort : j'hériterai un
« autre jour. »

Robert était debout, et il regardait les débris confondus de ses meubles, avec stupéfaction et terreur. « Baptiste, qu'est-ce que cela signifie ? — « Je n'en sais rien, monsieur. — Comment ma- « raud, tu n'en sais rien ! — Non, monsieur. J'ai « vu le lieutenant tout renverser, tout briser, « nous jetter tout à la tête... — Tu as vu cela ? — « Oui, monsieur ; mais j'ignore l'à propos... Je « me rappelle pourtant qu'il était question d'un « lapin, et d'un morceau de fromage. — Quel « conte, me fais-tu là ? c'est pour de semblables « niaiseries que mon appartement est bouleversé ? « — Et que vous êtes blessé à l'oreille, et moi « au bout du nez.

Robert porte la main à son oreille, et y trouve un caillot de sang. « Monsieur l'officier, boire « mon vin, briser mes meubles et me blesser, « c'est trop fort. Qui a pu vous porter à de sem- « blables violences ? — Ma foi, je ne m'en sou- « viens pas. D'ailleurs je suis sans rancune. Bu- « vons, et oublions le passé. — Je ne bois plus, « M. le lieutenant. Votre ami, dont vous faisiez « un éloge si magnifique, est un traître, qui ne « fait faire que des sottises. En voilà assez, et « vous allez avoir la bonté de vous retirer. — « Non pas, mon camarade. Vous m'avez proposé « le logement, et je l'ai accepté. Vous m'avez « offert votre vin, et je ne sortirai pas d'ici, que

« les cinq cents bouteilles ne soient bues. — Mais,
« monsieur, avant que vous ayez fini mon vin, il
« ne me restera plus un meuble. — A cet égard-là,
« monsieur, le plus fort est fait. Jetons, par la
« fenêtre, éclats et tessons. Un coup de balai après
« cela, il n'y paraîtra plus. — Et il n'y aura ici
« que les quatre murs. — Il n'en faut pas davan-
« tage à un franc buveur. — Monsieur, je me suis
« expliqué. — Laquais du vin. — Voulez-vous
« bien vous conformer à mes volontés? — Du vin,
« laquais. — Je vais envoyer chercher la garde.
« — Je suis en mesure. » Et le lieutenant jouait
de sa colichemarde, comme d'un bâton à deux
bouts. La lame tourne autour de lui, menace
alternativement Robert et Baptiste, et brise deux
vases de porcelaine, tristes restes de ceux qui
décoraient la cheminée.

Le maître et le valet sortent précipitamment;
ferment sur eux la porte à double tour, et vont
chercher main forte. Le lieutenant se voit pris,
comme un loup dans un piége, et, malgré sa colère et sa valeur, il réfléchit que ce n'est pas en
battant des bourgeois, et en pulvérisant tout
chez eux, qu'on obtient une compagnie. Il juge
que ce qu'il a de mieux à faire est de se dispenser de décliner son nom. Il ouvre la croisée : il est
à un troisième étage. Les draps du lit, attachés
bout à bout, ne descendent qu'au premier. Le
lieutenant arrache, déchire les rideaux des croisées et du lit. Son épée dans les dents, il se laisse

couler dans la cour. Le portier refuse de tirer le cordon; le lieutenant lui taillade la figure, ouvre la porte et file le long des maisons. Son emplâtre est tombé. L'orbite d'un œil vide; celui qui reste, égaré, troublé, poché; la figure, les mains, les cheveux, les habits barbouillés de plâtre, de boue, fixent tous les yeux. Le lieutenant regarde les passans, d'un air si déterminé, qu'il leur fait baisser la vue, et que malgré la mauvaise opinion qu'on a de lui, personne n'ose l'inquiéter dans sa retraite.

Robert reparaît avec une force imposante. Son prisonnier est parti, c'est tout ce qu'il désire. Mais la frayeur a glacé le portier; elle a dénoué la langue d'un petit garçon, qui bégayait depuis sa naissance; la portière crie à tue-tête, et va accoucher avant terme. Le locataire du premier, réduit aux laxatifs, inonde son lit et le parquet. Un chantre, qui loge à l'entresol, crie au miracle, et jure que Dieu, dans sa colère, fait pleuvoir... de ce qu'il ordonna au prophète Ézéchiel de manger sur son pain. C'est un vacarme à ne plus s'entendre. Les soldats se répandent dans toute la maison. L'un présente sa bouteille empaillée au portier; l'autre le pan de son habit à sa femme. Celui-là propose un bouchon à l'habitant du premier; celui-ci vide la fontaine sur le corps du chantre. Le petit bègue est partout, et partout prend quelque chose, avec les meilleurs intentions. Du vin et du sucre pour sa mère; du linge pour la layette du petit frère ; une redingotte pour vêtir son père; de l'argent pour payer les façons. Le petit bègue était bien élevé, et prévoyant surtout. La garde prie Robert de lui abandonner les lambeaux et les débris qui couvrent son plancher, et tout est enlevé avant qu'il ait répondu. Avant qu'il se soit reconnu, tout est vendu au miroitier, au marbrier, à l'ébéniste, qui convertissent les glaces en petits miroirs, la commode en chiffonnière, qui vendent cher, qui achètent bon marché ; mais qui donnent, cependant, au soldat brocanteur de quoi boire le rogome, ce qui fait que chacun vit, que chacun est content.

Robert avait fort sur le cœur l'incartade du lieutenant. « Un homme, disait-il, que je ne connais « pas, dont je ne sais seulement pas le nom ; que « je trouve dans la rue ; à qui je m'intéresse, à « l'aspect de ses infirmités, et au récit de ses cam- « pagnes ; à qui je promets une compagnie ; qu'en « attendant je retire chez moi ; en faveur de qui « je renonce à l'étude des mathématiques ; par « qui je me laisse persuader que l'ivrognerie est « le goût par excellence, et qui n'a pas plutôt « bu trois ou quatre bouteilles de mon vin, qu'il « met tout en combustion chez moi ; qu'il me « bombarde, et me tire aux oreilles ! Monsieur, « reprenait Baptiste, si vous retirez chez vous « tous ceux qui vous feront des contes dans la « rue, votre maison sera bientôt un repaire que « la police fera raser. — Que veux-tu, Baptiste,

« je suis bon, moi; mais je crois qu'en général
« l'homme naît méchant. — Ma foi, monsieur, je
« ne sais pas ce qu'il est en naissant; mais je
« n'en ai pas connu qui, en mourant, n'ait eu be-
« soin d'une bonne et ample absolution. — Bap-
« tiste ? — Monsieur ? — Amour aux bons, haine
« aux méchans. — Haine à tout le monde, donc:
« — Ah, Baptiste, Baptiste. — Oui, monsieur, à
« commencer par vous. — Insolent ! — Ne vous
« fâchez pas, et laissez-moi finir. Vous êtes bon,
« dites-vous. Vous vous flattez que c'est par
« amour pour l'humanité que vous avez promis
« une compagnie au lieutenant; que vous l'avez
« pris chez vous. Ce n'est pas cela. Vous avez été
« bien aise de prouver que vous êtes en crédit,
« et votre orgueil était flatté de secourir un
« homme, que le Gouvernement laisse dans l'oubli.
« — Tu pourrais bien avoir raison, Baptiste.
« Mais tu conviendras aussi que si je ne suis pas
« bon, le lieutenant est un vaurien. — Oh, d'ac-
« cord. — Qu'il peut venir s'installer encore ici,
« et opposer, à des raisons, un argument, qui m'en
« a toujours imposé, la pointe de sa flamberge.
« Je confesse que je ne me bats que lorsque je
« ne peux absolument m'en dispenser. Je vais, en
« conséquence, trouver mon premier commis de
« la guerre, et, au lieu de lui demander une com-
« pagnie, je le presserai de renvoyer le lieutenant à
« sa garnison. — Et vous ferez bien, monsieur. »

Robert court au ministère de la guerre, et détaille ses sujets de plainte, contre un homme qu'il ne connaît pas. « Monsieur, lui dit son premier
« commis, si on écoutait tout le monde, il n'y
« aurait dans l'armée que des maréchaux de
« France, et nous n'avons pas un officier, qui ne
« crie partout qu'il n'est pas à sa place. Celui
« que vous avez recueilli, est un des plus mau-
« vais sujets que je connaisse, car le détail de ses
« services m'indique le père Balan. Simple soldat
« pendant dix ans, parce qu'il cassait des vitres,
« battait les bourgeois, et tuait un camarade par
« semaine; caporal pendant dix autres années,
« parce qu'il mangeait le prêt, et mettait sa cham-
« brée à la diète; sous-lieutenant après vingt-sept
« ans de service, parce que son colonel, cerveau
« brûlé comme lui, le protégeait, et que d'ailleurs
« Balan est un brave homme ; nul dans ce nou-
« veau grade, et parvenu à la lieutenance, je ne
« sais comment, Balan, qui devrait s'estimer fort
« heureux, intrigue, cabale, et il est de ces êtres
« dont il n'est pas permis de s'occuper. Que
« gagne-t-on à protéger des gens obscurs? Rien du
« côté de la considération; moins encore du côté
« de la fortune. Recommandez-moi de ces hommes,
« qu'on se fait honneur d'avouer, et d'avancer ra-
« pidement; qui, à temps de service égal, atten-
« draient, sous un concurrent préféré, un avance-
« ment tardif, et même incertain, et qui savent

« reconnaître un bon office autrement que par des
« phrases. Je vous indiquerai des sollicitans, qui
« parlent trop, qui n'agissent pas assez, qui ou-
« blient enfin qu'ils ont une bourse, et des mains
« pour l'ouvrir. Vous leur ferez entendre raison.
« — Vous comptez donc m'associer?... — Tant
« vaut l'homme, tant vaut la place. J'entends,
« comme un autre, à tirer parti de la mienne ;
« comme un autre, aussi, je veux ménager les ap-
« parences. Vous êtes répandu, intelligent ; soyez
« mon courtier, nous partagerons les honoraires,
« et croyez-moi, Ptolomée, Ticho-Brahé, Coper-
« nic, Descartes, les logarithmes, et les astres, ne
« peuvent entrer en comparaison avec les commo-
« dités de la vie. »

Auri sacra fames! à la seule idée de l'or, Robert ouvre des oreilles attentives ; il oublie ce qu'il lui en a coûté pour avoir fait un journal, et des mariages ; il renonce aux sciences exactes, et à une vie tranquille ; il se décide à faire commerce de compagnies, de régimens, de lieutenances du roi. Il ne désespère pas de devenir enfin propriétaire d'une aussi belle terre que celle du surintendant Fouquet, parce que l'impôt dont le produit est le plus incalculable, et dont on parle le moins, est celui qu'on lève sur la vanité humaine.

Déjà il avait fait un colonel d'un joli chanteur, qui avait pour concurrent un ancien officier plein de valeur et de mérite, mais qui n'avait pas mille louis à donner aux associés. Un maréchal de camp, de sa façon, l'avait emporté sur un colonel, qui s'était distingué partout; mais qui ne savait pas jouer la comédie, et le commandement d'une place importante devait être accordé à un homme qui dansait avec une rare perfection. Il fut un temps où la musique, la danse, et la déclamation tenaient lieu de qualités, auprès des femmes, et où les femmes menaient tout, faisaient tout, excepté ce qu'elles devaient faire. Les maîtres de déclamation, de danse et de musique devinrent tout à coup des personnages. Ils portèrent le linge le plus fin; les étoffes les plus belles; ils dédaignèrent de fouler le pavé; ils furent admis aux meilleures tables, et on ne les reconnut plus qu'à leur ton d'impudence.

Robert avait toujours l'adresse de mettre une femme à la tête de chaque affaire. Il les choisissait jolies, spirituelles, actives surtout, et, alors, on ne pouvait rien refuser à ces femmes-là.

Les jeunes officiers abandonnaient l'étude de leur art, pour apprendre à faire un rigaudon, à filer un son, et à répéter, avec charme, quelques vers de l'abbé de Bernis à une protectrice, qui écoutait de son ottomane, et qui variant ses positions d'après les tableaux du galant abbé, disait en rougissant, en soupirant, et à demi-voix : comment n'a-t-on pas une compagnie quand on dit aussi bien ? Le lecteur, qui n'était ni aveugle, ni sourd, laissait tomber le livre... et le lendemain

M. le duc demandait la compagnie, qu'il payait, par les mains de madame, à messieurs les associés. Aujourd'hui les femmes ont le bon esprit de n'apprécier des bagatelles qu'à leur juste valeur; elles cultivent leur entendement, leur raison; elles vivent au sein de leurs ménages; elles sont fidèles à leurs maris.

Cependant ces promotions, bizarres et multipliées, causaient du mécontentement dans l'armée, et justifiaient des murmures. Un officier respectable, soumis à l'autorité, mais confiant en la justice de sa cause; sollicitant sans bassesse, mais avec persévérance et fermeté, arriva à Paris, déterminé à demander hautement le prix de ses belles actions. Jusqu'à quand, dit-il à l'ami de Robert, des sauteurs l'emporteront-ils sur de véritables soldats? Est-ce avec des gambades qu'on a gagné la bataille de Lawfelt, qu'on a pris Berg-op-Zoom et Minorque? Ces lieux sont teints de mon sang. Voilà l'état de mes services; je vous somme de le mettre sous les yeux du ministre, et de me rendre ce qu'il vous aura dit.

Le premier commis fut intimidé. Cet officier, né d'un artisan, était parvenu de grade en grade à celui de lieutenant-colonel, sans autre appui que son mérite. Il avait à surmonter le préjugé attaché alors à la rôture, et les obstacles qui en étaient la suite inévitable. Il avait tout vaincu; il était personnellement connu du roi, qui l'estimait; cet homme enfin était le brave Chevert.

On ne trompe pas impunément un officier de ce caractère. Le premier commis, qui préférait l'or à son devoir, osa cependant en former le projet. Un régiment était sans chef; le fils d'un homme, puissamment riche, faisait des offres brillantes; les intéressés ne pouvaient se décider à laisser échapper cette occasion. Ils conféraient, dans un arrière cabinet, sur les moyens d'écarter Chevert, lorsque celui-ci rentra dans les bureaux. Il entendit prononcer son nom dans la pièce voisine; il prêta l'oreille; il découvrit ce qui se tramait contre lui. Jeune et vif encore, il céda à un premier mouvement de colère; il entra dans l'arrière cabinet, et tomba à grands coups de canne sur les marchands de régimens. Il passa, de là, chez le ministre, avoua son emportement; mais précisa des faits, dont la vérification était facile. Le premier commis fut chassé; le ministre pardonna un acte de violence, que la circonstance rendait excusable; il se fit un honneur d'appuyer la demande d'un excellent officier : Chevert eut le régiment.

Robert, qui se rappellait comment bâtonnent les habitans de Brive-la-Gaillarde, s'était esquivé, dès les premiers coups, et sa précipitation même lui était devenue fatale. Il avait pris un escalier pour un autre, et s'était trouvé dans une avant-cour, fermée par une grille de fer, à hauteur d'appui. Poussé par la crainte, et croyant toujours avoir l'officier derrière lui, il avait essayé de la franchir ; mais il ne sautait pas comme les colonels qu'il avait faits. Il tomba sur les piques qui couronnaient la grille, et y resta accroché par une jambe et une cuisse. Un laquais, qui l'eût achevé, s'il l'eût connu, c'était celui de Chevert, qui bâillait en se dandinant, et en attendant son maître, ce laquais lui tendit une main secourable, l'aida à se traîner jusqu'à un fiacre, et le chirurgien, que Baptiste courut chercher, décida que les blessures n'étaient point dangereuses; mais que le blessé resterait boiteux, parce qu'il y avait un nerf coupé.

« Que je suis malheureux, disait Robert ! mais
« pas trop, répondait Baptiste. Vous avez offensé
« d'honnêtes gens, ruiné de légitimes héritiers,
« condamné des officiers de mérite à l'obscurité,
« et vous avez fait votre fortune, où d'autres
« n'eussent gagné que des coups. — Mais je suis
« borgne, manchot et boiteux. — Qu'est-ce que
« cela fait ? vous n'êtes plus jeune, vous n'êtes
« plus beau ; vous n'avez jamais eu qu'une mau-
« vaise réputation ; vous ne pouvez être recher-
« ché que par votre opulence, et ce moyen de
« considération, le plus puissant de tous, vous
« l'avez à votre disposition. — Et l'amour, Bap-
« tiste, l'amour ? — Ah, l'amour est fait pour les
« jeunes gens. Il faut avoir le bon esprit de re-
« noncer aux femmes, quand on a cessé de leur
« plaire. — C'est bien dur ! — Hé, non. A quoi
« vous ont mené vos mille et une amourettes ? à

« la perte du temps, et au repentir. Tenez, mon-
« sieur, j'éprouve que l'amour n'est rien quand la
« jouissance cesse d'être un besoin, et ce besoin
« là n'est plus que dans votre tête. Ne faites plus
« de projets. Vous n'êtes pas heureux dans vos
« conceptions, et je ne sais pas ce qui vous serait
« arrivé, si votre premier commis, n'eût renvoyé
« Balan à son régiment, et si son expulsion des
« bureaux ne vous eût forcé à renoncer au com-
« merce de compagnies; et de régimens. Vivez
« tranquille, loin du monde, qui vous connaît
« trop, entre ces livres que vous avez achetés, que
« vous n'avez pas ouverts encore, et moi qui ne
« conseille pas trop mal. — Tu veux que je passe
« ma vie avec toi! — Et pourquoi pas, monsieur?
« les circonstances vous ont fait maître, et moi
« valet; mais nous sommes de la même pâte. Je
« vous aime, aimez-moi, et nous serons de ni-
« veau. Le monde est plein de Balans, qui vous
« boiront, qui vous mangeront, avec des formes
« plus polies, et qui se moqueront de vous,
« quand vous aurez le dos tourné. — Je crois que
« tu as raison, Baptiste. Je prévois cependant que
« le genre de vie, que tu me proposes de mener,
« sera un peu ennuyeux. — Bah, monsieur, qu'est-
« ce que le plaisir? du bruit. Quand on s'est fati-
« gué, étourdi, ne faut-il pas revenir à soi-même?
« Supposez tous les jours que vous vous êtes
« amusé la veille, et vous aurez, de plus que les
« autres, la santé, car on peut très-bien se porter

« avec un œil, un bras de moins, et une jambe
« de quatre pouces plus courte que l'autre. —
« Sais-tu que tu es philosophe, Baptiste? — Je
« ne m'en doute pas, monsieur. — Tant mieux,
« mon ami. Ta philosophie est celle de la raison.
« Essayons de vivre ensemble, et si je m'en
« trouve bien, j'aurai soin de toi pendant ma
« vie, et je t'assurerai une existence après ma
« mort. — Hé bien, monsieur, voilà qui s'ap-
« pelle penser, parler, agir. Je suis tout à votre
« service. »

Un motif secret contribuait à déterminer Robert. Il pouvait, dans cette espèce d'association, satisfaire pleinement ce goût de domination naturel à tous les hommes, car il était tacitement convenu que Baptiste resterait chargé des soins, des complaisances, des procédés; que Robert n'aurait que la peine de commander, et que son avis serait toujours le meilleur. C'était un bon garçon que Baptiste, qui avait le goût des héritages, et qui était capable de se ployer à tout, pour hériter.

CHAPITRE III.

Une intrigue domestique.

Les choses allèrent à merveilles, tant qu'ils ne furent que deux. Mais lorsque Robert commença à s'appuyer sur une béquille, il désira revoir le soleil, et respirer le grand air. Baptiste le soutenait sous un bras, et ils allaient, clopin-clopant, s'ennuyer au Luxembourg. Ils s'étaient tout dit, pendant que Robert gardait le lit ou la chambre, et, après s'être extasiés, un moment, sur la richesse de la nature, avoir ri des figures hétéroclites, qui fréquentaient alors ce jardin-là, ils se regardèrent en bâillant, et Robert disait tout bas : « Il n'est pas bon que l'homme soit seul. Il « lui faut une compagne. La Genèse le dit, et j'ai « beaucoup de foi à la Genèse. »

Il y avait là une jolie petite fille, qui venait, tous les jours, promener un enfant, aussi joli qu'elle, dont, moyennant deux cents livres par an, elle remplaçait la mère, qui jouait, ou qui faisait pis. Elle posait l'enfant devant elle; elle courait, à reculons, avec une grace toute particulière; elle étendait des bras rondelets, dans lesquels l'enfant venait se jeter. Elle l'enlevait, le baisait, trottait, pirouettait, chantait, riait et montrait les plus belles dents du monde. L'enfant était enchanté; Robert ne l'était pas moins, et son projet de prendre une gouvernante, douce, aimante, facile, se reproduisait avec un nouvel intérêt.

Baptiste avait pris de l'ascendant. Il fallait le tromper, au moins jusqu'à ce qu'on se fût assuré des dispositions de la petite. Robert l'envoya, à Chaillot, porter une lettre insignifiante, à quelqu'un qu'il connaissait à peine, et qu'il n'avait pas vu depuis six mois. Il couvrit son œil crevé d'une bande de taffetas neuf; il substitua une canne à sa béquille, et il alla chercher la petite bonne, en se tenant aussi droit que le permettent des nerfs raccourcis, et en se donnant l'air le plus agréable qu'il put prendre.

Il faut débuter, n'importe comment. Il commença par sourire à l'enfant; il le caressa, lui offrit des bonbons. Il s'informa du nom de ses parens, de leur état, de leur demeure. La petite bonne répondait librement à ce qui ne s'adressait pas personnellement à elle. Bientôt la conversation devint plus directe. Robert lui parla d'elle, avec cet intérêt qui engage toujours une femme à écouter, et cette réserve qui écarte le soupçon. La confiance s'établit. Robert plaignit une jeune et jolie fille d'être obligée de servir, et surtout un enfant, dont il faut pour ainsi dire être esclave, et une mère quinteuse, qui paie peu, et exige beaucoup. Le service d'un homme est bien plus agréable. Il ne se mêle pas du ménage, trouve tout bien, est reconnaissant de ce qu'on fait pour lui, et marque sa reconnaissance par une robe, par un bonnet, une paire de bas de soie, de boucles d'oreilles. La petite écoutait attentivement. Elle se voyait déjà parée comme sa maîtresse, et figurant à côté d'elle chez Nicolet. Elle regardait Robert, et elle jugeait n'avoir à courir, près d'un homme borgne, manchot et boiteux, aucun des risques, auxquels sont, dit-on, exposées les petites filles qui servent de vieux garçons. Elle attendait que Robert s'expliquât. Encouragé par un sourire, il hasarda des propositions positives.

Il n'était pas bien de mettre madame dans la nécessité de promener elle-même son Victor, jusqu'à ce qu'elle fût pourvue d'une autre bonne; mais il y aurait eu de la folie à ne pas changer un casaquin contre une robe, et le mouchoir de grosse mousseline contre un fichu de gaze. Rosalie ramène l'enfant; fait son petit paquet; sacrifie un mois de gages pour éviter toute explication, s'échappe de chez sa maîtresse, et lorsque Baptiste revint de Chaillot, elle était établie chez Robert.

Baptiste, en apercevant Rosalie, assise dans une bergère, M. Robert debout devant elle, lui parlant avec chaleur, en lui passant au cou une chaîne d'or, qui n'avait pas été faite pour être collier, mais qui pouvait en tenir lieu, Baptiste, en remarquant la rougeur et la docilité de la petite, la prit d'abord pour une de ces femmes obligeantes, qu'on trouve dans tous les coins de Paris; qu'on prend, qu'on quitte sans conséquence, sans explication, et même sans adieux. Mais le paquet, qu'il vit sur un fauteuil, lui donna à penser, et lorsque Robert lui dit que mademoiselle Rosalie était commensale de la maison, il fit une mine, mais une mine... Avait-il tort? Un factotum n'est-il pas toujours jaloux de son utilité, et surtout de son influence? N'est-il pas connu qu'une jolie gouvernante, qui ne l'aide en rien, qui ne fait rien, prend, par degrés, un empire absolu ? Qu'arrive-t-il avec le temps ? Qu'un pauvre domestique est obligé de servir deux maîtres, la demoiselle surtout, et que s'il lui arrive de déplaire, même involontairement, elle obtient son congé sur l'oreiller, qui donne conseil, dit-on, mais qui, souvent aussi, fait faire bien des sottises.

Dans cette position critique, Baptiste crut n'avoir qu'un parti à prendre. Il résolut d'attaquer la gouvernante, dans l'esprit de monsieur, de la miner, avant qu'elle le maîtrisât. Il tremblait déja de perdre, ou du moins de partager un héritage, sur lequel il comptait, quoiqu'il fût à peu près de l'âge de Robert. A la vérité, il ne lui était pas arrivé d'accidens, et il n'avait pas d'infirmités. Il est assez plaisant que nous spéculions tous sur la mort des autres, comme si chaque individu était exempt du dernier bonsoir. Prévention heureuse, au reste, qui fait que chacun déloge sans y penser, sans s'en apercevoir.

On soupa. Robert avait grande envie de faire mettre mademoiselle Rosalie à table; mais il fallait aussi y recevoir Baptiste, ou proclamer la petite maîtresse en titre. Elle avait répondu assez vaguement aux jolies choses que monsieur lui avait adressées, et quelle humiliation pour lui, si elle refusait le rang qu'il brûlait de lui offrir ! Monsieur soupa donc à son petit couvert, le domestique derrière sa chaise, la petite assise en face de lui, liberté qui déplaisait fort à Baptiste, parce qu'elle annonçait des dispositions à une intimité absolue. Il faisait, à Rosalie, des signes dont elle ne tenait aucun compte. Rosalie ne s'était pas écartée encore du chemin rocailleux de la sagesse ; elle ne pensait pas à se fourvoyer ; elle ne croyait pas même monsieur fort à craindre ; mais elle avait un instinct de femme, qui lui disait que quand un maître a dit des choses tendres à sa servante, et qu'il lui a passé une chaîne d'or au cou, elle peut se mettre à son aise avec lui.

Robert ordonna à Baptiste de préparer un lit, à mademoiselle Rosalie, dans le cabinet qui tenait à sa chambre, parce qu'il ne se sentait pas bien, et que les soins d'une femme ont un certain moëlleux, dont les hommes n'approchent jamais. Baptiste répondit que jamais monsieur ne s'était plaint de son service ; qu'il en avait l'habitude, et qu'il s'en trouverait mieux que de celui de mademoiselle, qui n'était pas au fait de son tempérament. Monsieur répliqua qu'il l'y mettrait. Baptiste sentit qu'il ne pouvait se maintenir qu'avec de la souplesse, et qu'il ne ferait congédier Rosalie, que par des insinuations, perfides avec douceur. Il dressa le lit, avec une apparence de bonne volonté, qui trompa le maître, et la demoiselle.

Mademoiselle s'enferma chez elle, comme on peut s'enfermer dans un cabinet, qui a une porte vitrée, et un locquet, qui ferme et qui ouvre en dehors, c'est-à-dire, qu'elle tira le fin rideau sur le vitrage, et qu'elle poussa une chaise contre la porte.

Un homme boîteux et manchot ne se déshabille pas facilement seul. Robert eût volontiers prié mademoiselle de lui rendre ce service; mais ce chien de Baptiste était là, toujours là. Il roulait les cheveux, il ôtait la boucle du col, celles des souliers, de la jarretière de la culotte; il présentait le bonnet de nuit; il chauffait la chemise, et, sous un air hypocrite, il jouissait du dépit de son maître. Il voulait donner à la petite le temps de s'endormir : fille qui dort n'est disposée qu'à cela. Il fallut se retirer enfin ; mais il n'oublia pas de prendre, selon l'usage établi, la clé de la porte extérieure de l'appartement.

Rosalie était couchée, et ne dormait pas, non qu'elle pensât à malice; mais elle s'occupait de son état actuel, de l'excellence de sa condition, et surtout de sa chaîne d'or. Robert ne dormait pas non plus, vous en devinez la raison. Tout à coup des cris perçans se font entendre, et Baptiste arrive, une bougie dans chaque main. Monsieur n'est plus dans son lit; il n'est pas même dans sa chambre. La porte du cabinet est ouverte, la chaise renversée, les couvertures, les matelas, monsieur et mademoiselle sont par terre. Rosalie se défend des pieds et des mains. Baptiste demande, avec un grand sérieux, si les soins moël-

35.

leux de mademoiselle sont suffisans. Monsieur envoie Baptiste par delà les monts, et Baptiste reste là.

La présence d'un tiers, et surtout d'un goguenard, est un calmant, auquel peu de tempéramens résistent. Robert se releva, confus, incertain de ce qu'il allait faire et dire. Baptiste le remet dans son lit, et lui dit, d'un ton ironique : « Monsieur, quand une servante a trouvé grace
« devant son maître, et qu'elle ne sent pas le
« prix de ses bontés, elle s'en rend non-seulement
« indigne, mais elle prouve la petitesse de ses
« vues et de son jugement. Rosalie est une petite
« sotte, arrivée de son village, à cheval sur sa
« vertu, qui n'a pas senti qu'elle pouvait troquer
« une niaiserie contre des bienfaits solides; qui
« n'a pas assez de discernement, pour apercevoir
« que l'œil qui vous reste est plein de feu; que
« le bras qu'on ne vous a pas coupé est muscu-
« leux, et que votre bonne jambe est faite au tour.
« — Mais je crois, monsieur Baptiste, que vous
« faites le mauvais plaisant. — Et cette petite
« pigrièche mord, pince, égratigne, et ne craint
« pas de vous donner en spectacle à votre valet,
« car enfin, monsieur, j'ai tout vu, et n'ai rien
« remarqué de fort beau, ni surtout de très-mo-
« ral. — As-tu fini, coquin? — Pas encore, mon-
« sieur. J'ajouterai quatre mots : c'est que vous
« ne pouvez garder, chez vous, une fille que vous
« ne regarderez plus sans rougir. — Bah! bah!

« elle rougira à son tour. J'en ai apprivoisé bien
« d'autres. — Oui, quand vous aviez deux yeux,
« deux bras, et deux jambes. — Voyez si ce ma-
« raud se taira. Je te chasserai, misérable. —
« Voilà comme vous faites justice, vous autres
« maîtres. Vous me proposez de vivre avec vous ;
« vous me promettez une place dans votre testa-
« ment, pour prix de ma rénonciation à moi-
« même, et vous introduisez ici la discorde, une
« femme qui vous hait, qui vous maltraite, et
« vous me chassez, moi, qui vous aime assez pour
« vous dire la vérité. — Allons, reste, tais-toi, et
« va te coucher. Je me suis fatigué avec cette
« imbécille, et je veux reposer. — Mais où est-
« elle donc, monsieur? — Au diable, si cela l'ar-
« range ! Laisse-moi dormir. »

Rosalie avait entendu un terrible prône sur ce texte : *Homo est leo quærens quem devoret*. Persuadée que l'homme est un lion cherchant sa proie, ce qui est très-vrai, au physique et au moral, Rosalie s'était enfuie en simple chemise, sans savoir où elle allait, sans réfléchir à ce qu'elle deviendrait, n'ayant pour objet que d'échapper au lion Robert, et ne pensant pas qu'elle en pourrait rencontrer quelqu'autre, qui aurait l'usage de ses deux mains. Elle avait trouvé une chambre ouverte, et dans cette chambre un lit. Elle s'était tapie sous la couverture, et elle cherchait à remettre un peu d'ordre dans ses idées, lorsqu'elle entendit marcher dans la chambre : c'était Baptiste qui rentrait chez lui.

Elle poussa machinalement un cri, qui indiqua à M. Baptiste le nid où s'était retiré le joli oiseau. Il fit subitement cinq à six réflexions, qui se réduisaient à ceci : Rosalie a son innocence; et faire peur à une fille sage n'est pas le moyen d'en tirer parti. Mon maître a voulu me chasser, parce que je lui ai parlé raison; donc il aime assez Rosalie pour être incapable de rien entendre ; donc elle détruira, avec un mot, un sourire, l'effet des plus adroites insinuations ; donc il faut m'entendre avec elle, puisque je ne peux la culbuter.

Baptiste commença un monologue pathétique sur l'excellence de la sagesse, sur l'abomination du vice, et de certains hommes qui ne respectent rien. Il s'apitoya sur le sort de Rosalie, jeune, charmante et sans expérience, que l'horreur du crime exposerait sans défense, dans la rue, aux attaques du premier brutal. Le coquin poussa quelques soupirs, bien ronflans, et à mesure qu'il soupirait et qu'il parlait, Rosalie se sentait rassurée. Elle avait crié, sans s'en apercevoir; elle était restée cachée sous la couverture; il lui paraissait clair que Baptiste ne la savait pas là. Il venait donc d'exprimer ses véritables sentimens, et, par une conséquence toute naturelle, elle jugea Baptiste un homme de bonnes mœurs et plein d'humanité.

Elle descendit doucement la couverture, découvrit un œil, puis l'autre, et montra enfin le bout de son nez. Ce fripon de Baptiste jeta, à son tour, un cri d'étonnement, et témoigna combien il était flatté que mademoiselle l'estimât assez pour être venue chercher un asile chez lui. La petite répondit, ingénuement, que le hasard avait tout fait ; mais qu'elle se croyait plus en sûreté chez M. Baptiste qu'ailleurs. M. Baptiste voulut justifier la bonne opinion qu'on avait de lui. Il s'assit, respectueusement, auprès du lit, et commença une conversation sentimentale. Les petites filles aiment beaucoup qu'on leur parle sentiment. Ce langage là trouve toujours le chemin du cœur, et Baptiste le parlait mieux que les petits paysans qui juraient par F... à Rosalie qu'elle était belle ; manière énergique, que sait apprécier une femme qui a de l'usage, et qui effraie la craintive innocence. Et puis Baptiste n'était point mal, quoiqu'il eût quarante ans. Ses grands yeux durs s'adoucissaient par le désir de plaire ; Rosalie l'écoutait, avec intérêt, et lui répondait, avec complaisance.

Il conçut tout à coup un projet, plus raisonnable que ceux de son maître, et peut-être aussi brillant. Il représenta à la petite que, si elle sortait de chez monsieur, il faudrait qu'elle entrât dans une autre maison ; que partout il y a des hommes ; que partout on convoiterait sa jolie figure ; que son inexpérience la ferait enfin succomber, et qu'elle n'avait qu'un moyen de sauver sa vertu : c'était de se mettre sous la protection d'un mari, et il lui demandait la préférence. Cette proposition là fait toujours plaisir aux filles, bien qu'elles n'en conviennent jamais. Rosalie se jeta dans les lieux communs, que les petites dissimulées ne manquent pas d'employer en pareille circonstance. Elle était bien jeune ; elle n'avait encore que sa chaîne d'or ; M. Baptiste ne la connaissait pas ; il pourrait se repentir plus tard d'un choix précipité. Tout cela voulait dire : Reconnaissez, en moi, la fraîcheur et les charmes du premier âge ; dites-moi que, riche des dons de la nature, je n'ai pas besoin de dot ; qu'il ne faut qu'un instant pour m'apprécier ce que je vaux, et qu'on ne se repent jamais d'avoir assuré son bonheur.

M. Baptiste répondit tout cela, ou l'équivalent, comme si mademoiselle Rosalie l'eût soufflé mot à mot. Il ajouta qu'il avait déja quelques épargnes, et qu'en agissant de concert, ils n'auraient pas besoin d'attendre les dispositions incertaines d'un testateur ; que bientôt les petits profits suffiraient aux frais d'un établissement honnête. Ces petits profits étaient faciles à percevoir, et à répéter : il ne s'agissait que de faire payer six francs à monsieur ce qui coûtait trois livres.

Rosalie répondit, naïvement, que lorsque les maîtres ne donnent rien, il n'est pas défendu de penser à soi ; que, d'ailleurs, ils promettent *tant* pour un service déterminé, et rien pour les humeurs, les caprices, les brusqueries, dont il est juste de se dédommager, puisque toute peine vaut salaire. M. Baptiste exprima le désir modeste que le traité fût scellé par un baiser. Mademoiselle Rosalie répondit, aussi modestement, qu'on ne refuse pas un baiser à son futur époux.

L'effet d'un premier baiser est prodigieux. La petite fille ne savait plus trop où elle en était. M. Baptiste savait très-bien où il voulait être. Quand on a accordé un baiser, on en refuse rarement un second, et, de baisers en baisers, on arrive, sans s'en douter, au but auquel on n'avait pas même pensé. Baptiste fut étonné d'être heureux ; Rosalie fut honteuse d'avoir eu du plaisir ; mais le plaisir fait bien vite oublier la honte qu'il a causée. D'ailleurs qu'avait-elle à craindre ? M. Baptiste lui avait juré qu'il l'épouserait, et un honnête homme ne manque pas, même, à une simple promesse. Baptiste n'avait garde, au reste, de violer ses sermens : on prend volontiers femme jeune et jolie ; quand on croit y trouver son compte.

Baptiste ne prévoyait plus qu'une difficulté : c'était de faire consentir monsieur à un mariage, qui devait déranger tous ses projets. Il fut très-étonné de voir Robert sourire au premier mot qu'il lui adressa à ce sujet, et ce sourire était pourtant facile à interpréter. A l'aide d'un sacrement, la petite fille, la plus timorée, devient une femme aguerrie. Il ne reste qu'à vaincre sa répugnance, si on en inspire, ce dont on ne convient jamais avec soi, et la puissance de l'or est incalculable, inconcevable, inimaginable. Il efface les rides; il cache les infirmités; il couvre de roses les glaces de la vieillesse; il endort, il aveugle un mari soucieux; il en fait un être affable, prévenant; il y a trois heureux enfin, où il ne devait y en avoir que deux, et le mystère assure le bonheur de chacun. Celui de madame surtout est complet : elle joue deux hommes, et elle arrondit ses affaires.

Baptiste surveillait soigneusement sa future. Robert le croyait éperdument amoureux, et se faisait d'avance un malin plaisir de tromper sa jalousie. La petite, très au courant du mariage, riait en elle-même de la frayeur, que lui avait causée le lion Robert, et femme qui se familiarise avec certaines idées, ne tarde pas à l'être avec la chose.

Robert présenta l'épousée à l'autel. Il fit les frais de la noce, et la fit magnifique. Il ne laissa échapper aucune occasion d'adresser, à la dérobée, de ces mots qui disposent une petite femme à entendre des choses positives, et déjà il avait essayé du grand moyen de séduction. Une montre à répétition, et d'assez jolies boucles d'oreilles rendaient Rosalie très-attentive. Il est tout simple qu'un maître fasse un présent de noces à sa petite bonne qu'il marie. L'époux n'en peut tirer aucune conséquence. Il est tout simple aussi que la petite bonne, qui connaît les prétentions de son maître, et qui en a reçu des boucles d'oreilles, et une montre, compte sur quelque chose de plus. Il est tout simple que celui qui donne ait plus que des espérances. Je ne sais comment le maître et la petite bonne s'arrangèrent ; mais à la fin d'une allemande, où Baptiste avait excité l'admiration des parens, appelés de cinq à six villages, monsieur rentra, boita un peu plus que de coutume, et madame reparut, un instant après, rouge comme une cerise, et ayant, dans sa poche, une cinquantaine de louis, qu'elle ne savait où cacher mieux.

C'est une terrible chose que de l'argent mal acquis. On ne sait où le mettre; on ne sait à quoi l'employer. Il semble que l'écu dépensé soit un témoin, qui s'élève contre le monopoleur, l'exacteur, le spoliateur. On croit lire dans les yeux de chacun le reproche de son infamie... pour peu qu'on conserve de pudeur. Ainsi Rosalie, qui ne rougissait, ni de sa montre, ni de ses boucles d'oreilles, était embarrassée de ce malheureux rouleau... qu'elle venait pourtant de gagner.

Qu'en fera-t-elle ? Elle serait assez disposée à en acheter de petits bijoux, quelques objets de parure. Mais le mari ? Elle l'entend lui demander d'un ton sévère : Madame, d'où vient cet argent ? Le dépenser en friandises, serait assez agréable, et personne n'en saurait rien. Mais qui peut manger pour cinquante louis de marrons glacés, de pastilles, ou de confitures ? On les mangerait, sans doute, avec du temps; mais la petite prévoit qu'un rouleau succédera bientôt à celui ci, et elle ne peut dévorer *le Fidèle Berger*, ou tel autre amas de bonbons de la rue des Lombards. Le parti le plus court, et le plus sûr est de mentir à son mari : c'est ce que les femmes entendent assez bien. Elle dit donc à maître Baptiste que pendant qu'il dansait l'allemande, monsieur l'avait tirée à l'écart, et l'avait forcée d'accepter ce rouleau. Maître Baptiste se pinça les lèvres un moment. C'est, vous le savez, un être très-réfléchi que monsieur Baptiste. Il pensa qu'il avait quarante ans; sa femme dix-huit; que le chapitre des accidens était très-étendu cette année là, et que tant de maris sont trompés, pour rien, qu'il ne devait pas raisonnablement se fâcher de l'être pour quelque chose.

En effet, l'argent plut avec une telle abondance, que M. Baptiste eût négligé *les petits profits*, s'il ne les eût considérés comme un moyen de plus d'accélérer son indépendance, et la formation de l'établissement qu'il projetait. Persuadé qu'on ne compte, que pour la forme, avec le mari d'une femme qui ne refuse rien, M. Baptiste gonfla bientôt les mémoires, de manière à pouvoir quitter le service dans six mois. Robert ne put se dissimuler qu'on le volait. Mais il sentait qu'il est un âge où il faut acheter ce que la beauté prodigue à la jeunesse, et il se fût étourdi peut-être sur la réduction de sa cassette, si Rosalie n'eût commencé à lui faire éprouver les caprices, et même les dédains, auxquels doit s'attendre un homme qui ne peut plus plaire, et qu'une femme croit trop heureux d'obtenir quelques faveurs, accordées d'assez mauvaise grace. M. Baptiste de son côté faisait acheter son silence. Il avait de l'humeur, il faisait mal son service, il prenait un ton impérieux, il répondait avec insolence ; Robert perdit enfin le droit de commander chez lui. Subjugué par la femme, obligé de dissimuler les torts du mari, il réfléchit à sa position. Il la jugea aussi dure qu'humiliante. Madame Baptiste commença à lui paraître coûteuse; le mari lui devint insupportable, et il forma le projet de secouer le joug qu'il s'était imposé. Il laissa percer son mécontentement. Baptiste en rit ; sa femme dissipa l'orage, qui se formait, par quelques caresses, quelques complaisances. Robert reprit ses chaînes, et voulut de nouveau les secouer, lorsque les procédés offensans se renouvellèrent. Un sourire, un mot, une nuit rendaient ces chaînes plus pesantes.

Excédé de ces alternatives, et n'ayant jamais un moment de jouissance pure, Robert pensa sérieusement à se défaire de ses tyrans domestiques. Ils avaient pris sur lui un tel ascendant, qu'il ne savait comment leur donner leur congé. Il voulait parler, et les mots expiraient sur ses lèvres. Il voulait écrire, et indigné de sa faiblesse, il s'échappait de chez lui. Il essayait de dissiper ses chagrins, dans la société de quelques amis, à qui il n'osait pas même les confier encore, et il eût souffert long-temps, si un incident ne lui eût rendu quelque énergie, dont il se hâta de profiter.

Il avait passé la journée dehors. Il montait sa bougie à la main, parce que madame n'était pas faite pour l'éclairer, et que M. Baptiste ne s'en donnait pas la peine. Il entre chez lui ; il entend de l'antichambre des éclats de rire prolongés. Il prête l'oreille : ce sont M. et madame Baptiste qui s'égaient à ses dépens.

« Ma foi, ma femme, il faut que je tienne bien
« essentiellement à ton bien-être, pour tolérer ces
« choses là. — Ma foi, mon mari, il faut que je
« t'aime passionnément, pour me sacrifier à ta
« fortune, et surmonter la répugnance que me
« fait éprouver ce magot là. — C'est un bénet. —
« Un imbécile. — A mener par le nez. — Par tous
« les bouts. — Parbleu, je voudrais bien le voir...
« — Oh, tu n'y tiendrais pas. Il est si gauche, si
« drôle avec son bras de moins. C'est à mourir
« de rire. » Et là-dessus les éclats recommencèrent de la façon la plus bruyante.

« Canaille, s'écria Robert, le magot, le bénêt,
« l'imbécile à mener par tous les bouts, vous
« chasse de chez lui. Sortez à l'instant même, et
« sans répliquer, ou je vous ferai voir à qui vous

« avez affaire. — A un si pauvre homme, répliqua
« impudemment Baptiste, que je ne sais pas même
« si je dois me réputer cocu. » Et il commença à
faire ses paquets, avec un sang-froid, dont Robert
était confondu.

« Mon cher coadjuteur, lui dit-il en sortant,
« et en tenant sa petite femme sous le bras, sou-
« venez-vous de la leçon. Elle vous coûte un peu
« cher; mais elle peut vous être utile. Un homme,
« dans votre état, qui aspire à plaire est un fou,
« et s'il prend, pour lui, ce qu'une femme fait
« pour son argent, c'est un sot. »

La leçon est forte en effet, dit Robert, quand
il fut seul. Elle est cruelle, avilissante, et je sens
qu'ils ont raison. Il est trop vrai qu'il faut cesser
d'aimer, quand on n'est plus aimable. Mais cette
vérité ressemble à bien d'autres, qu'on oublie
quand on est d'âge à les suivre. C'est ainsi qu'un
jeune homme, tout à ses plaisirs, déclame contre
l'ambition, et court en cheveux blancs chercher
des dégoûts à la cour. C'est ainsi qu'un auteur,
dans sa force, tourne en ridicule un confrère,
qui veut survivre à son génie éteint, et, nouvel
archevêque de Grenade, ne s'aperçoit pas de l'é-
puisement du sien. C'est ainsi que nous nous éle-
vons tous contre le charlatanisme de tous les
genres, et que nous finissons tous par être des
charlatans. Qu'est-ce qu'un avocat, qui dit ne s'être
jamais chargé que de bonnes causes ? Qu'est-ce
qu'un juge, qui proteste que jamais jolie sollici-

teuse n'a fait pencher la balance? Qu'est-ce qu'un médecin, qui nie que la médecine soit une science conjecturale? Qu'est-ce qu'un homme, qui veut nous persuader que la morale ne peut exister sans cérémonies? Qu'est-ce qu'un militaire fanfaron? Qu'est-ce qu'un commis, qui prétend n'avoir jamais brusqué personne? Qu'est-ce qu'un faiseur de systèmes? Qu'est-ce qu'un être, qui prétend n'avoir jamais commis de fautes graves? Qu'est-ce qu'un homme, qui proteste qu'il fait tout pour l'humanité, et rien pour lui? Charlatans, charlatans, charlatans. A chaque pas, on ne rencontre que des charlatans. Mais les aveugles passent, sans se voir, à côté les uns des autres.

M. Baptiste disait à madame: « Ma chère amie,
« je t'ai passé monsieur, à qui il ne reste presque
« plus rien d'un homme. Tu es assez bien dans
« tes affaires pour être sage, et je compte que
« tu le seras. — Et cela ne me coûtera rien, cher
« Baptiste, car je ne puis aimer que toi. » Charlatanisme.

« — Nous avons une vingtaine de mille francs.
« Voyons, ma petite, comment les ferons-nous
« valoir? — Je n'en sais rien, mon ami. — J'en-
« tends un peu l'office. Guidé par un garçon in-
« telligent, je deviendrai un habile limonadier.
« — Tu as raison, mon homme. Moi, je figurerai
« au comptoir. — Et ta jolie mine attirera les
« amateurs; mais pas de sottises. — Oh! Baptiste,
« *il faut être honnête avec tout le monde, pour*

« *achalander sa maison.* — Honnête, ma femme, « honnête. — Je me souviendrai du mot. — Non, « de la chose. — Comme tu voudras, mon mari. »

Baptiste traite du fonds d'un petit café borgne, et, pour mettre sa boutique en réputation, il régale des amis, qui ne parlent partout que de la belle limonadière. Il paie des Savoyards, pour la regarder par le coin d'un rideau entr'ouvert. Il paie un factionnaire, pour maintenir l'ordre... quand la foule se présentera. Il paie Duverny l'aveugle pour chansonner madame. Il paie les chanteurs qui débitent la chanson... Charlatanisme.

Mais comme le charlatanisme, adroitement manié, réussit toujours, les badauts se rassemblèrent au café *de la verdure*, sans trop savoir pourquoi, car madame Baptiste n'avait rien de fort extraordinaire. Bientôt elle se fit désirer ; elle parut rarement au comptoir, et on s'entêta à la voir, par la seule raison qu'on ne la voyait pas. Baptiste débita tant d'eau chaude, qu'il put, au bout de trois mois, traiter d'un café très-marquant, et madame dut se croire, sans trop manquer à la modestie, une des plus belles femmes de Paris.

Or, il n'est pas de belle femme qui ne sache que la beauté est faite pour quelque chose. Madame Baptiste avait un mari, qui lui avait paru charmant, tant qu'il n'avait eu que M. Robert pour objet de comparaison. Mais elle le trouva désagréable, quand elle fut entourée d'une jeunesse brillante.

Que devait-elle à ce mari? est-ce lui qui avait gagné les vingt mille francs? était-ce pour lui que Robert payait aveuglément les mémoires? lui conviendrait-il de gêner une femme, qui attirait la foule, et qui, sans cesse, ajoutait à sa fortune?

Baptiste pensa, de son côté, qu'une femme, faible par intérêt, doit l'être plus encore par amour. Les assiduités de quelques jeunes gens lui inspirèrent de l'ombrage. Il prévit qu'il ne tarderait pas à être cocu... tout de bon. Il mit sa femme au comptoir dès le matin; il l'y tint jusqu'à l'heure du coucher, et la publicité du lieu fut sa garantie.

Madame, observée, obsédée, ne pouvait répondre à des galanteries que par des sourires; à des billets doux, que par des soupirs. Elle eut de l'humeur : c'est de quoi un mari s'inquiète peu. Il n'y a pas de mari, cependant, qui n'ait éprouvé, dans sa jeunesse, que l'humeur d'une femme a toujours un résultat. Madame Baptiste jeta les yeux sur un joli garçon, dont la conquête ne flattait pas son amour-propre; mais qu'elle pouvait rencontrer, avant l'ouverture du café, après la clôture, à la cave, au laboratoire, peut-être même dans sa soupente, et elle était encore assez bourgeoise pour mettre le plaisir au-dessus de la vanité. Le joli jeune homme était son maître garçon.

Il fut le vengeur de Robert. Bientôt il ne

compta plus qu'avec madame, et il disposa secrètement de la clé du tiroir. Insensiblement, Baptiste ne remplit plus, dans son café, que le rôle subalterne que son maître avait joué chez lui. Il avait souvent une envie très-prononcée de rosser, et de congédier son garçon. Mais Dumont était actif, intelligent; c'était le meilleur glacier de Paris. Baptiste désespérait de le remplacer avantageusement, et cocu pour avoir de l'argent, il se résigna à l'être encore pour le conserver. Il enragea, et il fit semblant de ne rien voir. Il marquait, à sa femme, une estime qui pût en imposer au public. Le public et madame eurent l'air de la croire sincère... Charlatanisme de toutes parts.

CHAPITRE IV.

Tout pour la gloire, et l'humanité.

Il faut donc renoncer à l'amour, disait tristement Robert, en se promenant seul dans son vaste appartement! c'est un passe-temps si agréable! quel autre peut le remplacer? il faut pourtant faire quelque chose, car je ne passerai pas ma vie à table, à dire ou à entendre des bêtises, à jouer à la bouillotte, à bâiller, à dormir en écoutant chanter des paroles italiennes. Que ferai-je donc? Je suis riche. Il me faudrait un genre d'occupation, qui ne m'assujétît à rien, qui ne fût pas fatigant; un délassement qui satisfît un peu mon amour-propre. Voyons, réfléchissons.

Pendant qu'il réfléchissait, son nouveau domestique lui annonça un monsieur, qui avait quelque chose d'important à lui communiquer. « Faites entrer. » Le monsieur se présenta, de fort bonne grace, et débuta par les complimens propres à lui concilier la bienveillance de son auditeur : c'est toujours ainsi qu'on débute avec ceux dont on a besoin. Il a entendu parler, avec éloge, de monsieur le chevalier, chez monsieur le comte celui-ci, chez monsieur le président celui-là. Madame la comtesse celle-ci, madame la marquise celle-là ne cessent de vanter ses grandes idées, ses vues généreuses, le noble emploi qu'il fait de sa fortune. A qui donc un homme à talent pouvait-il s'adresser avec plus de confiance? Robert ne se rappelait ni ses grandes idées, ni ses vues généreuses, moins encore l'usage utile qu'il avait fait de son argent. Cependant, il fallait bien qu'il eût laissé échapper quelque chose de remarquable, puisque M. le comte, et madame la marquise en avaient parlé. Il pria le monsieur de le remettre sur la voie, et de dire nettement ce qu'il attendait de lui.

« Monsieur, les arts et la fortune devraient
« être inséparables. — Et sont très-séparés. —
« C'est de quoi je me plains. — Que voulez-vous
« que j'y fasse? — C'est moi qui veux les réunir.
« — Ah, ah! et comment! — Je rendrai votre

« nom célèbre, et je doublerai, je triplerai, je
« quintuplerai vos capitaux. — Vous êtes bien
« bon, monsieur. Vous êtes donc immensément
« riche ? — Moi, monsieur, je n'ai rien. — Et que
« ne vous occupez-vous d'abord de votre bien-
« être ? — C'est aussi mon objet principal. Je
« mettrai mon talent dans l'entreprise; vous y
« mettrez des fonds, et nous partagerons les bé-
« néfices. — Et les bénéfices sont sûrs? Ne croyez
« pas au moins que je vise principalement à un
« accroissement de fortune : la gloire doit être
« l'objet essentiel d'un homme comme moi. »
« Voyons pourtant sur quoi vous établissez les
« bénéfices.

« — Il est notoire, monsieur, que Paris, la
« première ville de l'Europe, celle qui réunit ce
« que l'abondance, le luxe, et les plaisirs ont de
« plus recherché, est environné des plus détesta-
« bles vignobles de l'univers. — Je sais cela mon-
« sieur. — Hé bien, il dépend de vous que le vin
« de Paris acquière la célébrité qu'avait autre-
« fois le Falerne à Rome, ce Falerne savouré par
« Auguste, et chanté par Horace. Je fais du vin
« de Beaune, et du Clos-Vougeot, avec du raisin
« de Surenne, de Pantin, de Saint-Maur. Je le
« donne à très bon compte, parce qu'il me coûte
« peu, et que je ne paie pas de frais de transport.
« La classe laborieuse de la capitale, fatiguée,
« épuisée, insensiblement, par du vin frelaté, se
« ranime, se réchauffe, et chante la chansonnette,

« en buvant à votre santé. Votre nom passe de
« bouche en bouche. On vous aime, on vous ad-
« mire, on vous préconise ; vous êtes classé
« parmi les bienfaiteurs de l'humanité, car je
« vous laisse l'honneur de la découverte. — Vous
« me le laissez, monsieur !—Absolument. —Mais
« êtes-vous bien sûr de votre découverte ? — A
« la preuve, monsieur. — Soit. — J'ai mon échan-
« tillon en poche. Un tire-bouchon, deux verres.

« — Diable... voilà d'excellent vin. Votre pro-
« cédé me paraît étonnant, inconcevable. — Rien
« de plus simple cependant. Le vin de Suresne
« n'est piquant que parce qu'il manque de *mu-*
« *coso-sucré.* Je lui en communique, voilà tout
« le mystère. — Du *mucoso-sucré !* ce mot-là ré-
« sonne bien. — N'est-il pas vrai ? — Et avec du
« *mucoso-sucré* vous changez le vinaigre en vin !
« — Vous venez de vous en convaincre. — Et
« comment faites-vous du *mucoso-sucré ?* — C'est
« mon secret. — Je n'insiste pas.

« Savez-vous bien, monsieur, que vous avez
« fait là une découverte précieuse. — Comment,
« si je le sais ! — Et à laquelle vous n'attachez pas
« l'importance que je lui trouve. Vous vous bor-
« nez à faire boire de bon vin aux Parisiens :
« j'entends, moi, que toute la France en boive.
« Plus de bierre, plus de cidre, ni de poiré. Du
« Clos-Vougeot, morbleu, du Clos-Vougeot à
« tous mes compatriotes. Que dis-je à mes com-
« patriotes ? que la Hollande, la Suède, le Dane-

« marck, la Pologne, la Russie, et jusqu'à l'Amé-
« rique septentrionale participent à ce bienfait.
« Partout il y a du vinaigre, et partout je ferai
« du Bourgogne. Mon nom vole d'un hémisphère
« à l'autre. Les décorations viennent au-devant de
« moi. Le roi de France m'envoie le cordon noir ;
« les souverains du Nord m'envoient des cordons
« et des croix, de toutes les couleurs, et de toutes
« les façons. J'en suis chargé au point qu'on dis-
« tingue à peine la nuance de mon habit. Les
« passans, étonnés, s'inclinent devant moi, et de-
« mandent à l'oreille de leur voisin : qui est ce
« seigneur-là? C'est, leur dit-on, l'inventeur du
« *mocoso-sucré*, le premier homme de l'univers.
« Faisons du mucoso-sucré, mon ami ; faisons en
« sans relâche. Remplissons en les caves de Paris,
« et les carrières de Charenton.

« — Que j'aime cette belle chaleur, ce noble
« enthousiasme! que je suis heureux d'avoir ren-
« contré un homme, dont l'audacieux génie voit
« et saisit tout en grand! Opérons, monsieur,
« opérons. Le jour de gloire est arrivé. Achetons
« d'abord le raisin de Surène. — Et de toute la
« banlieue. — Louons tous les pressoirs... — Fai-
« sons en faire, s'il le faut. — Achetons toutes
« les chaudières des brasseurs. — Nous les aurons
« à bon marché, puisqu'elles deviennent inutiles.
« Mais à quoi bon des chaudières pour faire du
« vin? — Et le *mucoso-sucré*, M. le chevalier,
« croyez-vous que je le fasse au soleil? — Ache-

« tons tout le bois de l'Isle Louvier, achetons
« pour quatre ans, pour dix ans, avant qu'on
« pense à renchérir les denrées, dont nous avons
« besoin. — Achetons tout le sucre de Marseille,
« de Nantes, de Bordeaux... — Arrêtons tous les
« produits des Colonies. Mais dites-moi : il faut
« donc du sucre pour faire du *mucoso-sucré*? —
« Hé, monsieur, le mot ne l'indique-t-il pas? —
« Pardon, pardon, mon cher ami. Allez, com-
« mencez les opérations. N'oubliez pas surtout
« que je suis l'inventeur du *mucoso-sucré*.

« — Un moment. Quand on n'est pas connu,
« on est sans crédit. Il me faut au moins un mil-
« lion, que je distribuerai en à-comptes. J'ob-
« tiendrai six mois de terme pour le surplus, et
« de la manière dont nous nous y prenons, dans
« six mois notre fortune sera faite. Donnez-moi
« un million, s'il vous plaît.

« — Je vous demande un moment à mon tour.
« D'abord, je n'ai pas un million. — En ce cas,
« il faut opérer en petit, et cela est fâcheux. —
« Oui, j'aime l'éclat. — Les bénéfices seront bor-
« nés, votre réputation se fera lentement. —
« Diable, diable! renoncer au plaisir d'étonner
« le genre humain! — De confondre ces demi-
« savans, qui doutent de tout, et qui seraient
« morts de jalousie! — Hé, mais... Ecoutez donc.
« Pourquoi renoncer à ces avantages? Nous en-
« verrons de notre vin de Bourgogne aux jour-
« nalistes ; ils l'annonceront de manière à pro-

« voquer la curiosité, et l'admiration. Nous en
« enverrons aux gens en place, aux grands, aux
« têtes couronnées, et on s'empressa de nous
« fournir les moyens de travailler en grand. —
« En attendant, prenons, puisqu'il le faut, un
« vol terre à terre. Donnez-moi cent mille francs.
« — Un moment encore. Vous m'avez l'air d'un
« fort honnête homme ; mais je n'ai pas l'hon-
« neur de vous connaître, et il en coûte quelque-
« fois fort cher pour gagner cent mille francs :
« c'est tout ce que m'a valu la perte de cet œil-ci.
« — Monsieur, votre réflexion est juste, et n'a
« rien d'offensant. Voilà mon nom, mon adresse ;
« voilà celles de personnes recommandables, de
« qui je suis avantageusement connu. Je repasse-
« rai dans deux jours. »

C'était un fort honnête homme que M. Vignol.
Il avait de l'esprit, des connaissances ; il avait
même fait quelques découvertes intéressantes.
Mais il avait, comme tous ses confrères, la manie de prendre des rêves pour des réalités, et
lorsqu'il discutait, il ne manquait jamais de poser en fait ce qui était en question. Il avait fait du
vin potable avec du verjus, et convaincu de la
facilité de perfectionner son invention, lorsqu'il
trouverait des secours, il n'avait pas balancé à
faire goûter, à M. Robert, un vin, qui portait avec
lui son *mucoso-sucré*.

D'après les renseignemens favorables que reçut
Robert sur le compte de M. Vignol, il signa un
acte de société, et donna les cent mille francs,

à la charge, par M. Vignol, de le mettre, jour par jour, au courant de ses opérations. Robert n'avait nulle envie de travailler assidument. Mais il fallait qu'il connût quelque chose de la manipulation, afin de pouvoir parler conséquemment de son invention, et qu'il se fît voir souvent dans les ateliers, pour paraître les diriger.

M. Vignol achète le raisin de deux à trois cents arpens de vigne. Il loue tous les pressoirs de Surenne. Il arrête trente ou quarante journaliers. Il fait construire vingt à trente vastes cuves, et il traite d'une partie considérable de sucre avec un épicier de la rue de la Verrerie (1), qui n'a pas, comme son frère, le talent de faire des romans et des comédies, mais qui a l'esprit de faire de bonnes affaires, ce qui vaut mieux. M. Vignol a déja placé, à fonds perdu, ou autrement, plus de soixante mille livres.

Ses dispositions sont faites. Il n'attend que le jour des vendanges, et il l'attend avec une impatience, égale au besoin où il est d'argent. Robert jouit d'avance. Il n'a en vue que la gloire et le bien de l'humanité. Si cependant il y a de gros bénéfices, il ne manquera pas d'en prendre la moitié.

M. Vignol n'oublie pas qu'il n'a fait jusqu'alors qu'un vin plat et mielleux. Il étourdit Robert par de grands mots; mais la nuit, lorsque son associé dort à Paris, il fait à Surenne des essais

---

(1) M. Charlémagne.

nouveaux en petit, en très-petit, et le résultat est toujours malheureux. « Ce vin ne manque, « dit-il, que de *calorique*, et parbleu je lui en « donnerai. »

Le jour tant attendu, le jour où le vigneron laborieux voit sa récolte à l'abri des orages, où une jeunesse folâtre court, entre les ceps, après le plaisir et l'amour, le jour de la vendange enfin, Robert part de Paris, pour être témoin du triomphe de l'art sur la nature, et imposer silence aux railleurs, à qui il a vanté sa découverte, et qui prétendent qu'on ne fait pas de vin de Beaune à Surenne.

« Mon cher associé, lui dit Vignol, tenez-vous « essentiellement aux bénéfices? — Mais... un peu. « — C'est-à-dire que vous n'y tenez pas. Je vous « ferai gagner en gloire, ce que vous perdrez « en argent. — Comment cela? — Au lieu de mille « tonnes de vin, nous n'en aurons que trois cents. « Mais je vous ai promis du Bourgogne, et je « vous ferai du Frontignan muscat. — Diable! ce « sera bien plus fort. — Et d'un débit bien plus « certain. — Faisons du Frontignan muscat. »

Vignol court après toutes les femmes, et les filles du village. Il les rassemble, à vingt sols par jour. Il les établit dans ses différens pressoirs, et, à mesure que la hotte se vide, elles épluchent le raisin; elles en ôtent les grains gâtés, ceux qui ont conservé quelque verdeur, et elles en ôtent les quatre cinquièmes. Elles jettent la grappe, qui ne communique au vin que de l'amertume. Les vignerons, courbés sous la hotte, appuyés sur leur bâton, regardent, la bouche ouverte, ce procédé nouveau, et ne conçoivent pas comment un beau monsieur de Paris sait mieux faire du vin que celui qui, depuis son enfance, ne fait que cela.

Les grains choisis sont jetés dans la cuve, foulés, portés au pressoir. Vignol goûte; il est dans l'enchantement. Il présente une tasse à Robert... « Hé bien, qu'en dites-vous? — Il est encore dia-« blement aigre. — Oui. Mais que diront les cri-« tiques, quand j'aurai mêlé à cela un cinquième « de *mucoso-sucré ?* — Rien, mon ami, rien. « Votre succès sera complet. »

Vignol prépare son sirop, et il commence le grand œuvre. Il goûte... « Ce n'est pas cela. Du « calorique; force calorique. » Et il ajoute quelques brocs d'eau-de-vie à sa mixtion... « Ce n'est « pas encore cela. L'acide tartareux domine en-« core. Il faut en détruire l'excédant. » Il jette dans ses tonneaux du *carbonate de chaux* vulgairement appelé blanc d'Espagne, quelques poignées de fleurs de sureau, et il a un vin parfait. Les deux associés se regardent d'un air pénétré; ils s'embrassent avec tendresse. C'est alors que Robert prend le ton tranchant de l'audace heureuse. Il est partout; partout il parle de son vin; partout il en laisse des essais ; partout on le trouve excellent.

Dans tous les cercles de Paris, on ne parle que du Frontignan-muscat, fait à Surenne. On se soulève contre les routiniers, on déclame contre eux, on affirme que leur entêtement étouffe l'émulation, arrête le progrès des arts, et qu'il est de la sagesse du gouvernement de contraindre tous les vignerons, de l'Isle-de-France, à adopter le procédé de M. le chevalier des Ormeaux.

Entraîné par cette première et belle chaleur, on adresse de toutes parts des demandes à M. le chevalier. Il ne sait à qui entendre, il ne sait à qui répondre.

Avant de faire les envois, il faut au moins déterminer le prix du vin. Ces messieurs compulsent leurs états de dépenses; ils calculent, ils supputent. « Nous eussions pu faire deux mille « muids de vin ordinaire de Surenne, qui, à un « louis la barique, eussent rendu quarante-huit « mille francs. Au lieu de mille tonnes de Bour- « gogne, de trois cents de Frontignan, il n'en « existe que cent cinquante. Pour retrouver la « valeur des grappes du raisin gâté, ou vert, il « faut donc évaluer notre muscat à trois cent « vingt livres la pièce. Ajoutons à cela le sucre, « l'eau-de-vie, le *carbonate de chaux*, la main- « d'œuvre extraordinaire, la façon des cuves, le « loyer des pressoirs, et nous trouverons que « chaque pièce nous revient à cinq cents livres, « ou environ. N'oublions pas les intérêts des cent « mille francs ; contentons-nous de cinquante

« pour cent, ce qui fait un bénéfice honnête, et
« nous pouvons définitivement vendre notre Fron-
« tignan-muscat en raison de huit cent trente-
« quatre livres la pièce de trois cents pintes, ce
« qui réduit la bouteille à cinquante-six sols, et
« ce qui certes n'est pas cher. »

Le Frontignan muscat fut enlevé dans deux jours. Vignol, désintéressé, ou insouciant, comme tous ceux qui cultivent les sciences, ou les arts, était fort content des vingt-cinq mille francs de part que son associé lui avait comptés, et il se proposait bien de les employer à quelque nouvelle découverte, qui finirait par l'immortaliser, car enfin, quand on a de l'argent, on travaille pour son propre compte, et on ne cède à personne l'honneur de l'invention. Robert, qui prétendait ne tenir qu'à la gloire et au bien de l'humanité, regrettait intérieurement de n'avoir pas mis tous ses fonds dans une affaire aussi lucrative. Il ne rêvait plus que Frontignan muscat, et il lui passa, par la tête, une idée, qu'il s'empresssa d'aller communiquer à son associé. Il lui dit qu'il était au-dessous de gens comme eux de faire les vendangeurs, et qu'ils devaient désormais se renfermer dans les opérations chimiques; qu'ainsi il était fort inutile d'attendre l'automne prochain pour opérer en grand; qu'il fallait de suite acheter tous les vins de pays qu'on pourrait se procurer, et les convertir en Frontignan muscat.

Vignol avait déjà conçu un autre projet qui

l'occupait très-sérieusement. Cependant il fut assez satisfait d'une proposition qui lui assurait des bénéfices considérables. Mais il fit observer à Robert qu'il avait cédé à la force des circonstances, en se dépouillant de la partie la plus précieuse de sa découverte, l'honneur de l'invention; qu'à cet égard, il avait rempli ses engagemens; mais qu'il ne consentirait à une nouvelle opération, qu'autant que son nom serait joint à celui de M. le chevalier. Robert cria à l'injustice. Il avait avancé des fonds, qu'il aurait pu perdre, et la gloire était la seule compensation que Vignol pût lui offrir. Cette clause d'ailleurs était particulièrement stipulée, et il n'entendait pas renoncer à un tel avantage. Vignol s'emporta, en croyant raisonner; Robert cria plus haut encore; ils se séparèrent, très-mécontens l'un de l'autre; mais comme l'intérêt rapproche les hommes, ils ne tardèrent pas à se revoir.

Après des conférences multipliées et inutiles, chacun commença à regretter la perte du temps, si précieux pour des spéculateurs; chacun renonça à une partie de ses prétentions, et fit singulièrement valoir son sacrifice, comme cela se pratique toujours. Il n'était plus question que de trouver des courtiers intelligens... et fidèles, s'il y en a, qui parcourussent la banlieue, et qui fissent les acquisitions, au meilleur prix possible. Dans quinze jours, au plus tard, le grand œuvre devait s'opérer de nouveau, et les vignobles de

Frontignan étaient anéantis. *Vanitas vanitatum!*

Robert, en rentrant chez lui, trouve douze ou quinze assignations à comparoir dans huitaine, aux fins de se voir condamner comme falsificateur et empoisonneur public, à restituer le prix de ce qu'il appelle du vin, et en dommages-intérêts, proportionnés aux maux de tête et de cœur qu'il a occasionés.

C'est une plaisanterie, dit Robert; mais que peut-elle signifier? Il se creuse la tête pour en trouver le sens, et son imagination ne le servant pas à son gré, il va chez un des *assignans*, celui qui avait parlé du Frontignan muscat, avec l'enthousiasme le plus prononcé.

Il le trouve à table, et au lieu du mot de l'énigme, qu'il demande, qu'il attend, le maître de la maison lui laisse le choix de la porte ou de la fenêtre. Robert trouve la plaisanterie poussée un peu loin; mais il est beau joueur, et il commence un éloge burlesque de la chimie, qui est devenue la science par excellence, la science universelle, qui prendra, très-incessamment, la nature sur le fait, et qui, en décomposant la matière, nous apprendra ce qui entre dans la facture d'un chêne et d'un chou, d'un ciron et d'un éléphant.

Le maître de la maison réfléchit qu'un escroc ne pousse pas l'impudence à ce point, et qu'il est plus raisonnable de détromper M. le chevalier, de l'amener à restitution, que de l'accabler par une procédure inutile. Il se fait apporter du Frontignan de Surenne (1).

Un laquais débouche une bouteille, et verse je ne sais quelle liqueur décolorée, dont le seul aspect inspire le dégoût. « Bien joué, bien joué! « s'écrie Robert; mais, parbleu, je ne boirai pas « de votre ripopée. » Il tire un des essais qu'il porte toujours en poche. « Le voilà le nectar « dont je suis l'inventeur; le jus divin que je « prodigue aux hommes, et que je devrais ré- « server pour la bouche des Dieux. » Il prend un verre... il reste stupéfait. Il porte le nectar à ses lèvres... Rien de liquoreux, de flatteur; tout, jusqu'au *mucoso-sucré*, tout est anéanti. Robert tombe sur son siége; il pâlit, il rougit; il essuie la sueur qui coule à flots de son front; il demande grace au maître de la maison; il proteste qu'il a été trompé le premier, et qu'il est prêt à rendre, sans contestation, l'argent qu'il a reçu, pourvu toutefois qu'on ne l'attaque pas dans sa réputation. Ce n'est pas que la réputation de Robert valût grand'chose; mais il prévoyait que la justice, qui prend tout au tragique, pourrait parler de galères, et elle passe assez communément du mot à la chose.

Il était fort égal, à la plupart des acquéreurs

---

(1) Cette prétendue découverte, et celles qui suivent, ont été réellement offertes aux gens crédules, à l'époque où l'auteur écrivait cet ouvrage.

du Frontignan de Surenne, que Robert ramât ou ne ramât point. Leur objet essentiel était de retirer leur argent, et ils s'adoucirent en le remettant dans leur coffre. Mais Robert, rassuré contre les poursuites, se livra à toute son indignation contre Vignol, et fut lui faire une scène épouvantable. Vignol, d'aussi bonne foi que Robert, lui répondit qu'il ne fallait pas s'effrayer de cet échec; qu'il avait forcé la dose de *carbonate de chaux*, et qu'il allait refaire du *mucosososucré*, d'après de nouvelles combinaisons. Robert envoie au diable le *mucoso-sucré* et son auteur. Vignol réplique que celui qui a suivi toutes les opérations; qui l'a forcé à employer le *carbonate de chaux;* dont le nom est dans toutes les annonces, sur toutes les adresses, est au moins aussi auteur que lui. Aux raisonnemens bons ou mauvais, succèdent les injures; les coups seraient venus probablement, si Robert n'eût été manchot et boiteux, et si un savant s'oubliait jusqu'à se battre. Vignol tourna le dos à Robert, et se remit à ses cornues. Robert sortit en tempêtant, et en gémissant, tour à tour, de sa crédulité : elle lui coûtait cent mille livres.

Il se ravise cependant, et il retourne chez Vignol. « Vous avez été mon associé, et la perte et
« le gain devaient être communs entre nous.
« Malgré cette clause essentielle du traité, je
« perds tout, lorsque vous gagnez vingt-cinq mille
« francs : il est de toute justice de me les rendre.

« —Je vous les rendrais, sans difficulté, si je les
« avais encore. Vous sortez d'ici, et vous n'avez
« donc pas vu cela? — Qu'est-ce? du plomb? —
« C'est du zinc, monsieur. — Du zinc! Et vous
« voulez avec cela... — Faire danser les morts.
« — Oh, voici bien une autre histoire! — Je
« suis déja parvenu à faire danser le train de
« derrière d'une grenouille, et je compte, très-
« incessamment, faire danser des apoplectiques,
« des paralytiques, des noyés, des asphyxiés. —
« Et ce bal là me coûtera vingt-cinq mille francs?
« —Un bal! un bal! Cela se nommera *galvanisme*,
« entendez-vous, monsieur? — Encore un grand
« mot à la place de la chose : je crois au *galva-*
« *nisme* comme au *mucoso-sucré*. Adieu, maître
« fou. ».

Quand il est connu qu'un capitaliste donne
dans les inventions, les faiseurs de découvertes
abondent chez lui. Robert reçut la visite d'un
monsieur fort bien mis, d'une figure avantageuse,
qui parlait avec facilité, et même avec grace, qui
avait enfin tout ce qu'il faut pour persuader.
« Monsieur, vous aimez les arts, les sciences;
« mais votre premier essai n'a pas été heureux.
« Vous m'inspirez de l'intérêt, et je veux vous
« faire regagner ce que vous avez perdu. — Je
« suis décidé à ne plus hasarder un écu. — Vous
« ne hasarderez rien, monsieur. Je ne suis pas
« de ces charlatans qui demandent de l'argent,
« qu'ils emploient à faire des essais. Ma décou-

« verte est certaine, perfectionnée; elle ne me
« laisse rien à désirer. — Hé bien, monsieur, pro-
« fitez-en. — Nous en profiterons tous deux. —
« Non, monsieur. Je ne me mêlerai pas de cette
« affaire-là. — Vous pouvez au moins m'entendre :
« cela ne vous coûtera rien. — Oh, parlez, mon-
« sieur, parlez. — Le bois est cher en France. Le
« pauvre souffre l'hiver. Je me suis occupé de son
« soulagement, et j'ai trouvé le moyen de chauffer,
« pendant six mois, vingt ménages avec une de-
« mi-voie de bois. — Je vous en fais mon com-
« pliment. — Je vois, monsieur, que vous me
« prenez pour un de ces faiseurs de contes, qui
« cherchent à abuser les gens crédules. Je vais
« vous détromper en peu de mots. J'ai imaginé
« des poêles de carton, enjolivés de glaces, de
« gaze d'argent, et d'autres brillantes bagatelles.
« Mes tuyaux sont en cristal, orné de guirlandes
« de fleurs, et le tout offre l'aspect d'un meuble
« galant. Avec un paquet d'alumettes, je chauffe
« à quinze degrés, un salon de vint-cinq pieds
« sur toutes ses faces. C'est de quoi vous pouvez
« vous convaincre, en vous transportant chez moi.
« Ma voiture est à la porte. Qu'avez-vous à ré-
« pondre? — Des poêles faits avec du carton, et
« de la gaze d'argent, qui chauffent à quinze degrés!
« — Et avec un paquet d'alumettes. — Parbleu,
« j'ai envie de voir cela. — Partons. — Partons. »

Robert entre dans un salon richement décoré.
Il respire un air brûlant qui le force à reculer.

Il s'étonne, il s'écrie. Le monsieur le fait avancer, après avoir ouvert les croisées. Il le conduit à la bouche de son poêle... Deux ou trois brins de bois menu alimentent une flamme qui ne s'élève pas à plus de trois pouces. Robert porte la main sur le poêle : il est froid. Comment concilier l'état de ce poêle avec la chaleur de l'atmosphère ? Le monsieur explique ce phénomène, d'une manière tout-à-fait satisfaisante. Il fait observer à Robert que l'épaisseur et l'opacité des poêles ordinaires concentrent, et conservent le *calorique*, tandis qu'ici il s'évapore continuellement à travers les gazes et les fleurs. Robert est forcé de se rendre à l'évidence. Il passe, de la défiance et du doute, à la confiance la plus aveugle. Il veut avoir, le lendemain, un poêle de carton. Il en demande le prix. Soixante louis, quand on n'en commande qu'un, parce qu'il faut faire chaque pièce particulièrement ; au lieu qu'elles se fabriquent toutes d'un seul jet, lorsqu'on prend cent poêles, et alors ils ne coûtent qu'une bagatelle, cinq louis au plus. « Faites-moi cent poêles, dit
« Robert. J'en céderai à mes amis ; j'en donnerai
« à de pauvres ménages. Je veux entrer dans vos
« vues d'humanité, et substituer ce joli colifichet
« à un vilain poêle enfumé, qui rembrunit ma
« salle à manger. »

Il est d'usage de payer deux tiers d'avance. Ces arrhes lient l'acquéreur et le vendeur, et tout l'avantage est du côté de Robert : il est sûr d'être livré à jour fixe. Robert donne, au marchand de poêles de gaze, une lettre de change sur son banquier, et il court, chez le curé de sa paroisse, prendre les noms et les adresses de vingt pères de famille, pauvres et honnêtes, à qui il donnera de la chaleur, sans frais. Il exige seulement que cet acte de bienfaisance soit inséré dans la gazette ecclésiastique : il est toujours flatteur de faire parler de soi.

Le marchand poêlier est exact. Il a reçu huit mille francs ; mais il tient aux quatre mille autres. Il arrive, suivi de quatre voitures chargées de l'élégante marchandise, et, à mesure qu'il avance, la foule des curieux s'accroît. « Qu'est-ce donc « que cela, disait l'un ? — C'est une décoration « nouvelle pour l'Opéra. Vous n'y êtes pas, re- « prenait l'autre. Ce sont les costumes des con- « ducteurs du bœuf gras. Oh ! s'écriait celui-là, « M. le curé suit les voitures : c'est une garde- « robe complète qu'on offre à la Sainte-Vierge. « Bah, répliquait celui-ci, vous ne voyez pas « que ces gazes d'argent sont destinées à habiller « les demoiselles pensionnaires du couvent voisin, « qui jouent ce soir *George Dandin*, et le *Cocu* « *Imaginaire*, et qui ont répété avec une intelli- « gence qui promet. »

Les curieux s'arrêtent à la porte de Robert, parce que le badaudage est plus causeur qu'entreprenant. On descend les cartons, les petits miroirs, les bandes de gaze, les guirlandes de roses, et chaque pièce arrache un signe d'incertitude et d'admiration. M. le curé se fait faire place, d'un air, d'un ton plein de bénignité. Il est accompagné des pères de famille sur qui doit s'étendre ce nouveau bienfait. Robert choisit, pour payer son marchand, le moment où son appartement est plein de ses obligés, qui lui baisaient les pieds, les mains, qui lui eussent baisé le derrière, s'il eût voulu s'y prêter. Nous verrons bientôt à quel point on peut compter sur la reconnaissance.

Les honnêtes pères de famille emportent les pièces de leurs poêles, après avoir appris, du faiseur, la manière de les monter. Le bruit de cette merveille se répand aussitôt dans la rue. On sait qu'avec du carton, un petit miroir ou deux, et une demi-aune de gaze d'argent, on chauffe une chambre au degré de la canicule. On entoure l'inventeur; on le presse; on lui donne des adresses; on prend la sienne. Chacun veut avoir un poêle de carton; chacun paie un à-compte, proportionné à ses moyens.

On crie, dans tout le quartier, que les marchands de bois sont des fripons, qui s'entendent avec les marchands de poêles de fonte et de terre; que les uns et les autres vont mourir de faim, et que la Providence en fait justice. On court chez tous les marchands d'alumettes, et on fait sa provision d'hiver, de peur que le prix de cette marchandise ne monte en proportion de son utilité.

Robert a trouvé, dans un coin, un gros marteau, et il frappe à grands coups sur un poêle de faïence, qui l'a chauffé trois ans, et qui doit dispa_ raître devant le clinquant de la nouveauté. Tessons, tuyaux, tout vole par la fenêtre : les plus anciens amis ne sont pas toujours les mieux traités. Un fragment du poêle, pesant huit à dix livres, rase l'épaule d'une femme grosse qui exerçait l'utile et sale profession de chiffonnière. Elle tombe, après avoir reconnu que le coup partait d'une maison spacieuse et élégante, et dont les locataires devaient être dans l'aisance. Un des honnêtes pères de famille, à qui Robert avait donné un poêle, court porter ses cartons chez lui; revient; relève la femme grosse. Il la prend sous les bras; il la monte chez Robert, en lui disant à l'oreille : « Il est riche, il paiera, et nous parta« gerons les espèces. — C'est trop juste, mon ca« marade... Ah! que je souffre, que je souffre, « mon dieu !... j'ai l'épaule cassée... Mon pauvre « mari! mes pauvres enfans ! »

Ceux qui avaient vu tomber la femme grosse étaient passés avec dédain. Les nouveaux spectateurs s'arrêtaient, la plaignaient, criaient à l'inhumanité, à l'infamie, et montaient avec elle. L'appartement de Robert se remplit de criailleurs, qui le menacent de la police pour avoir jeté un poêle par la fenêtre; qui le menacent de la justice pour avoir cassé l'épaule à une femme grosse, à une mère de famille. Il ne sait auquel entendre, et il s'empresse de transiger. Il donne vingt-cinq louis, et la mère de famille, en tournant le coin de la rue, marche très-librement, et entre au prochain cabaret, avec le père honnête, à qui elle compte cent écus d'une main, pendant qu'elle lui verse de mauvais vin de l'autre, en lui racontant qu'elle est grosse de la façon d'un porteur d'eau ivre, qui n'a pas voulu la revoir le lendemain.

Robert ne tient pas à vingt-cinq louis. Il est d'ailleurs tout à son objet : c'est le poêle de carton qui l'occupe exclusivement. Il monte le sien ; il le monte de ses propres mains, et il est parfaitement monté, car il n'a oublié aucune des indications de l'inventeur. Il place avec attention son paquet d'alumettes ; il y met le feu... Les alumettes brûlent, et il gèle dans sa salle à manger. Il examine son poêle... Toutes les pièces sont numérotées, et les numéros se répondent... « Que « diable, disait-il, il y a ici quelque chose que « je ne conçois point, et il faut, malgré moi, re- « mettre ma jouissance à demain. J'irai trouver « mon auteur, et j'écrirai ce qu'il me dira, afin « de ne rien oublier. »

Robert y fut au point du jour, et d'autres dupes avaient été plus matinales que lui. On mettait les scellés sur les meubles et les portes de M. le marchand poêlier, après avoir constaté que sous la chambre, où il montrait son poêle de gaze aux bonnes gens, était un foyer qui consumait une voie de bois par jour, et qui, par des conduits, dont les bouches étaient cachées derrière un canapé, un panneau de tapisserie, un tableau, communiquaient, à l'appartement, la chaleur que l'escroc attribuait à une botte d'alumettes.

Robert se souvenait que les procès ne rapportent rien, et qu'il en avait coûté, à ses créanciers, dix mille francs pour plaider contre lui. Il crut se conduire en homme sage, en abandonnant ses douze mille livres, et il rentra chez lui aussi gai que peut l'être un homme, qui ne saurait se dissimuler qu'on l'a traité comme un sot.

Il fit enlever les cartons et la gaze d'argent, qui eussent perpétué de fâcheux souvenirs, et il se consola bientôt, en pensant qu'au moins le chauffage économique lui coûtait beaucoup moins que le *mucoso-sucré*.

Robert dînait; il dînait seul, et il se disait qu'on est souvent en plus mauvaise compagnie qu'avec soi-même, ce qui est vrai quelquefois, et ce qui ne l'était pas trop à l'égard de Robert. Un gros homme, assez mal mis, entre en riant aux éclats, et en tenant son ventre à deux mains. « Quoi de plus comique, de plus extraordinaire, « de plus inconcevable, dit-il, que de voir un « homme plein d'esprit, de jugement, de con-« naissances, le chevalier des Ormeaux enfin se « laisser persuader qu'on chauffe une chambre, à « quinze degrés, avec huit ou dix alumettes! « Laissez-moi rire, monsieur, laissez-moi rire de « la faiblesse qui est le partage de tous les hom-« mes, et dont l'orgueil n'en est que plus plai-

« sant. Comment? lorsque vous étouffiez à côté
« de cartons froids, vous, et les autres, n'avez pas
« soupçonné un agent étranger! c'est au milieu
« d'une vaste cour, sans aucun moyen de pres-
« tige, sous la garantie de la bonne foi, que doi-
« vent se faire de semblables expériences. De la
« gaze et des roses! j'ai bâti à ciment et en bri-
« ques, au centre de deux arpens de terrain, un
« poêle de six pouces d'épaisseur, et je le chauffe
« avec de l'eau froide. — Avec de l'eau froide!... —
« Au point que personne n'y peut tenir la main
« pendant quatre secondes. — Encore du charla-
« tanisme. — Hé, ne voyez-vous pas, à mon habit
« rapé, à ma figure hâve, que je ne dupe personne?
« Je suis un savant, monsieur, un savant distingué,
« désigné pour la première place vacante à l'aca-
« démie des Sciences. Je ne vous offre point de
« poêle, je n'en vends pas au public; mais je se-
« rais bien aise qu'un homme comme vous fût
« témoin de mes succès. »

Robert ne voit pas d'inconvéniens à suivre un
savant, qui ne tire aucun parti de ses découvertes, et qui ne l'invite à le venir juger que
comme amateur. Il arrive au haut de la rue Saint-
Jacques; il est introduit dans une enceinte spacieuse, au milieu de laquelle s'élève un poêle
solidement maçonné. Robert tourne, regarde,
observe; il enfonce le bout de sa canne en différens endroits... Le savant appelle ses garçons
chimistes, leur fait prendre des pioches, et ou-

vrir, autour du poêle, une rigole de six pouces de profondeur, au-dessous de sa base. Cette opération constate que le poêle est isolé de toutes parts.

Pendant que Robert continue d'observer, qu'il s'assure que le poêle est froid, qu'il ne recèle de feu dans aucune de ses parties, on apporte un seau plein d'une eau presque glacée. On la verse dans un conduit, qu'on ferme aussitôt. L'eau pétille, le poêle crie, il semble qu'il va éclater. Bientôt il s'échauffe, et comme l'a annoncé monsieur l'aspirant à l'académie des Sciences, il n'est plus possible d'y tenir la main. Que ne donnerait pas Robert pour être propriétaire d'un meuble aussi précieux ! hélas, il n'est point à vendre. Robert hasarde quelques propositions indirectes. On lui répond, avec une froideur désespérante, que ce poêle est destiné à l'impératrice de toutes les Russies. Robert observe qu'il peut payer un poêle aussi cher qu'une impératrice, et, qu'en sa qualité de compatriote de l'auteur, il compte sur la préférence. Le futur académicien se défend ; Robert insiste. L'inventeur dit négligemment que sa majesté Russe doit payer sa découverte trente mille francs ; qu'elle promet de faire garnir ses appartemens de ces poêles, et d'en recommander l'usage à tous les grands de sa cour.

Robert se mord les lèvres... Trente mille francs pour un poêle ! ce serait payer comme un grand seigneur, ou comme un fou... Et quel moyen de colorer cet acte de démence?... Hé, mais... Pourquoi la maîtresse d'un roi puissant ne serait-elle pas aussi jalouse d'acquérir cet admirable poêle que l'impératrice de Russie, et pourquoi ne serait-elle pas aussi généreuse? Si Robert allait le lui offrir, il dissiperait les impressions défavorables que lui ont données, contre lui, Merlicourt, et des protecteurs subalternes ; elle lui accorderait sa bienveillance, le placerait avantageusement, et donner trente mille francs pour un emploi qui en rapporte quarante ou cinquante, c'est bien placer son argent.

Robert réitère ses instances ; il leur donne une force nouvelle, et le savant est forcé de se rendre. Il n'exige qu'une chose. C'est le secret le plus absolu, pendant cinq à six semaines, qu'il emploiera à faire un autre poêle à sa majesté Russe. Robert s'oblige à tout; mais il n'a pas oublié que les cartons et la gaze n'avaient de vertu que dans le salon du charlatan, et il déclare qu'il ne paiera qu'à l'instant où le poêle, monté dans sa salle à manger, y sera chauffé avec de l'eau froide.

Le savant cache dans un fiacre les différentes parties de son poêle, ses garçons et lui-même. S'il était vu par l'ambassadeur Russe, ou par quelqu'un de sa suite, on le ferait suivre ; on découvrirait son infidélité; on le perdrait dans l'esprit de l'impératrice.

Robert trouve ces précautions très-naturelles,

et lorsque le fiacre s'arrête à sa porte, il descend lui-même des manteaux, des redingotes, des tapis de pied, dans lesquels chaque pièce est transportée de la voiture à l'appartement. Robert s'applaudit d'avoir trouvé un moyen de mettre la curiosité en défaut : les hommes médiocres sont toujours contens d'eux. La nature donne un bâton au boiteux, un chien à l'aveugle, et la vanité aux sots.

Le savant, enveloppé, de la tête aux pieds, dans un des manteaux de Robert, porte, dans ses bras, une caisse de tôle, sous laquelle ses reins et ses genoux ploient. Il la dépose sur le parquet ; il la couvre de son corps. Il veut la dérober à tous les yeux, même à ceux du trop heureux acquéreur. C'est dans cette caisse qu'est la machine merveilleuse, qui étonnera la postérité. Le mécanisme est fait avec tant d'art, qu'on ne peut ouvrir la caisse sans briser les ressorts dont il se compose, au point de les rendre méconnaissables. Mais un homme pénétrant, comme M. le chevalier des Ormeaux, peut tirer des inductions de telle ou telle protubérance extérieure, et il serait fâcheux, pour l'artiste, qu'on devinât le mécanisme intérieur, d'après une protubérance.

Robert n'a rien à objecter à tout cela ; mais un homme, dont on a vanté la pénétration, est bien aise de justifier l'opinion qu'on a de lui. Robert annonce, d'un air suffisant, qu'il a reconnu, à la surface de la caisse, une multitude de petits trous, qui ne sauraient passer pour des protubérances ; mais qui probablement en tiennent lieu.

Le poêle est monté ; la caisse miraculeuse est placée dans le fond, et on ne manque pas de répéter à Robert que la déranger, qu'y toucher même, c'est en détruire l'effet sans retour. Le seau d'eau est injecté ; le poêle devient brûlant ; Robert est ravi. Il paie, et jure de nouveau qu'il sera discret, d'aussi bonne foi que le savant a juré qu'il ne vend des poêles qu'à l'impératrice de Russie.

Mais à quoi sert un trésor, s'il ne fait pas d'envieux ? Robert se hâte d'aller annoncer son bonheur à un ami, ou à un homme qu'il connaît superficiellement : c'est la même chose à Paris, et même ailleurs. L'ami ne partage pas l'enthousiasme de Robert, et Robert se fâche. L'ami rit des grandes phrases de Robert, et lui prouve par des raisonnemens, sans réplique, qu'on ne chauffe pas un poêle avec de l'eau froide. Robert, outré, exaspéré, prend l'ami par la main, l'entraîne chez lui, et pour répondre à des argumens par des faits, il se fait apporter un seau d'eau, et le vide dans le conduit. Il regarde l'ami, d'un air qui voulait dire : Vous allez entendre, vous allez sentir. L'ami ne voit, ne sent rien. Robert, confondu, désespéré, fait monter une seconde, une troisième voie d'eau. Il inonde son logement, sans obtenir ni ébullition, ni chaleur. Il trépigne ; il renverse ses meubles. L'ami lui représente que ce n'est pas en brisant tout, chez lui, qu'il chauffera son poêle. Robert, ramené par cette observation, veut savoir au moins comment il a été abusé. Il reprend le gros marteau, qui a mutilé ce bon poêle enfumé qui n'avait jamais trompé son attente; il met celui-ci en pièces, et retire cette caisse, à laquelle on ne peut toucher sans détruire le charme. Il l'ouvre, avec des efforts prolongés; mais il l'ouvre enfin, et il reste pétrifié.

Le savant était un filou qui avait entendu parler des poêles de carton, et qui prétendait que le bien des dupes, comme les fruits de la terre, appartiennent à tous les hommes adroits, ou laborieux. Il avait loué, pour huit jours, le terrain de la rue Saint-Jacques et une cave qui était dessous. Il avait pratiqué, à la voûte, une ouverture qui communiquait au poêle, et qui se fermait avec une plaque de fer, après qu'un garçon chimiste, son camarade ou son complice, comme on voudra, avait introduit dans le poêle vingt à trente livres de chaux vive. C'est la chaux vive, enfermée dans la caisse merveilleuse, qui avait produit de si grands effets dans la salle à manger de Robert, et vous savez que la chaux vive n'a pas la vertu de chauffer deux fois.

Au filou succéda un fort honnête homme, qui avait usé une partie de sa vie à bâtir des systèmes, et toute sa fortune à faire des expériences. Il avait trouvé le moyen d'extraire du sucre de la betterave, ce qui n'est pas très-fin : on en tire bien, aujourd'hui, du raisin de Surêne, dans lequel on en mettait, il y a deux ans, pour le rendre potable. Robert, que l'expérience avait rendu incrédule, ne voulut pas seulement écouter le faiseur de sucre. Cependant, la curiosité le poussa à une assemblée de savans, pompeusement annoncée, par une grande affiche, et devant laquelle le chimiste devait faire du sucre de betterave. Il en fit en effet, et d'une qualité supérieure. Un échantillon fut porté à l'académie des Sciences, qui prononça que ce sucre égalait celui de nos colonies. Il faut se rendre à l'évidence. Robert avait perdu cinquante mille écus, en différentes spéculations, et nous avons la double faiblesse de hasarder légèrement notre argent, et de nous flatter, facilement, de le regagner. Robert consentit à acheter quarante ou cinquante arpens de terre. On les fume, on les laboure, on les ensemence. On prend des commis, pour tenir des registres, pour surveiller les ouvriers. On bâtit des hangards, des étuves; on établit des moulins à rapper, des chaudières. On fait acheter, à Orléans, cent mille formes à couler les pains. Tous les jours Robert donne de l'argent; mais, tous les jours, il a la satisfaction d'en voir l'emploi détaillé de la façon la plus claire.

Les petits bénéfices, multipliés, produisent des sommes avec le temps : demandez aux marchandes d'amadou. D'après ce principe, on pensa à tirer parti des feuilles des betteraves, qui n'étaient pas encore levées. On résolut de bâtir des étables, des laiteries, et d'envoyer acheter des vaches en Suisse. Il y a des vaches en France; mais avec du lait de vaches suisses on fait du fromage de gruyère, et le gruyère, fait à Paris, doit donner des profits considérables. Des vachers français ne savent pas soigner des vaches suisses; nos fromagères ne savent pas faire des fromages de gruyère. Le commis voyageur reçut donc l'ordre de joindre, à ses bêtes à cornes, des bergers et des laitières.

La récolte fut magnifique, et le bétail dans l'abondance. Mais les feuilles de betteraves n'ont pas probablement les qualités des herbes des Treize Cantons, car on ne fit que du fromage très-inférieur à ce que nous avons de médiocre en ce genre. Au reste, on ne s'est trompé que sur un accessoire, et le sucre dédommagera amplement de cette perte là. On le fabrique avec une ardeur, un zèle qui ne se ralentissent pas un moment. La qualité justifie les hautes espérances qu'on a conçues. Le sucre est de la plus grande beauté, et tels sont l'ordre et la clarté des registres, qu'on reconnaît, en cinq minutes, que le sucre de betteraves revient à quatre-vingt francs la livre. Il faut le vendre quatre-vingt-dix francs au moins, et c'est un peu cher; mais on se flatte, car on se flatte toujours, que les gens riches acheteront pour le plaisir de dire : « Connaissez-« vous le sucre de betteraves? avez-vous du sucre

« de betteraves? c'est le sucre à la mode ; je ne
« prends que de celui-là ; je n'en peux plus sup-
« porter d'autre. » Un homme riche paie mille
écus un habit, dont l'éclat reflète sur sa personne, qui souvent serait nulle sans cela. Mais,
jusqu'alors, on avait cherché le goût, et non le
luxe dans le fond d'une tasse, et les gens riches
se contentèrent modestement du sucre royal, qui
ne coûtait que quarante sols la livre, et qui en valait bien un autre.

Il fallut vendre les terres, les bâtimens, les
ustensiles, le bétail, pour achever de payer les
ouvriers, et sauver quelque chose. Robert eût
vendu jusqu'aux laitières, s'il eût trouvé des acquéreurs ; mais les connaisseurs décidèrent que les
jolies paysannes de Sèvres et de Meudon méri-
taient la préférence.

Vint ensuite un homme, qui faisait de l'huile
avec de l'*oxide d'hydrogène*. L'*oxide d'hydrogène*
est ce que, nous autres ignorans, nous appelons
tout bêtement de l'eau, et ce n'est que cela. Robert, étourdi de ses pertes, adoptait tous les
moyens qu'on lui disait propres à rétablir sa fortune. Sa tête était montée au point qu'il ne calculait plus rien, pas même les probabilités. Il
loue un vaste emplacement ; il le meuble de
cuves, de tonneaux ; il les fait remplir *d'oxide
d'hydrogène* filtré à la pointe de l'Ile Saint-Louis :
c'est, vous le savez, le meilleur *oxide d'hydrogène*
qu'on puisse boire à Paris. Le faiseur d'huile a

bientôt trouvé la fin de cinq à six mille francs, que lui a donnés Robert. Il fait un second, un troisième appel de fonds. Robert donne, abusé par l'espérance, que le fripon a soin d'alimenter. Fatigué enfin de payer, et de ne trouver que de l'eau dans ses cuves, il se décide à porter plainte. Des experts sont nommés. Le chimiste leur prouve qu'il ne manque à son eau que le *radical*, pour être convertie en huile de Provence. Les experts conviennent de la vérité de son assertion ; mais comme le *radical* est tout, et qu'il ne l'a pas trouvé, il est envoyé en prison, et condamné à y rester, jusqu'à ce qu'il ait restitué les sommes escroquées. Or, comme il n'a rien, Robert s'empresse de le relâcher, pour être au moins dispensé de lui fournir du pain, de *l'oxide d'hydrogène* et de la paille.

Celui qui compléta la ruine de Robert, fut un homme qui crut avoir inventé la *gélatine*, ou l'art de faire des tablettes de bouillon, avec des os, que d'autres avaient trouvé avant lui, et qui probablement n'avaient pas été plus heureux en résultats. Le reproducteur de la *gélatine* annonce partout ses avantages, ses rares propriétés. Il trouve des prôneurs, parmi les gens qui s'engouent de nouveautés, et il y en a beaucoup. Il trouve aussi des improbateurs, qui prétendent que la *gélatine* n'est pas substantielle. Les amateurs répondent que, par cela même, elle est plus convenable aux malades, dont il faut seulement amuser l'appétit. D'après ce raisonnement, le monsieur obtient la fourniture des hôpitaux civils et militaires, des hôpitaux de l'armée, des infirmeries des prisons, des vaisseaux, et même des colonies. Robert pouvait-il se refuser aux avantages que lui promettait une telle association ?

On achète des os partout, et à tout prix. Déja la *gélatine* a produit un bien réel : on ne connaît plus la *réjouissance* à la boucherie, et la cuisinière a de la viande, sans os, à dix sous la livre. A la vérité, les os se vendent quarante, la gélatine vingt, et cette balance n'est pas en faveur de messieurs les associés. Mais les grands hommes ne se découragent pas aisément, parce qu'ils ont toujours de grandes ressources à leur disposition. Ceux-ci imaginèrent d'envoyer, au roi de Siam, un homme adroit et insinuant, chargé d'offrir, à sa majesté, une caisse de *gélatine*, et d'obtenir, en échange, la permission d'organiser des chasses d'éléphans. Ils ne visent à rien moins qu'à l'extinction de la race, dont les ossemens seront envoyés dans les laboratoires de messieurs, qui, ensuite, se rejetteront sur les rhinocéros et enfin sur les baleines.

Ces grandes conceptions avortèrent par des incidens difficiles à prévoir. Pendant que les amateurs du bœuf à la mode, et de l'entre-côte désossée, vantaient partout la *gélatine* et ses auteurs, un orage affreux se formait, et les menaçait de différens points de la France.

Requête, au conseil, des fabricans de moules de boutons, qui prétendent qu'on ne ferme pas sa culotte avec de la gélatine.

Réclamations des tabletiers, qui attestent que le jeu occupe les neuf dixièmes de la France, et qu'ils ne sauraient faire des fiches, et des jetons avec de la gélatine.

Paraissent ensuite les faiseurs de sel ammoniac, qu'on prive de la matière première de fabrication, eux, qui ont affranchi l'Europe du tribut qu'elle payait naguère à l'Asie.

Viennent les apothicaires, représentant, à messieurs du conseil, que la constipation sera la maladie dominante, parce qu'ils ne peuvent plus se procurer de canules de seringues.

Arrivent les cordonniers et savetiers, gémissant à la porte du tribunal, sur la perte de l'os de *sapience*.

Un journaliste modéré demande qu'au moins les fabriquans de *gélatine* n'exhument pas les morts, et lui laissent quelques os à ronger.

Aux clameurs de ces plaignans, se joignent bientôt les vociférations des marchands de phosphore, de noir de fumée, de petit suif, et celles des partisans de la *gélatine*, rassemblés à l'autre extrémité de la cour du Louvre. Ajoutez, à ce tintamarre infernal, les voix aigrelettes de quatre à cinq huissiers, qui ne cessent de crier aux croisées : Paix-là, messieurs, paix-là ! Ajoutez encore le bredouillement de sept ou huit avocats, plaidant pour ou contre la *gélatine*, et voulant parler tous à la fois, et vous concevrez que le conseil assourdi ne doit plus savoir où il en est. La *gélatine* va tourner les meilleures et les plus respectables têtes de France. Ce n'est encore rien que cela.

Les habitans d'une petite ville de la Limagne, qui n'est connue que par ses couteaux, où il n'y a de bon que les manches, se mettent en marche, et viennent porter leurs griefs au pied du trône. Les femmes accompagnent leur maris, les maîtresses leurs amans, et pour que les voisins n'entendent rien de ce qui se dit à l'oreille, les tambours, et les ménétriers de la ville battent et raclent tout le long de la route.

La ville de Dieppe se partage en fumeurs de hareng, et en tourneurs de joujoux, et de reliquaires d'os, qui se vendent pour de l'ivoire. Quand le commerce de reliquaires tombe, plus d'écoulement pour le hareng. Marchands d'os et de poisson se soulèvent, spontanément, contre la *gélatine*, et prennent le chemin de Paris.

Dans tous les villages où s'arrêtent les Normands et les Auvergnats, on n'entend que des plaintes amères. Les cabaretiers, qui vendent leur cidre ou leur vin, ceux, dont les bouchers n'ont pas supprimé la *réjouissance*, sont de l'avis des plaignans. Le cortége grossit de gîte en gîte. L'Auvergne et la Normandie fondent dans la capitale. Cinq à six cents filles y arrivent grosses, et presque tous les maris cocus. Les têtes sont exaltées; on tempête, on menace; on demande à grands cris la suppression de la *gélatine*.

Le bon roi Louis XV ne sait ce que cela veut dire. On lui conte que ses fidèles sujets le supplient de faire donner de vrai bouillon à ses soldats, et à ses marins, et de défendre la *gélatine* qui n'est bonne qu'à causer des insurrections. Le bon roi, qui avait, dans sa vieillesse, la docilité de feu Dagobert envers saint Éloi, trouva que rien n'était aussi juste que cette demande, ni de plus respectueux que cette manière de demander.

Les Normands et les Auvergnats, qui avaient mangé, en venant, leur hareng, et tout ce qu'ils avaient pu se procurer de monnaie, s'en retournèrent, en demandant l'aumône, et en criant : vive le roi. Celui de Siam, instruit, fut enchanté de n'avoir pas à désobliger un envoyé français. Robert avait la mine longue d'une toise, et un plaisant lui porta le dernier coup. Il attacha la nuit à sa porte un tableau sur lequel était écrit :

> L'inventeur de la *gélatine*,
> A la chair préférant les os,
> Fait du bouillon pour la poitrine,
> Avec des jeux de dominos (1).

---

(1) L'Antignac, dans sa chanson des *Merveilles du jour*.

CHAPITRE IV.

Enfin voilà le dernier.

Le voilà retombé dans la misère, cet homme, qui, trois fois, a été dans l'aisance, qui, toujours, en a abusé, qui est parvenu à l'âge où on n'inspire plus d'intérêt, et que des difformités, fruits d'un jugement faux, et d'une conduite répréhensible, rendent hideux, et repoussant. Quel homme cependant naquit avec plus de moyens de fixer la fortune, et même la considération ? une figure enchanteresse, la portion d'esprit nécessaire pour réussir dans le monde, assez de facilité pour se ployer à tout, et tout faire passablement, tel était Robert à vingt ans. Tels sont aujourd'hui beaucoup de jeunes gens, qui s'amusent de ses folies passées, qui ne s'en font pas l'application, et qu'attendent une vieillesse prématurée et des regrets inutiles.

Robert ne se dissimulait pas ce que son état avait de fâcheux. Mais, accoutumé à passer des revers aux succès, toujours prompt à se flatter, il vivait du produit d'un bijou, d'une pièce de vaisselle qu'il vendait successivement, en cherchant l'occasion de se relever, auprès de gens qui ne voulaient pas la lui fournir.

Il y avait long-temps que la société ne voyait, dans Robert, qu'un homme à principes faux, et d'une probité équivoque. On le supportait, parce qu'on ferme les yeux sur des travers et des torts que couvre la fortune. On s'éloigne quand ils paraissent à nu. Encore un avis à la jeunesse inconsidérée.

Robert commença à se plaindre de la perfidie de ses amis, et, dans toute sa vie, il n'en avait eu qu'un, qu'il avait forcé à l'abandonner. Il se plaignait de la dureté des riches, et il avait constamment repoussé l'indigence, pendant les courts instans où il avait pu la secourir. Il avait donné quelquefois ; mais par ostentation, pour s'entendre louer : ses aumônes étaient de l'argent placé à un haut intérêt. Pourquoi, d'ailleurs, ces déclamations continuelles du pauvre contre le riche ? Il n'est pas peut-être un seul indigent qui n'ait trouvé cent fois de l'occupation, et qui n'ait pu se procurer une honnête indépendance, suite ordinaire d'une vie laborieuse. Mais les vices d'une grande ville, le goût du plaisir, l'habitude de l'oisiveté font des misérables, qui crient à la porte de celui qui doit son hôtel à des services marquans, à un travail soutenu, à l'ordre qu'il a établi dans sa maison, et qui est sourd à d'injustes clameurs.

Robert, repoussé par les hommes, se flatta d'être plus heureux auprès des femmes. Il se rappelait ce qu'il avait été. Sa mémoire fidelle lui représentait ces objets charmans, qui volaient, jadis, au-devant de son cœur, et qui faisaient leur unique félicité de la sienne. Il avait oublié les mauvais procédés de Rose. Son amour-propre, dernière erreur de l'homme, l'abusait sur l'énorme changement qui s'était fait en lui, et jamais il n'avait réfléchi que l'amour, toujours égoïste, ne fait rien que pour lui, lors même qu'il croit se sacrifier à l'objet aimé. Les femmes, à qui Robert avait donné des soupers et des fêtes, qui caressaient en lui le plaisir qu'il procurait, le virent dans toute sa difformité, dès qu'il fut dépouillé du prestige qui l'avait quelque temps entouré. Les portes se fermèrent, et Robert se plaignit des femmes, comme des hommes.

Des plaintes ne remédiaient à rien, et, de jour en jour, l'avenir se montrait plus redoutable. Robert écrivit à ceux qu'il ne pouvait plus approcher. Il ne demandait qu'un modique emploi ; il promettait d'en remplir les devoirs. Le plus grand nombre ne lisait pas ses lettres ; quelques-uns lui répondirent ; mais il n'obtint rien, parce qu'il y a cinquante concurrens pour une place, et que le préféré n'est pas ordinairement un homme âgé, inhabile, et infirme.

Robert se fit misantrope. C'est la ressource de ceux qui ont donné, aux autres, de justes sujets de plainte, et qui croient avoir à s'en plaindre eux-mêmes. Mais, pour qu'un misantrope joue un rôle, et fixe l'attention, il lui faut un théâtre ; et celui d'où Robert exhalait son humeur, était un petit café, où il débitait ses maximes à cinq ou six têtes pelées, rangées, avec lui, autour d'un poêle de fonte, dont ils éloignaient le consommateur. C'est lui qui lisait la gazette, qui disait du mal des têtes couronnées, qui réglait le sort des états, et qui, d'après ses vues politiques, faisait tous les jours, pour lui et son bénévole auditoire, des projets nouveaux, qui ne devaient jamais être exécutés.

Il est satisfaisant de marquer, même dans un petit café. Mais il fallait dîner avant que d'y entrer, souper après en être sorti, et les bijoux et la vaisselle de Robert n'étaient pas inépuisables. Le besoin commença à se faire sentir. Il fallut se rapprocher des hommes, dont on avait dit tant de mal, leur sourire, les caresser, prendre avec eux le ton propre à se concilier leur bienveillance. Robert chercha, dans les endroits publics, ceux qui l'avaient connu dans l'aisance, et qui étaient, alors, ses dévoués, ses serviteurs. Un homme ruiné n'a ni serviteurs ni dévoués. On est toujours disposé à éloigner quelqu'un, dont on n'attend plus rien; mais on ne le brusque pas ordinairement, lorsqu'il ne se rend pas importun. Robert savait encore qu'il ne fallait pas chercher à attendrir des gens, à organes émoussés, et qui sont bien aises de garder, pour le plaisir, ce qu'il leur reste de sensibilité. Il racontait ses malheurs, aussi gaîment qu'on peut le faire quand on souffre, et il finissait toujours par emprunter un louis, douze francs, six francs, selon les facultés du personnage, qui ne refusait pas, parce qu'il croyait que cette manière de demander l'aumône ne se répète pas une seconde fois, et que se débarrasser, moyennant douze francs, d'un homme, à qui on doit quelque service, quelques dîners, c'est faire un bon marché.

Robert, en effet, n'osait réitérer sa narration, ni ses demandes. Il vendit ses meubles, le superflu de son linge et de ses habits, et il porta, lui-même, dans un galetas, le lit de son domestique, une table et deux chaises. C'est là, qu'il repassait, dans l'amertume de son cœur, l'histoire de toute sa vie. Sa mémoire, cruelle, ne lui retraçait que des fautes, des erreurs, des folies, et pas un souvenir consolant. La vie de l'homme solitaire, qui n'entend que le reproche de sa conscience, est insupportable. Robert se rejeta dans le monde, pour échapper au cri de la sienne. Il n'était plus admis nulle part; mais les spectacles, les promenades, les maisons des restaurateurs sont ouvertes à tout le monde, et c'est là que Robert fondit, peu à peu, ce qui lui restait du prix de son mobilier, et de sa garderobe.

Le malheureux lisait tous les matins les *Petites Affiches*, et tant qu'il put disposer d'un écu, il marquait, au crayon, tel ou tel objet à vendre, que tel nouveau projet devait le mettre en état d'acquérir le lendemain. Il était bien décidé, lorsque sa fortune serait rétablie, à finir une vie agitée au sein d'une douce retraite, et à n'avoir plus rien de commun, avec ceux qui avaient cru s'acquitter, envers lui, avec six ou douze francs. *Vanitas vanitatum!* en faisant des projets de bonheur, il trouva la fin de son dernier écu..

La pauvreté dégrade, et la nécessité brise tous les freins. Robert écrivit une lettre suppliante et pathétique, et, la liste de ses obligés en poche, il entrait dans les maisons ; il priait, il conjurait le domestique, qui ouvrait, de présenter la lettre à madame ou à monsieur. Il recevait, quelquefois, trois livres, trente sols, souvent rien, et toujours on le consignait à la porte. Il prit, dans l'Almanach Royal, les adresses des gens en place. Il colporta sa lettre d'hôtel en hôtel. Très-peu d'argent, beaucoup de marques de mépris, voilà ce qu'il recueillit de ces nouvelles démarches.

Le produit de ces ressources humiliantes fut bientôt épuisé. Il vendit encore l'habit décent qui avait contenu, jusque-là, d'insolens valets, pour qui l'enveloppe est tout, et qui même ne reconnaissent leur maître qu'à ses cordons, à sa mauvaise humeur, et à leurs gages. Dépouillé de ce qui le distinguait encore du dernier misérable, il se réfugia dans ces asiles de la pauvreté crapuleuse, où tout blesse les yeux, et révolte le cœur. C'est là, que des réflexions nouvelles, et toujours plus cruelles, sans cesse provoquées par chacun des objets qui passaient devant lui, empoisonnaient son existence.

En effet, ce genre de vie devait être un supplice continuel pour un homme qui avait vécu dans un monde tout-à-fait séparé de celui qu'il fréquentait maintenant, et dont il n'avait pas même d'idée. Il résolut de s'élever au-dessus de cette atmosphère fangeuse et dégoûtante, par le plus pénible des efforts, et malgré sa répugnance à solliciter de nouveaux bienfaits de celui dont il avait si peu ménagé l'affection, il se rendit chez de l'Oseraie.

Depuis trente ans de l'Oseraie ne s'était pas écarté un instant du plan qu'il s'était tracé. Fidèle à la probité, à ses devoirs; intelligent, laborieux, accessible, il s'était élevé lentement, mais sûrement aux dignités diplomatiques. S'il eût vu Robert, infirme, cassé, portant les livrées de la misère, n'espérant plus rien que de lui, il se fût probablement attendri, et son active sensibilité eût étouffé de justes et de longs mécontentemens. Mais il était alors ministre plénipotentiaire de France à la cour de Copenhague, et il y jouissait de la considération qui l'accompagnait partout.

Le temps des illusions était passé. A l'amour que lui avait inspiré sa femme, avait succédé un sentiment doux, qui s'était, pour ainsi dire, identifié avec lui. C'est auprès de son épouse qu'il allait chercher un délassement à ses travaux; c'est dans sa conversation, qu'il revenait à ces idées simples, attachantes, qui donnent un nouveau charme au repos, si nécessaire à l'homme laborieux. De l'Oseraie, depuis long-temps, ne pouvait vivre qu'avec sa femme, bien plus précieuse pour lui qu'à l'âge où les passions séduisent et entraînent, où on se prend sans se connaître, où on s'adore sans savoir pourquoi. Il l'aimait par besoin, par habitude, par estime, par reconnaissance. Leur attachement mutuel embellissait leur existence présente, et leur laissait entrevoir une vieillesse heureuse. D'après ces dispositions, de l'Oseraie n'avait pu se déterminer à laisser sa femme à Paris, et elle l'avait suivi, comme l'ombre accompagne le corps, comme l'écorce tient à l'arbre. Le tronc périt, si on l'en détache.

L'éloignement de ces respectables époux laissait Robert sans ressources. Il rentra chez lui, le cœur serré, la douleur peinte dans tous ses traits, et il n'avait pas un consolateur. Il écrivit à de l'Oseraie, et en attendant une réponse, qui pouvait n'être pas flatteuse, il pensa à se présenter chez Moreau. Mais osera-t-il paraître devant cette Félicité, qui l'a vu brillant, qui l'a retrouvé pauvre, mais jeune, beau, et toujours intéressant. Il faudra qu'il décline son nom; qu'il avoue les causes de sa décrépitude, de ses infirmités; qu'il soit humilié par le contraste de la beauté, de la fraîcheur, de la vertu, toujours plus radieuse, par sa seule existence, semblable au soleil, qui, à mesure qu'il s'élève, brille d'un éclat plus vif. Robert écrivit à Moreau et à Félicité.

Elle n'avait pas une pensée qui ne fût digne de son mari, et qu'elle ne lui communiquât ; je vous l'ai dit, et peut-être ne l'avez-vous pas oublié. Incapable de dissimulation, dans des circonstances du plus haut intérêt, elle devait communiquer à son mari la lettre de Robert, et Moreau lui dit, après l'avoir lue : « Nous avons fait pour « lui ce que nous devions, ce que nous pouvions : « ne me parlez plus de cet homme-là. »

Dans ses fréquentes courses à Paris, Moreau s'était constamment informé, non de la fortune de Robert, mais de sa conduite. Moreau était un de ces êtres qui s'attachent par les services mêmes qu'ils rendent, qui voudraient trouver leur obligé digne de services nouveaux, et qui s'affligent sincèrement de la nécessité de retirer la main protectrice qu'on les oblige enfin à fermer. Moreau ne prenait pas légèrement un parti ; mais celui qu'il adoptait était irrévocable. Depuis plusieurs années, il était convaincu que de nouveaux secours, accordés à Robert, seraient une injustice et un outrage à l'honnête indigence. Il résolut de ne pas lui répondre, et annoncer sa détermination à sa femme, c'était lui imposer l'obligation de s'y conformer.

Le silence de ces anciens amis n'étonna point Robert, et ajouta au chagrin qui le consumait. Il ne douta plus que de l'Oseraie ne l'abandonnât, comme eux, à sa triste destinée. De l'Oseraie, plus faible ou plus aimant, donna ordre, à son banquier, de compter cinquante louis au malheureux, et de lui dire que cet argent venait d'un étranger, qui ne voulait pas être connu.

Au point de dégradation où était tombé Robert, il lui importait peu de qui venait cette légère somme. Il la reçut, et il respira un moment.

Un homme qu'entraîne un torrent, qui voit sa perte inévitable, qui saisit une frêle branche qui se trouve sur son passage, tremble qu'elle ne cède à ses efforts, qu'elle ne se détache pour rouler, avec lui, dans l'abîme qui va l'engloutir pour jamais. Il s'en aide doucement, avec précaution; il remonte peu à peu vers le tronc protecteur, où tendent tous ses vœux; il le saisit dans ses bras; il le bénit en renaissant à l'espérance et à la vie; il dédaigne, il oublie, quand ses pieds ont touché la terre, un vieux saule, jouet des eaux, des vents et des années. Ainsi Robert, dans un dénuement absolu, regarda ses douze cents livres comme un bienfait inespéré. Sa tête, penchée sur sa poitrine, se relève; il passe de l'abattement à une confiance aveugle, et bientôt calculant la valeur réelle de la somme, le nombre de jours, après lesquels il doit retomber dans son premier état, il ose se plaindre de la faiblesse du secours, et accuser celui à qui il le doit. Robert était ingrat. Tous les hommes le sont-ils?... Il y en a beaucoup.

Si cinquante louis ne sont rien, on peut au moins en faire quelque chose, et nous pourrions citer des gens qui ne les avaient pas, et qui éblouissent aujourd'hui par leur faste. Robert devait se flatter, plus aisément qu'un autre, de marcher à grands pas vers la fortune. Les projets de toute espèce se succédèrent sans relâche, et, comme Robert n'avait jamais pensé, agi raisonnablement, qu'il était déja loin de cet âge heureux, où on se corrige quand on le veut fortement, le projet auquel il s'arrêta, fut de s'enrichir à la loterie de Piété, à celle des Enfans-Trouvés, à toutes les loteries existantes. Le gros lot est de cent mille francs; trois de ces lots réunis font cent mille écus, et avec cela on peut vivre agréablement. La difficulté est de les gagner ; mais enfin quelqu'un les gagne, et pourquoi, disait Robert, ne les gagnerai-je pas comme un autre?

Le bon homme de la rue Jean-St.-Denis lui aurait répondu : monsieur, vous avez méprisé mes premiers avis, et vous ne vous en êtes pas mieux trouvé. Mais je ne me lasse pas de vouloir le bien, et je le fais quelquefois. Écoutez-moi : vous devez être tout-à-fait détrompé des illusions de la jeunesse. Il vous reste encore dix années d'activité; sachez les utiliser. Vous n'avez que cinquante louis; mais je suis arrivé à Paris avec des sabots aux pieds, et six francs dans ma poche. Vous ne savez rien faire; je n'étais pas plus savant que vous, et je me trouve maintenant à la tête d'un établissement, qui, non-seulement fournit à mes besoins, mais sur les produits duquel je fais des économies. Pourquoi ai-je prospéré ? C'est que j'ai su ployer mon caractère à la faiblesse de mes moyens. C'est là, je crois, le grand secret. Imitez-moi. Louez une petite boutique. Il vous en coûtera peu de rester à votre comptoir ; vous êtes boiteux. Achetez pour cent pistoles de merceries au comptant. Prenez ensuite pour quinze cents francs à crédit, et peu à peu vous étendrez votre petit commerce. Je sais que vous serez obligé de manger, pendant quelques années, du pain et du fromage. Mais le pain, qu'on a légitimement gagné, n'est pas sans saveur, et quand vous approcherez de la soixantaine, vous trouverez doux de ne devoir votre bien être qu'à vous seul.

Parlez donc de pain et de fromage à un homme dissipé, qui a de l'argent dans sa poche, et qui attend les gros lots de deux ou trois loteries. Robert ne les gagna point, et cela n'a rien d'étonnant. Il retomba bientôt dans sa première misère, avec un regret de plus, celui d'avoir mal employé le secours qu'il avait reçu.

Il rentrait chez lui, ayant mal dîné, et ne voulant pas souper, par esprit d'économie. Il est arrêté, au milieu de sa vilaine petite rue, par une femme, qui la barrait de la courte étendue de son corps, et par un cocher de fiacre, qui coupait, à grands coups de fouet, sa victime gémissante. Robert, avili, n'avait pas cependant l'habitude du crime. Il lui restait un cœur, et le premier mouvement de l'homme sensible est de secourir l'opprimé. Robert parle raison et principes au cocher, et le cocher continue de frapper. Robert, qui sent l'impossibilité de lutter, avec avantage, contre un homme qui a deux bras, prend, de celui qui lui reste, le cocher par une jambe, le jette sur le pavé, la tête en avant, relève la malheureuse victime de sa brutalité, l'entraîne, la fait sortir de cette rue, et la jugeant, à la lueur des lanternes, aussi peu difficile que lui, il la conduit chez un vinaigrier, et lui offre, sur le comptoir, un verre d'eau de vie, qui lui rendra infailliblement l'usage de ses sens.

Cette femme est couverte de guenilles. Sa pâleur, ses yeux cernés sont l'effet de la maladie ou de la débauche. Mais elle a été belle. En l'examinant, avec quelque attention, on retrouve de la délicatesse dans ses traits. Il est naturel de désirer savoir à qui on a rendu service, et ce qu'on pourrait faire encore pour la personne obligée. Cette femme s'appelle Angélique. Ce nom n'apprend rien, et fait seulement penser que jamais nom ne fut plus mal appliqué. La femme ajoute que le cocher de fiacre est son mari, et Robert réfléchit qu'un mari a des droits, souvent méconnus, mais toujours incontestables, et qu'un imprudent qui se mêle de querelles de ménage, s'expose à des voies de fait, que justifie quelquefois l'opinion. La femme, qui voit Robert préoccupé, craint de perdre sa protection. Elle lui dit, bonnement et franchement, qu'elle est la femme du cocher de fiacre, comme les filles du Port-au-Blé, ou de la rue Maubuée, sont celles de tel ou tel portefaix, de tel ou tel décroteur. Cet aveu rassure Robert; mais il éteint, en même temps, l'espèce d'intérêt que lui avait inspiré d'abord la dame en guenilles, battue par son amant le cocher. Robert voulait s'en aller chez lui; la femme craignait de rentrer chez elle. Elle retenait Robert. Elle lui représentait que, maîtresse de ses actions, elle pouvait, à son gré, changer de mari; que lui, protecteur, était pauvre comme elle; que la nature l'avait plus maltraité qu'elle; qu'un homme borgne, manchot et boiteux, pouvait la considérer comme une espèce de bonne fortune; enfin, elle lui offrait la préférence.

Il y avait quelque temps que Robert, très-attentif, ne saisissait plus cependant le sens d'aucune phrase. Des rapports singuliers entre cette voix et celle de... Il n'était occupé qu'à recueillir, à comparer des sons... Il s'approche tout à coup; il prend les deux mains de cette femme; il l'attire sous la lampe enfumée qui éclaire ce cabinet. Il étudie des ruines; il cherche, sous des traits déformés, ces grâces, cette fraîcheur, ce duvet de la pêche, qui colore la beauté, et qui, presque toujours est le cachet de l'innocence... Il recule d'effroi... Il revient... Il regarde encore... Il est enfin convaincu. Une sueur froide coule de tous ses membres; ses cheveux se dressent sur sa tête; il s'écrie douloureusement : « De l'Oseraie me « l'avait prédit! »

Tremblez, vous, qui substituez la passion à la réflexion et au raisonnement; vous, qui prenez des charmes pour des qualités, le désir pour de l'amour, la jouissance pour le premier des biens; qui ne voyez qu'un jour, qu'une nuit, où l'homme sensé cherche à démêler, à prévoir au moins le sort de toute sa vie, tremblez, vous dis-je. C'est sa femme que Robert a devant les yeux.

Par quels degrés cette femme, jadis si séduisante, est-elle descendue à ce point de dégradation? l'histoire serait longue et pénible. Contentons-nous de présenter le vice dans toute sa laideur, courbé enfin sous le châtiment qui l'attend tôt ou tard.

Cette femme, frappée du nom de de l'Oseraie, des exclamations de Robert, écoute à son tour. Éclairée par quelques mots, qui rappelaient des particularités qu'elle seule connaissait, elle passe du doute à la certitude. Elle cherche en vain son mari; il est devenu méconnaissable. Mais elle n'en est pas moins certaine que c'est lui qu'elle voit. Elle s'élance, elle se précipite. Robert la repousse, avec mépris, avec dégoût. Il lui reproche sa conduite passée, son état présent. Elle répond, par des vérités dures, aux plaintes de son mari. Elle l'outrage, elle le provoque, et Robert conçoit qu'il est des circonstances, où on ne peut répondre, à certaines femmes, que par des coups.

Respectant encore le choix de sa jeunesse et de son cœur, il voulait s'éloigner. Il employait ce qu'il lui restait de forces à s'arracher des bras d'une prostituée. « Il y a quinze jours que je te « cherche, que je te fais chercher, et tu ne m'é- « chapperas pas, lui cria-t-elle d'un voix rauque. » Ses yeux cavés étaient étincelans; ses mains décharnées s'imprimaient dans les mains de son mari; un vieux mouchoir détaché laissait voir une gorge flétrie et tombante; c'est la plus hideuse des furies qui s'attache à Robert, déja trop malheureux.

Elle lui apprend, en peu de mots, que les biens de son père appartenaient au survivant; que depuis long-temps madame de Perceval n'est plus, et que la mort récente de son époux autorisait ses filles à partager une succession, à laquelle, cependant, elles ne peuvent toucher sans l'autorisation de leurs maris. A ce mot *succession*, si puissant pour les malheureux, et agréable même aux riches, Robert sent expirer son ressentiment, et surmonte son dégoût. Il traite sa femme avec douceur; il cherche à la rappeler à elle-même; il lui laisse espérer qu'une conduite décente pourra lui faire oublier le passé. Il l'emmène, il la conduit à son galetas, et là on parle héritage, et on s'occupe des moyens d'entrer en jouissance de la moitié de la succession.

Robert apprend que sa femme aura, pour sa part, soixante mille francs au moins, et il ne la trouve plus si repoussante. Il croit même que la propreté, la toilette, une table saine et abondante, lui rendront quelque embonpoint, et une sorte de fraîcheur. Déjà son imagination la lui peint telle qu'il la désire, et comme une femme passable encore, et qui a soixante mille francs, mérite des égards, Robert en marque, et beaucoup.

« Ma chère amie, lui dit-il, nous ne pouvons
« nous dissimuler la nécessité de sortir de France,
« où, des fautes, et des erreurs multipliées, nous
« ont trop fait connaître. Passons en Angleterre
« avec notre petite fortune. Augmentons la par
« notre travail, car l'expérience m'a enfin rendu
« sage, et je veux sérieusement travailler. Le com-
« merce est en honneur dans ce pays-là. J'y ferai
« commerce, et quoi de plus facile? Acheter et
« vendre, voilà tout, et je ne fais que cela de-
« puis que j'existe. Mais l'homme appliqué a be-
« soin de relâche, et j'aurai un commis intelligent,
« qui tiendra mes livres, qui fera ma correspon-
« dance, qui achetera, qui vendra, qui recevra,
« et ce qui me restera à faire ne sera pas au-dessus
« de mes forces. Bientôt j'ai un vaisseau, à moi,
« qui va d'Angleterre en Amérique, de l'Amé-
« rique à la Chine, au Japon. Il revient par la
« Russie, ayant vendu ou échangé dix fois son
« chargement. Il rentre dans la Tamise avec des

« lingots, qui feraient la fortune de dix particu-
« liers. Alors je fréte dix vaisseaux, et, en moins
« de quinze ans, j'en couvre toutes les mers. Je
« suis, en Angleterre, ce que Samuel Bernard fut
« en France. Je répands l'or à pleines mains, et
« je suis nommé membre de la chambre des com-
« munes. Je me jette dans le parti de l'opposition.
« Je fais pâlir le ministère. Le roi m'achète au
« plus haut prix; me donne l'ordre du Bain, et
« un titre. Me voilà lord un tel, vous êtes lady, et,
« dès lors, on ne recherche plus notre origine; on
« ne s'informe pas de ce que nous avons fait.

« Je tonne dans la chambre des pairs; je me
« déclare l'appui des catholiques d'Irlande. Les
« Irlandais, forts de ma protection, se rassem-
« blent; les têtes se montent; le cabinet de Saint-
« James craint une insurrection, et croit ne pou-
« voir mieux faire, que de confier le gouvernement
« de l'île à celui qui a captivé l'affection des
« habitans, et dont il se croit sûr. Je suis nommé
« vice-roi, vous êtes vice-reine. Cette marque de
« confiance me touche, et, comme nos opinions
« et notre conduite doivent varier, selon les cir-
« constances, je prouve aux Irlandais que les des-
« cendans des auteurs de la conspiration des pou-
« dres ne peuvent occuper aucune charge publique,
« et doivent payer doubles impôts. On ne me
« croit pas; mais on fait semblant de me croire,
« ce qui revient au même. On obéit, on paie, on
« tombe à nos pieds. La cour nous considère, et

« nous sommes heureux » *Vanitas, vanitatum!*

Madame Robert n'avait aucune ambition. Elle écoutait, avec la distraction qu'on donne au récit d'un rêve, ou à la lecture d'un conte de fées, et quand Robert eut assez parlé, elle le ramena à l'objet premier, essentiel, pressant, à la succession. Il fallait la recueillir d'abord, disait-elle, et on verrait ensuite ce qu'on en ferait.

Il était indispensable de voir Moreau, et de s'entendre avec lui. Robert conservait un reste d'amour-propre. Il avait craint, précédemment, de paraître devant sa belle-sœur. On n'avait pas répondu à sa lettre, et cette marque d'indifférence, ou peut-être de mépris ajoutait à sa répugnance. L'innocence est quelquefois trop timide ; la débauche, l'habitude de la crapule éteignent toute espèce de sensibilité, même dans un sexe, qui semble n'être formé que pour aimer et pour plaire. Madame Robert ne balança pas à aller offrir, à d'estimables parens, l'aspect de sa misère et de son opprobre. Munie de la procuration de son mari, qu'on a payée, en vendant de misérables haillons, elle part pour Châtenay, seule, à pied, moins fatiguée de remords, que du désir d'ajouter à ceux qu'elle s'efforce en vain d'éloigner.

Elle arrive à l'asile de la paix et du bonheur. Elle entre dans cette maison simple, embellie par la pratique des devoirs et des vertus domestiques. Personne n'envie le sort de ces heureux habitans : ils jouissent sans faste, sans éclat ; mais ils ne connaissent ni la satiété, ni l'ennui, ces fléaux de l'oisive richesse.

Est-il donc des êtres qui portent, avec eux, un signe de réprobation ? La petite Cécile, parvenue à l'âge de huit ou dix ans, avait vu des pauvres, à qui elle donnait, avec plaisir, le faible tribut qu'offraient ses parens à l'humanité souffrante. Cécile recula devant sa tante qu'elle ne connaissait pas, et courut se réfugier dans les bas de sa mère. Félicité, effrayée du trouble de sa fille, sort, et voit une femme, à qui il ne reste, de son sexe, que l'impudence trop commune à celles qui ont méprisé, qui ont rompu les liens sociaux. Elle s'arrête devant elle, inquiète, irrésolue. Elle entend ces mots terribles, plus terribles encore par l'air et le geste qui les accompagnent : Tu feins de ne pas reconnaître ta sœur.

Madame Moreau fuit, et son effroi ne lui permet pas cependant d'oublier sa fille. Elle enlève l'enfant ; elle craint qu'il ne respire un souffle contagieux. Elle l'emporte ; elle précipite ses pas ; elle entre dans le cabinet de son mari ; elle tombe sans pouvoir articuler un mot. Heureuse et respectable la femme qui n'a connu de joies que celles qu'elle a partagées avec son époux, et qui, dans ces évènemens, plus ou moins pénibles, qui nous frappent tous, ne connaît que lui pour ami, pour protecteur.

Moreau se lève, s'informe, et se présente devant celle qui porte le trouble dans sa maison.

Il prend le ton d'autorité et de confiance, naturel à la probité modeste, qui pourtant sait s'apprécier. Son maintien, l'estime qu'il inspire à tout ce qui l'approche, en impose même à celle qui, depuis des années, ne sait plus rien respecter. Elle balbutie ; son œil déhonté, son front qui ne rougit plus, se baissent vers la terre, au moment où elle articule son nom.

Elle présente d'une main tremblante la procuration de son mari. « Je vois ce qui vous amène, « lui dit Moreau. Le deuil, dont se parent les « enfans ingrats, n'est pas même sur vos lèvres. « Vous ne venez pas, guidée par la reconnais- « sance, offrir, à vos parens morts, le triste et « dernier tribut de votre affection. Vous vous « souvenez qu'ils ont existé, parce que vous êtes « héritière. Vous hériterez ; mais votre présence « ne souillera pas ma maison. Voilà l'adresse de « mon notaire. Soyez chez lui demain matin : « l'acte de partage est prêt. Je souffrirai sans doute « de me retrouver avec vous ; mais il le faut, et « je me résigne.

« Je n'ai rien mangé d'aujourd'hui, dit à demi « voix madame Robert, le front toujours courbé « vers la terre. — Voilà de l'argent ; éloignez- « vous. »

Elle sort ; elle rentre à Paris. Elle ne pense pas à Robert ; elle n'a plus besoin de lui. Elle cherche, elle trouve le dernier compagnon de ses débauches, celui qui l'a meurtrie sous les coups, et qu'elle préfère, en ce moment, à tous ceux qui peuvent laisser tomber sur elle un regard. Elle ne veut être ni lady, ni vice-reine; mais elle passera en Angleterre, avec son abject amant. Elle en fera, non un honnête homme, mais un monsieur. Ils mangeront gaîment leur soixante mille livres, et ensuite... ensuite? Pourquoi s'occuper de l'avenir?

Il est peu de cochers de fiacre qui refusassent une semblable proposition. Il en est même quelques-uns, qui seraient capables de reconnaissance envers la femme qui les aurait enrichis. Celui-ci était, sous tous les rapports, digne de madame Robert.

Elle touche ses fonds. Son amant l'aide à les transporter dans un hôtel garni, où ce ne sont pas les individus qu'on reçoit, mais les sacs qu'ils descendent du fiacre, et dont, sans doute, ils ne sont que porteurs. On les évite, on les écoute à peine; on dédaigne de les servir.

Un fripier, une lingère, qui vendent de la considération à juste prix, leur en procurent en une heure de temps. Ils prennent le haut ton, en rentrant à l'hôtel, et le maître baisse le sien. Il voit bien que monsieur et madame se sont amusés à ses dépens. Ils ne sont pas les premiers, au reste, qui, voulant se travestir, ont pris les costumes les plus burlesques. Monsieur a la voix éteinte par l'abus des liqueurs fortes, et le maître trouve tout simple qu'on soit enrhumé. Madame jure beaucoup, et le maître observe que cela sied assez à une jolie femme.

Cependant, un mari qui a un intérêt réel à reprendre la sienne, peut la chercher, la retrouver, et se remettre à la tête de la communauté. D'après cette réflexion très-simple, monsieur et madame jugèrent que pouvant désormais paraître convenablement partout, ce qu'ils avaient de mieux à faire était de partir sans délai. Quand on a une voiture à sa disposition, il est naturel de s'en servir. Monsieur va prendre un homme, qui montera sur le siége, où décemment il ne peut plus paraître. Les sacs, au grand regret du maître de l'hôtel, sont replacés dans les coffres du fiacre. Les voyageurs partent; ils sont sur la route de Saint-Denis.

On marche aussi vite que peuvent aller les rosses qui traînent la voiture. On rit beaucoup des maris dupés; on a soin d'égayer la conversation, à l'aide d'une bouteille à dix-huit degrés, dont on a eu soin de se munir en passant à la Chapelle, et on ne sait plus ce qu'on dit en arrivant à Clermont. On oublie tout, hors les sacs, qu'on ne confie à personne, qu'on porte soi-même dans sa chambre. *Auri sacra fames!*

Le propriétaire du fiacre et des chevaux fut étonné de ne pas voir rentrer son cocher à onze heures, à minuit. Il l'attend jusqu'à une heure, jusqu'à deux, jusqu'à ce qu'enfin il ne put prendre d'informations de personne. Mais à la pointe du jour, il se mit en course, et alla sur toutes les places, dans tous les cabarets, où son cocher s'arrêtait, et il fût rentré chez lui sans rien découvrir, si un petit décroteur, qui se tenait à la porte de l'hôtel, d'où monsieur et madame étaient partis, n'eût remarqué un homme inquiet, troublé, et qui parlait tout seul. Un Savoyard va toujours au devant de quelques sols. Celui-ci demanda, d'une voix timide, au propriétaire s'il pouvait lui être utile à quelque chose, et le propriétaire l'envoya promener. L'enfant insista, et n'obtint pas d'autre réponse. Le propriétaire reprit son monologue et parla de velours d'Utrecht jaune, du numéro 560, de son cheval pie, qu'il avait payé quatre-vingt deux livres au dernier marché. L'enfant s'écrie : « Je savais bien que je vous rendrais « quelque service. Le fiacre que vous cherchez « est parti hier, à deux heures, de cet hôtel. » Le propriétaire y entre, il interroge le maître de la maison. De question en question, de réponse en réponse, le voile qui couvrait la fuite de nos coquins se soulève peu à peu. Enfin tout s'éclaircit, et il ne s'agit plus que de savoir quelle route ont pris les voleurs. Le cocher a beaucoup d'argent, sans doute mal acquis ; donc il a le plus haut intérêt à se dérober aux poursuites. Il est vraisemblable qu'il est sorti de Paris. Le petit décroteur déclare que le fiacre a traversé la place des victoires, et a pris la rue Neuve-Saint-Eustache. Cette rue Neuve-Saint-Eustache conduit à la porte

Saint-Denis et à la porte Saint-Martin. On va, par ces deux portes, en Picardie, en Artois, et en Lorraine. Sur laquelle des trois routes chercher les fuyards ?

Le propriétaire court comme un insensé. Il voudrait être sur tous les chemins de France à la fois. Le petit Savoyard, le regard suppliant, la main étendue, le suit aussi loin que le lui permettent ses forces. Le propriétaire n'a pas le temps de reconnaître un bon office. Il perd son temps, en allant et venant, et n'apprend rien qui puisse le diriger dans ses démarches. Forcé de s'asseoir enfin, il réfléchit que les gens qui redoutent la justice, ne vont pas en Lorraine, et que son cocher doit avoir pris la route d'Angleterre ou de la Hollande. Il fait seller son meilleur cheval, qui pourtant ne vaut pas grand chose. Il part, décidé à s'informer de son cheval pie, à la Chapelle, à la Vilette, et il s'arrête précisément au cabaret, où monsieur et madame ont fait leurs provisions de bouche.

Là, il obtient des renseignemens positifs. C'est en Angleterre que vont ses coquins. Mais il y a encore ici deux chemins. Passent-ils par Beauvais, ou par Amiens ? persuadé qu'il arrivera à Calais avant eux, il avance au hasard, et, à chaque gîte, il a la satisfaction d'apprendre qu'il les suit à la trace, et qu'il gagne, sur eux, trois à quatre lieues par jour.

Il arrive à Amiens, poussé, par l'espérance souvent mensongère, mais qui, cette fois, ne le trompera point. Il voit du monde, rassemblé à la porte d'une auberge. Il s'arrête; il aperçoit, dans la cour, une femme qui s'arrache les cheveux, qui déchire une robe et un mantelet neufs, et, comme ce n'est pas cela qu'il cherche, il pique son cheval, au moment où ses yeux se portent sur un mauvais carrosse, qui ressemble singulièrement au sien. Il entre au galop dans la cour. Il retrouve des traces de son numéro 560, que monsieur et madame n'ont pu tout-à-fait effacer. Il revoit son velours d'Utrecht jaune. Il court à l'écurie; il embrasse son cheval pie, et son maigre compagnon.

Il demande, à l'oreille du valet d'écurie, où est l'homme qui est arrivé dans ce fiacre. « Oh! mon« sieur, c'est un coquin... — Je le sais bien. — « Qui s'est arrangé, sans en rien dire, avec le cour« rier de la malle de Calais; qui est disparu, cette « nuit, avec soixante mille livres, pendant que « sa femme dormait, et qui la laisse sans un sou. « La voyez-vous? Elle s'arrache, là-bas, ce qui lui « reste de cheveux. Elle ferait beaucoup mieux « de vendre ses chevaux et son carrosse à notre « maître, et de courir après son mari. — Vendre « mes chevaux et mon carrosse! » Le propriétaire s'élance, saisit la dame par le bras, et crie un bon quart d'heure, sans que, ni lui, ni personne sache ce qu'il veut dire.

Madame Robert, toute à la perte de son argent, ne s'alarme point des criailleries d'un homme qu'elle n'a jamais vu. Mais, quand on parvient à s'entendre, et à s'expliquer, qu'elle réfléchit qu'elle s'est donnée, publiquement, pour la femme d'un drôle, qui a volé un carrosse et deux chevaux, et, qu'en désavouant ce prétendu mari, il ne sera pas moins constant qu'elle est sa complice, la frayeur la saisit, l'égare; elle laisse, entre les mains du propriétaire, la moitié de son mantelet et de sa robe, et prend la fuite, avec le reste, sans savoir où elle va. De tous côtés, on crie au voleur! arrête, arrête! On lui barre le chemin. Elle se jette dans une allée; on ferme la porte sur elle. Elle trouve un escalier; elle monte, elle entre dans une chambre, dont les croisées ouvrent sur une rue, où elle ne voit personne. Elle se décide à sauter. Ses jambes s'embarrassent dans ses jupes; elle ne saute pas; elle tombe lourdement sur le pavé. Elle se casse un bras, une cuisse et la tête. Fin digne d'une telle vie, et qui prévient toutes poursuites judiciaires.

Le propriétaire ne pensait ni à chercher, ni à poursuivre des coupables. Trop heureux de retrouver son carrosse et ses chevaux, qui lui furent remis sur les attestations, recommandations et injonctions magistrales, dont il s'était pourvu, il reprit gaîment le chemin de son domicile, et laissa, au procureur du roi d'Amiens, à disposer, comme il l'entendrait, de la *dépouille mortelle* de madame Robert. Or, cette dépouille ne pouvant couvrir aucuns frais, le procureur du roi supprima le réquisitoire, l'information, la cérémonie imposante de la claie, et les membres disloqués de madame Robert furent, à petit bruit, jetés dans un trou, où nous les laisserons, s'il vous plaît.

Son amant, le cocher, avait d'abord trouvé très-doux d'avoir une femme et soixante mille francs. Il avait pensé, depuis, que les soixante mille francs, sans la femme, vaudraient mieux encore, et le cocher était de ces êtres indifférens sur les moyens de doubler leurs capitaux. Il avait réfléchi, d'ailleurs, que son maître pourrait faire ses diligences, pour rentrer en possession de son carrosse, et de ses chevaux, et qu'il est des circonstances, où il est dangereux de voyager à petites journées, et où il faut savoir prendre un parti décisif. D'après cela, il s'était arrangé, ainsi que j'ai eu l'honneur de vous le dire, avec le courrier de la malle de Calais. En soupant, il avait fait boire copieusement sa compagne, ce qui n'était pas difficile : il suffisait de lui verser, et lorsqu'elle céda à la force des vapeurs bachiques, le pouce et l'index armés encore d'une dernière et copieuse prise de tabac, qu'elle n'avait pas eu la force de porter à sa destination, mon coquin avait empli ses poches, avait fait plusieurs voyages clandestins, de son auberge à celle du courrier, et il était monté dans sa carriole, aussi tranquillement que s'il n'avait rien eu à se reprocher. Il y a des hommes heureusement nés.

A Calais, les affaires changèrent de face. On ne pouvait s'embarquer, pour l'Angleterre, sans un passeport, qu'on ne refusait que dans des circonstances majeures, parce que le produit des passeports, et du foin, qu'on récoltait, dans les fossés de la ville, arrondissait les émolumens de messieurs de l'état-major. Messieurs de l'état-major étaient cependant des gens fort honnêtes, qui aimaient mieux perdre un écu par tête, que de favoriser l'évasion d'un coquin. Le capitaine des portes, homme mâdré, fit observer à M. le gros major, que le langage du solliciteur ne s'accordait pas avec son habit de ratine de Hollande; que ses mains calleuses décelaient son obscurité; que son maintien gauche annonçait un défaut absolu d'éducation; car alors on jugeait de l'éducation de quelqu'un, d'après la manière dont il se présentait, dont il portait son chapeau et son épée, et cette manière de juger prouvait sans doute beaucoup de pénétration.

M. le gros major, enchanté de trouver une occasion de faire le capable, interrogea notre cocher. Notre cocher, qui ne s'attendait pas à subir un interrogatoire, se troubla, se coupa, et lorsque M. le gros major lui dit qu'il était un fripon, il jura le contraire, de manière à convaincre M. le gros major, qu'il pouvait... ce jour-là avoir deviné.

Comme M. le gros major n'était pas expert en matières criminelles, il chargea quatre grenadiers de conduire le cocher chez M. le président, car vous saurez qu'alors il y avait, à Calais, un présidial, assez bien composé, ce qui ne vous étonnera pas, lorsque vous vous rappellerez que la colère et les forces d'Édouard III, échouèrent, pendant un an, devant cette ville célèbre, où on ne trouve aujourd'hui que du vent, du sable, un libraire, qui fait assez mal ses affaires, dix pâtissiers, qui font fort bien les leurs, et, ce qui est inappréciable, des femmes très-jolies, très-aimables, qui, dit-on, ne sont pas insensibles, ce que pourtant je n'affirme pas, parce que je n'en sais rien.

Quand on a vécu, quelque temps, dans une certaine intimité avec une femme, on est nécessairement au courant des détails de son ménage et de sa famille. Le cocher, pressé, menacé, terrifié par le président, avoua à peu près tout ce que vous savez déja. Les soixante mille francs furent transférés de l'auberge au greffe, et on expédia, aux juges d'Amiens, un courrier, qui les pria d'avertir madame Robert qu'elle pouvait revendiquer ses fonds. Or, comme les morts ne revendiquent rien, le courrier revint à Calais, comme il en était parti, plus, cependant, le prix de sa course, qui l'intéressait davantage, que la vie et la mort de madame Robert.

M. le président écrivit, à Moreau, une belle et longue lettre, qu'il aurait pu réduire à ceci : Madame votre épouse est héritière de sa sœur, si elle peut prouver qu'elle n'ait pas laissé d'enfans.

M. le président fit insérer, dans la Gazette de France, une autre lettre, qui invitait les héritiers, en ligne directe, s'il y en avait, à se présenter, ce qui fit que toute la France sut qu'il y avait à Calais un présidial, et c'est ce que voulait M. le président.

Moreau, muni des pièces nécessaires, prit la poste, et arriva dans la capitale du pays conquis et reconquis. Il trouva et toucha les soixante mille livres, à la petite différence près, de mille écus, qui ne sont qu'une bagatelle. Tout le monde sait que les tiroirs d'un greffe sont collans.

La succession de monsieur et de madame Perseval passa donc tout entière à une fille, l'ornement et l'honneur de son sexe, et à son époux, qui méritait sa fortune, par l'usage qu'il en avait toujours fait.

Qu'est devenu Robert? que pense-t-il, que fait-il, lorsque je vous raconte des évènemens qui le touchent de près, et qu'il ignore? Hélas! je crains de parler, et cependant je ne peux me taire... Je parlerai.

Robert attendait sa femme. Il craignait de sortir, de marcher. L'exercice et le grand air eussent ajouté au besoin qui le tourmentait déja. Étendu sur de la paille, il humecte, de temps en temps, sa bouche brûlante de quelques gouttes d'eau. La journée s'écoule; la nuit vient; l'inquiétude naît; le sommeil fuit.

A la naissance du jour, Robert fait un effort.

Il se lève; un bâton lui sert d'appui. Il se traîne; il va chez le notaire de Moreau, avec qui il avait eu quelques rapports d'affaires, lorsqu'il demeurait à Châtenay. Il passe devant la boutique d'un boulanger; il s'arrête; il dévore, des yeux, l'aliment auquel il ne lui est pas permis de toucher. La petite fille de la boulangère voit un homme pâle, défait, près de tomber d'inanition. Elle va dans le fournil; elle cache un pain d'une livre, sous son tablier blanc; elle fait, en chantant, deux ou trois tours dans la boutique; elle gagne le seuil de la porte; elle traverse la rue; elle rentre, après avoir adressé quelques mots insignifians à sa voisine. Le pain, si désiré, est entre les mains de Robert, et personne n'a rien vu.

- Il arrive chez le notaire, qui ne le reconnaît pas. Il faut qu'il s'humilie, qu'il se nomme. Le notaire recule devant lui, comme madame Moreau avait reculé devant sa sœur. Robert entre dans des détails; il s'informe; il apprend que sa femme a touché ce qui lui revient de la succession de ses parens, et qu'il n'y a pas une heure qu'elle est sortie de l'étude. Il se hâte de regagner son misérable logement; il attend encore; il compte les heures, les minutes; le jour tombe, et il ne doute plus de son malheur. Il se reproche sa confiance imprudente, sa facilité. Il s'accuse de l'évènement fatal, qu'il eût prévenu, en surmontant la honte de se présenter devant son beau-frère. Le mal est sans remède. Deux ruisseaux de larmes s'ouvrent et ne tarissent plus. Il est sans courage contre le néant qui se présente à lui, et qu'il devrait invoquer. En quelque état qu'on soit, on tient donc à la vie !

Le chagrin, le défaut d'alimens enflammèrent un sang, déja appauvri par les jouissances, les veilles, les anxiétés, qui tourmentent l'ambitieux. Une fièvre ardente se déclara, et de l'eau, de l'eau pour tout remède, pour toute nourriture.

Une pauvre femme habitait un réduit en face du sien. N'ayant jamais connu l'aisance, elle n'avait pas d'idée de l'infortune. Son aiguille lui donnait du pain, et elle riait quelquefois. Elle venait souvent essuyer l'eau, qui tombait du visage de Robert, et elle lui présentait à boire. « Je m'é-« teins, je me meurs, lui dit-il. Faites-moi porter « à l'Hôtel-Dieu. »

Un brancard vient, porté par deux hommes, qui n'exigent pas de salaire, parce qu'ils sentent qu'ils auront, quelque jour, besoin du même service, et qu'ils espèrent qu'on le leur rendra gratuitement.

Ah! pensait Robert, pendant qu'on le transportait, si je guéris, je me vengerai de l'infame qui m'a déshonoré, et qui me livre aux horreurs de la misère. J'invoquerai, contre elle, les lois et les hommes. Je découvrirai sa retraite ; je l'enfermerai, non dans un de ces couvens où on obtient encore une sorte de considération, mais dans cette maison, destinée à recevoir, à châtier

le vice crapuleux. Je m'emparerai de sa fortune; je me procurerai les douceurs de la vie, et j'accablerai le reste de son existence des privations auxquelles elle a cru me condamner. Je... je... je...
Il n'eut pas la force de finir.

Les passans s'assemblèrent autour du brancard. Le bon homme de la rue Jean-Saint-Denis traversait le parvis Notre-Dame. Il allait, avec sa femme, jouir paisiblement, au jardin du Roi, d'une belle matinée. Il s'arrêta comme les autres, il s'informa, et la pauvre femme nomma Robert. « Place, cria-t-il, place aux restes d'un homme « qui a usé sa vie en projets insensés, et qui vient « mourir à la porte de l'hôpital. »

Vanitas vanitatum, et omnia vanitas!

FIN DE MONSIEUR DE ROBERVILLE.

TABLE

DES CHAPITRES CONTENUS DANS CE VOLUME.

PREMIÈRE PARTIE.

Chapitre Ier. Suites d'un mariage précipité. Page 5
Chapitre II. Autres inconvéniens d'un mariage irréfléchi.................................. 25
Chapitre III. Vous deviez vous attendre à cela... 50
Chapitre IV. Roberville, premier commis...... 80
Chapitre V. Projets de propager la probité, d'être continent, etc..................... 111

DEUXIÈME PARTIE.

Chapitre Ier. Essayons de rire encore.......... 152
Chapitre II. Roberville perd son emploi....... 181
Chapitre III. Une petite intrigue de cour...... 220
Chapitre IV. Toutes les banqueroutes n'enrichissent pas............................ 268
Chapitre V. Punition du coupable qui a conservé quelque sentiment d'honneur............ 292

TROISIÈME PARTIE.

Chapitre Ier. Robert devient le confrère de l'empereur de la Chine...................... 307

CHAPITRE II. Robert sera-t-il long-temps le confrère de l'empereur de la Chine.......... Page 339
CHAPITRE III. Robert est journaliste........... 389
CHAPITRE IV. Robert joue................... 414

QUATRIÈME PARTIE.

CHAPITRE Ier. Robert invente un genre de commerce nouveau........................ 468
CHAPITRE II. Nouvelles opérations de commerce.. 505
CHAPITRE III. Une intrigue domestique......... 541
CHAPITRE IV. Tout pour la gloire et l'humanité. 563
CHAPITRE V. Enfin voilà le dernier............ 601

FIN DE LA TABLE.